# 경찰
## 공무원
### 최단기 문제풀이
## 영어

# Preface

공무원은 날이 갈수록 많은 젊은이들 사이에서 안정적인 직업으로 각광받고 있다. 특히 경찰공무원은 최근 크고 작은 범죄들이 기승을 부림으로 국민들의 불안감과 경찰에 대한 기대가 커지고, 국가에서도 안보와 보안의 중요성을 강조하며 꾸준히 많은 인원의 경찰공무원을 채용하고, 채용인원을 늘려감에 따라 많은 수험생들의 관심을 받고 있다.

본서는 경찰공무원을 준비하는 수험생들을 위해 발행된 경찰공무원시험의 필수과목 영어 문제풀이집으로 단원별 핵심문제와 함께 모의고사, 기출문제분석을 상세한 해설과 함께 수록하였다.

국민의 안전과 질서유지를 위해 경찰공무원을 준비하는 많은 수험생들이 본서와 함께 합격의 달콤한 꿈을 이룰 수 있게 되길 기원한다.

# Information

## 경찰공무원 소개

① **경찰공무원이란** : 공공의 안녕과 질서유지를 주 임무로 하는 국가공무원을 말한다. 일반 공무원과는 달리 특수한 임무를 수행하기 때문에 경찰공무원법에 따라 임용, 교육, 훈련, 신분보장, 복무규율 등이 이루어지고 있다. 일반적으로 경찰관으로 통칭한다.

② **경찰공무원시험의 종류**

　㉠ 순경(일반남녀, 101경비단)

　㉡ **간부후보생** : 경찰간부가 되기 위하여 선발되어 경찰교육기관에서 교육훈련을 받는 교육생을 말한다.

③ **응시자격**

　• 공통자격 : 운전면허 1종 보통 또는 대형면허 소지자(원서접수 마감일까지)

　• 공채

| 모집분야 | 순경(일반남녀, 101경비단) | 간부후보생 |
|---|---|---|
| 응시연령 | 18세 이상 40세 이하 | 21세 이상 40세 이하 |

　• 특채

| 구분 | 선발 분야 및 자격요건 |
|---|---|
| 경찰행정학과 | – 연령 : 20세 이상 40세 이하<br>– 2년제 이상의 대학의 경찰행정 관련 학과를 졸업했거나 4년제 대학의 경찰행정 관련학과에 재학 중이거나 재학했던 사람으로서 경찰행정학전공 이수로 인정될 수 있는 과목을 45학점 이수 |
| 전의경특채 | – 연령 : 21세 이상 30세 이하<br>– 경찰청 소속 '전투경찰순경'으로 임용되어 소정의 복무를 마치고 전역한자 또는 전역예정인자(해당시험 면접시험 전일까지 전역예정자)<br>– 군복무시 모범대원 우대 |

④ **채용절차** : 시험공고 및 원서접수 > 필기·실기시험 > 신체검사 > 체력·적성검사 > 면접시험 > 최종합격(가산점 적용)

　㉠ 필기시험

　　• 공채

　　– 간부후보생 : 시험과목(총 21과목 : 객관식8 + 주관식13)

| 분야별 시험별 | 분야별 과목별 | 일반 | 세무회계 | 사이버 |
|---|---|---|---|---|
| 객관식 | 필수 | 한국사 | | |
| | | 형법 | | |
| | | 영어 | | |
| | | 행정학 | 형사소송법 | 형사소송법 |
| | | 경찰학개론 | 세법개론 | 정보보호론 |
| 주관식 | 필수 | 형사소송법 | 회계학 | 시스템네트워크보안 |
| | 선택<br>(1 과목) | 행정법<br>경제학<br>민법총칙<br>형사정책 | 상법총식<br>경제학<br>통계학<br>재정학 | 데이터베이스론<br>통신이론<br>소프트웨어공학 |

※ 영어시험은 '경찰공무원 임용령' 제 41조 별표5(영어 과목을 대체하는 영어능력 검정시험의 종류 및 기준점수)에 의거 기준점수 이상이면 합격한 것으로 간주되고, 다만 응시원서접수 마감일 기준 2년 이내 성적에 한해 유효한 것으로 인정되며, 필기시험 성적에는 반영되지 않습니다. 아울러 각 공인영어시험기관에서 주관하는 정기시험 성적만 인정합니다.

- 순경공채(일반남녀, 101단): 5과목(필수2과목+선택3과목)

  필수과목: 한국사, 영어

  선택과목: 형법, 형사소송법, 경찰학개론, 국어, 사회, 수학, 과학 중 3과목 선택

- 특채

- 경찰행정학과 : 경찰학개론, 수사, 행정법, 형법, 형사소송법

- 전의경특채 : 한국사, 영어, 형법, 형사소송법, 경찰학개론

- 경찰특공대 : 형법, 형사소송법, 경찰학개론

ⓒ 신체검사

- 체격, 시력, 색신(色神), 청력, 혈압, 사시(斜視), 문신을 검사한다.

ⓒ 체력 · 적성검사

- 체력검사 : 총 5종목 측정(100m달리기, 1,000m달리기, 팔굽혀펴기, 윗몸일으키기, 좌 · 우악력)

- 적성검사 : 경찰공무원으로서의 적성을 종합적으로 검정한다.

  ※ 적성검사는 점수화하지 않으며, 면접 자료로 활용된다.

ⓔ 면접시험

| 구분 | 면접방식 | 면접내용 |
|------|---------|---------|
| 1단계 | 집단면접 | 의사발표의 정확성 · 논리성 · 전문지식 |
| 2단계 | 개별면접 | 품행 · 예의 · 봉사성 · 정직성 · 도덕성 · 준법성 |

※ 면접위원의 과반수가 어느 하나의 평정요소에 대하여 2점 이하로 평정 한 때에는 불합격처리

⑤ 합격자결정방법

㉠ 필기 또는 실기시험(50%) + 체력검사(25%) + 면접시험(20%) + 가산점(5%)를 합산한 성적의 고득점 순으로 선발예정인원을 최종합격자로 결정한다.

㉡ 경찰특공대는 실기(45%) + 필기(30%) + 면접(20%) + 가산점(5%)로 결정한다.

# Contents

## 01 어휘 및 숙어

**1** 어휘

▶ 해설은 p. 250에 있습니다.

※ 밑줄 친 부분에 들어갈 가장 적절한 것을 고르시오. 【1~6】

1 People make more mistakes when they are _____ than when they are fresh.

① fatigued ② exhaustive
③ eminent ④ sane

2 This office is one of a few in the city that is managed by a _____ architect.

① certificate ② lawful
③ permitted ④ licensed

3 If you are some _____ keep your feelings hidden and do not like to show

4 Vis... and government, and

---

## 2019년 제1차 경찰공무원(순경) 채용

1 다음 밑줄 친 단어의 의미와 가장 가까운 것은?

Defeat at this stage would <u>compromise</u> their ch... competition.

① raise ② fin...
③ reduce ④ repl...

**해설** compromise 위태롭게 하다 rate 평가하다 fancy...
'이 단계에서의 패배는 결승에 진출할 수 있는 그들의 기회를...'

2 다음 밑줄 친 표현의 의미와 가장 가까운 것은?

She went for a long walk to <u>work up</u> her appetite.

① accommodate ② annihilate
③ gratify ④ whet

**해설** work up 북돋다 accommodate 수용하다 annihilate 전멸시키다 gratify 만족시키다 whet 갈다.
자극하다.
'그녀는 식욕을 <u>돋우기</u> 위해 오랜 산책을 했다.'

3 다음 빈칸에 들어갈 단어로 가장 적절한 것은?

He's a _____ actor who has played a wide variety of parts so splendidly...

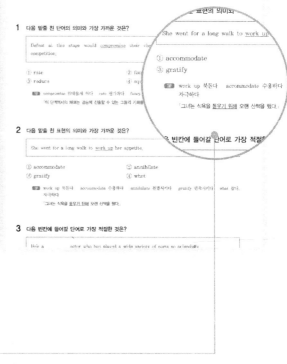

표현의 의미와

She went for a long walk to <u>work up</u>

① accommodate
③ gratify

**해설** work up 북돋다 accommodate 수용하다
자극하다

'그녀는 식욕을 <u>돋우기</u> 위해 오랜 산책을 했다.'

...빈칸에 들어갈 단어로 가장 적절한

**1** 어휘

※ 밑줄 친 부분에 들어갈 가장 적절한 것을

1 People make more mistakes when t...

① fatigued
③ eminent

This office is one of a few in...

certificate

---

**기출문제분석**

최근 시행된 기출문제를
분석·수록하여 실제 시험
출제경향을 파악할 수
있습니다.

**단원별 핵심문제**

각 단원별로 필수적으로
풀어봐야 할 핵심문제를
엄선하여 수록하였습니다.

# 단원별 핵심문제

CHAPTER 01

# 어휘 및 숙어

**1** 어휘

☞ 정답 및 해설 P.230

※ 밑줄 친 부분에 들어갈 가장 적절한 것을 고르시오. 【1~6】

**1** People make more mistakes when they are _____ than when they are fresh.

① fatigued  ② exhaustive

③ eminent  ④ sane

**2** This office is one of a few in the city that is managed by a _____ architect.

① certificate  ② lawful

③ permitted  ④ licensed

**3** If you are some who is _____, you tend to keep your feelings hidden and do not like to show other people what you really think.

① reserved  ② confident

③ loquacious  ④ eloquent

**4** Visaokay assists the Australian travel industry, corporations and government, and individuals by _____ the entire visa advice and visa issuance process. Visaokay minimizes the complexity and time delays associated with applying for and obtaining travel visas.

① appreciating  ② aggravating

③ meditating  ④ facilitating

**5** Given our awesome capacities for rationalization and self-deception, most of us are going to measure ourselves _____ : I was honest with that blind passenger because I'm a wonder person. I cheated the sighted one because she probably has too much money anyway.

① harshly                          ② leniently
③ honestly                         ④ thankfully


**6** Every street or every store is now filled with cell phone users, ranging in age from eight to eighty. However, if we consider rapidly developing technology, an alternative apparatus might replace the cell phone soon and make it _____.

① obsolete                         ② extensive
③ prevalent                        ④ competent


※ 밑줄 친 부분과 의미가 가장 가까운 것을 고르시오. 〔7~11〕

**7** The price of gold <u>fluctuates</u>, but not as much as the price of oil.

① drops                            ② increases
③ varies                           ④ decreases


**8** Electric cars also are a key part of China's efforts to curb its <u>unquenchable</u> appetite for imported oil and gas, which communist leaders see as a strategic weakness.

① aesthetic                        ② insatiable
③ infallible                       ④ adolescent


**9** The most important high-tech threat to privacy is the computer, which permits <u>nimble</u> feats of data manipulation, including retrieval and matching of records that were almost impossible with paper stored in file cabinets.

① speedy                           ② distinctive
③ efficient                        ④ impressive

**10** They didn't want to be bothered with <u>mundane</u> concerns like doing the dishes while on vacation.

① embarrassing  ② everyday
③ deep  ④ annoying


**11** Two banks underwent <u>a merger</u> and combined into one huge operation.

① (an) amalgamation  ② (an) inspection
③ (a) trial  ④ (a) dissolution


※ 다음 빈칸에 가장 적합한 것은? 【12~14】

**12** A classic stereotype is that men are better at math than women, but there has been little _____ evidence to explain this.

① simultaneous  ② suspicious
③ unstable  ④ solid


**13** Many people in southern India have dark skins, but scientists have been _____ to classify them with black Africans because of their Caucasoid facial features and hair forms.

① reluctant  ② welcome
③ diffident  ④ willing


**14** The American Academy of Pediatrics suggests that parents _____ their own TV watching, to allow more time to actually talk with their kids.

① prevail  ② assimilate
③ bestow  ④ curb

## 15 밑줄 친 부분과 의미가 가장 가까운 것은?

> Going to movies and plays was fun, but like many other students Ralph found Tuskegee's rules cramping.

① irksome

② annoying

③ welcoming

④ suffocating


## 16 밑줄 친 부분과 의미가 가장 가까운 것은?

> Through Davin's experience, Joyce's narration debunks this misogynist explanation of Ireland's colonization.

① conceals

② exposes

③ praises

④ delimits


※ 밑줄 친 부분과 의미가 가장 가까운 것을 고르시오. 【17~18】

## 17 The injury may keep him out of football for good.

① permanently

② temporarily

③ for getting well

④ for treatment


## 18 One of the most beguiling aspects of cyberspace is that it offers the ability to connect with others in foreign countries while also providing anonymity.

① hospitality

② convenience

③ disrespect

④ namelessness

**19** 밑줄 친 부분의 의미로 적절한 것은?

> How does he explain the <u>plight</u> of the oil-hungry nations?

① strange circumstance      ② happy realization

③ bad situation      ④ final decision


**20** 밑줄 친 부분에 공통으로 들어갈 표현으로 가장 적절한 것은?

> • At the funeral, family members gave _____ to their emotions and cried openly.
> • The result should in no _____ be seen as a defeat for the government.
> • European companies are putting their money into Asia in a big _____.

① way      ② hand

③ sense      ④ view


**21** 밑줄 친 부분의 의미로 가장 가까운 것을 고르시오.

> Desertification threatens 20 percent of the already dry Middle East and North Africa, pushing many states to invest in African farmland to feed growing populations, said Wadid Erian of the Arab Centre for the Studies of Arid Zones and Dry Lands. Dwindling arable land and mounting food insecurity could <u>exacerbate</u> existing conflicts and deter investment in a region where economic marginalization has long driven unrest.

① improve      ② justify

③ linger      ④ aggravate

## 22 빈칸에 들어갈 말로 적절한 것은?

Sometimes, the minute you are asked to write about a significant experience, the very incident will flash to mind _____. In many other cases, however, you will need more time for your memories to surface.

① tardily                    ② gradually

③ immediately                ④ consistently


## 23 빈칸에 들어갈 말로 바르게 짝지어진 것은?

The prison sentence was introduced in the eighteenth century as a _____, a milder substitute for the _____ penalties of death, torture, mutilation, and exile.

① supplement － irrevocable

② sequel － overabundant

③ reform － harsh

④ suggestion － corrective


## 24 다음 문장의 빈칸에 들어갈 가장 적절한 것은?

The executives should estimate their debt-to-income ratios to see whether they run the risk of becoming _____.

① insolvent                  ② inverted

③ distracted                 ④ decoded

**25** 문맥상 밑줄 친 부분에 들어갈 표현으로 가장 적절한 것은?

> Fast-food franchises have been very successful in the U.S. Part of the appeal is _____. At the major hamburger or chicken franchises, people know what the food is going to taste like, wherever they buy it.

① the profitability

② the predictability

③ the feasibility

④ the substantiality

**26** 밑줄 친 곳에 공통으로 들어갈 단어로 가장 적절한 것은?

> • She thought she just had a _____ of flu.
> • At university he wrote a bit, did a _____ of acting, and indulged in internal college politics.
> • The dishes he produces all have a personal _____.

① touch

② pain

③ symptom

④ case

**27** 밑줄 친 부분에 들어갈 표현으로 가장 적절한 것은?

> A very small number of news organizations, including The Wall Street Journal, The Financial Times and Newsday, already charge online readers, each with a system developed largely in-house, and The New York Times announced recently that it planned to do the same. But with advertising plummeting, many other publishers eager for a new source of _____ are considering making the switch, despite the risk of losing audience and advertising.

① revenue

② information

③ renewal

④ interest

※ 다음 밑줄 친 부분과 의미가 가장 가까운 것을 고르시오. [28~29]

**28** Sarah frequently hurts others when she criticizes their work because she is so <u>outspoken</u>.

① reserved          ② wordy

③ retrospective      ④ candid

**29** Mary and I have been friends over 10 years but I sometimes have a strange feeling to her. She is <u>as deep as a well</u>.

① easy to persuade

② simple to satisfy

③ impatient to deal with

④ difficult to understand

**30** 빈칸에 들어갈 말로 가장 적절한 것은?

> One bacterium that survives keeps replicating because it is not _____ to the drug treatment.

① curable          ② susceptible

③ prosperous      ④ reproductive

**31** 다음 중 의미상 서로 어울리지 않은 표현끼리 짝지어진 것은?

① generous — benefactors

② luxuriant — hair

③ complimentary — gift

④ stationery — troops

**32** There are two excellent television programs scheduled tonight, but I can see only one of them because they are _____.

① indisputable  ② concurrent
③ matchless  ④ indispensable

**33** Icelanders are individualists like Americans. The difference seems to be in a sense of community. Iceland, known as the land of "fire and ice," is about living with opposing forces. It is one of the most active volcanic countries on earth, but has 4,536 square miles of _____ — heat and cold, co-existing. No surprise then that its society can reconcile another set of opposing forces : individualism and the needs of the community.

① glacier  ② prairie
③ desert  ④ swamp

**34** 다음 글이 설명하는 단어로 가장 알맞은 것은?

> To some fairly frequently, perhaps occasionally to all, there come little flashes of illumination — momentary glimpses into the nature of the world, which come to us when we're off our guard.

① impulse  ② lust
③ inspiration  ④ idealism

※ Choose the one that best satisfies the blank. 【35~37】

**35** He is very _____ about the music he picks. He exclusively listens to hip hop and reggae.

① fastidious  ② capricious
③ unreasonable  ④ frugal

**36** Jaws, Steven Spielberg's 1975 film, was a huge commercial success, and it
_____ many copycat flicks.

① transported               ② appreciated

③ oppressed                 ④ hatched

**37** Time is like art — mysterious, _____, and precious.

① inflammable           ② imprudent

③ impenitent             ④ intangible

**38** Choose the one which is closest to the underlined expression in meaning.

> The complexity of their work means that educational psychologists have to undergo a rigorous professional training.

① high-level             ② delicate

③ harsh                 ④ trifling

**39** 밑줄 친 단어와 괄호 안에 주어진 단어의 의미가 서로 다른 것은?

① Her mother was a celebrated actress. (famous)

② Paul Scofield gave an exquisite performance. (excellent)

③ Wash the fish and take off the scales with a knife. (measures)

④ She's on study leave until the end of September. (vacation)

**40** 밑줄 친 부분과 의미가 가장 가까운 것은?

> Their office work has largely been <u>supplanted</u> by the use of a computer program that fulfills the same function.

① supported            ② substituted

③ dismissed           ④ provided


**41** 다음 밑줄 친 단어와 의미가 가장 가까운 것은?

> Air temperatures of over 130 degrees in summer are common in this <u>desolate</u> island.

① sultry            ② temperate

③ deserted          ④ wet and humid


**42** 다음 빈칸에 들어갈 적절한 단어는?

> Reviews on caffeine and conception _____. One study of 2,817 women found no effect of caffeine on their chances of conceiving, while another of 1,909 women linked more than 300 milligrams of caffeine daily to a delay in conception.

① conflict           ② coincide

③ make sense        ④ manifest themselves


※ 다음 중 밑줄 친 부분의 단어와 의미가 가장 유사한 것을 고르시오. 【43~45】

**43** Pride goes before destruction and a <u>haughty</u> spirit before a fall.

    ① holy           ② still

    ③ arrogant         ④ severe

**44** Infosys rightly sees itself as more <u>agile</u> than IBM.

① nimble
② extravagant
③ caustic
④ suspicious

**45** Having U.S. citizens in the family has also become something of a political <u>liability</u> for public figures.

① benefit
② stance
③ precursor
④ disadvantage

**46** 다음 밑줄 친 부분에 가장 적당한 것은?

> Totalitarianism champions the idea that everyone should be subservient to the state. All personal goals and desires should be thrown aside unless they coincide with the common good of society. Freedom for the individual is _____ so that the level of freedom for all can be raised.

① sacrificed
② rewarded
③ advocated
④ expounded

**47** 다음 밑줄 친 단어와 의미가 같은 것은?

> If you happen to have an unhealthy <u>penchant</u> for salt, it may not be solely your fault. Mom may have to share some of the blame. Or so suggests a small but intriguing body of research.

① ailment
② liking
③ ornament
④ translation

**48** 밑줄 친 jeopardized와 같은 의미를 가진 것은?

> Once pregnant, women face an uncomfortable reality : The stigma of unwed motherhood is greater than that of having an abortion. Students are often forced to drop out of school. Working women can find their careers jeopardized.

① destroyed          ② regulated

③ endangered       ④ increased


※ 다음 글의 밑줄 친 곳에 들어갈 알맞은 것을 고르시오. 【49~51】

**49** This attitude — that nothing is easier than to love — has continued to be the prevalent idea about love in spite of overwhelming evidence _____.

① to the contrary      ② by and large

③ in addition          ④ in vain


**50** I do not mean to suggest that we should seek to eliminate fear altogether from human life. Were this humanly possible, it would not be practically _____. Fear is the elemental alarm system of the human organism which warns of approaching dangers and without which man could not have survived in either the primitive or modern world. Fear, moreover, is a powerfully creative force.

① desirable          ② lamentable

③ potential          ④ reiterant


**51** In 1966, Edward Hall compared the nature of culture to an iceberg. You can see part of an iceberg, but most of the iceberg is below the water and cannot be seen. _____, most aspects of culture are not visible. These invisible aspects are things which we are familiar with but don't usually think about or question.

① After all          ② In contrast

③ Nevertheless      ④ Similarly

## 52 밑줄 친 단어의 의미를 가장 잘 나타낸 것은?

> Edgar Stevens is 80 years old, but he still steps along with the jaunty air he had at 40.

① having a self — confident manner

② looking upon something

③ reserved and serious in manner

④ shaking with a rapid motion

## 53 다음 중 밑줄 친 단어의 쓰임이 적절치 못한 것은?

① Alcohol has a very bad affect on drivers.

② Their opinion will not affect my decision.

③ The incident effected a profound change in her.

④ The new law will be put into effect next month.

## 54 다음 문장의 밑줄 친 곳에 가장 적절한 것은?

> The normally _____ Mr. Robert has said little.

① taciturn              ② reticent

③ quiet                 ④ loquacious

## 55 다음 글의 밑줄 친 단어와 의미가 같은 것은?

> The purpose of environmental water retention areas is to slow down the permeation of water into the soil in order to reduce harmful chemicals reaching the ground water and water ways.

① infiltration          ② evaporation

③ permanent            ④ pregnancy

**56** 글의 문맥상 밑줄 친 단어와 의미가 가장 가까운 것은?

> In ancient Greece athletic festivals were very important and had strong religious associations. The Olympic athletic festival, held every four years in honour of Zeus, eventually lost its local character, became first a national event, and then after the rules against foreign competitors had been <u>waived</u> international.

① controlled　　　　　　　② noticed
③ abolished　　　　　　　④ arranged


※ 밑줄 친 부분과 의미가 가장 가까운 것을 고르시오. 【57~58】

**57** In recent years his relatives tried repeatedly to persuade him to give up his trial. He angrily rebuffed the pleas. Just as his <u>siblings</u> lamented his narrow mind, he certainly despised their ideas.

① friends　　　　　　　② parents
③ supporters　　　　　④ brothers and sisters


**58** The material in the unconscious is not forgotten or dormant. It has been repressed because of anxiety producing nature, but its influence on behavior is <u>pervasive</u>. The unconscious constitutes personality. Much of our behavior is acting out our unconscious fantasies.

① widespread　　　　　　② persuasive
③ perverse　　　　　　　④ negligible


**59** 다음 밑줄 친 propitious의 동의어는?

> The <u>propitious</u> weather gave the farmers assurance of a good crop.

① rainy　　　　　　　② sunny
③ overcast　　　　　④ auspicious

## 60 다음 밑줄 친 categorically의 동의어는?

> I <u>categorically</u> refuse to do anything whatsoever at any time, in any place, with anyone.

① absolutely
② obviously
③ gladly
④ surprisingly

※ 밑줄 친 부분과 의미가 가장 가까운 것을 고르시오. [61~63]

## 61 You can sense it as employers <u>quietly</u> read employee's electronic mail for controlling them.

① silently
② calmly
③ rapidly
④ secretly

## 62 Movie studios often <u>boost</u> a new star with guest appearances on television talk show.

① promote
② watch
③ denounce
④ assault

## 63 In the autumn, the mountain are <u>ablaze</u> with shades of red, yellow, and orange.

① abloom
② inaccessible
③ feasible
④ radiant

**64** 다음 밑줄 친 부분에 들어갈 가장 알맞은 것은?

> Avalanches not only endanger life but they block important avenues of communication and _____ commercial activity.

① deplore
② disguise
③ disrupt
④ implore

**65** 다음 문장의 빈칸에 공통으로 들어갈 알맞은 단어는?

> • Finding a stranger on our doorstep startled me, but the _____ expression on his face told me not to worry.
> • In his usual _____ manner, my neighbor carefully picked up the ant in his kitchen, brought it outside, and gently put it down on the sidewalk.

① arrogant
② benign
③ lucrative
④ mandatory

**66** 다음 글의 밑줄 친 terms와 같은 뜻으로 쓰인 것은?

> The terms culture and society are frequently used interchangeably, and there is usually no great harm in doing so as long as we know what the difference is. In simplest form, we can say that a society is always made up of people ; their culture is the way they behave.

① I am on good terms with him.
② Since our contract is getting near its term, we must negotiate a new one.
③ There are so many technical terms in this book.
④ We are apt to see life in terms of money.

**67** 다음 문장의 밑줄 친 말과 의미가 가장 가까운 것은?

> President Bush knows that a <u>coalition</u> is critical for a military response.

① strong power        ② temporary union

③ quick retaliation      ④ sufficient resource


**68** 다음의 밑줄 친 단어와 의미가 같은 것은?

> <u>Weaving</u> is an art among the Navaho of Arizona and New Mexico.

① Pottery making       ② Jewelry making

③ Doll making          ④ Cloth making


**69** 다음 중 단어의 뜻풀이가 옳지 않은 것은?

① cadre — nucleus of trained personnel

② fetus — unborn animal or human in the womb

③ impeach — accuse or charge with a crime before a tribunal

④ putrid — period when sexual maturity is being reached


**70** 다음 글이 설명하고 있는 것은?

> A painting, drawing, or other pictorial representation of a person usually showing his face

① an image           ② a chest

③ a portrait         ④ a photograph

**71** 다음 중 낱말의 풀이가 옳지 않은 것은?

① identical — same

② notorious — having a social reputation

③ solemn — rousing awe and reverence

④ pathetic — causing a feeling of sadness


**72** 다음 밑줄 친 부분에 가장 알맞은 것은?

Rubber and leather are _____ ; Wood and glass are not.

① attached            ② devastated

③ flexible             ④ simplified


**73** 다음 밑줄 친 부분과 뜻이 같은 것은?

You should have physical exercise to keep you in good health.

① intellectual         ② bodily

③ spiritual            ④ spectacular


**74** 다음 문장의 밑줄 친 말과 의미가 가장 가까운 것은?

When the children go away, I shall miss their cheerful faces.

① He fired but missed.

② The missing papers was found under the desk.

③ He missed his footing, and fell into the pond.

④ She would miss her husband if he should die.

**75** 다음 밑줄 친 부분과 뜻이 같은 것은?

> The car is a basic model with no <u>frills</u> such as cassette player or sunshine roof.

① necessities            ② bargains

③ conveniences       ④ luxuries

---

※ 다음 밑줄 친 부분과 의미가 가장 가까운 것을 고르시오. 【76~78】

**76** France and Britain won a pledge from Washington that it would not abandon its allies as they struggled to <u>extricate</u> their forces.

① send in            ② free

③ defeat            ④ strengthen

**77** The radioactive poisoning of the soil and the vegetation is so heavy that the inhabitants of some districts ought to <u>abstain</u> from using their harvest for food.

① hold themselves back     ② obtain for

③ abort            ④ absorb by

**78** The pupil of human eye <u>dilates</u> when the level of light is low.

① numbs           ② expands

③ reacts            ④ focuses

---

※ 다음 글의 밑줄 친 낱말의 뜻과 가장 가까운 것을 고르시오. 【79~81】

**79** The two drivers — an elderly man and a young man — were instantly killed in the <u>collision</u> that took place last night.

① meeting          ② fight

③ crash            ④ conference

**80** The government officials once seriously considered placing an <u>embargo</u> on foreign textile.

① ban
② limit
③ penalty
④ price

**81** We should admit that life in the Middle Ages was far more <u>precarious</u> than it is now.

① uncomfortable
② insecure
③ tedious
④ monotonous

※ 다음 글의 밑줄 친 곳에 들어갈 가장 알맞은 단어를 고르시오. 【82~87】

**82** On city streets where broken windows have gone _____, the crime rate immediately soars. Why? The broken windows make an announcement to the public : Come and do what you like.

① unrepaired
② unnoticed
③ undetected
④ camouflaged

**83** The high _____ of car accidents on the highway caused serious concern.

① occurrence
② incident
③ occasion
④ coincidence

**84** Around 1476 William Caxton set up a printing press in England, which resulted in a _____ in communication. Printing brought into English the wealth of new thinking that sprang from the European Renaissance.

① disaster
② decrease
③ revolution
④ confusion

**85** The bow is still the primary weapon of many people in Africa and parts of Asia. They use bows and arrows as highly practical _____ devices, especially if the arrows are poisoned.

① lethal                    ② nutritious

③ intractable               ④ blatant


**86** The inhabitants of the Old World are accustomed to finding relics of the past, forgotten treasures, and long-lost _____ of life many decades or centuries old.

① salvation                 ② holocaust

③ remnants                  ④ oblivion


**87** Nine years ago doctors informed me that a benign brain tumor I'd had for more than a decade suddenly had turned malignant. It was _____, they said, and I had maybe three months to live.

① inoperable                ② curable

③ manageable                ④ expensive

## 2　숙어

☞ 정답 및 해설 **P.240**

**1**　다음 문장의 빈칸에 들어갈 가장 알맞은 어구는?

He _____ his fine secretary by leaving all the work to her and doing nothing himself ; I wouldn't put up with him!

① makes a point of　　　　　② loses track of

③ takes advantage of　　　　④ takes a stand on

**2**　다음 밑줄 친 부분에 들어갈 표현으로 가장 적절한 것은?

If you provide me with evidence, I will have it _____ urgently.

① look after　　　　　② looked into

③ look up　　　　　　④ looked up to

**3**　밑줄 친 표현과 의미가 가장 가까운 것은?

We need to <u>iron out</u> a few problems first.

① conceive　　　　　② review

③ solve　　　　　　④ pose

**4** 밑줄 친 ㉠과 ㉡에 공통으로 들어갈 가장 적절한 것은?

> • In Korea, the eldest son tends to ___㉠___ a lot of responsibility.
> • The same words ___㉡___ different meaning when said in different ways.

① take over                          ② take down
③ take on                            ④ take off


**5** 밑줄 친 부분과 의미가 가장 가까운 것은?

> She was sorry to tell her husband that she couldn't keep the appointment. She was up to her eyes in work at that moment.

① interested in                      ② prepared for
③ released from                      ④ preoccupied with


**6** 문맥상 밑줄 친 부분과 뜻이 가장 가까운 것은?

> In today's business climate, you've got to be clever enough to come up with ideas that others haven't thought of yet. Take my friend Mr. Kim, an organic apple farmer. Five years ago, his business wasn't making a profit. It was about to go under. Then organic fruit really caught on. Suddenly it seemed that everyone wanted to buy his organic apples! He then decided to try something new. He set up a mail-order business so his customers could order his apples from home and get them quickly. Sales took off and Mr. Kim made even more money. Now he's thinking about retiring early.

① become popular                     ② break even
③ decrease                           ④ become bankrupt

**7** ㉠, ㉡에 들어갈 표현으로 가장 적절한 것은?

> A : Have you written your term paper yet?
> B : No, but I'll have plenty of time to do it next week.
> A : That's what you said last week and the week before. You can't put it off forever. You should use your free time and do some work.
> B : The truth is, I've ____㉠____ in all my classes and I don't know if I can ever ____㉡____.
> A : I'm sorry. But talking about it won't help at this point.
> B : You're right. I'll start on it tomorrow.
> A : Not tomorrow! Today!

|  | ㉠ | ㉡ |
|---|---|---|
| ① | gone ahead | make up |
| ② | kept leading | cover up |
| ③ | lagged behind | catch up |
| ④ | been enthusiastic | follow up |

**8** 밑줄 친 부분에 들어갈 가장 알맞은 것은?

> The government is now trying to _____ the uprising with the help of some outside forces.

① put down   ② drop by

③ fill up   ④ abide by

**9** 밑줄 친 부분에 들어갈 표현으로 가장 적절한 것은?

> The newly appointed minister said, "No development can ____㉠____ at the cost of people's rights because it is basic and fundamental. So any development will have to first ____㉡____ the people's rights."

|  | ㉠ | ㉡ |
|---|---|---|
| ① | take place | take after |
| ② | take place | take care of |
| ③ | take down | take care of |
| ④ | take down | take after |

## 10  다음 밑줄 친 부분과 의미가 가장 가까운 것을 고르시오.

> David is a very persuasive speaker, but when you examine his arguments, most of them are illogical. They simply don't <u>hold water</u>.

① take sides

② make sense

③ clear the air

④ pick a quarrel

## 11  밑줄 친 부분에 들어갈 표현으로 가장 적절한 것은?

> Chances are that you have regular access to a computer. Online dictionaries can do just about anything regular dictionaries do. Using your Web browser, type in "online dictionaries," and you'll be presented with a wide range of choices. Some of the hardcover dictionaries that you may be familiar with maintain their own online dictionaries, too. Some companies have developed online dictionaries, which are just as good. Once you find one you like using, just add it to your list of "favorites," and you will have easy access to it. These Web sites offer multiple resources (thesauruses, encyclopedias, and quotation guides, to name a few), and you will need to determine which are _____ and which require some membership fee.

① resourceful

② free from faults

③ discharged

④ free of charge

**12** The function of the historian is neither to love the past nor to <u>emancipate</u> himself from the past, but to master and understand it as the key to the understanding of the present.

① free                     ② please

③ invoke                   ④ emulate


**13** A : Why do you have to be so stubborn?

B : I don't know. That's just the way I am.

　I guess <u>I'm just a chip off the old block.</u>

① I'm just like my father

② I'm just in a bad mood

③ I just have confidence in my intuition

④ I just like to have fun with old friends


**14** 다음 밑줄 친 부분에 가장 적절한 것은?

> Before she traveled to Mexico last winter, she needed to _____ her Spanish because she had not practice it since college.

① make up to                ② shun away from

③ come down with            ④ brush up on


**15** 다음 중 밑줄 친 부분과 의미가 가장 가까운 것은?

> Officials at the National Institute of Health say that Severe Acute Respiratory Syndrome(SARS) is spreading and all children under five are <u>at stake</u>.

① safe                      ② at risk

③ free                      ④ immune

**16** 다음 중 문맥상 밑줄 친 부분과 의미가 가장 가까운 것은?

> The Acme Construction Company is having problems. They have been working on a new office building for the last seven months, and everything seems to be going wrong. Earlier, they stopped work on a smaller structure that they had been building so they could take on this job. Now both projects are in jeopardy.

① finish ② share
③ evaluate ④ undertake

**17** 다음 중 문맥상 밑줄 친 부분과 의미가 가장 가까운 것은?

> The latest move to stave off a recession saw another reduction in the interest rates last night — the second cut in only eight days. The Central Bank also indicated that further cuts could be enforced.

① improve ② prevent
③ treat ④ recover from

※ 다음 글의 밑줄 친 부분의 의미로 가장 적절한 것을 고르시오. [18~19]

**18** I can get you off the hook once you are done with this process.

① clean ② free
③ involved ④ exposed

**19** You'd better not say anything to the owner of the building about painting your apartment. If I were you, I'd let sleeping dogs lie. The last time you asked him to do some repairs, he raised your rent.

① be fortunate ② try very hard
③ not make troubles ④ take it or leave it

※ 다음 글의 밑줄 친 부분의 의미로 가장 적절한 것을 고르시오. 【20~21】

**20** In retrospect, I was <u>taken in</u> by the real estate agent who had a fancy manner of talking.

① inspected               ② deceived

③ revered                 ④ amused

**21** The substantial rise in the number of working mothers, whose costs for childcare were not <u>factored into</u> the administration's policymaking, was one of the main reasons that led to the unexpected result at the polls.

① considered in         ② diminished in

③ substituted for        ④ excluded by

**22** 다음 글의 밑줄 친 부분의 의미로 가장 적절한 것은?

> I was vain enough to have ambition of <u>cutting a fine figure</u> in the world.

① getting a handsome child     ② becoming a sculptor

③ making big money         ④ being preeminent

※다음 밑줄 친 숙어와 가장 유사한 뜻을 가진 것을 고르시오. 【23~24】

**23** He <u>collaborated</u> with his son on the English translation of a text on food production.

① put together          ② went together

③ started together       ④ worked together

**24** The store owner <u>got rid of</u> all the lazy employees.

① fired                 ② blamed

③ looked at           ④ condemned

**25** 다음 중 밑줄 친 부분의 단어와 의미가 가장 유사한 것은?

> He reached the age when he can act with impunity.

① with pleasure        ② with composure

③ definitely        ④ without punishment


**26** 다음 중 해석이 옳지 않은 것은?

① give me the green light : 정식으로 허가하다.

② the black sheep : 애물단지

③ red herrings : 관심을 딴 데로 돌리게 하는 것들

④ be in his black books : 그에게 큰 빚을 지고 있다.


**27** 다음 중 ( ) 안에 들어갈 말로 적절한 것은?

> I wish Paul and Ted would forget about their old quarrel. It's time they ( ) and became friend again.

① turned up trumps        ② flew of the handle

③ buried the hatchet        ④ grew on trees


**28** 다음 중 밑줄 친 부분과 같은 뜻으로 옳은 것은?

> I hate having to scrape and save so as to make both ends meet.

① to finish my tasks

② to have just enough money for the things I need

③ to make friends with each other

④ to achieve my ends

**29** 다음 밑줄 친 곳에 공통으로 들어갈 숙어는?

---

- Half through the chapter I stoped, I could not _____ single word.
- Many households, in the neighborhood of the university _____ students, to add to their income.
- I am sorry you are so easy to _____. You ought to know better with all your experience of the trade.

---

① figure out         ② get along

③ pick up           ④ take in


**30** 다음 밑줄 친 말과 바꾸어 쓸 수 있는 것은?

---

After all the delays, we were anxious to <u>make up for</u> lost time.

---

① speed up

② compensate for

③ turn down

④ rule out


**31** 다다음 문장의 밑줄 친 곳에 알맞은 것은?

---

Try to answer your cellular phone on the first ring. Otherwise the caller may _____ and you might miss an important message.

---

① put on          ② call on

③ pick up        ④ hang up

**32** 다음 문장의 밑줄 친 말 중 어색한 것은?

① The match was called off because of bad weather.

② A petition containing 50,000 signatures was handed in at the mayor's office.

③ She was suddenly possessed by an overwhelming jealousy.

④ Most traffic accidents result in drivers' carelessness.


**33** 다음 대화의 빈칸에 들어가기에 어색한 것은?

> A : I've been doing this work for twenty years. I don't like it any more.
> B : It's very understandable that you _____ your job.

① kept up with

② are fed up with

③ are sick and tired of

④ have had enough of


**34** 다음 제시된 문장의 밑줄 친 곳에 공통으로 들어갈 단어는?

> • I am _____ friendly terms with her.
> • You should reflect _____ how to solve that problem.

① to                                    ② on

③ against                               ④ in


**35** 다음 문장의 밑줄 친 부분과 의미가 가장 가까운 것은?

> He seemed to be immune to these emotions.

① be protected against                 ② be likely to

③ be proud of                          ④ be capable of

**36** 다음 각 문장 중에서 밑줄 친 부분의 해석이 옳지 않은 것은?

① Tom's wife seems <u>to be wearing the pants</u> around the house.

→ 집에서 바지를 입다.

② Everybody <u>was in the dark about</u> the firm's financial problem.

→ (문제를) 알지 못했다.

③ Susan <u>left no stone unturned</u> to prevent bankruptcy.

→ 백방으로 노력했다.

④ I insured my house against fire, to <u>be on the safe side</u>.

→ 신중을 기하기 위해

**37** 다음에 제시된 두 문장이 같은 뜻이 되도록 (    ) 안에 들어갈 가장 적절한 것은?

> His reasoning is impressive, but not to the point.
> = His reasoning is impressive, but (    ) of the mark.

① pointless        ② within

③ short        ④ wide

※ 밑줄 친 부분과 의미가 가장 가까운 것을 고르시오. 【38~39】

**38** The foolish dog took his own shadow on the lake for another dog with a piece of meat larger than his own, and <u>let go of</u> his own meat so that he could attack the other dog and get his meat from him. Of course he lost his own meat by this, for it sank to the bottom and he was not able to get it back.

① ignored        ② clutched

③ released        ④ grasped

**39** The couple seemed to be talking calmly, when <u>out of the blue</u> she slapped him in the face.

① all of a sudden

② in no time

③ long before

④ in no way

**40** Choose one word that is closest in meaning to the underlined word.

> With the process of evolution, man <u>broke in</u> some cattle to labor.

① raised

② beat

③ fed

④ tamed

**41** 다음 문장의 밑줄 친 부분과 의미가 가장 가까운 것은?

> The offer was so impractical that the lawyer <u>turned down</u> the case.

① acknowledged

② generated

③ rejected

④ resigned

**42** 다음 문장의 빈칸에 들어갈 가장 알맞은 어구는?

> He _____ his fine secretary by leaving all the work to her and doing nothing himself ; I wouldn't put up with him!

① loses track of

② makes a point of

③ takes a stand on

④ takes advantage of

### 43 다음 문장에서 밑줄 친 곳에 공통으로 들어갈 가장 알맞은 것은?

- She was willing to _____ me through to the man in charge.
- The boy took the radio apart but he was not able to _____ it together again.
- I can't _____ up with his rude actions any longer.
- They tried to _____ up several new buildings in that block.

① take                ② put
③ make             ④ get

### 44 다음 밑줄 친 부분과 의미가 같은 것은?

Many parents in my country <u>bend over backwards</u> to educate their children.

① 앞뒤 분간할 줄 모르다.      ② 역효과를 낸다.
③ 발전은커녕 퇴보한다.       ④ 기를 쓴다.

### 45 다음 밑줄 친 부분과 의미가 같은 것은?

It is a matter <u>of moment</u> to remove the suppression of publication of these obscene books.

① at any moment          ② every moment
③ on the moment         ④ of importance

### 46 다음 밑줄 친 부분과 뜻이 같은 것은?

The hair style has <u>caught on</u> with the girl students.

① been charmed          ② become popular
③ become familiar        ④ been satisfied

**47** 다음 밑줄 친 부분과 의미가 같은 것은?

> The two countries do not seem to <u>see eye to eye</u> on the speed of Korea's financial market-opening.

① convert
② avert
③ hinder
④ agree


**48** 다음 밑줄 친 부분과 가장 비슷한 의미는?

> When I clean a field for sowing, I <u>am all thumbs</u>.

① am clumsy
② am tired
③ am fast
④ am joyful


**49** 다음 문장의 밑줄 친 부분과 의미가 같은 것은?

> I <u>am fed up with</u> seeing the same programs on TV week after week.

① enjoy
② am interested in
③ am bored with
④ am satisfied with


**50** 다음 문장의 밑줄 친 부분과 의미가 가장 가까운 것은?

> The flight F803 <u>reached punctually</u> Kimpo airport today.

① arrived at a time
② entered
③ arrived in time
④ just get to

**51** The name of the man is _____.

① on my head                    ② on the tip of my tongue
③ out of my mind                 ④ at my arm's length

**52** It was agreed that during the period the prisoner _____ the right to see living people and to receive letters and newspapers.

① deprive of                     ② is deprived of
③ will deprive of                ④ would deprive of

**53** In spite of the deep-seated craving _____ love, almost everything else is considered to be more important than love; success, prestige, money, power almost all our energy is used for the learning of how to achieve these aims, and almost none to learn the art of loving.

① of                            ② towards
③ in                            ④ for

※ 다음 중 밑줄 친 부분의 의미와 가장 가까운 것을 고르시오. 【54~63】

**54** He <u>lost his heart</u> when he had failed to win the game.

① was discouraged                ② was surprised
③ were sad                       ④ went mad

**55** He tired to <u>keep down</u> his anger.

① explode                        ② stimulate
③ amuse                          ④ suppress

**56** I could tell this story better if so many people hadn't <u>entered by force</u>.

 ① broken away      ② broken forth

 ③ broken in        ④ broken off


**57** Mary gave him a lighter <u>in token of</u> friendship.

 ① as a sign of      ② in return for

 ③ in terms of       ④ as a result of


**58** He was the only person, I know, who had <u>come to terms with</u> himself and the world around him.

 ① become angry      ② disagreed

 ③ come to cope       ④ come to an agreement


**59** You must <u>look over</u> the contract before you sign it.

 ① examine        ② glance at

 ③ cancel         ④ neglect


**60** Phillip <u>lost his temper</u> and kicked the dog in his garden.

 ① was unhappy      ② became worse

 ③ was too late       ④ became angry


**61** We had to <u>call off</u> the sale because the items didn't arrive on time.

 ① phone         ② cancel

 ③ visit          ④ choose

**62** Nothing must be allowed to <u>interfere with</u> our search for the truth.

① stop
② promote
③ hinder
④ circulate

**63** If you don't <u>stand up for</u> your rights, no one else will do it for you.

① decrease
② cause
③ blame
④ defend

**64** 다음 대화에서 밑줄 친 부분에 가장 알맞은 것은?

> A : Can you _____ with this desk?  I want to move it.
> B : Sure.  Where are you going to put it?

① put up
② give a ring
③ give a ride
④ give me a hand

### 1 문법

☞ 정답 및 해설 P.246

**1** 다음 밑줄 친 부분에 들어갈 가장 적절한 것은?

> A tenth of the automobiles in this district alone _____ stolen last year.

① was
② have been
③ were
④ had been

**2** 어법상 옳은 것은?

① While worked at a hospital, she saw her first air show.
② However weary you may be, you must do the project.
③ One of the exciting games I saw were the World Cup final in 2010
④ It was the main entrance for that she was looking

**3** 다음 두 문장의 뜻이 같게 밑줄 친 부분에 들어갈 알맞은 것은?

> It would have been wiser to leave it unsaid.
> = It would have been wiser _____ it unsaid

① if you had left
② than you left
③ for leaving
④ because you left

**4  다음 문장 중 어법상 옳은 것은?**

① I have successfully completed writing the book three weeks ago.

② No sooner he had gone out than it started raining.

③ I never dreamed of there being a river in the deep forest

④ Most tellers in the banks these days cannot dispense without computers.


**5  다음 중 어법상 옳은 것은?**

① Many a careless walker was killed in the street.

② Each officer must perform their duties efficient.

③ However you may try hard, you cannot carry it out.

④ German shepherd dogs are smart, alert, and loyalty.


**6  어법상 옳은 것은?**

① Few living things are linked together as intimately than bees and flowers.

② My father would not company us to the place where they were staying, but insisted on me going.

③ The situation in Iraq looked so serious that it seemed as if the Third World War might break out at any time.

④ According to a recent report, the number of sugar that Americans consume does not vary significantly from year to year.


**7  밑줄 친 부분 중 어법상 옳지 않은 것은?**

Noise pollution ①is different from other forms of pollution in ②a number of ways. Noise is transient: once the pollution stops, the environment is free of it. This is not the case with air pollution, for example. We can measure the amount of chemicals ③introduced into the air, ④whereas is extremely difficult to monitor cumulative exposure to noise.

**8** 어법상 옳지 않은 것은?

① George has not completed the assignment yet, and Mark hasn't either.

② My sister was upset last night because she had to do too many homeworks.

③ If he had taken more money out of the bank, he could have bought the shoes.

④ It was so quiet in the room that I could hear the leaves being blown off the trees outside.


**9** 밑줄 친 부분이 어법상 옳지 않은 것은?

Most children shift ㉠adaptively between two general strategies for managing emotion. In problem-centered coping, they appraise the situation ㉡as changeable, identify the difficulty, and decide ㉢what to do about it. If this does not work, they engage in ㉣emotional centered coping, ㉤that is internal and private.

① ㉠ ㉡

② ㉢ ㉣

③ ㉣ ㉤

④ ㉡ ㉣


**10** 밑줄 친 부분 중 어법상 옳지 않은 것은?

A man who ①shoplifted from the Woolworth's store in Shanton in 1952 recently sent the shop an anonymous letter of apology. In it, he said, "I ②have been guilt-ridden all these days." The item he ③stole was a two dollar toy. He enclosed a money order ④paid back the two dollars with interest.

**11** 다음 중 어법상 옳은 것은?

① She felt that she was good swimmer as he was, if not better.

② This phenomenon has described so often as to need no further clichés on the subject.

③ What surprised us most was the fact that he said that he had hardly never arrived at work late.

④ Even before Mr. Kay announced his movement to another company, the manager insisted that we begin advertising for a new accountant.


**12** 어법상 옳은 것을 고르시오.

① If I had followed your advice, I would be very healthy now.

② I felt such nervous that I couldn't concentrate on my work.

③ John became great by allowing himself learn from mistakes.

④ Tom moved to Chicago, which he worked for Louis Sullivan.


**13** 다음 글의 밑줄 친 부분이 어법상 바르지 않은 것은?

Code talkers was a term used to describe people ①who talk using a coded language. It is frequently used to describe Native Americans who served in the United States Marine Corps ②which primary job was the transmission of secret tactical messages. Code talkers transmitted these messages over military telephone or radio communications nets ③using formal or informally developed codes built upon their native languages. Their service was very valuable because it enhanced the communications security of vital front line operations ④during World War II.

① who                          ② which

③ using                       ④ during

**14** (A), (B), (C)의 각 괄호 안에서 어법에 맞는 표현으로 가장 적절한 것은?

A natural habitat can change for natural reasons or unnatural reasons. As regards to the former, climate change is a major possibility. Natural grasslands are the result of a specific set of climatic characteristics. So if those climatic factors change, you would expect grasslands (A)[change / to change], too. Now ample evidence exists of climate change in Africa. But the nature and extent of it is insufficient to explain the wholesale disappearance of grasslands over the wide area (B)[indicated / indicating] on the map. So climate is not the culprit. Instead, the fault lies elsewhere and mainly (C)[take / takes] the form of human beings.

|  | (A) | (B) | (C) |
|---|---|---|---|
| ① | change | — indicated | — take |
| ② | change | — indicating | — takes |
| ③ | to change | — indicated | — take |
| ④ | to change | — indicated | — takes |

**15** 다음 글에서 밑줄 친 부분 중 어법상 틀린 것은?

The works of discovery in every age ①shape – and shake up – the thinking of the whole literate community. And this effect has multiplied with the rise of democracy and literacy. The familiar example, of course, is ②how the works of Copernicus(1473–1543) and his followers disturbed Western culture with the realization that the earth was no longer the center. More ③recently examples are the impact of Darwinian biology and Freudian psychology. Nowadays, the space sciences, arcane and specialized ④though they have become, continue to have a profound and wide influence on the whole community's thinking.

**16** 다음 글에서 밑줄 친 부분 중 어법상 어색한 것은?

It is common these days to eat a healthy and balanced diet. This means watching ① <u>what</u> you eat. A variety of foods are great for maintaining a good body. Of course, the healthier your body, ② <u>the less</u> likely you are to encounter disease. Most people who become overweight or get heart attacks are unhealthy ③ <u>because</u> they eat too much food with the wrong types of fat. Therefore, the best way to avoid problems ④ <u>are</u> to eat the right balance of meat, fish, vegetables and dairy products.

**17** 다음 글의 밑줄 친 부분 중 어법상 바르지 않은 것은?

One of your greatest mental powers ① <u>is</u> imagination. You can visualize anything you want and you can embellish and exaggerate your imagery as ② <u>much</u> as you want. For example, you could imagine the free fatty acids ③ <u>being burned</u> for energy in the "cellular powerhouse" — the mitochondria — and you could imagine the mitochondria as a fiery furnace... "incinerating" the fat! I think it's a pretty cool idea to "see" your fat cells shrinking and ④ <u>visualizing</u> your body as a "fat burning furnace".

① is
② much
③ being burned
④ visualizing

**18** 다음 글에서 밑줄 친 부분 중 어법상 틀린 것은?

We solve problems every day. For a computer to solve a problem, not only must the solution ① <u>be</u> very detailed, it must be written in a form the computer can understand. An algorithm is a procedure for solving a problem. It is a step-by-step set of instructions that, if ② <u>carried out</u>, exactly solves the problem. While a computer follows instructions very rapidly, it does only and exactly what it ③ <u>tells</u>. Algorithm are used to ④ <u>design</u> these very specific instructions.

**19** 다음 중 어법상 옳은 것은?

① She objects to be asked out by people at work.
② I have no idea where is the nearest bank around here.
③ Tom, one of my best friends, were born in April 4th, 1985.
④ Had they followed my order, they would not have been punished.

**20** 밑줄 친 부분 중 어법상 옳지 않은 것은?

The Aztecs believed that chocolate ①made people intelligent. Today, we do not believe this. But chocolate has a special chemical ②calling phenylethylamine. This is the same chemical ③the body makes when a person is in love. Which do you prefer — ④eating chocolate or being in love?

※ 밑줄 친 부분 중 어법상 옳지 않은 것을 고르시오. [21~22]

**21** Yesterday at the swimming pool everything seemed ①to go wrong. Soon after I arrived, I sat on my sunglasses and broke them. But my worst moment came when I decided to climb up to the high diving tower to see ②how the view was like. ③Once I was up there, I realized that my friends were looking at me because they thought I was going to dive. I decided I was too afraid to dive from that height. So I climbed down the ladder, feeling very ④embarrassed.

**22** Chile is a Latin American country ①where throughout most of the twentieth century ②was marked by a relatively advanced liberal democracy on the one hand and only moderate economic growth, ③which forced it to become a food importer, ④on the other.

**23** 다음 중 어법상 올바른 문장은?

① I never dreamed of there being a river in the deep forest.

② No sooner he had gone out than it started raining.

③ Most tellers in the banks these days cannot dispense without computers.

④ I have successfully completed writing the book three weeks ago.


**24** 다음 중 어법에 맞는 문장은?

① It is stupid for him to make that mistake.

② We arranged for a car to collect us from the airport.

③ I have some money to be used.

④ We noticed them to come in.


**25** 다음 문장 중 어법상 옳지 않은 것은?

① Everything changed afterwards we left home.

② At the moment, she's working as an assistant in a bookstore.

③ I'm going to train hard until the marathon and then I'll relax.

④ This beautiful photo album is the perfect gift for a newly-married couple.


**26** 다음 문장 중 어법상 옳지 않은 것은?

① He is leaving for China next Friday.

② The weather has been nasty for half a month.

③ I have not walked a mile before it began to rain.

④ I will have read this book four times if I read it once again.

**27** 밑줄 친 부분 중 어법상 옳지 않은 것은?

①In the mid 1990s, ②it was estimated that 9 million Americans ③were planning a summer vacation alone. Since then, the number of solo travelers ④have increased.


**28** 어법상 밑줄 친 곳에 가장 적절한 것은?

Our failure to provide full security to the American people has shaken the nation devastated by this terrible carnage and has stunned the whole world. It is high time that we _____ our foreign policy in the Middle East.

① have reviewed                    ② review
③ reviewed                         ④ are reviewed


**29** 다음 글의 밑줄 친 부분 중 어법상 옳지 않은 것은?

Younger students ⓐwho participated in the survey ⓑsponsored by a weekly magazine turned out ⓒto be less concerned about the serious problems of homeless people ⓓas the older students were.

① ⓐ who                            ② ⓑ sponsored
③ ⓒ to be                          ④ ⓓ as


**30** 다음 밑줄 친 부분 중 어법상 가장 어색한 것은?

①As decision-making reached higher levels, half the harvests of the world ②was bought and sold in political and financial ③deals which ignored the fact ④that food was grown to be eaten.

※ 다음 글의 빈칸에 들어갈 말로 가장 적절한 것을 고르시오. 【31~34】

**31** There are as many explanations as to what causes hiccups as there are _____.

① which they tell how to be rid of
② which they tell how to be rid of them
③ which tell how to be rid of
④ which tell how to be rid of them

**32** I couldn't find any vegetables in the refrigerator, which means my wife must have forgotten _____ some on her way home.

① buy
② buying
③ to buy
④ to have bought

**33** The third-person approach is _____ in academic writing.

① the most point common view of by far
② the most by far common point of view
③ by far the most common view of point
④ by far the most common point of view

**34** She seldom goes to the movies, _____ ?

① is she
② dose she
③ isn't she
④ can't she

**35** 밑줄 친 부분 중 어법상 옳지 않은 것은?

John took ①carefully notes ②of all the presentations throughout the conference, ③to be able to refer to ④them later.

**36** Choose the part which should be corrected or rewritten in order for the sentence to be grammatical.

> Many students assume (A) <u>that</u> textbook writers restrict themselves to fact avoid (B) <u>to present opinions</u>. Although (C) <u>that</u> may be true for some science texts, (D) <u>it's not true for</u> textbooks in general, particularly in the areas of psychology, history, and government.

① (A)　　　　　　　　　　② (B)

③ (C)　　　　　　　　　　④ (D)


**37** Choose the one underlined word of phrase that needs to be corrected of rewritten.

> The alarming ①<u>increase in</u> childhood obesity rates ②<u>has galvanized</u> parents and schools ③<u>across the nation</u> to find ④<u>ways improve</u> children's diets and health, and we hope our report will assist that effort.


※ 다음 중 문법적으로 어색한 것을 고르시오. 【38~39】

**38** ①<u>On the day of surgery</u>, ②<u>a few minutes</u> before my wife went into the operating room, a physician's assistant demanded that ③<u>she signed a consent form</u> for the surgery she did not want. ④<u>When she refused</u>, the anesthesiologist threatened to cancel the operation.


**39** Moreover, lawmakers have so many other issues to ①<u>deal</u> during the remainder of the 20-day inspection. Foremost among them are deteriorating economic conditions, ②<u>ranging</u> from slowing growth and the ③<u>worsening</u> job market to property bubbles and wilting entrepreneurship. Lawmakers would ④<u>earn</u> our praise if they drew public attention to those pressing issues and present alternatives to failing government policies.

## 40 다음 밑줄 친 부분 중 문법적으로 어색한 부분은?

Toy - related injuries for last year ①are estimated at about two million. This is bad news, but, there is good news. Part of good news is that this estimate was about one percent less than ②those for the previous year. The other good news is that ③less than three percent of these injuries required emergency room visits. However, ④this would suggest millions of these injuries were serious.

## 41 다음 문장에서 어법상 옳지 않은 부분은?

Companies ①lose billions of dollars each year ②due to employees suffering ③from illnesses ④bringing on by stress.

## 42 다음 대화 중 어법상 틀리거나 문법적으로 잘못된 것은?

① A : When have you come back from your trip?

② B : Two days ago.

③ A : How was the trip? Did you enjoy every moment of it?

④ B : Of course. I did.

## 43 다음 글에서 문법적으로 틀리거나 어색한 것은?

①There are hundreds of studies showing that how parents treat their children has deep and lasting consequences for the child's emotional life. ②Only recently there have been hard data showing that having emotionally intelligent parents is itself of enormous benefit to a child. ③The ways a couple handles their own feelings give powerful lessons to their children, who are astute learners, attuned to the subtlest emotional exchanges in the family. Those couples ④who are more emotionally competent in the marriage are also the most effective in helping their children with their emotional ups and downs.

**44** 다음 중 어법상 옳지 않은 것은?

① He is the only person that she thinks can be called a gentleman.

② Her skirt, though expensive, didn't become her.

③ She seldom, if ever, goes to her parent's house.

④ It was John that he met her in the restaurant last night.


**45** 다음 문장의 밑줄 친 부분의 표현이 어법상 부적절한 것은?

① He gave me a check <u>instead of cash</u>.

② <u>In spite of all his exertions</u>, he failed the test.

③ <u>In the case of rain</u>, the athletic meeting will be postponed.

④ <u>Because of</u> an advance in the cost of living, salary raise is needed.


**46** 다음 문장 중 어법상 옳지 않은 것은?

① I never see her without being reminded of my mother.

② They were on the verge to leave the summer resort.

③ It is needless to say that diligence wins in the end.

④ I just hate the thought of doing just one thing throughout the day.


**47** 다음 (    ) 안에 들어갈 단어를 차례대로 짝지은 것으로 가장 올바른 것은?

---

- You must take care (    ) you should catch cold.
- (    ) you have no objection, I will come tomorrow.
- My teacher's remark, strange (    ) it may seem, encouraged me.

---

① of − Unless − however

② but − Unless − as

③ that − If − how

④ lest − If − as

**48** 다음 글의 밑줄 친 부분이 어법상 옳지 않은 것은?

> ⓐNot content with having given to the jackal and the vulture, ⓑthe roles of being the scavengers of the America bush, Nature seems ⓒto have gone out of her way also to make them ⓓlooked as unattractive as possible.

① ⓐ          ② ⓑ

③ ⓒ          ④ ⓓ

**49** 다음 글의 ⓐ, ⓑ의 각 밑줄 친 곳에서 가장 적절한 표현을 차례대로 짝지은 것은?

> ingerprints left at the scene of a crime ⓐis / are detected in various ways. Many of them are visible and can be photographed as soon as sighted. But some fingerprints are barely visible. If ⓑleaving / left on a dark surface, a white dusting powder is used on light surfaces. Often prints may be found on textiles such as bed clothes or shirts. In order to make such prints visible, the cloth is put into a chemical solution that turns the print brown.

① ⓐis — ⓑleaving

② ⓐis — ⓑleft

③ ⓐare — ⓑleaving

④ ⓐare — ⓑleft

**50** 다음 문장 중 어법상 옳은 것은?

① When have you read the news?

② He employed a man he thought was diligent.

③ The garden is all wet ; it must rain last night.

④ While waiting, I began to feel strangely nervous.

**51** 다음 중 ( ) 안에 알맞은 것은?

> Flight 1029 ( ) for Seoul will begin boarding immediately at gate.

① departed          ② departures
③ arriving          ④ departing


**52** 다음 문장의 밑줄 친 부분 중에서 문법적으로 옳지 않은 것은?

> ①Written in the 1910s, the nature writer Ernest N. Seton estimated ②that by the end of the 18th century the ③original population of buffalo in North America ④had been 75 million.


**53** 다음 문장 중 어법상 옳지 않은 것은?

① He is impossible for us to persuade.
② English is difficult for us to master in a year or two.
③ Mary was good to leave the place immediately.
④ It is easy that we convince him.


**54** 다음 중에서 어법상 옳은 것은?

① There are so many guests for me to speak to them all.
② The Library facilities will be available in more ten minutes.
③ How long do you think it will take finishing the job?
④ It would be wiser to leave it unsaid.

**55** 다음 문장의 밑줄 친 부분 중에서 문법적으로 옳지 않은 것은?

The population ①of the world has increased ②more significant in modern times than ③in all other ages of ④history combined.

**56** 다음 짝지어진 두 문장의 연결이 어법상 옳지 않은 것은?

① You have only to do your best.
= All that you should do is to do your best.
② Experimenting with chemicals, he is very attentive.
= Experimenting with chemicals, he is all attention.
③ She comes to see me once in six days.
= She comes to see me every sixth days.
④ The matters don't concern me.
= I have nothing to do with the matters.

**57** 다음 중 어법상 옳은 문장은?

① The higher the tree is, the stronger is the wind.
② The population of Seoul is very larger than that of London.
③ They wouldn't let me to attend the anniversary.
④ This book is worth to read carefully.

**58** 다음 중 어법상 옳지 않은 것은?

① The soldiers advanced slowly.
② Mr. Kim asked Jane to repeat herself.
③ The salary was sufficient enough for his needs.
④ She seems to have been a beauty in her days.

※ 다음 문장에서 문법적으로 옳지 않은 부분을 고르시오. 【59~60】

**59** One of Thornton Wilder's ①<u>work</u>, The matchmaker, ②<u>was made</u> into a motion picture ③<u>in 1958</u> and was adapted in 1964 ④<u>as the musical</u> comedy Hello Dolly!

**60** ①<u>I listened</u> very carefully to the president's ②<u>saying</u>, but I ③<u>still couldn't</u> understand exactly what he ④<u>meant</u>.

**61** 다음 문장에서 문법적으로 옳지 않은 부분은?

> There ⓐ<u>are</u> many organizations ⓑ<u>which</u> purpose is ⓒ<u>to</u> help ⓓ<u>endangered</u> animals.

① ⓐ        ② ⓑ
③ ⓒ        ④ ⓓ

**62** 밑줄 친 부분 중 가장 어색한 것은?

> ⓐ<u>I wish</u> ⓑ<u>I have studied</u> harder ⓒ<u>while</u> I was young. In other words, I regret ⓓ<u>not having studied</u> harder.

① ⓐ        ② ⓑ
③ ⓒ        ④ ⓓ

**63** 다음 문장 중 어법상 어색한 것은?

① The refugees had neither food nor shelter.
② Brave man as he was, he hesitated to do it.
③ Do what you are told, or you will be punished.
④ Though she has never been either to England or America, she is good at English.

## 64 다음 글에서 밑줄 친 부분 중 어법상 옳지 않은 것은?

There are about 10,000,000 children under five years old who need care while their mothers work. ①Relatives care for about half of these preschool children. The other half ②is looking after by people outside of the family. Some working mothers hire baby-sitters ③to come into their homes. However, this choice is ④too expensive for many people.

## 65 다음 글의 밑줄 친 부분 중 문법적으로 옳지 않은 것은?

To be sure, human beings have turned almost every technological advance to the service of the destructive impulse. But mankind ⓐhas already brought war — making powers to the point ⓑwhich civilization can be destroyed in a day. We can't save ourselves in this respect ⓒby banning robots. All over the world, people fear war, and this general fear, which grows yearly, ⓓmay succeed in putting an end to war — in which case there will be no warrior robots.

① ⓐ          ② ⓑ

③ ⓒ          ④ ⓓ

## ※ 다음 밑줄 친 부분에 알맞은 것을 고르시오. 【66~69】

## 66 They have been _____ the question for several months.

① considering          ② mentioning about

③ considering about          ④ discussing about

## 67 _____ for the money, I could not have bought that book.

① Had it not been          ② Were it not

③ Without          ④ It had not been

**68** He won a _____ race.

① ten-mile                ② ten-miles'

③ ten-miles               ④ ten-mile's


**69** Although he doesn't like most sports, he _____.

① enjoys swimming and golfing

② likes to swim and a golfer

③ becomes a swimmer

④ is a swimming and golfs


※ 다음 밑줄 친 부분이 문법적으로 옳지 않은 것을 고르시오. 【70~79】

**70** Bill was very ①much interested ②in those ladies ③whom he found were ④ dressed in green.


**71** The clerk ①murdered ②his boss and later ③made an attempt to murder ④his wife.


**72** ①Entering the gallery, my attention ②was ③at once drawn to the ④large picture in the corner.


**73** ①If it does occurred to the Greeks ②to distinguish between a person's "inside" and "outside", ③they still expected that ④inner beauty would be matched by beauty of the other kind.

**74** ①In order to get married in this state, one ②must present a medical report ③ along with ④your identification.

**75** This book is ①too elementary : it ②can help ③neither you nor ④I.

**76** I ①have read these two novels. They are ②both excellent, ③but this one is ④ best.

**77** Mrs. Lee is ①on the phone ②at the moment, but she will be ③with you ④short.

**78** What ① surprised me ② was the fact that he had never ③ scarcely arrived at work ④ late.

**79** It was ① so good milk that we couldn't stop ② drinking ③ it and we ④ emptied the whole bottle.

## 2 구문

☞ 정답 및 해설 **P.256**

**1** 우리말을 영어로 잘못 옮긴 것은?

① 나이가 들어가면 들어갈수록 그만큼 더 외국어 공부하기가 어려워진다.
→The older you grow, the more difficult it becomes to learn a foreign language.

② 우리가 가지고 있는 학식이란 기껏해야 우리가 모르고 있는 것과 비교할 때 지극히 작은 것이다.
→The learning and knowledge that we have is at the least but little compared with that of which we are ignorant.

③ 인생의 비밀은 좋아하는 것을 하는 것이 아니라 해야 할 것을 좋아하도록 시도하는 것이다.
→The secret of life is not to do what one likes, but to try to like what one has to do.

④ 이 세상에서 당신이 소유하고 있는 것은 당신이 죽을 때 다른 누군가에게 가지만, 당신의 인격은 영원히 당신의 것일 것이다.
→What you possess in this world will go to someone else when you die, but your personality will be yours forever.

**2** 우리말을 영어로 옮긴 것으로 가장 적절한 것은?

① 그들이 10년간 살았던 집이 폭풍에 심하게 손상되었다.
→The house which they have lived for 10 years badly damaged by the storm.

② 수학 시험에 실패했을 때에서야 그는 공부를 열심히 하기로 결심했다.
→It was not until when he failed the math test that he decided to study hard.

③ 냉장고에 먹을 것이 하나도 남아있지 않아서, 어젯밤에 우리는 외식을 해야 했다.
→We had nothing to eat left in the refrigerator, we had to eat out last night.

④ 우리는 운이 좋게도 그랜드캐넌을 방문했는데, 거기에는 경치가 아름다운 곳이 많다.
→We were enough fortunate to visit the Grand Canyon, that has much beautiful landscape.

**3** 밑줄 친 부분에 들어갈 가장 적절한 것은?

> Americans have ambivalent feelings about neighbors. This ambivalence reflects the tension we feel over our loyalties to group and to self and which of the two takes precedence. In other cultures, the group clearly takes precedence. _____, in the United States, we draw boundaries around individuals and circumscribe their "space". We conceptualize this space as privacy which protects the individual from the outside and from others. It is a concept that many foreigners find odd, even offensive. But again, it is the individual that is valued over the group, whether that group is a family, corporation, or community.

① For example　　　　　　　　② Therefore

③ However　　　　　　　　　④ Consequently

**4** 밑줄 친 부분에 들어갈 가장 적절한 단어는?

> Americans already lost millions of dollars when the stock market _____, and that was even before the general financial crisis started.

① took a nosedive　　　　　　② hit the ceiling

③ came in handy　　　　　　　④ stood on their own feet

**5** 빈칸에 알맞은 문장을 고르시오.

> Having been selected to represent the Association of Korean Dancers at the Annual Convention, _____.

① given a short acceptance speech

② she gave a short acceptance speech

③ a speech had to be given by her

④ the members congratulated her

**6** 다음 문장 중 어법상 옳지 않은 것은?

① Columbus proved that the earth was round.

② My parents kept on encouraging me to study.

③ Please remember to put out the cat before you go to bed.

④ The hotel has been closed for many years.


**7** 다음 문장 중 어법상 옳지 않은 것은?

① It is foolish for you to do such a thing.

② He ordered that it be done at once.

③ I was really amazed when I was offered the job.

④ The heavy rain kept them from going on a picnic.


**8** 다음 글의 빈칸에 들어갈 말로 가장 적절한 것은?

> The purpose of a comparison or contrast essay is to make a point by showing readers that two distinct items are either similar or different. _____ depends on the specific point you want to convey to readers.

① Choose to compare or contrast two items

② Whether you choose to compare or contrast two items

③ What to compare or contrast two items

④ Which two items are to compare and contrast


**9** 다음 중 문장의 뜻풀이가 잘못된 것은?

① John is as hard as nails. →John has no sympathy for others.

② Her ideas are off the wall. →Her ideas are informal or eccentric.

③ She has a heart of gold. →She is very mean and greedy.

④ He's a really top-notch administrator. →He is the very best administrator.

**10** 밑줄 친 부분 중 어법상 옳지 않은 것은?

In Rome, Italy, a store burglary suspect, when ① caught in a store after closing hours, ② explained the police that he suffered from a desire to sleep constantly and had fallen asleep inside the store. ③ To prove his point, he ④ kept falling asleep during police questioning.


**11** 다음 중 어법상 옳지 않은 것은?

① Since the poets and philosophers discovered the unconscious ② before him, ③ that Freud discovered was the scientific method ④ by which the unconscious can be studied.


**12** 다음 밑줄 친 부분에 가장 어울리는 것은?

The Pacific is the deepest ocean, with _____ at more profound depths than any other ocean.

① a bottom area more than　　② most of the bottom

③ more bottom area　　④ a bottom are


**13** 다음 문장의 밑줄 친 부분에 들어갈 가장 적당한 것은?

A few days later, it was Cedric's eighth birthday, and there was a big party at the castle. All the Earl's relatives were present. So _____ the people of Earl's Court, including Mr. Hoggins and his family.

① did　　② had

③ would　　④ were

## 14 다음 문장을 가장 잘 설명한 것은?

> He is not so much a scholar as a writer.

① He is neither a scholar nor a writer.
② He is both a scholar and a writer.
③ He is not a writer but a scholar.
④ He is more a writer than a scholar.

※ 다음 밑줄 친 곳에 알맞은 것을 고르시오. 【15~23】

## 15 _____ of caffeine can result in restlessness, insomnia, and even delirium.

① The consumption excessive
② Excessive consumption
③ Consuming in excess
④ To consume excessively

## 16 I think my answer on the exam was _____.

① best beyond all the choices
② the possible best choice
③ the better of all choices
④ the best possible choice

## 17 In my high school days I was so lazy. I _____ hard.

① would not have studied
② may not study
③ could study
④ should have studied

**18** During a thunder and lightning storm, one is fairly safe indoors. But since a chimney rises unprotected above the roof, it is more likely to be struck by the lightning than are other parts of the house. It is therefore wise to _____.

① close all doors and windows

② keep away from open fire-places

③ avoid open places

④ be indifferent to weather conditions

**19** _____ as an important factor in improving mental and physical health.

① Exercise being recognized

② By recognizing exercise

③ Recognition of exercise

④ Exercise is recognized

**20** _____, I would be surprised.

① If he were to win the game

② If he was to win the game

③ If he wins the game

④ If he will win the game

**21** I heard some European Americans _____ exploitative Japanese merchants for ruining peaceful race relations for everyone else.

① to rail for          ② railing against

③ to rail against       ④ railing for

**22** _____ the advertisement, the restaurant refused to give out free dessert to its customers.

① In spite of
② Although
③ Whereas
④ Despite of

**23** When I arrived in Seoul, I didn't have any money. I'm lucky _____ a job as quickly as I did.

① to found
② to find
③ to have found
④ I was found

※ 다음 밑줄 친 부분을 바르게 고친 것을 고르시오. [24~29]

**24** In the six months since the truce was declared, <u>several minor skirmishes occurring along the border</u>.

① No error
② several minor skirmishes breaking out along the border
③ along the border there has been several minor skirmishes
④ there have been several minor skirmishes along the border

**25** <u>If I would have realized how much</u> the music disturbed her, I would have turned the volume down.

① No error
② If I realize how much
③ Had I realized how much
④ When I had realized how much

**26** He handwrote his application sloppily and filled with spelling errors.

① No error

② His application was handwritten sloppy and filled with spelling errors.

③ His application was sloppily handwritten and filled with spelling errors.

④ He handwrote his application, it was sloppy and filled with spelling errors.


**27** The road test for a driver's license measures a person's knowledge of traffic rules and <u>their skill in handling</u> an automobile.

① No error

② skill in handling

③ their skill to handle

④ their skilled handling of


**28** The desire for public acclaim and recognition is universal, <u>yet it is rarely achieved</u>.

① No error

② yet it is achieved rarely

③ yet it is rarely satisfying

④ yet it is difficult to achieve


**29** I have <u>no interest nor time</u> to listen to their ceaseless complaints.

① No error

② no interest or time

③ no interest in nor time

④ no interest nor time either

CHAPTER
03

# 영작 및 생활영어

## 1  영작

☞ 정답 및 해설 P.260

**1**  우리말을 영어로 잘못 옮긴 것은?

① 나이가 들어가면 들어갈수록 그만큼 더 외국어 공부하기가 어려워진다.

→The older you grow, the more difficult it become to learn foreign language.

② 우리가 가지고 있는 학식이란 기껏해야 우리가 모르고 있는 것과 비교할 때 지극히 작은 것이다.

→The learning and knowledge that we have is at the least but little compared with that of which we are ignorant.

③ 인생의 비밀은 좋아하는 것을 하는 것이 아니라 해야 할 것을 좋아하도록 시도하는 것이다.

→The secret of life is not to do what one likes, but to try to like what one has to do.

④ 이 세상에서 당신이 소유하고 있는 것은 당신이 죽을 때 다른 누군가에게 가지만, 당신의 인격은 영원히 당신의 것일 것이다.

→What you possess in this world will go to someone else when you die, but your personality will be yours forever.

**2**  밑줄 친 문장을 영어로 가장 적절히 옮긴 것은?

China's government has talked about introducing a fully fledged tax on home ownership since 2003. What has stopped it? The logistical barriers should not be underestimated. <u>정부는 누가 무엇을 소유하고 있는지, 또한 자산의 가치가 얼마인지 규명해야 한다.</u> Fair valuations need expertise and independent judgment—both in short supply in China.

① The government must estimate who has which and how much properties.

② The government must clarify who owns what and what a property is worth.

③ The government should decide whose property and what amount to tax.

④ The government had to find out the ownership and valuation of properties.


**3**  우리말을 영어로 가장 잘 옮긴 문장은?

① 그는 제인이 제안한 대안이 실효성이 없을 것이라고 굳게 믿고 있다.

　→He strongly believes that the alternatives had been offered by Jane won't work.

② 히틀러가 다른 유럽국가를 침략하지 않았다면 2차세계 대전은 일어나지 않았을 것이다.

　→If Hitler hadn't invaded other European countries, World War II might not take place.

③ 나는 커튼 뒤에 숨어서 그림자가 다시 나타나기를 기다렸다.

　→Hiding behind the curtain, I waited the shadow to reappear.

④ 탐은 자기 생각을 영어보다 러시아어로 표현하는 것이 훨씬 쉽다고 한다.

　→Tom says that it is much easier for him to express his thoughts in Russian than in English.


**4**  우리말을 영어로 잘못 옮긴 것을 고르시오.

① 어제 눈이 많이 와서 많은 사람들이 길에서 미끄러졌다.

　→ We had much snow yesterday, which caused lots of people slip on the road.

② 그 협정들은 작년 회의에서 합의된 것이다.

　→ The arrangements were agreed on at the meeting last year.

③ 나는 트럭이 가까이 다가오는 것을 보고 겁에 질렸다.

　→ I got scared when I saw the truck closing up on me.

④ 나는 뒤돌아보지 않고 앞문으로 걸어 나갔다.

　→ I walked out of the front door without looking back.

**5** 우리말을 영어로 잘못 옮긴 것을 고르시오.

① 예산이 빡빡해서 나는 15달러밖에 쓸 수가 없다.

→ I am on a tight budget so that I have only fifteen dollars to spend.

② 그의 최근 영화는 이전 작품들보다 훨씬 더 지루하다.

→ His latest film is far more boring than his previous ones.

③ 우리 회사 모든 구성원의 이름을 기억하다니 그는 생각이 깊군요.

→ It's thoughtful of him to remember the names of every member in our firm.

④ 현관 열쇠를 잃어버려서 안으로 들어가기 위해 나는 벽돌로 유리창을 깼다.

→ I'd lost my front door key, and I had to smash a window by a brick to get in.


**6** 우리말을 영어로 잘못 옮긴 것은?

① 그는 마치 자신이 미국 사람인 것처럼 유창하게 영어로 말한다.

→ He speaks English fluently as if he were an American.

② 우리 실패하면 어떻게 하지?

→ What if we should fail?

③ 만일 내일 비가 온다면, 나는 그냥 집에 있겠다.

→ If it rains tomorrow, I'll just stay at home.

④ 뉴턴이 없었다면 중력법칙은 발견되지 않았을 것이다.

→ If it was not for Newton, the law of gravitation would not be discovered.


**7** 다음 우리말을 영어로 가장 잘 옮긴 것은?

> 그 회사의 마케팅 전략은 대금을 신용카드로 지불하는 것에 익숙한 소비자들을 겨냥하고 있다.

① The company's marketing strategy appeals to the consumers who are accustomed to pay bills by credit cards.

② Company's marketing strategy points toward the consumers who accustom to paying bills by credit cards.

③ The company's marketing strategy appeals to the consumers who are accustomed to paying bills by credit cards.

④ Company's marketing strategy point toward the consumers who accustom to pay bills by credit cards.

## 8 우리말을 영어로 잘못 옮긴 것은?

① 매일 아침 공복에 한 숟갈씩 먹어라.
→ Take a spoonful on an empty stomach every morning.
② 그 그룹은 10명으로 구성되었다.
→ The group was consisted of ten people.
③ 그는 수업에 3일 연속 지각했다.
→ He has been late for the class three days in a row.
④ 그는 어렸을 때 부모님의 말씀에 늘 따랐다.
→ He obeyed his parents all the time when he was young.


## 9 다음 우리말을 영어로 옮긴 것으로 가장 적절한 것은?

> 그녀가 나한테 전화했을 때 비로소 그녀가 사무실에 없다는 것을 나는 알았다.

① I did not realize that she was in her office even when she called me.
② She called and told me that she was not in her office.
③ I had not realized she was not in her office until she called me.
④ She did call me in order to let me know that she was not in her office.


## 10 주어진 우리말을 영어로 가장 잘 옮긴 것은?

> 폭설로 인해 열차가 많이 늦어져서 자정까지 집에 도착할 수 있을지 걱정이 되었다.

① The heavy snow delayed my train a lot, and I was worrying about my arrival at home until midnight.
② The heavy snow delayed the train so much that I felt worried about whether I could get home by midnight.
③ The train was very late thanks to the heavy snow, I felt worrying whether I could arrive home in the midnight.
④ As the train had been long delayed owing to the heavy snow, I felt worrying about whether I could get home till midnight.

**11**  다음 우리말을 영어로 옮긴 것으로 가장 옳은 것은?

> 우리가 작년에 그 아파트를 구입했었더라면 얼마나 좋을까.

① I wish we purchased the apartment last year.
② I wished we purchased the apartment last year.
③ I wish we had purchased the apartment last year.
④ I wished we had purchased the apartment last year.

**12**  다음 우리말을 영어로 옮긴 것으로 옳지 않은 것은?

① 영어를 배우는 것은 결코 쉬운 일은 아니다.
  →It is by no means easy to learn English.
② 비록 가난하지만 그녀는 정직하고 부지런하다.
  →Poor as she is, she is honest and diligent.
③ 사업에서 신용만큼 중요한 것은 없다.
  →Everything in business is so important as credit.
④ 그 남자뿐만 아니라 너도 그 실패에 책임이 있다.
  →You as well as he are responsible for the failure.

**13**  다음 중 우리말을 영어로 잘못 옮긴 것은?

① 이 가방은 가짜다. 비쌀 리가 없어.
  →This handbag is fake. It can't be expensive.
② 한국에서는 대통령 선거가 5년에 한 번씩 치러진다.
  →In Korea, a presidential election held every five years.
③ 이 표면은 쉽게 닦인다.
  →This surface cleans easily.
④ 내일까지 논문을 제출하는 것은 불가능하다고 생각한다.
  →I think it impossible to hand in the paper by tomorrow.

**14** 다음 우리말을 영어로 잘못 옮긴 것은?

① 난 그 파티에 가지 말았어야 했다.

→I should not have gone to the party.

② 그는 그 사실을 미리 알고 있었음에 틀림없다.

→He must have known the truth in advance.

③ 그가 그렇게 어리석은 짓을 했을 리가 없다.

→He could have done such a stupid thing.

④ 아프면 운전을 하지 말아야 한다.

→You ought not to drive if you're sick.

**15** 다음 우리말을 영어로 가장 잘 옮긴 것은?

> 이삼십 년 동안 매일 아침 면도를 하다 보면, 누구나 무언가를 배우기 마련이다.

① All men can shave every morning for twenty or thirty years without learning something.

② All men can shave every morning for twenty or thirty years in order to learn something.

③ No man can shave every morning for twenty or thirty years in order to learn something.

④ No man can shave every morning for twenty or thirty years without learning something.

**16** 다음 우리말을 영어로 잘못 옮긴 것은?

① 어떠한 경우에도 낯선 사람들을 들어오게 해서는 안 된다.

→On no account must strangers be let in.

② 상처에 염증이 나면 즉시 나에게 전화해.

→Should the wound be inflamed, call me at once.

③ 나는 학생들이 수업시간에 지각하도록 내버려두지 않겠다.

→I won't have my students arriving late for class.

④ 두 명의 가수 모두 넓은 음역의 풍부한 목소리를 가지고 있다.

→Either of the singers has a rich voice with great range.

※ 다음 우리말을 영어로 가장 잘 옮긴 것을 고르시오. [17~18]

**17** 우리 비행기는 예정보다 10분 늦게 도착했다.

① Our plane would land in about ten minutes.
② Our plane arrived ten minutes behind schedule.
③ Our plane was schedule to arrive in ten minutes.
④ Our plane was delayed to land in ten minutes.

**18** 미국 우주비행사들을 대상으로 실험한 결과 강하고 튼튼한 뼈를 유지하기 위해서는 신체활동이 매우 중요하다는 것이 입증되었다.

① With an experiment conducted on American astronauts, it has been proven how important is body movement in maintaining strong, healthy bones.
② An experiment done on American astronauts made clear that physical activity is important to retain strong, healthy bones.
③ An experiment done with American astronauts made it clear how important physical activity is in maintaining strong, healthy bones.
④ With an experiment conducted on American astronauts proved that body movement in important to retain strong, healthy bones.

**19** 다음을 바르게 영작한 것은?

> 이 책은 우리 시대의 한 선도적 지식인에 대한 필수불가결한 안내서이다.

① This book essentially a guide to a leading intellect in our time.
② This book guides essentially to our time's one leading intellectuals.
③ This book is essential guide to a leading intellectual figure of our time.
④ This book is an essential guide to one of the leading intellectual figures of our time.

**20** 다음 우리말을 영어로 옮긴 문장 중 적절하지 않은 것은?

> 내가 집을 나오자마자, 비가 몹시 내리기 시작했다.

① I never left home without beginning to rain heavily.

② As soon as I left home, it began to rain heavily.

③ The moment I left home, it began to rain heavily.

④ No sooner had I left home than it began to rain heavily.

**21** 다음 우리말을 영어로 가장 잘 옮긴 것은?

> 5세 미만 9백만 명의 아이들은 적어도 한 명의 흡연자가 있는 집에 산다.

① Nine million children under the age of 5 live in homes where at least one person smokes.

② Nine million children above the age of 5 live in home with at least one smoker.

③ Nine million children below the age of 5 live in homes with one smoker.

④ Nine million children of the age of 5 live in homes where both parents smoke.

**22** 다음 중 우리말을 영작한 것으로 옳은 것은?

① 안전에 관한 것은 아무리 조심하여도 지나치지 않는다.

　　→You can't be too careful when it comes to safety.

② 행진을 보는 것은 아주 재미있었다.

　　→The parade was fascinating to watch it.

③ Sue는 지난주에 그녀의 아버지를 만나러 교도소에 갔다.

　　→Sue went to prison to visit her father last week.

④ 차가 심하게 망가져서 나는 돈이 많이 들었다.

　　→My badly damaging car cost me a lot of money.

**23** 우리말을 영어로 옮긴 것 중 옳지 않은 것은?

① 당신이 갈등을 해결할 때, 그것을 어떻게 말하느냐가 무엇을 말하느냐 만큼 중요하다.

→In resolving conflict, what you say it is as important as how you say.

② 사랑하지 않고 줄 수는 있으나, 주지 않고 사랑할 수는 없다.

→You can give without loving, but you can't love without giving.

③ 차이점이 아니라 우리가 공통으로 가지고 있는 것에 집중하라.

→Focus on what we have in common, not on our differences.

④ 당신이 하겠다고 결단하는 것보다 당신의 인생을 만들어 가는 것은 없다.

→Nothing shapes your life more than the commitments you choose to make.


**24** 다음 중 영작이 옳지 않은 것은?

① 요점에서 벗어나지 마라. →Keep to the point.

② 선착순→First come, first served.

③ 지나간 일은 허물하지 마라. →Let bygones be bygones.

④ 정신 차려! →Give me a break!


**25** 다음 중 우리말을 영어로 옮긴 것 중 어색한 것은?

① 그 일을 한다면, 어떤 아이라도 비웃음을 받을 것이다.

→Any child, who should do that, would be laughed.

② 그는 곧 집에 돌아올 것이다.

→It will not be long before he comes back home.

③ 어떤 사람들은 별들이 하늘에 붙어 있는 불빛이라고 생각했다.

→Some thought that the stars were lights attached to the sky.

④ 그가 유죄임에는 의심의 여지가 없다.

→There is no doubt that he is guilty.

**26** 다음 중 우리말을 영어로 옮긴 것 중 어색한 것은?

① 당신은 그의 충고를 따르는 것이 좋다.

→You would do well follow his advice.

② 기술 때문에 많은 진보를 했다.

→We have come a long way because of technology.

③ 정부는 시각장애인들의 요구사항을 충족시키는 데 힘을 써야 한다.

→The government should be geared to the needs of the blind.

④ John은 면접 보러 갔을 때 임기응변으로 넘어가기로 했다.

→John decided to play it by ear when he went out for his interview.


**27** 다음 중 우리말을 영어로 옮긴 것 중 어색한 것은?

① 나의 성공은 어머니 덕분이다.

→I owe my success to my mother.

② 안개 때문에 교통사고가 났다.

→The smog was responsible for the traffic accident.

③ 그들은 나쁜 날씨에도 불구하고 산보하러 나갔다.

→They went out for a walk despite the bad weather.

④ 내일 날씨는 어떨까요?

→How is the weather like tomorrow?


**28** 다음 우리말을 영어로 가장 잘 옮긴 것은?

> 그녀가 울음을 터뜨린다고 해서 놀라지 말아라.

① Don't be surprised if she bursts into tears.

② Do not surprise yourself she starts sobbing.

③ Never to be surprised if she starts sobbing.

④ No be surprised at all she bursts into tears.

**29** 다음을 영어로 옮길 때 가장 적절한 것은?

> 그녀를 전송하기 위하여 역까지 갔다 왔다.

① I have been to the station to see her off.

② I have been in the station to see off her.

③ I went and came back to the station to see off her.

④ I went to the station to see off her.


※ 다음 우리말을 영작한 것 중 가장 적절한 것을 고르시오. 【30~33】

**30** 일찍 자고 일찍 일어나는 것은 사람을 건강하게 해준다.

① Early to bed and early to rise make a man health.

② To sleep and to rise early make a man healthy.

③ Early sleeping and rising makes a man healthful.

④ To keep early hours makes a man healthy.


**31** 당신이 마음을 바꾸더라도 아무도 당신을 비난하지 않을 것입니다.

① Should you change your mind, no one would blame you.

② If you should change your mind, any one would not blame you.

③ Change your mind, or no one will put the blame on you.

④ If you had changed your mind, none would have blamed you.


**32** 버스 한 대가 커브길에서 트럭을 추월하고 있었다.

① A bus was overtaking a truck on the curve.

② A bus was taking over a truck on the curve.

③ A bus was passing a truck on the curb.

④ A bus was undertaking a truck on the curb.

**33** 둘 중에서 그는 더 비싼 것을 택했다.

① Of the two, the more expensive one was his favorite.

② Of the two, he chose the one with the highest price.

③ Of the two, the expensive one was given choice by him.

④ Of the two, he chose the more expensive.

**34** 다음 중 우리말을 영어로 잘못 옮긴 것은?

① 그는 결코 당신을 속일 사람이 아니다.

→ He is the last person to deceive you.

② 그는 주먹다짐을 할 바에야 타협하는 것이 낫다고 생각한다.

→ He would much rather make a compromise than fight with his fists.

③ 프레스코는 이태리 교회의 익숙한 요소이기 때문에 이것을 당연하게 생각하기 쉽다.

→ Frescoes are so familiar a feature of Italian churches that they are easy to take it for granted.

④ 그는 대학에 다니지 않았지만 아는 것이 아주 많은 사람이다.

→ Even though he didn't go to college, he is a very knowledgeable man.

**35** 다음 우리말 문장을 영어로 가장 적절하게 옮긴 것은?

> 따라서 사람들은 무료로 그러한 시설들을 이용할 수 있어야 한다.

① Therefore, people freely such facilities must be able to use.

② Hence, people should be allowed free access to such facilities.

③ Therefore, people must make access to such facilities without charging.

④ Hence, people should be given freedom to such facilities' accession.

☞ 정답 및 해설 P.263

※ 밑줄 친 부분에 들어갈 표현으로 가장 적절한 것을 고르시오. [1~2]

**1**
A : Look at this letter.
B : Ah yes, I thought it was something official looking. You're being fined for exceeding the speed limit, it says. Why weren't you fined on the spot?
A : _____.
B : They're installing more and more of them around here. You're going to have to be more careful in future.
A : You're not kidding. The fine is $60.

① Because the spot was too busy to be fined
② Because I could not find any camera to take it
③ Because I already paid for it when I was fined
④ Because I was photographed by one of speed cameras

**2**
Tom : Frankly, I don't think my new boss knows what he is doing.
Jack : He is young, Tom. You have to give him a chance.
Tom : How many chances do I have to give him? He's actually doing terribly.
Jack : _____.
Tom : What? Where?
Jack : Over there. Your new boss just turned around the corner.

① Speak of the devil
② I wish you good luck
③ Keep up the good work
④ Money makes the mare go

**3** 밑줄 친 부분에 들어갈 표현으로 가장 적절한 것은?

> A : Do you know what Herbert's phone number is?
> B : Oh, Herbert's phone number?
>   I don't have my address book on me.
>   _____
> A : That's too bad! I've got to find him.
>   It's urgent. If I can't find him today, I'll be in trouble!
> B : Well, why don't you call Beatrice?
>   She has his phone number.
> A : I've tried, but no one answered.
> B : Oh, you are so dead!

① I'll not let you down.　　　　② I've got to brush up on it.

③ I can't think of it off hand.　　④ Don't forget to drop me a line.


**4** 다음 빈칸에 가장 적합한 것은?

> A : Kate, I am too tired. It's only 7:30 in the morning!
>   Let's take a rest for a few minutes.
> B : Don't quit yet. Push yourself a little more. When I started jogging, it was so hard
>   for me, too.
> A : Have pity on me then. This is my first time.
> B : Come on, Mary. After you jog another three months or so, you will be ready for
>   the marathon.
> A : Marathon! How many miles is the marathon?
> B : It's about thirty miles. If I jog everyday, I'll be able to enter it in a couple of
>   months.
> A : _____ I am exhausted now after only half a mile. I am going to
>   stop.

① Count me out!　　　　　　② Why shouldn't I enter the marathon?

③ Why didn't I think of that?　④ I don't believe so.

**5** 다음 대화 중 어색한 것은?

① A : I'm going to China next month.

    B : Where in China?

② A : I have some good news.

    B : What is it?

③ A : Get me some wine from your trip to Brazil.

    B : You bet.

④ A : I like winter sports.

    B : I envy you.


**6** 다음 대화 중 어색한 것은?

① A : This school was established in 1975.

    B : Oh, was it?

② A : My mom is working as a teacher.

    B : Oh, is she?

③ A : We will consider your situation.

    B : Oh, will they?

④ A : You did a good job on your presentation.

    B : Oh, did I?

**7** 밑줄 친 부분에 들어갈 가장 알맞은 표현은?

> A : The first thing you should consider when buying a used car is the mileage.
> B : That's what I've heard. _____.
> A : Yes. You should always look at the amount of rust it has.
> B : That's good to know.

① How can you tell if it is a used one?

② Do you know how long the engine will last?

③ How much mileage do I need?

④ Is there anything else I should watch out for?


**8** 대화의 흐름으로 보아, 밑줄 친 부분에 들어갈 가장 적절한 것을 고르시오.

> A : Can I get a refund for this sweater, please?
> B : Why? What's wrong with it?
> A : Well, it's too small for me.
> B : We have a bigger one now. _____
> A : Yes, I do. Here's my receipt.
> B : Ok, I'll take care of it.

① Here you are.

② Do you still want a refund?

③ Do you find anything interesting?

④ Could you visit us again later?

**9** 다음 대화를 읽고 빈칸에 가장 알맞은 것을 고르시오.

> A : Hi. May I help you?
> B : I'd like to change some euro into US dollars, please.
> A : Sure. How much would you like to change?
> B : Six hundred euro.
> A : _____
> B : In fifties please.

① Which bills would you like to change?

② What would you like the bills for?

③ How would you like your bills?

④ When would you like your bills ready?

**10** 다음 대화를 읽고 빈칸에 가장 알맞은 것을 고르시오.

> A : I make a point of avoiding watching TV. It's for kids and idiots.
> B : I don't agree. The TV news is very adult. It gives me facts. It tells me what's going on. It helps me _____ the world.
> A : The news lasts thirty minutes. What do you think you're watching the rest of the day?
> B : Well, there are also educational programs — you know, programs about art and science.
> A : They're fine if you can _____ five minutes of advertising for ten minutes of program. As for me, I turn off the sound whenever there's an advertisement.

① keep up with — put up with

② put up with — catch up with

③ get along with — keep up with

④ catch up with — come down with

**11** A : As beginners, we just have to take it on the chins and move on.

B : _____

① Don't talk around.

② You make no sense.

③ Oh, it's on the tip of my tongue.

④ You are telling me.

**12** A : I am afraid I will fail in the exam tomorrow.

B : Cheer up. _____

① I hope so.

② Things will work out for the best.

③ You should regret about the result.

④ You should be in a flap about the result.

※ 대화의 빈칸에 들어갈 말로 가장 적절한 것을 고르시오. 【13~15】

**13** A : Would you like to get some coffee?

B : That's a good idea.

A : Should we buy Americano or Cafe—Latte?

B : It doesn't matter to me. _____

A : I think I'll get Americano.

B : Sounds great to me.

① Not really.

② Suit yourself.

③ Come see for yourself.

④ Maybe just a handful or so.

**14** A : _____

B : Today is Monday, so you can have it until next Monday.

A : Can I have the book for a few more days?

B : No. Books borrowed should be returned within one week.

A : Is there any way to keep this book for around 10 days?

B : Well, I'm afraid there isn't. You'll just have to renew the book for another week.

① What date is it?

② When is this book due?

③ I'd like to return this book.

④ This book can be checked out in due form, right?


**15** A : Are you ready to go to the party, Amy?

B : I don't know whether I can go. I'm feeling a little sick, and my dress is really not that nice. Maybe you should just go without me.

A : Come on, Amy. Stop _____. I know you too well. You're not sick. What is the real root of the problem?

① shaking a leg　　　　　　② hitting the ceiling

③ holding your horses　　　④ beating around the bush


**16** 다음 대화의 흐름으로 보아 밑줄 친 부분에 들어갈 가장 적절한 표현은?

A : I got my paycheck today, and I didn't get the raise I expected to get.

B : There is probably a good reason.

C : You should _____ right away and talk to the boss about it.

A : I don't know. He might still be mad about the finance report last week.

① take the bull by the horns

② let sleeping dogs lie

③ give him the cold shoulder

④ throw in the towel

**17** 다음 대화의 빈칸에 들어갈 말로 가장 적절한 것은?

> A : Have you been served?
> B : _____

① Yes, I'm on my way.

② It was a close call.

③ Yes, I'm being waited on.

④ Please let go of my hand.

**18** 다음 두 사람의 대화 내용이 어색한 것은?

① A : What do you do for a living?

   B : I fly commercial jets for a large airline.

② A : How would you like your coffee?

   B : I'd like it strong.

③ A : I'm afraid her phone is busy. Would you like to hold?

   B : I'd prefer to leave her a message.

④ A : These books are so heavy. Can you give me a hand?

   B : Sure, I'd be glad to keep my hands off.

**19** 다음 대화의 빈칸에 들어갈 말로 알맞지 않은 것은?

> A : I want to go home early.
> B : So soon? You look gloomy these days.
> _____

① What does it matter to you?

② What's eating you?

③ What's getting on your nerves?

④ What's weighting on your mind?

**20** 다음 두 사람의 대화 내용이 가장 어색한 것은?

① A : Hi, Ted! Glad to see you. Is this seat taken?

　　B : No, help yourself.

② A : I'd like to invite you to a party this Friday.

　　B : Thanks for your invitation. I'd love to come.

③ A : Oh! Do I have to dress up?

　　B : Come as you are.

④ A : Could you save my place, please?

　　B : I appreciate your cooperation.


**21** 다음 대화의 빈칸에 들어갈 말로 가장 적절한 것은?

> A : Tim, we have a staff meeting around four, don't we?
>
> B : You're right. I'm glad you reminded me. I almost forgot.
>
> A : Do you have any idea what's on the agenda today?
>
> B : I think that we're dealing with new strategies for raising sales figures.
>
> A : _____
>
> B : Me too. I thought last week's meeting was never going to end.

① Did you see all those data at the last meeting?

② I guess we are out of time. Don't you think so?

③ I hope the meeting doesn't drag on like last time.

④ I feel like most decisions at the last meeting were too hasty.


※ 다음 대화의 흐름으로 보아 밑줄 친 곳에 들어갈 가장 적절한 것을 고르시오. 【22~23】

**22** A : Did we finish packing all the orders?

　　B : No, we still have to do about ten more.

　　A : I'm tired of packing this stuff.

　　B : Maybe we could finish it later.

　　A : Sure, we could do it tomorrow morning.

　　B : O.K. _____

① Those were the days.

② Let's call it a days.

③ Why don't we call it off now?

④ You know we don't have all day.

**23** A: I looked for a parking place over and over again. I couldn't find one anywhere.
B: So what did you?
A: I had no choice but to park in a loading zone.
B: _____

① Oh, no! You could be fined for that.

② Well! I certainly don't know where it is.

③ O.K! Just follow the directions on the sign.

④ Great! It is not easy to find a parking place here.


※ 다음 대화의 밑줄 부분에 들어갈 말로 가장 알맞은 것을 고르시오. 【24~25】

**24** A: David, you didn't attend the board meeting this morning.
B: I couldn't make it. I called in sick, in fact.
A: Important agendas were decided.
B: _____

① Could you fill me in?

② Let's make it together.

③ Let me attend instead.

④ I haven't decided yet.


**25** A: Are you getting along well with the new manager?
B: Sure. He is competent and modest. How about you?
A: Can't complain. I think the would of him.
B: _____

① It's luck to have him with us.

② I'll ask him to reconsider.

③ I'm sorry you didn't like him.

④ I can't make it even.

**26** A : Excuse me, I bought this radio here, and it doesn't work.

B : Do you have any receipt?

A : No. I lost it. Can I exchange the radio for another one?

B : Without your receipt, it's hard.

A : Believe me, I bought it this morning.

B : Then do you have any identification?

A : Yes, I have a driver's license, and a credit card.

B : OK. _____ All you have to do is go to the manager's office. Right over there.

① Either will do.

② All of them matter.

③ I couldn't help it.

④ Your opinion doesn't stand.


**27** Mary : Our student from Seoul arrived on Monday.

Bill : What's her

Bill : Oh, that's good. name?

Mary : Soon－hee.

Bill : That's a pretty name! _____

Mary : She's really nice. I'm sure we'll get along well. We seem to have a lot in common.

Bill : How do you know that already? What does she like doing?

Mary : Well, she likes dancing, and so do I. And we both like listening to the same kind of music. I can't wait to see her.

① How is she now?

② What's she like?

③ What does she look like?

④ What would she like to do?

**28** 다음 대화에서 밑줄 친 곳에 들어가기 가장 알맞은 것으로 옳은 것은?

> A : Oh, dear!
> B : What's the matter?
> A : I'm afraid I've left my purse in my car!
> B : Well, you'd better go and get it before you buy your ticket.
> A : _____
> B : Yes, of course. Hurry up!

① Can you tell me where it is after I come back?

② Could you save my place in line please?

③ Can I drop you a line?

④ Would you hold the line please?

**29** 다음 대화에서 밑줄 친 ㉠~㉢에 들어갈 알맞은 문장을 골라 바르게 연결한 것은?

> Tom : It certainly is beautiful here.
> Emma : It really is. Oh, look. Perter Kadar is singing tonight.
> Tom : I don't think I've ever heard of him.
> Emma : He's a well-known Hungarian singer, and he performs in the U.S. every year. I'm always interested in Hungarian performers. My parents were both musicians from Hungary.
> Tom : _____㉠_____.
> Emma : Well, Kovacs is my married name. But, yes, my husband was Hungarian, too.
> Tom : _____㉡_____.
> Emma : Yes, we spoke it at home when I was a child. I also speak it with my husband from time to time.
> Tom : _____㉢_____.
> Emma : Well, airline pilots travel a lot, so I suppose it's hard to have a family.

> A : That's interesting. Do you speak Hungarian?
> B : My parents came here from Sweden, so I speak a little Swedish, but I didn't marry a Swedish woman. In fact, I've never been married.
> C : Oh, is Kovacs a Hungarian name?

|   | ㉠ | ㉡ | ㉢ |   |   | ㉠ | ㉡ | ㉢ |
|---|---|---|---|---|---|---|---|---|
| ① | A | B | C | | ② | B | A | C |
| ③ | A | C | B | | ④ | C | A | B |

## 30 다음 대화의 밑줄 친 부분과 바꾸어 쓸 수 있는 것은?

> A : See if you get this. How do you get down from an elephant?
> B : By using a ladder?
> A : NO. You don't get down from an elephant. You get down from a duck. <u>Are you following me</u>?
> B : Hmm... funny.

① Are you with me?

② I beg your pardon?

③ Shall we go together?

④ Could you say that again?

## 31 A에 대한 B의 응답으로 가장 적절한 것은?

> A : Even though going out for two years, she and I are still not talking the same language.
> B : _____

① You never fail to please me.

② So, do you intend to be through with her?

③ She must have gotten stuck in lots of work.

④ You're right. She doesn't have a liking for English.

## 32 A, B 대화의 연결이 자연스럽지 않은 것은?

① A : Is it okay if I use your computer?

　 B : Not at the moment.

② A : This is the doctor's office, isn't it?

　 B : I'm afraid not. The doctor's office is next door.

③ A : Oh, my God! Is that you, Barbara?

　 B : Yes, it is. Good to see you again, Danny.

④ A : What about some dessert? We have ice cream.

　 B : Sure, give some more. I'm stuffed.


## 33 다음 대화의 밑줄 친 곳에 가장 적절한 것은?

A : Hey, what are you doing?

B : I'm reading the newspaper to look for a part-time job.

A : Are there any interesting jobs in the paper today?

B : Well, here's one for a computer programmer. I like computer, but I'm not so skillful.

A : Then, how about another job?

B : Oh, here is another for a private teacher.

A : Let me see. You should have some career of teaching.

B : _____

① Then, I'll forget about it.

② Well, I want to be a computer programmer.

③ I'm sorry, but I don't like teaching children.

④ No problem. I've taught some students before.

**34** 다음 대화의 흐름으로 보아 빈칸에 들어갈 표현으로 적절한 것은?

> Girl : This pie's very good.
> Boy : _____ ㉠ _____ I like American desserts.
> Girl : What's your favorite?
> Boy : Oh, I don't know. Ice cream. I think.
> Girl : _____ ㉡ _____
> Boy : I see. Next time I will.

① ㉠ : So mine is.

　㉡ : You can have had ice cream with your pie, then.

② ㉠ : So is mine.

　㉡ : You must have had ice cream with your pie, then.

③ ㉠ : So do I.

　㉡ : You may have had ice cream with your pie, then.

④ ㉠ : So is mine.

　㉡ : You should have had ice cream with your pie, then.


**35** 다음 대화의 빈칸에 알맞은 것은?

> A : I'm on my way to the store. Is there anything you'd like me to get?
> B : Yes. Could you stop at the bakery and pick up a chocolate cake?
> A : A chocolate cake?
> B : Yes. It's Marion's birthday. We're having a party.
> A : Oh, I bet she'll be surprised. Did you invite everyone?
> B : Yes. _____

① It's all set.

② They are finished.

③ It's out of the question.

④ I'm through with you.

## 36 Which is correct according to the dialogue?

Tom : How much is this blouse?

Julie : It's 40 dollars.

Tom : It seems a bit expensive. Can you give me some discount?

Julie : Sorry. it's already marked down. I can't sell it for less.

Tom : How about a discount of 5 dollars?

Julie : Take it or leave it. will you?

① Tom will buy the blouse for his girlfriend.

② Julie won't sell the blouse for less than 40 dollars.

③ Tom has only 35 dollars.

④ The regular price of the blouse is 45 dollars.


## 37 밑줄 친 부분에 들어갈 표현으로 가장 적절한 것은?

A : Excuse me. I'm looking for Nambu Bus Terminal.

B : Ah, it's right over there.

A : Where? _____

B : Okay. Just walk down the street, and then turn right at the intersection. The terminal's on your left. You can't miss it.

① Could you be more specific?

② Do you think I am punctual?

③ Will you run right into it?

④ How long will it take from here by car?

**38** 다음 대화의 흐름으로 보아 빈칸에 들어가기에 적절한 것은?

> Mechanic : Good morning. How are you today?
> Dianne : Great. Thank you. By the way how much do you think it'll cost to have my car repaired?
> Mechanic : Sorry I'm not exactly sure how much this is going to cost.
> Dianne : Well, _____?
> Mechanic : Well, parts will come to about seventy-five dollars.
> Dianne : And the labor?
> Mechanic : Probably around a hundred dollars. This isn't an easy job.
> Dianne : So it's going to cost a hundred and seventy-five dollars to fix my car, huh?
> Mechanic : At least. Probably a little more.
> Dianne : How long do you think it's going to take?
> Mechanic : Oh, I'd say, uh ······ two or three hours.

① can you give me a rough idea

② can you come up with a great idea

③ how come you give me a brief idea

④ what do you think of the idea


**39** 다음 중 A, B 대화의 연결이 부자연스러운 것은?

① A : I am really too tired to work any more.

　B : O.K. Let's call it a day.

② A : What would you do if you were in my shoes?

　B : I wish I were you.

③ A : You don't look yourself today.

　B : I've got a headache.

④ A : I can't thank you enough.

　B : You're welcome.

**40** 다음 대화에서 밑줄 친 부분에 가장 적합한 것은?

> A : I'm trying to find the Columbia Hotel, Do you know where it is?
> B : The Columbia Hotel ……, Not around here. _____, anyway.
> A : It's supposed to be near Lake Park?
> B : What street? Do you know?
> A : No. All I know is it's close to Lake Park.
> B : I'm sorry. I can't help you.

① Unless I know of        ② Not that I know of

③ Not until I know of       ④ Not only I know of


**41** 다음 중 A와 B의 대화가 어색한 것은?

① A : How long have you lived in Chicago?

   B : I've lived here since I was 12.

② A : Hi, Peter. What's up?

   B : Not much. I'm still hanging in there.

③ A : Can you tell me when you're going to come visit us?

   B : Well, it's nothing. You'd better forget it.

④ A : What are you going to do tonight?

   B : I'm going to the movies. Do you want to come with me?


**42** 다음 A와 B의 대화 중 밑줄 친 부분에 가장 적당한 표현은?

> A : I would like to have dinner with you this evening.
>   How about at 6? _____
> B : O.K.

① Could you give me your hand?

② What's new?

③ Can you make it?

④ What are you going to have tonight?

**43** 다음 ( ) 안에 들어갈 가장 알맞은 것은?

> A : I don't have a good working relationship with my coworkers.
> B : When ( ) a solid relationship, honesty is the best policy.

① it comes to establishing

② there comes to establish

③ there has come to establish

④ it come to establish

**1** 글의 주제

☞ 정답 및 해설 P.270

## ※ 주어진 글의 주제로 가장 적절한 것을 고르시오. 【1~2】

**1** The light rays from the sun are refracted by the atmosphere. The closer the sun is to the horizon, the more this refraction is. Consider the sun when its lower edge appears to be on the horizon. Were it not for the refraction, the sun would just then actually have its lower edge a little more than half a degree below the horizon. The upper edge, in the meantime, appears to be slightly less than half a degree from where it would be if there were no refraction. As a result, the vertical width of the sun appears to be somewhat less than it would be with the sun overhead. The horizontal width suffers very little shortening due to refraction. Thus, when the sun is on the horizon, it appears to be an ellipse.

① why does refraction occur

② the laws of the refraction of light

③ what makes the swelling of the sun

④ the cause of the flattening of the sun

**2** There is a small amount of scientific evidence for an increase in certain types of rare tumors(cancer) in long-time, heavy mobile phone users. More recently a pan-European study provided significant evidence of genetic damage under certain conditions. Some researchers also report the mobile phone industry has interfered with further research on health risks. So far, however, the World Health Organization Task Force on EMF effects on health has no definitive conclusion on the veracity of these allegations. It is generally thought, however, that RF is incapable of producing any more than heating effects, as it is considered Non-ionizing Radiation ; in other words, it lacks the energy to disrupt molecular bonds such as occurs in genetic mutations.

① the benefits of using mobile phones
② the health effects of using mobile phones
③ the radiation characteristics of mobile phones
④ the need for precautions for the use of mobile phones

**3** 다음 글의 요지로 가장 적절한 것은?

It's long been part of folk wisdom that birth order strongly affects personality, intelligence and achievement. However, most of the research claiming that firstborns are radically different from other children has been discredited, and it now seems that any effects of birth order on intelligence or personality will likely be washed out by all the other influences in a person's life. In fact, the belief in the permanent impact of birth order, according to Toni Falbo, a social psychologist at the University of Texas at Austin, comes from the psychological theory that your personality is fixed by the time you're six. That assumption simply is incorrect. The better, later and larger studies are less likely to find birth order a useful predictor of anything. When two Swiss social scientists, Cecile Ernst and Jules Angst, reviewed 1,500 studies a few years ago they concluded that "birth order differences in personality are nonexistent in our sample. In particular, there is no evidence for a firstborn personality."

① A firstborn child is kind to other people.

② Birth order influences a person's intelligence.

③ An elder brother's personality is different from that of his younger brother.

④ Birth order has nothing to do with personality.

**4** 다음 글의 제목으로 가장 적절한 것은?

Late one night, Catherine Ryan Hyde was driving in Los Angeles. In a dangerous neighborhood, her car caught on fire. She got out. Three men ran toward her. She immediately felt afraid of them. They didn't hurt her, though. They put out the fire and called the fire department. When she turned to thank them, they were gone. Years later, that event became the subject of her novel called Pay It Forward. She never forgot that event. In the book, a teacher asks his students to "think of an idea for world change and put it into action." A boy named Trevor suggested doing kind acts for others. They used his ideas. Trevor's idea works like this. Someone chooses three people and does something nice for each one. In return, the recipients of that favor must do favors for three more people. In 2000, the novel inspired a movie.

① The Kindness of Strangers

② A Trauma in Early Childhood

③ A Movie which Influences Real Life

④ An Unintended Violation of Someone's Idea

※ 다음 글의 제목으로 가장 적합한 것은? [5~6]

**5** The nation is experiencing serious outbreaks of measles that look to be a delayed consequence of a failure to vaccinate infants and young children more than a decade ago. A prime cause of that failure was ill-founded fears among parents that a widely used vaccine to combat measles, mumps and rubella might cause autism. Because they shunned the vaccine, their children, now in their teens, are suffering the consequences.

① The Experience of Outbreak

② The Use of Vaccine

③ The Cause of Autism

④ The Price of Fear

**6** Most successful job interviews follow three basic steps. If you know the steps, you increase your chances of getting the job. Step 1 lasts about three minutes and occurs when you first introduce yourself. In these three minutes, you need to demonstrate that you are friendly and at ease with others. This is the time to shake hands firmly, make eye contact, and smile. During Step 2, you need to explain your skills and abilities. This is your chance to show an employer just how capable you are. Step 3 comes at the end of the interview. Although it lasts only a minute or two, this step is still important. When the employer says, "We'll be in touch." you need to say something like, "I'll check back with you in a few days, if you don't mind." A comment like this indicates your commitment to getting the job.

① How to Show Your Commitment to Getting the Job

② Positive Attitudes during the Job Interview

③ Three Steps in the Successful Job Interview

④ The Importance of Showing Your Ability during the Interview

**7** 다음 글의 제목으로 가장 적절한 것을 고르시오.

Taking time to clear your mind through meditation can boost your spirits and your immunity. Psychologist, Richard Davidson, gave 40 people a flu vaccine. Half of them followed a regular meditation schedule for an hour a day, six days a week. The others just got the vaccine. After eight weeks, the meditators had higher levels of flu-fighting antibodies than those who didn't meditate. They were also better able to deal with stress and had increased activity in the area of the brain linked to good moods. "Meditation produces measurable biological changes in the brain and body," says Davidson. "It is safe and can be of great benefit."

① Relationship between Flu Vaccine and Antibody
② Process of Forming Immune System
③ Length of Meditation and Stress
④ Positive Effects of Meditation

**8** 다음 글의 제목으로 가장 적절한 것을 고르시오.

Active listeners listen with their ears, their eyes, and their mind. They take in the objective information by listening to the literal words that are spoken. But every spoken message contains more than words. Speakers also communicate subjective information—their feelings and emotions—through other vocal sounds and nonverbal signals. These include verbal intonations such as loudness, emphasis, hesitations, voice movements, facial expressions, body posture, and hand gestures. By listening for feelings and emotions as well as for literal words, you can grasp the total meaning behind the speaker's message. Yet, no matter how good you become at listening for total meaning, there still remains the potential for misunderstanding. That's why the active listener verifies completeness by asking questions. The use of questions can uncover distortions and clarify misunderstandings.

① Methods of Good Listening
② Verbal Skills for Effective Listening
③ Importance of Asking Questions in Listening
④ Relationship between Listening and Emotions

**9** 다음 글의 요지로 가장 적절한 것은?

No matter how satisfying our work is, it is a mistake to rely on work as our only source of satisfaction. Just as humans need a varied diet to supply a variety of needed vitamins and minerals to maintain health, so we need a varied diet of activities that can supply a sense of enjoyment and satisfaction. Some experts suggest that one can start by making an inventory—a list of the things you enjoy doing, your talents and interests, and even new things that you think you might enjoy if you tried them. It may be gardening, cooking, a sport, learning a new language, or volunteer work. If you shift your interest and attention to other activities for a while, eventually the cycle will swing again, and you can return to your work with renewed interest and enthusiasm.

① 다양한 비타민 섭취를 통해 건강한 삶을 유지할 수 있다.
② 성공적인 직장 생활은 일 자체를 즐김으로써 이루어진다.
③ 만족스러운 삶을 위해서는 일 외의 다양한 활동이 필요하다.
④ 직장과 가정 생활의 조화가 업무 효율성을 높이는 지름길이다.

**10** 다음 글의 요지로 가장 적절한 것은?

As soon as we are born, the world gets to work on us and transforms us from merely biological into social units. Every human being at every stage of history or pre-history is born into a society and from his earliest years is molded by that society. The language which he speaks is not an individual inheritance, but a social acquisition from the group in which he grows up. Both language and environment help to determine the character of his thought; his earliest ideas come to him from others. As has been well said, the individual apart from society would be both speechless and mindless. The lasting fascination of the Robinson Crusoe myth is due to its attempt to imagine an individual independent of society. The attempt fails. Robinson is not an abstract individual, but an Englishman from York.

① Every act determines our membership of the society.
② Society and the individual are complementary to each other.
③ Language and environment determine our way of thinking.
④ Human beings cannot live independently of society.

## 11 글의 제목으로 가장 적합한 것은?

As the weather changes, joggers, like some exotic species of bird, begin to molt. On frigid winter days, when the wind and snow sweep down from Canada, the joggers wear heavy layers of clothes. Ski masks cover their faces, woolen caps hide their hair, and heavy scarves are wrapped snugly around their necks. Gradually, however, the weather warms, and the bulky layers of clothes are peeled away. First, lightweight jogging suits in terry cloth, velour, and even plastic dot the paths in parks and along streets. As spring changes to summer, winter-pale legs and arms begin to appear, covered only partially by shorts and T-shirts.

① Fashionable clothes in Canada
② The latest fashion in jogging suits
③ How to choose a proper jogging suit
④ The effect of weather on joggers' fashion

## 12 다음 글의 주제로 가장 적절한 것은?

I have always wondered at the passion many people have to meet the celebrated. The prestige you acquire by being able to tell your friends that you know famous men proves only that you are yourself of small account. The celebrated develop a technique to deal with the persons they come across. They show the world a mask, often an impressive one, but take care to conceal their real selves. They play the part that is expected from them and with practice learn to play it very well, but you are stupid if you think this public performance of theirs corresponds with the man within.

① You shouldn't confuse public performance of the celebrated with their real selves.
② You should have the passion to meet celebrated.
③ You shouldn't believe in whatever the celebrated say.
④ You should realize that the celebrated take care of their real selves.

## 13 다음 글의 주제를 가장 잘 나타낸 것을 고르시오.

Many people are under impression that reading improvement comes from learning 'tricks' or mastering some mechanical gimmicks that will magically improve reading speed and comprehension. However, most reading professionals agree that we learn to read better simply as a result of reading widely. So much of reading depends on our 'prior knowledge' — the information that we carry inside our head when we open the page and begin reading. Many learning theorists maintain that we remember new information only if we relate it to knowledge we already hold. There is no greater guarantee of a person's reading efficiency than extensive experience with words on the printed page. You can make slow but steady progress as a reader simply by reading more extensively to increase your base of knowledge.

① Reading increases our base of knowledge.
② More reading makes reading more interesting.
③ We become better readers by reading extensively.
④ We improve our reading by learning certain tricks.


## 14 다음 글의 요지로 가장 적절한 것은?

More and more people are turning away from their doctors and, instead, going to individuals who have no medical training and who sell unproven treatments. They go to quacks to get everything from treatments for colds to cures for cancer. And they are putting themselves in dangerous situations. Many people don't realize how unsafe it is to use unproven treatments. First of all, the treatments usually don't work. They may be harmless, but, if someone uses these products instead of proven treatments, he or she may be harmed. Why? Because during the time the person is using the product, his or her illness may be getting worse. This can even cause the person to die.

① Better train should be given to medical students.
② Alternative medical treatments can be a great help.
③ Don't let yourself become a victim of health fraud.
④ In any case, it is alright to hold off going to a doctor for several days.

## 15 다음 글의 제목으로 가장 적절한 것은?

Dogs have long had special standing in the medical world. Trained to see for the blind, hear for the deaf and move for the immobilized, dogs have become indispensable companions for people with disabilities. However, dogs appear to be far more than four-legged health care workers. One Japanese study found pet owners made 30 percent fewer visits to doctors. A Melbourne study of 6,000 people showed that owners of dogs and other pets had lower cholesterol, blood pressure and heart attack risk compared with people who didn't have pets. Obviously, the better health of pet owners could be explained by a variety of factors, but many experts believe companion animals improve health at least in part by lowering stress.

① The friendliness of dogs
② The healing power of dogs
③ Dogs as health care workers
④ Japanese dogs for the disabled

## 16 다음 글의 주제로 가장 적합한 것은?

Many women have prolonged difficulties achieving good sleep. As mothers, students, caretakers, and professionals, many of us lead hectic lives, filled with both obvious and subtle stressors that are on our minds as we attempt to settle into sleep. The sheer numbers of over-the-counter and prescription sleep aids give you an idea of how widespread insomnia is today. But the problem with these sleep aids is that even though they induce drowsiness, they do not promote real sleep — deep, lasting, and refreshing. And some of these agents, if taken over the course of months may lead to dependency or stop working altogether. Don't be surprised if your physician is not inclined to prescribe them.

① Women, as opposed to men, suffer from insomnia.
② There are many different kinds of pills for insomnia, but their safety isn't guaranteed.
③ Many women suffer from insomnia, but they need prescription to purchase sleep aids that help alleviate their symptom.
④ Many women suffer from insomnia, but doctors will never prescribe sleep aids for them.

**17** 다음 글의 제목으로 가장 적절한 것은?

Please examine your shipment upon receipt. Any damage or inconsistencies with the materials ordered or invoiced must be reported within ten days. Any billing errors should be reported as soon as possible by calling toll-free 1 − 800 − 848 − 9500.

① 상품 하자(瑕疵) 신고
② 반품(返品)
③ 상품 광고
④ 상품 주문 안내


**18** 다음 글의 제목으로 가장 적절한 것은?

At one moment the word 'diplomacy' is employed as a synonym for 'foreign policy', as when we say 'British diplomacy in the Near East has been lacking in vigour'. At another moment it signifies 'negotiation', as when we say 'the problem is one which might well be solved by diplomacy'. More specifically, the word denotes the processes and machinery by which such negotiation is carried out. A fourth meaning is that of a branch of the Foreign Service, as when one says 'my nephew is working for diplomacy'.

① The importance of diplomacy
② Branches of politics
③ Diplomatic methods
④ Different interpretations of the word 'diplomacy'

## 19 다음 글의 제목으로 가장 적절한 것은?

The term home schooling or home tuition, as it is called in England, means educating children at home or in places other than a mainstream setting such as a public or private school. There are many reasons why parents choose home schooling for their children. Some parents are dissatisfied with the quality of education in the public schools. Others do not want their children to have to worry about "peer pressure," or social pressure from friends. They say it may interfere with the child's studies. These parents fear this type of pressure will lead to negative behavior such as smoking, drinking alcohol, and taking drugs.

① Types of Pressure in Schools

② Pros and Cons of Home Schooling

③ Side Effects of Home Schooling

④ Reasons for Home Schooling

## 20 다음 글의 요지로 가장 적절한 것은?

A cause always has an effect, and an effect has a cause. Often, however, in searching for the cause or effect of an act, we jump to conclusions. If John Wilkins, who is big and strong, doesn't go out for the football team, some pupils say, "Wilkins has no courage."

Perhaps the real reason is that his parents object, he is behind in his school work and can't afford the time, or he believes that football is not worth playing.

① Easy come, easy go.

② Don't be dejected, take courage.

③ Everybody has his own talent.

④ Don't make a hasty judgment.

## 21  다음 글의 제목으로 가장 적절한 것은?

Although I learned to speak Danish while I was in Denmark, the accent was difficult to master. When I ordered tea and toast in a restaurant, invariably I received tea and a cheese sandwich. I practiced diligently, and I took special care one day to explain that I wanted toast—I did not want a cheese sandwich, just toast. I asked if the waiter understood. "Yes, Yes," he assured me. He soon returned and placed triumphantly before me a toasted cheese sandwich.

① Language Barriers
② Treating Customers
③ How to Teach Danish
④ Ways of Ordering Toast

## 22  다음 글의 주제로 가장 적절한 것은?

Beginning at breakfast with flying globs of oatmeal, spilled juice, and toast that always lands jelly-side down, a day with small children grows into a nightmare of frantic activity, punctuated with shrieks, cries, and hyena-style laughs. The very act of playing turns the house into a disaster area : blankets and sheets that are thrown over tables and chairs to form caves, miniature cars and trucks that race endlessly up and down hallways, and a cat that becomes a caged tiger, imprisoned under the laundry basket. After supper, with more spilled milk, uneaten vegetables and tidbits fed to the cat under the table, it's finally time for bed. But before they fall blissfully asleep, the children still have time to knock over one more bedtime glass of water, jump on the beds until the springs threaten to break, and demand a last ride to the bathroom on mother's back.

① the crazy daily life of parents with small children
② difficulties of choosing what to eat for each meal
③ the importance of children's learning good table manners
④ necessities for the early treatment of hyperactive children

**23** "They say best men are molded out of faults," wrote Shakespeare in Measure for Measure, "and, for the most, become much more the better for being a little bad." Thus, each goof-up can be seen as a prime opportunity for self-improvement. Indeed, the bigger the blooper, the better its chance of helping you become a better person — if you know how to make amends.

① Everyone makes mistake.

② Try not to commit a fault.

③ Knowing how to make amends is not a big deal.

④ People may learn through what they've done wrong.

**24** Among the many physical risks facing astronauts sent to the Moon or Mars, the biggest danger will be the least visible : radiation. This is nuclear particles that arrive at almost light speed from beyond the Solar System. The particles slice through strands of DNA, boosting the risk of cancer and other ailments. A 2001 NASA study found that at least 39 former astronauts suffered cataracts after flying in space, 36 of whom took part in high-radiations missions such as the Apollo landings.

① many types of space missions

② the danger of radiation to astronauts

③ diverse medical problem of astronauts

④ the effect of nuclear particles on spaceships

**25** The economic struggle in America continues ; but it seems apparent that the struggle is no longer between the giant segments of our society, but within them. Battles for power and control are being fought within some of the large corporations, enlivened by wars in which the big prizes are stockholders' votes or proxies. Similarly, struggles for power are taking place within the large labor organizations. In each case public opinion seems to be playing an increasingly important part, judging by the dramatic efforts being made to inform the people about the partisan positions. And so long as the battleground involves public favor, moderation seems neither implausible nor unnatural.

① The importance of votes and proxies
② Public influence in internal industrial conflicts
③ A compromise in disputes between labor and capital
④ The need for moderation in labor—management disputes

**26** Then there was the dark side. Amid the glories of the century lurked some of history's worst horrors : Stalin's collectivization, Hitler's Holocaust, Mao's Cultural Revolution, Pol Pot's killing fields, Idi Amin's rampages. We try to personalize the blame, as if it were the fault of just a few madmen, but in fact it was whole societies, including advanced ones like Germany, that embraced or tolerated madness. What they had in common was that they sought totalitarian solutions rather than freedom. Theologians have to answer the question of why God allows evil. Rationalists have one almost as difficult ; Why doesn't progress make civilizations more civilized?

① The Genocidal Century
② The Global Century
③ The Century of Capitalism
④ The Century of Revolution

**27** 다음 중 글의 요지로 가장 알맞은 것은?

> The door of nature was at last unlocked and we were offered the dreadful burden of choice. We have usurped many of the powers we once ascribed to God. Fearful and unprepared, we have assumed the lordship over the life and death of the whole world of all living things. The danger and the glory and choice rest finally in man. The test of his perceptibility is at hand. Having taken God-like power we must seek in ourselves for the responsibility and the wisdom we once prayed some deity might have. Man himself has become our greatest hazard and our only hope. So that today, St. John the apostle may well be paraphrased. In the end is the word, and word is man, and the word is with men.

① 인간은 자연을 보호하여 후손들에게 물려주어야 한다.
② 자연보다 인간이 우월한 위치에 있게 된 것은 노력을 많이 한 결과이다.
③ 자연에 인간이 순종하는 것은 당연한 일이다.
④ 자연을 지배하게 된 인간은 지혜와 책임감을 가져야 한다.


**28** 다음 중 글의 요지를 잘 나타낸 속담으로 옳은 것은?

> Do you ever find a small hole in your socks or your stocking? If you do not do necessary repairs at once, the torn place will get worse, or the hole will get larger. It will take you as much longer time to repair it. It is better to spend five minutes repairing a small hole today than to spend fifteen minutes repairing a large hole later on.

① A stitch in time saves nine.
② Slow and steady wins the race.
③ Well begun is half done.
④ Time and tide wait for no man.

**29** 다음 글에서 필자의 주장으로 가장 옳은 것은?

Do you immediately think of excuses? If so, train yourself to say 'yes' instead of thinking up conflicts. My brother-in-law's operating principle is "Never say 'no' to an invitation!" This may not always be practical, but it is attitude that counts. Be ready to involve yourself. Work things out and find ways to accept invitations, rather than ways to say 'no'. Remember that your presence can be a greater gift than anything material you could send.

① 갈등의 소지를 제거해라.
② 신중하게 초대하라.
③ 초대에 적극적으로 응하라.
④ 선물은 간단하게 하라.

**30** 다음 글의 주장을 가장 잘 나타낸 것은?

Until the nineteenth century, when steamships and transcontinental trains made long-distance travel possible for large numbers of people, only a few adventurers, mainly sailors and traders, ever traveled out of their own countries. 'Abroad' was a truly foreign place about which the vast majority of people knew very little indeed. Early map makers therefore had little fear of being accused of mistakes, even though they were often wildly inaccurate as geographic reality. Nowhere is this more evident than in old maps illustrated with mythical creatures and strange humans.

① Imaginative maps were often drawn before the nineteenth century because so few people had traveled abroad.
② Despite their unusual illustrations, maps made before the nineteenth century were remarkably accurate.
③ Old maps had to include pictures of imaginary animals.
④ Before the nineteenth century, map makers drew strange humans in maps because they were scared of mythical animals.

## 31 다음 글의 주제로 가장 적절한 것은?

If we don't protect Antarctica from tourism, there may be serious consequences for us all. The ice of Antarctica holds 70 percent of the world's fresh water. If this ice melts, ocean levels could rise 200 feet and flood the coastal cities of the Earth. Also, the continent's vast fields of ice provide natural air conditioning for our planet. They keep Earth from getting too hot as they reflect sunlight back into space. Clearly, Antarctica should remain a place for careful and controlled scientific research. We cannot allow tourism to bring possible danger to the planet. The only way to protect this fragile and important part of the planet is to stop tourists from traveling to Antarctica.

① The ice of Antarctica attracts sunlight and heats the Earth.

② Our excessive visits to Antarctica will harm it and then our planet.

③ The writer wants Antarctica to be banned from scientific research.

④ If we stop tourism in Antarctica, there may be consequences for tour companies.

## 32 다음 글의 요지로 가장 적절한 것은?

In times of economic recession when jobs are hard to find, it is important to organize your job search carefully. Here are some tips to make your search more productive. First of all, consider that your job is getting a job. Work at getting a job every day for a regular number of hours. Next, ask people whom you know to suggest other people for you to talk to others about a job. Offer to work part-time if a full-time job is not immediately available. Appear willing and eager. Most important, don't get discouraged and give up. Your job search will eventually be successful if you work hard at getting work.

① 힘든 일을 할수록 적당한 휴식을 취하면 능률이 더 높아진다.

② 성공하기 위해서는 먼저 자신의 특기와 적성을 파악할 필요가 있다.

③ 전임근무보다는 시간제 근무로 직장생활을 시작하는 것이 더 유리하다.

④ 직장을 얻기 원한다면 구체적이고 열성적인 구직계획을 세워야 한다.

**33** 다음 글의 주제로 가장 적절한 것은?

The sea horse uses its tail like a hand. So do some monkeys. The sea horse holds on to sea plants with its tail. Then water can't wash it away. Some monkeys hang from trees by their tail. They use their hands to do other things. The lizard and the fox use their tails to keep safe. Sometimes another animal gets hold of a lizard by the tail. The tail just falls off, and the lizard runs away. Later, it grows a new tail. When a fox gets into a fight, it hides behind its tail. The tail is covered with thick fur. A bite there won't hurt.

① 꼬리의 역할
② 먹이사슬
③ 자연의 균형
④ 동물의 지능


**34** 다음 글의 주제로 가장 적절한 것은?

Unfortunately not everyone has her willpower. Some may want to quit for the sake of their loved ones or for their well-being, but the power of nicotine addiction is too great. Others claim to enjoy their cigarettes and have no desire to give them up. If you can't or won't quit, there is still a great deal you can do to safeguard those around you.
Never allow anyone to smoke in your home or car, even when there are no children present. Explain that people must respect your right not to smoke involuntarily. Toxins linger in the air, even though you may not be able to see or smell them.
If you are a smoker, take it outside, or smoke in an area where the ventilation system is separate from that of your home.

① 건강증진법
② 간접흡연 예방법
③ 금연하는 방법
④ 흡연의 해독성

**35** 다음 글의 주제로 알맞은 것은?

A health warning will appear on all liquor bottles beginning on March 23 for the first time in the nation, according to liquor manufacturers. The warning will read : "Excessive drinking may cause cirrhosis of the liver or liver cancer and increase the probability of accidents while driving or working." The move is in compliance with the Public Health Promotion Law enacted last September, which makes it mandatory for all liquor sellers to place a warning on their liquor bottles. The actual sentence of the warning has been chosen from among three examples suggested by the Ministry of Health and Welfare.

① 음주운전의 위험성
② 간암예방 안내문
③ 음주경고문의 부착
④ 공중건강촉진법

**36** 다음 글에서 필자가 말하고자 하는 요지는?

I would certainly sooner live in a monotonous community than in a world of universal war, but I would sooner be dead than live in either of them. My heart is in the world of today, with its varieties and contrasts, its blue and green faces, and my hope is that, through courageous tolerance, the world of today may be preserved.

① Preference for a monotonous life
② Preservation of world peace
③ Varieties and contrasts of the world
④ The necessity of courageous tolerance

## 37 다음 글의 주제로 가장 적절한 것은?

Hospices are a special type of healthcare institution. Hospices treat patients suffering from incurable diseases who are not expected to live for more than a year. Hospitals, however, aim to help patients recover from disease, and nursing homes provide long-term care for the handicapped and elderly. Also, the hospice's purpose is to help the dying and their families. In contrast, hospitals and nursing homes have limited resources for helping patient's families.

① Hospices can help patient's families.
② Patients may have curable or incurable diseases.
③ For long-time care, nursing homes are better than hospices and hospitals.
④ Hospices differ from hospitals and nursing homes in a few ways.

## 38 글의 제목으로 가장 적절한 것은?

Children usually feel sick in the stomach when traveling in a car, airplane, or train. This is motion sickness. While traveling, different body parts send different signals to the brain. Eyes see things around and they send signals about the direction of movement. The joint sensory receptors and muscles send signals about the movement of the muscles and the position in which the body is. The skin receptors send signals about the parts of the body which are in contact with the ground. The inner ears have a fluid in the semicircular canals. This fluid senses motion and the direction of motion like forward, backward, up or down. When the brain gets timely reports from the various body parts, it finds a relation between the signals and sketches a picture about the body's movement and position at a particular instant. But when the brain isn't able to find a link and isn't able to draw a picture out of the signals, it makes you feel sick.

① How Motion Sickness Is Caused
② Best Ways to Avoid Motion Sickness
③ Various Symptoms of Motion Sickness
④ First Aid to Motion Sickness in Children

☞ 정답 및 해설 P.278

**1** 주어진 글 다음에 이어질 글의 순서로 가장 적절한 것은?

Year after year, a survey sponsored by Scotland's Centre for European Labour Market Research finds the same thing: If you want to be happy in life, be happy in your job. Okay, but what will make me happy in my job? Some researchers at the University of British Columbia in Canada have come up with an interesting way quantifying the seemingly unquantifiable.

(A) For example, trust in management-by far the biggest component of job satisfaction-is worth as much in your overall happiness as a very substantial raise. Say you get a new boss and your trust in your workplace's management goes up a bit.

(B) By analyzing life-satisfaction surveys that consider four key factors in job satisfaction, they have figured out how much each is worth when compared with salary increases.

(C) Even that small increase in trust is like getting a thirty six percent pay raise, the researchers calculate. In other words, that will boost your level of overall satisfaction in life by about the same amount as a thirty six percent raise would.

① (A) - (B) - (C)

② (B) - (A) - (C)

③ (C) - (A) - (B)

④ (C) - (B) - (A)

**2** 주어진 문장이 들어갈 위치로 가장 적절한 것은?

He knew, though, he would never become an Olympic runner, so he looked for other sports that he could play.

Many people have faced great obstacles in their lives but have found ways to overcome and actually benefit from these obstacles. For example, Greg Barton, the 1984, 1988, and 1992 U.S. Olympic medalist in kayaking, was born with a serious disability. ( A ) He had deformed feet, his toes pointed inward, and as a result, he could not walk easily. Even after a series of operations, he still had limited mobility. ( B ) Even so, Greg was never defeated. First, he taught himself to walk, and even to run. Then, he competed in his high school running team. ( C ) Happily, he discovered kayaking, a perfect sport for him because it required minimal leg and foot muscles. Using his upper body strength, he was able to master the sport. ( D ) Finally, after many years of training and perseverance, Greg made the 1984 Olympic team.

① A          ② B

③ C          ④ D

## 3 주어진 문장이 들어갈 위치로 가장 적절한 곳은?

In other words, our behavior is neither wholly determined by our genes nor wholly free from them.

Grub's birth rekindled my interest in the nature vs. nurture debate, which was at that time producing bitter arguments in scientific circles. ( A ) Were we humans mainly the product of our genetic makeup or the product of our environment? ( B ) In recent years, these flames of controversy have died down, and it is now accepted that in all animals with reasonably complex brains, adult behavior is acquired through a mix of inherited traits and experience gained as the individual goes through life. ( C ) The more sophisticated an animal's brain, the greater the role that learning is likely to play in shaping its behavior, and the more variation we shall find between one individual and another. ( D ) And the information acquired and lessons learned during infancy and childhood, when behavior is at its most flexible, are likely to have particular significance.

① A          ② B

③ C          ④ D

**4** 주어진 문장에 이어질 글의 순서로 가장 적절한 것은?

A well-known reply, when demands for expenditure seem unrealistic or wasteful, is that "money doesn't grow on trees."

(A) Given these characteristics, the challenge of making a profit from forest management is daunting.

(B) Furthermore, because of the long-term nature of forest management, the risk of such investment can be a major deterrent to potential investors.

(C) Ironically, investing in forest management is one area where this is particularly true. Apart from a few exceptions, trees grow relatively slowly compared with other crops, timber harvests are infrequent, and forest product prices are held down by competition from other materials.

① (A) — (B) — (C)
② (A) — (C) — (B)
③ (B) — (A) — (C)
④ (C) — (B) — (A)


**5** 다음 문장이 들어갈 위치로 가장 적절한 것은?

Not even the bedrooms were private.

The growing individualism showed itself in a desire for privacy. ( A ) In the seventeenth century middle-class and wealthier families were served by servants, who listened to their conversation as they ate. ( B ) They lived in rooms that led one to another, usually through wide double doors. ( C ) But in the eighteenth century families began to eat alone, preferring to serve themselves than to have servants listening to everything they had to say. ( D ) They also rebuilt the insides of their homes, putting in corridors, so that every person in the family had their own private bedroom.

① A
② B
③ C
④ D

**6** 다음 문장 뒤에 들어갈 글의 순서로 가장 적절한 것은?

> Once, there was a little boy who had a bad temper. His father gave him a bag of nails and told him that every time he lost his temper, he must hammer a nail into the back of the fence.

> (A) The father took his son by the hand and led him to the fence. He said, "You have done well, my son, but look at the holes in the fence. The fence will never be the same. When you say things in anger, they leave a scar just like this one."
> (B) He told his father about it and the father suggested that the boy now pull out one nail for each day that he was able to hold his temper. The days passed and the young boy was finally able to tell his father that all the nails were gone.
> (C) The first day the boy had driven six nails into the fence. Over the next few weeks, as he learned to control his anger, the number of nails hammered daily gradually dwindled. Finally the day came when the boy didn't lose his temper at all.

① (B) — (A) — (C)
② (B) — (C) — (A)
③ (C) — (A) — (B)
④ (C) — (B) — (A)

**7** 다음 글에서 전체 흐름과 관계없는 문장은?

> Friendship is a long conversation. I suppose I could imagine a nonverbal friendship revolving around shared physical work or sport, but for me, good talk is the point of the thing. (A) Indeed, the ability to generate conversation by the hour is the most promising indication, during the uncertain early stages, that a possible friendship will take hold. (B) In the first few conversations there may be an exaggeration of agreement, as both parties angle for adhesive surfaces. (C) Friendship based on utility and pleasure are founded on circumstances that could easily change. (D) But later on, trust builds through the courage to assert disagreement, through the tactful acceptance that differences of opinion will have to remain.

① (A)
② (B)
③ (C)
④ (D)

**8** 다음 글에서 전체 글의 흐름과 관계가 없는 문장은?

A child born into society must be fed and looked after. In many societies, the parents of the child are responsible for his welfare and therefore perform a function for society by looking after the next generation. ① As the child grows up, surrounded by brothers and sisters, his parents and sometimes by a member of the extended family group, he gradually learns things about the society in which he lives. ② For example, he will learn its language, its idea about right and wrong, its ideas about what is funny and what is serious and so on. ③ Census estimates the number of unmarried heterosexual couples who cohabit has reached a startling 6.4 million couples in 2007. ④ In other words, the child will learn the culture of his society through his contact with, at first, the members of his family.

**9** 다음 문장이 들어갈 위치로 가장 적절한 것은?

All you have to do is this : When you feel yourself getting angry, take a long, deep breath, and as you do, say the number one to yourself.

When I was growing up, my father used to count out loud to ten when he was angry with my sisters and me. ( A ) It was a strategy he used to cool down before deciding what to do next. ( B ) I've improved this strategy by incorporating the use of the breath. ( C ) Then, relax your entire body as you breathe out. ( D ) What you are doing here is clearing your mind with a mini version of a meditation exercise. The combination of counting and breathing is so relaxing that it's almost impossible to remain angry once you are finished

① A                          ② B

③ C                          ④ D

**10** 다음 글에서 전체적인 흐름과 관계없는 문장은?

According to government figures, the preponderance of jobs in the next century will be in service-related fields, such as health and business. ①Jobs will also be plentiful in technical fields and in retail establishments, such as stores and restaurants. ②The expansion in these fields is due to several factors : an aging population, numerous technical breakthroughs, and our changing lifestyles. ③However, people still prefer the traditional types of jobs which will be highly-paid in the future. ④So the highest-paying jobs will go to people with degrees in science, computers, engineering, and health care.

**11** 다음 글을 문맥에 맞게 순서대로 연결한 것은?

(A) Many people don't realize that soap can strip the good oils from your skin, as well as the bad oils.

(B) Oil of Lavender has been rated the most popular product for toning and firming skin on the face, neck and around the eyes.

(C) Why? Because you can actually see a difference in just one week you use it daily.

(D) Oil of Lavender facial products were created to add natural oils back to your skin, thereby reducing signs of aging.

① (B) — (A) — (C) — (D)
② (C) — (D) — (B) — (A)
③ (D) — (A) — (C) — (B)
④ (A) — (D) — (B) — (C)

**12** 다음 문장들을 문맥에 맞게 배열한 것은?

(A) They are still left out in the world where the so-called age of information has not arrived yet.

(B) The bad news, however, is that millions of people around the world cannot even afford to busy a computer.

(C) The internet is bringing us closer than ever.

(D) That's the good news for those who have access to the web.

① (D) — (A) — (C) — (B)

② (C) — (A) — (B) — (D)

③ (C) — (D) — (B) — (A)

④ (D) — (C) — (B) — (A)


**13** 다음 글의 문맥상 어색한 것을 고르시오.

Hot springs are found on every continent and on the ocean floor of the earth. ①They are produced by the powerful emergence of heated groundwater from a fissure in the Earth's crust. ②For example, water from the hot springs of the Yellowstone National Park, a volcanic zone, is likely heated when it comes into contact with molten rocks. ③Several definitions of hot springs exist and none of which are universally accepted. ④On the other hand, the phenomenon is called a hydrothermal vent on the ocean floor where the water that issues is warmed by the heat from the interior of the earth.

**14** 다음 글을 읽고 문맥상 가장 알맞은 문장의 순서를 고르시오.

No matter how carefully you manage your money, there may be times when you will need more cash than you currently have available.

(A) Remember, however, that both using savings and increasing borrowing reduce your net worth and your potential to achieve long-term financial security.

(B) A savings account, certificate of deposit, mutual fund, or other investment may be accessed when you need funds.

(C) To cope with that situation, you have two basic choices : liquidate savings or borrow.

(D) Or a credit card cash advance or a personal loan may be appropriate.

① (B) − (C) − (A) − (D)
② (B) − (D) − (C) − (A)
③ (C) − (B) − (D) − (A)
④ (C) − (A) − (B) − (D)


**15** 글의 흐름으로 볼 때 다음 문장이 들어가기에 가장 적절한 곳은?

They believe that executing a criminal is the only way to protect society from further crime.

Capital punishment is the legal infliction of death as the penalty for violating capital laws. It is also known as the death penalty, and it is one of the most controversial practices in the modern world. ( ① ) Arguments both for and against the practice are often based on religion and emotions. ( ② ) Those in favor of capital punishment believe that it deters crime and offers closure or a sense of justice for the family of the victim. ( ③ ) On the other hand, those opposed believe that it is barbaric and allows government to sink to the level of the criminal. ( ④ ) There is also the possibility that the person being executed is really innocent, even with extensive background checks, and investigations.

**16** 밑줄 친 부분 중 글의 전체적 흐름에 맞지 않는 문장은?

Given the general knowledge of the health risks of smoking, it is no wonder that the majority of smokers have tried at some time in their  lives to quit. ①But in most cases their attempts have been unsuccessful. People begin smoking, often when they are adolescents, for a variety of reasons, including the example of parents and pressure from peers. ②The installation of smoke detectors in buildings is required by law. ③If others in one's group of friends are starting to smoke, it can be hard to resist going along with the crowd. ④Once people start smoking, they are likely to indulge in it.

**17** 다음 주어진 글에 이어질 순서로 가장 적절한 것은?

Dogs are considered by many to be "man's best friend." They are considered loyal, loving, and courageous members of the family. But at what cost?

(A) Added to this caring cost is the social cost of canine aggression. In one year, insurance companies in the United States paid 250 million dollars to victims of dog attacks.

(B) Every year, people in the United States spend more than five billion dollars on dog food and seven billion dollars on veterinary care for their canine pets.

(C) When other costs are included, experts estimate that aggressive dogs cost society one billion dollars a year.

① (A) − (C) − (B)
② (A) − (B) − (C)
③ (B) − (A) − (C)
④ (C) − (A) − (B)

**18** 다음 주어진 문장에 이어질 글의 순서로 가장 적절한 것은?

> Although industrial countries have made great advances in health care, today their health care systems are experiencing some serious problems.

> (A) In the United States, for example, nearly $2 billion is spent every day for health care, and this amount is increasing at an annual rate of 12 percent.
> (B) As a result of these increasing costs, access to good health care is being reduced rather than expanded.
> (C) By far the most urgent of these problems is financial : medical costs are rising faster than prices in most other areas of the economy.

① (A) — (B) — (C)
② (A) — (C) — (B)
③ (C) — (A) — (B)
④ (C) — (B) — (A)

**19** 문맥상 다음의 문장이 들어가기에 적합한 곳은?

> Like most other human scientific feats, however, it threatens social and industrial relations.

> ① The decoding of the human genome is a phenomenal development. ② It is a transcendental discovery in humanity's effort to improve miserable health conditions caused by pollution, wars and poverty. ③ It has the potential to throw people out of work and shake up families. ④ Effective laws must be passed to guard against converting this scientific feat into a tool of racism.

**20** 다음 글들을 문맥에 맞게 순서대로 나열한 것은?

ⓐ In one study, biometeorologists suggested a statistical correlation between bone density and temperature. Some Hungarian scientists found an increase in dental periostitis (gum inflammation) with the passage of a warm front. According to some Swedish doctors, migraine headaches increase three days after a change in barometric pressure and temperature.

ⓑ In Europe, where biometeorology began and had flourished, it's assumed that ordinary weather affects ordinary human beings in myriad ways.

ⓒ Meanwhile, researchers in Japan noticed an increase in asthma attacks when the wind changes direction.

① ⓑ − ⓐ − ⓒ
② ⓑ − ⓒ − ⓐ
③ ⓒ − ⓐ − ⓑ
④ ⓒ − ⓑ − ⓐ


**21** 다음 중 주어진 문장이 들어갈 곳으로 옳은 것은?

As the child matures, cells reach out and set up pathways to other cells needed to determine a behavior.

An infant is born with billions of brain cells called neurons. ① Some are wired to other cells before birth to regulate the basics of life, such as heartbeat and breathing. ② Others are waiting to be wired to help him or her interpret and respond to the outside world. Experience dictates the hookups. ③ For instance, the neurons in the eye send branches to the visual cortex, which interprets what the eye sees and, via other branches, cues the person to react to what is seen. Each time an experience is repeated, the pathways are strengthened. ④

## 22 다음 중 주어진 글이 들어갈 곳으로 알맞은 것은?

> Even after three miscarriages, a woman has a good chance of having a successful pregnancy without treatment.

The bulk of miscarriages are caused by a random scrambling of chromosomes, bringing about an embryo so gravely affected that it stops developing. ① These accidents of nature occur by pure chance and are not likely to happen again. Up to 90 percent of first-time miscarriages have a successful pregnancy the next time around. ② A small percentage of early miscarriages, however, stem from genetic abnormalities in one of the parent's chromosomes. ③ these can be detected by genetic tests. At this point, such abnormalities are incurable. ④ However, doctors are now better able to diagnose and counsel couples who have a potential problem.

## 23 다음 문장이 들어갈 가장 적절한 곳은?

> Now it appears that any exercise can save your heart.

A few years ago doctors were saying that to reap the benefits of exercise, you had to perform a vigorous activity such as jogging several times a week. ① A recent report found that women 45 and older who walked for at least an hour a week cut their heart-disease risk in half. ② Men, too, benefit from small amounts of exercise. ③ Even moderate activities like golf of gardening help reduce their risk of heart attack. ④ "The important thing is just to do it," says Howard Sesso, a doctor at the Harvard School of Public Health.

**24** 다음 주어진 문장이 들어가기에 가장 알맞은 곳은?

> After that, the calf is fed elsewhere and the farmer milks the cow twice a day.

> Cows don't have an inexhaustible supply of milk. A cow cannot produce milk until it has given birth to a calf. ①Then it will give milk for approximately ten months, which is the amount of time a calf would be nursing. ②Dairy farmers only let the newborn calf suckle for a few days, when the cow's milk is not suitable for human consumption. ③Most cows can give birth once a year, and the average dairy cow produces milk for five or six years. ④

**25** 다음 글의 흐름으로 보아 아래의 문장이 들어가기에 가장 적당한 곳은?

> ( ⓐ ) It is time for computers to take over the classroom and introduce a new age in education. ( ⓑ ) The classroom, the teacher, and the current formal system of education should be eliminated because computers have the ability to provide individual instruction. ( ⓒ ) For instance, smart ten – year – olds could work on advanced degrees while their less – gifted peers learn at their own pace. ( ⓓ ) Multimedia programs would make learning fun and concepts easier to understand. No more lectures or overcrowded classroom. The computer is the school of the future.

> With computerized education, children could all learn at their own pace.

① ⓐ          ② ⓑ

③ ⓒ          ④ ⓓ

**26** 다음 문장에 이어질 글의 순서가 바르게 짝지어진 것은?

> The art of shipbuilding has some odd traditions, and one of the most interesting of all has its roots in Greek and Roman history.

> (A) Today scientists find evidence of this long-stading tradition in a variety of locations, from the decayed remains of old Greek ships to the still active frigate U.S.S. Constitution.
>
> (B) In case of a disaster at sea, the dead crew needed these coins to pay to get to the afterlife. It was believed that sailors without money to cross this river should not be able to take their place in the afterlife.
>
> (C) During ancient Greek and Roman times, when a new ship was built, a small number of coins were left under the mast of the ship. The shipbuilders did this for a very special reason.
>
> (D) According to legend, the crew members gave these coins to the ferry master Charon to take them across the river Styx to Hades, the land of the dead.

① (C) − (B) − (D) − (A)      ② (C) − (D) − (B) − (A)

③ (D) − (A) − (C) − (B)      ④ (D) − (C) − (A) − (B)


**27** 다음 글의 바로 앞에 나올 내용으로 알맞은 것은?

> In spite of these benefits, consumers who purchase these sets now may be disappointed with the results. There are very few digitally produced program on television, and the number is unlikely to increase in the near future. The major network plan to offer only five hours of digital programming per week next year. Further, cable companies are not under any regulation to switch to carrying digital programming. Since two-thirds of American receive their television through cable, the delay may be even longer.

① 디지털 TV의 장점들

② 주요 방송사들이 제공하는 혜택

③ 미국 방송의 전송방식의 단점

④ 디지털 방송시대의 소비자 선택

**28** 다음 제시된 문장에 이어질 글의 순서로 가장 적절한 것은?

> Most male insects are smaller than females, but there are exceptions to this rule.

> (A) In this case, the males are larger than the females.
>
> (B) There are, however, other beetles which are not known to fight together, of which the males exceed the females in size.
>
> (C) Sometimes the size and strength of the insect would be an advantage to the males which fight for the possession of the females.

① (A) — (B) — (C)

② (A) — (C) — (B)

③ (B) — (A) — (C)

④ (C) — (A) — (B)


**29** 다음 주어진 문장에 이어질 글의 순서로 옳은 것은?

> While cordless drills are ideal portable devices, they are not well suited to masonry work.

> (A) This is because cordless drills are not as powerful(the drill bit does not revolve as fast) and the battery will quickly drain if used to drill into brick.
>
> (B) If you intend to use the drill for a lot of non-wood drilling(particularly masonry), then you should purchase a corded drill.
>
> (C) However, for the occasional masonry hole, cordless drills are still adequate.

① (B) — (A) — (C)

② (B) — (C) — (C)

③ (C) — (A) — (B)

④ (C) — (B) — (A)

## 30 각 문장이 문맥상으로 그 순서가 적절하게 나열된 것은?

(A) Born a slave in North Carolina, Harriet Jacobs was taught to read and write by her mistress.

(B) Although her owner believed so, she in fact spent almost seven years hidden in the tiny dark attic.

(C) She finally escaped from her owner and started a rumor that she had fled North.

(D) On her mistress's death, Jacobs was sold to a white master who harassed her very much.

① (A) − (B) − (C) − (D)

② (A) − (D) − (C) − (B)

③ (D) − (C) − (B) − (A)

④ (C) − (A) − (B) − (D)


## 31 다음 글의 문맥으로 보아 바로 앞에 올 수 있는 내용은?

Resignation, however, has also its part to play in the conquest of happiness, and it is a part no less essential than that played by effort. The wise man, though he will not sit down under preventable misfortunes, will not waste time and emotion upon such as are unavoidable.

① How to overcome misfortunes

② Importance of resignation in achieving our happiness

③ Significance of our efforts in seeking our happiness

④ The wise man's conquest of happiness

**32** 다음 글의 흐름으로 보아, 주어진 문장이 들어가기에 알맞은 곳은?

In preparing the juice, the skin and other textural components of the apple are left behind.

Pay attention to the way food is prepared. ⓐ Processing can reduce fiber content. ⓑ A cup of apple juice, for example, has only about one-twentieth the fiber of a single whole apple. ⓒ Many brown-colored breads called wheat or multi-grain are made with highly refined flour, meaning most of the fiber has been milled out. ⓓ

① ⓐ　　　　　　　　　　② ⓑ

③ ⓒ　　　　　　　　　　④ ⓓ


**33** 다음 주어진 문장에 이어질 글의 순서로 가장 알맞은 것은?

Many stores use electronic devices to protect their merchandise, especially clothing.

(A) The tag is keyed to an alarm built into the store's entrance.
(B) If an item is taken through the entrance with the tag still attached, the alarm sounds.
(C) This system is based on a special tag that storeowners attach to certain items.

① (A) - (C) - (B)

② (B) - (A) - (C)

③ (B) - (C) - (A)

④ (C) - (A) - (B)

**34** 다음 글 바로 뒤에 올 내용으로 가장 알맞은 것은?

> What is the secret ingredient of tough people that enables them to succeed? Why do they survive the tough times when others are overcome by them? The answer is all in how they perceive their problems. They look at problems realistically and practically. They understand the six principles that pertain to all problems. What are these principles?

① six principles for the survival
② six principles for the 21th century
③ six principles for escaping problems
④ six principles for perceiving our problems

**35** 다음 주어진 문장이 들어가기에 가장 적절한 곳은?

> Confusion has reigned ever since.

> If you have difficulty distinguishing the World Bank from the International Monetary Fund, you are not alone. ⓐ Most people have only the vaguest idea of what these institutions do, and very few people indeed could, if pressed on the point, say why and how they differ. ⓑ Even John Maynard Keynes, a founding father of the two institutions and considered by many the most brilliant economist of the twentieth century, admitted at the inaugural meeting of the International Monetary Fund that he was confused by the names. ⓒ He thought the Fund should be called a bank, and the Bank should be called a fund. ⓓ

① ⓐ　　　　　　　　　　　② ⓑ
③ ⓒ　　　　　　　　　　　④ ⓓ

**36** 다음 문장이 들어갈 위치로 가장 적절한 것은?

It is now clear, from the results of the first research studies of this subject, dating from the 1960s, that all of these opinions are wrong.

① The first step in considering the nature of sign language is to eradicate traditional misconceptions about its structure and function. ② Popular opinions about the matter are quite plain : sign language is not a real language but little more than a system of sophisticated gesturing ; signs are simply pictorial representations of external reality ; and because of this, there is just one sign language, which can be understood all over the world. ③ A clear distinction must be drawn, first of all, between sign language and gesture. To sign is to use the hands in a conscious, " verbal" manner to express the same range of meaning as would be achieved by speech. ④

**37** 다음 글에서 전체적인 흐름과 관계없는 문장은?

Some students make the mistake of thinking that mathematics consists solely of solving problems by means of and rules. ①To become successful problem solvers, however, they have to appreciate the theory, recognizing the logical structure and reasoning behind the mathematical methods. ②To do so requires a precision of understanding the exact meaning of a mathematical statement and of expressing thoughts with accuracy and clarity. ③However, this precision cannot be achieved without real appreciation of the subtleties of language. ④In fact, anyone can advance much beyond mere problem solving tasks without manipulating mathematical formulas and rules. That is, superior ability in the use of language is a prerequisite to become successful problem solvers.

## 38 다음 글에서 전체 흐름과 관계없는 문장은?

There are a couple of important steps to take when choosing a puppy. ⓐOne is to check out a puppy's physical condition carefully. The animal's eye should be clear and bright, and its gums should be pink and firm. ⓑAlso, watch it play with other puppies, and get an idea of the puppy's personality. ⓒOwing a pretty puppy can improve a person's mental and physical well-being. ⓓIf it's very timid or aggressive, it might not make a good pet.

① ⓐ                    ② ⓑ

③ ⓒ                    ④ ⓓ

☞ 정답 및 해설 P.285

※ 밑줄 친 부분에 들어갈 가장 적절한 것을 고르시오. 【1~3】

**1** It can sometimes feel as if South Korea, overworked, overstressed and ever anxious, is _____ a national nervous breakdown, with a rising divorce rate, students who feel suffocated by academic pressures, a suicide rate among the highest in the world and a macho corporate culture that still encourages blackout drinking sessions after work. More than 30 Koreans kill themselves everyday, and the suicides of entertainers, politicians, athletes and business leaders have become almost commonplace.

① by virtue of　　　　　　　② as opposed to

③ in favor of　　　　　　　　④ on the verge of

**2** Strategic thinking can make a positive impact on any area of life. The first step in strategic thinking is to _____ so that you can focus on it more effectively. That's what automotive innovator Henry Ford did when he created the assembly line, and that's why he said, "Nothing is particularly hard if you divide it into small jobs." He also said, "Only one person in a million can juggle the whole things at the same time and think strategically to create solid, valid plans." He is well known for his habit of splitting tasks. Right before the beginning of each weekday, he would think about daily issues, prioritizing the issues for the weekday. He made a rule to deal with the issues only allotted for the day.

① make a habit of taking notes

② break down an issue smaller

③ deal with daily tasks without delay

④ think twice before setting to a work

**3** You as the parent must try to read their crying to be able to help them. This will also help you assess your children's perception of your discipline. In many cases, when a child feels that he has been punished wrongly, it is more difficult to console him. He cried pathetically. Others may receive the punishment in a defiant mood. _____, when a child feels guilty and he is not punished or assured of forgiveness, he is likely to feel insecure and timid. In such a case when punished they may cry but quickly compose themselves and seek to attract love from the parent. Children usually want the crisp and clean punishment followed by fellowship rather than living with uncertainty.

① As a result                    ② For example
③ In other words                 ④ On the other hand

**4** 다음 글을 요약한 문장에서 빈칸 ⊙, ⓛ에 들어갈 가장 적절한 것은?

Look at the following list of numbers: 4, 8, 5, 3, 9, 7, 6. Read them out loud and memorize that sequence. If you speak English, you have about a 50 percent chance of remembering that perfectly. If you're Chinese, though, you're almost certain to get it right every time. This is because pronouncing them in Chinese takes shorter time. In addition, the number—naming systems are in Western and Asian languages. In English, for example, they say fourteen and sixteen, so one might expect that they would also say oneteen and twoteen. But they don't. The number system in English is irregular. In contrast, Asians have logical counting systems. Those differences mean that Asian children learn to count much faster and perform basic functions better than Western children.

⇩

Being good at ____⊙____ may be rooted in the different ____ⓛ____ systems.

|  ⊙  |  ⓛ  |
|------|------|
| ① pronunciations | counting |
| ② mathematics | language |
| ③ languages | name |
| ④ logic | culture |

**5** Pollution is the addition of any substance or form of energy to the environment at a rate faster than the environment can accommodate it by dispersion, breakdown, recycling, or storage in some harmless form. _____ Carbon dioxide, for example, is a normal component of the atmosphere and a by-product of respiration that is found in all animal tissues ; yet in a concentrated form it can kill animals. Human sewage can be a useful fertilizer, but when concentrated too highly it becomes a serious pollutant, menacing health and causing the depletion of oxygen in bodies of water.

① A pollutant need not be harmful in itself.

② Some pollutants are more harmful to life than others.

③ Pollution is now a universal problem all over the world.

④ Pollution has accompanied mankind for millions of years.

**6** There's nothing wrong with wanting to be with those you're comfortable with ; it becomes a problem when your group of friends becomes so exclusive that they begin to reject everyone who isn't just like them. It's kind of hard to value _____ in a close-knit clique. Those on the outside feel like second-class citizens, and those on the inside often suffer from superiority complexes.

① universality

② attachment

③ relationship

④ differences

**7** It is ___①___ to give reliable general rules for the validity of extrapolation from one species to another. This can often only be verified after the first trials in the target species (humans). Extrapolation from animal models will always remain a matter of hindsight. ___②___ the results of animal tests can be dangerously misleading and has cost the health and lives of tens of thousands of humans.

| ① | ② |
|---|---|
| ① reasonable | Unspecified analysis of |
| ② impossible | Uncritical reliance on |
| ③ unrealistic | Irregular reporting of |
| ④ logical | Invalid interpretation of |

※ 다음 빈칸에 가장 적합한 것은? [8~9]

**8** Knute Rockne(1888–1931), a famous football coach at the University of Notre Dame, was probably as well known for his inspiring pep talks as he was for coaching. Likewise, Vince Lombardi, famed as the coach of the New York Giants and the Green Bay Packers, was well known for his _____ ; Lombardi is credited with the now famous: "Winning isn't everything; it's the only thing."

① greed      ② eloquence
③ jealousy      ④ deployment

**9** The process of learning an art can be divided conveniently into two parts : one, the mastery of the theory; the other, the mastery of the practice. If I want to learn the art of medicine, I must first know the facts about the human body, and about various diseases. When I have all this theoretical knowledge, I am by no means _____ in the art of medicine. I shall become a master in this art only after a great deal of practice, until eventually the results of my theoretical knowledge and the results of my practice are blended into one — intuition, the essence of the mastery of any art.

① unqualified      ② combative
③ ambitious      ④ competent

## 10 문맥상 빈칸에 가장 적합한 것은?

The dengue virus is contracted through contact with mosquitoes, and nearly half of the world's population is at risk of infection. _____, including pain behind the eyes and in the joints, nausea, and rash. Most patients can recover with rest and by staying hydrated, but some develop a severe condition. Presently, there is no cure for the disease, and no vaccines exist to prevent infection.

① Treatment of acute dengue is supportive
② Symptoms of the disease can vary widely
③ Dengue has become a global problem
④ Very few people understand what causes dengue


## 11 밑줄 친 부분에 들어갈 표현으로 가장 적절한 것을 고르시오.

Oscar Wilde once wrote, "In this world there are only two tragedies. One is not getting what one wants, and the other is getting it." He was trying to warn us that no matter how hard we work at being successful, success won't satisfy us. By the time we get there, having sacrificed so much on the altar of being successful, we will realize that success was not what we wanted. People who have money and power know something that you and I do not know and might not believe even when we are told. Money and power do not satisfy that unnameable hunger in the soul. Even the rich and powerful find themselves yearning for something more. We read about the family problems of the rich and famous, we see fictionalized conflicts on television, but we never get the message. Instead, we keep thinking that _____.

① if we had what they have, we would be happy
② the lives of the rich and powerful entirely depend on luck
③ though we have worked hard, we are not successful in life
④ money and power cannot replace valuable things in our life

**12** 밑줄 친 부분에 들어갈 표현으로 가장 적절한 것을 고르시오.

> Farmland provides more than just crops for human and animal consumption. It provides raw materials used to make building materials, paper, and fuels. The lives of many people also revolve around farming, which gives them the driving force that keeps them alive. Farmland, however, has slowly been eliminated by urban sprawl, in which people in urban areas spread into and take over rural areas. In the near future, urban sprawl is going to leave us with a shortage of natural resources. We need to be aware of the potential risks in future years and _____.

① move from urban areas to rural areas for living in farmland
② start to restrict urban sprawl and unnecessary development
③ limit farming in rural areas and development in urban areas
④ accelerate the development of natural resources in a short period

※ 다음 글의 빈칸에 들어갈 적절한 것은? 【13~14】

**13** One way to accelerate the flow of new ideas is to be put in difficult situations where you're likely to fail. When we fail to do something, we feel frustrated and we begin trying out other behaviors. Many ideas compete vigorously, greatly enhancing the creative process. Say you start to turn a doorknob that has always turned easily. It won't move. You turn the knob harder. Then you pull it up or push it down. Maybe you wiggle it. Eventually, you may shove or kick the door. These efforts from established behaviors will probably lead to new solutions. Creativity is an extension of _____.

① how long you think
② how you operate tools
③ what you already know
④ what your personality is

**14** If you are at the seaside, and you take an old, dull, brown penny and rub it hard for a minute or two with handfuls of wet sand, the penny will come out a bright gold colour, looking as clean and new as the day it was made. Now poetry has the same effect on words as wet sand on pennies. In what seems almost a miraculous way, it brightens up words that looked dull and ordinary. Thus, poetry is perpetually

_____.

① cultivating your mind
② recreating language
③ beautifying the nature
④ discovering the unknown universe

**15** 밑줄 친 부분에 들어갈 표현으로 가장 적절한 것은?

Some people give up the moment an obstacle is placed in front of them. Some people doggedly continue to pursue a goal even after years of frustration and failure. What is the difference between these two people? Those who feel they are not responsible for choosing their goals and pursing them tend to believe that results are arbitrary. To them, it does not matter how hard you try or how talented you are. Being successful is all a matter of luck. Those who persevere, _____, recognize that they are ultimately responsible not just for pursuing their goals, but for setting them. To them, what you do matters, and giving up for no reasons does not seem very attractive.

① however                    ② moreover
③ likewise                    ④ therefore

## 16 다음 글의 빈칸에 들어갈 가장 적절한 것은?

Many sports help to ( A ) one's reactions and dexterity. Sports can also improve one's process of thought. Be sure to judge whether or not the level of exercise activity is appropriate as you are participating in the sport. Being wise about the health benefits of sports will ensure a healthy lifestyle. Regular exercise will help one's personality to be positive. If you ( B ) what has been suggested, you will have favorable results.

|  | (A) | (B) |
|---|---|---|
| ① | control | complement |
| ② | enhance | complement |
| ③ | control | implement |
| ④ | enhance | implement |

## 17 다음 글의 빈칸에 들어갈 가장 적절한 것은?

Character is a respect for human beings and the right to interpret experience differently. Character admits self-interest as a natural trait, but pins its faith on man's hesitant but heartening instinct to understand and support others. Character is allergic to tyranny, irritable with ignorance and always open to improvement. Character implies the ability to laugh wholeheartedly and weep unashamedly. Character is, above all, a tremendous humility before the facts—an automatic alliance with truth even when that truth is bitter medicine.

A quality of character not mentioned by the author is _____.

① freedom　　　　　　　　② patience

③ sympathy　　　　　　　 ④ humbleness

**18** 다음 글의 흐름으로 보아 괄호에 들어갈 가장 적절한 단어는?

A helicopter piloted by a woman lifted a (    ) from a rooftop of La Sante Prison in Paris on Monday and flew him out. The escaped one was identified as Michel Vaujour, 34, who was found guilty of armed robbery last year. He was serving an 18-year sentence and this was his fourth escape from prison. According to police, the helicopter flew into the prison at about 10 : 45 A.M. and hovered over a prison building. Two people were aboard the aircraft. They dropped a line to Vaujour and then flew away.

① janitor                          ② policeman
③ prisoner                         ④ flight


**19** 다음 중 밑줄 친 부분에 들어갈 가장 적절한 단어는?

Emily is a writer and is always writing things down. Even when she can't find paper, she scrambles to find envelopes, napkins, anything she can use to write down her thoughts. She does this because she is both realistic and disciplined enough to know humans run across too many ideas to remember all of them or even most of them. Good ideas come floating into our heads and will easily float out. Writers acknowledge they carry around a notebook so that the best of those ideas can make it to paper. You don't have to be a writer, however, to have good ideas floating through you. Keep a notebook and pen _____ and you will be able to hold onto those floating thoughts.

① neat                             ② handy
③ fancy                            ④ remote

## 20 다음 글의 빈칸 ( ⓐ ), ( ⓑ )에 들어갈 말로 적절한 것은?

It is a great nuisance that knowledge cannot be acquired without trouble. It can only be acquired by hard work. It would be fine if we could swallow the powder of profitable information made palatable by the jam of fiction. But the truth is that, so made palatable, we cannot be sure that the powder will be profitable. I suggest to you that the knowledge the novelist imparts is ( ⓐ ) and thus ( ⓑ ) and it is better not to know a thing at all than to know it in a distorted fashion. If readers wish to inform themselves of the pressing problems of the day, they will do better to read, not novels but the books that specifically deal with them. I suggest to you that it is enough for a novelist to be a good novelist. It is unnecessary for him to be a prophet, a politician or a leader of thought. Fiction is an art and the purpose of art is to please.

|  | ⓐ | ⓑ |  | ⓐ | ⓑ |
|---|---|---|---|---|---|
| ① | reasonable | believable | ② | naive | wholesome |
| ③ | biased | unreliable | ④ | impartial | realistic |

※ 다음 글의 빈칸에 들어갈 말로 가장 적절한 것을 고르시오. [21~22]

## 21
Two men were dining together in a restaurant. The first man ordered the food. The second man, who was unaccustomed to eating out, said nothing. When the food arrived, the second man _____ everything his friend did. When the first man took rice, so did the second. The first man ate a shrimp, and so did the second man. Finally, the first man took a toothpick, and his friend did the same. Later the first man asked his friend how he had enjoyed the meal. The second man answered, "Everything was perfect, except for the last bit. It tasted like bamboo."

① copied            ② cursed

③ ignored          ④ opposed

**22** A Western–style conversation between two people is like a game of tennis. If I introduce a topic, a conversational ball, I expect you to hit it back. If you agree with me, I don't expect you simply to agree and do nothing more. I expect you to add something—a reason for agreeing, another example, or an elaboration to carry the idea further. But I don't expect you always to agree. I am just as happy if you question me, or challenge me, or completely disagree with me. Whether you agree or disagree, _____.

① you'll be playing the wrong game
② your response will return the ball to me
③ you'll learn a new lesson from your experience
④ your conversation style will differ from the Western style

**23** 다음 글의 빈칸에 들어갈 말로 가장 적절한 것은?

> Chomsky's main message was that union leaders were more concerned with maintaining their own power than with representing workers. His audiences? Union leaders. During the question–and–answer period they reached, _____, with defensiveness and even hostility. But Chomsky met their arguments with such a relentless barrage of facts.

① however                         ② on the other hard
③ That is he emphasized          ④ as one might expect

**24** 다음 글의 빈칸에 들어갈 말로 가장 적절한 것은?

> For a variety of reasons, wildlife officials often redistribute wildlife from one part of a country to another. For practical purposes, some species may be transplanted because they damage crops or because their original habitat has scarce supplies of natural food. Quite often, the purpose of redistribution is to move a particular species from a place where it is overabundant to a place where _____.

① it is needed                    ② food is scarce
③ it is unpopular                 ④ it can't damage crops

**25** 다음 괄호 안에 알맞은 표현을 차례대로 고르면?

According to the following article, doctors in a couple of prominent hospitals are trying to say ( ⓐ ) before ( ⓑ ). For decades, malpractice lawyers and insurers have counseled doctors and hospitals to "deny and defend." Many still warn clients that any admission of fault, or even expression of regret, is likely to invite litigation and imperil careers. But with providers choking on malpractice costs and consumers demanding action against medical errors, a handful of prominent academic medical centers, like Johns Hopkins and Standford, are trying a disarming approach. By promptly disclosing medical errors and offering earnest apologies and fair compensation, they hope to restore integrity to dealings with patients, make it easier to learn from mistakes and dilute anger that often fuels lawsuits. Malpractice lawyers say that what often transforms a reasonable patient into an indignant plaintiff is less an error than its concealment, and the victim's concern that it will happen again. Despite some projections that disclosure would prompt a flood of lawsuits, hospitals are reporting decreases in their caseloads and savings in legal costs. Malpractice premiums have declined in some instances, though market forces may be partly responsible.

| ⓐ | ⓑ |
|---|---|
| ① I'm sorry | they see you in court |
| ② they see you in court | I don't know |
| ③ I'd like to help | they see you in court |
| ④ none of my business | I don't know |

※ 다음 글의 빈 칸에 들어갈 말로 가장 적절한 것을 고르시오. 【26~28】

**26** Many years of trying to help people with every kind of trouble have left me with one sure conviction : The difficulty could have been overcome or might never have arisen if the people involved had just treated one another with common courtesy. "It's not so much what my husband says," a tearful wife tells me, "as the way he says it." Why does he have to yell at me? A grim-faced office worker mutters, "I hate my boss. He never shows appreciation for anything." Human beings _____ courtesy. Courtesy, politeness, good manners — call it what you will — the supply never seems to equal the demand.

① hunger for

② are overfed with

③ behave well with

④ are satisfied with

**27** In Africa, people are sadder about the death of an old man than about that of a newborn baby. The old man represented a wealth of experience that might have benefited the tribe, whereas the newborn baby had not lived and could not even be aware of dying. _____, people in Europe are sad about the death of the newborn baby because they think he might well have done wonderful things if he had lived. They, however, pay little attention to the death of the old man, who had already lived his life anyway.

① After all

② As a result

③ By any means

④ On the other hand

**28** When listening to operas, you must remember that opera is a special kind of theater. Just as ability to understand the spoken word is necessary if you are to comprehend a play, you cannot fail to profit by the knowledge of the words of opera. It is inconceivable that one should attend a performance of a Shakespearean tragedy, for example, simply for a view of the stage pictures and the beauty of the sound of the actors' voices. If opera is theater and the words are important, what part, then, does music play in an opera? _____ Music begins where the word ends to communicate expression beyond the power of words.

① Music plays an important role in tragic plays.

② Actors are often sensitive to their emotions.

③ Music in an opera adds a new dimension to the word.

④ Opera singers tend to have different tastes for music.

**29** Suddenly finding yourself in a strange country can be rather frightening. You lose all of the props that generally support you, and all of the familiar cues that provide information about what to do. Without familiar props and cues to orient you in unfamiliar situations, it becomes difficult to _____ life in a new setting. Everything can seem different. You don't even know how much to tip a cab driver or a waiter in a restaurant. In this situation. you can lose a sense of logic, developing irrational fear of the local people.

① give in            ② make up for

③ cope with         ④ get away from

**30** People who are happy don't get everything they want, but they want most of what they can get. In other words, they rig the game in their favor by choosing to value things that are within their grasp. People who find themselves, dissatisfied in life often set unreachable goals for themselves, setting themselves up to fail. Yet people who set high goals for themselves and try to reach them are no happier than people who set and reach more modest goals. _____

① Aim high and try to reach it.

② Take whatever comes your way.

③ Don't get frustrated when you fail.

④ Stay within reality and strive to make things better.

**31** In the field of intercultural communication, I learned that the position of the bodies of people in conversation varies with the culture. It used to puzzle me that a special Arab friend seemed unable to walk and talk at the same time. After years in the US, he could not bring himself to stroll along, facing forward while talking. Our progress would be arrested while he edged ahead, cutting slighty in front of me and turning sideways so we could see each other. Once in this position, he would stop. His behavior was explained when I learned that for the Arabs to view the other person _____ is regarded as impolite.

① angrily            ② closely

③ straightly         ④ peripherally

**32** According to some experts, we are leaving our children and grandchildren a frightening inheritance : an increased accumulation of so-called greenhouse gases in the atmosphere and the potentially disastrous climate changes that this increase may bring about. However, the scientific community _____. Other scientists claim that the evidence for global warming is inconclusive and argue that predictions based on it are questionable. The scientific debate has been intense. It has also fueled a political controversy about what measures, if any, should be taken to address the possible problem of climate changes.

① is not speaking with one voice

② has suggested many practical ideas

③ is concerned about the climate change

④ worries about the misuse of scientific discovery

**33** 다음 밑줄 부분에 들어갈 말이 순서대로 바르게 짝지어진 것은?

> We all know that a little bit of stress can be a good thing, as it can motivate a person to take action. A lot of stress, though, can seriously affect one's mental and physical health and can prevent a person ___ⓐ___. Many people know that a job, schoolwork, or lifestyle can cause negative stress levels to increase dramatically, but very few are aware that certain kinds of food and drink, ___ⓑ___, can lead to higher levels of stress.

① doing things effectively — if it consumed regular

② doing things effectively — if consuming regularly

③ from doing things effectively — if consumed regularly

④ from doing things effectively — if it consuming regular

※ 밑줄 친 부분에 공통으로 들어갈 것으로 문맥상 가장 적절한 것을 고르시오. 【34~35】

**34** A few years ago, a(n) _____ researcher at the University of Washington named Adam Drewnowski ventured into the supermarket to solve a mystery. He wanted to figure out why it is that the most reliable predictor of _____ in America today is a person's wealth. For most of history, after all, the poor have typically suffered from a shortage of calories, not a surfeit. So how is it that today the people with the least amount of money to spend on food are the ones most likely to be overweight?

① nourishment      ② undergrowth

③ pennilessness      ④ obesity

**35** In August 1914 Great Britain, with 29 capital ships ready and 13 under construction, and Germany, with 18 and 9, were the two great rival sea powers. Neither of them at first wanted a direct _____ : the British were chiefly concerned with the protection of their trade routes ; the Germans hoped that and submarine attacks would gradually destroy Great Britain's numerical superiority, so that _____ could eventually take place on equal terms.

① bisection      ② confrontation

③ conclusion      ④ reconciliation

**36** 다음 글에서 문맥상 밑줄 친 곳에 들어갈 가장 알맞은 단어로 옳은 것은?

> It is often said that usefulness is the end of life ; and so it is. But _____ creates and inspires usefulness. If you have many gifts, and the power to understand. Even if you meditate day and night how to promote the welfare of the world, it shall profit you little if you have not joy. Take up joy, then, as you stand before the gate of your student life, and enter fearlessly.

① happiness      ② meditation

③ fearlessness      ④ power

**37** 다음 글에서 빈칸에 들어갈 것을 순서대로 나열한 것으로 옳은 것은?

The origin of species said that all living things on earth are here as a result of descent, with modification, from a common ancestor. This is the theory of evolution. Expressed another way, it tells us that species are not fixed, unchanging things but have, _____, evolved through a process of gradual change from pre-existing, different species. The theory implies, too, that all species are cousins, _____, any two species on earth, have shared a common ancestor at some point in their history. This theory of evolution directly contradicts the still widely accepted idea that each species has been placed on earth in its present from.

① by contrast — however

② in short — moreover

③ on the contrary — that is

④ in comparison — in addition

**38** 다음 글의 ⓐ와 ⓑ에 들어갈 말로 바르게 짝지어진 것은?

In september of 1983, an art dealer by the name of Gianfranco Becchina approached the J. Paul Getty Museum in California. He had in his possession, he said, a marble statue ⓐ(dating / dated) from the sixth century BC. It was what is known as a kouros — a sculpture of a nude male youth. There are only about two hundred kouroi in existence, and most have been recovered badly damaged or in fragments from grave sites or archeological digs. But this one was almost perfectly preserved. It was an extraordinary find. Becchins's ⓑ(asking / asked) price was just under $10 million.

① dated — asked

② dated — asking

③ dating — asked

④ dating — asking

## 39 다음 글의 (    ) 안에 들어갈 가장 알맞은 것은?

"I'll be in there in two minutes," Mom said in a loud voice. "You girls had better be through." Sighing, we attacked the potatoes again. Liaay stuffed her mouth full and (    ) to get them down with a gulp of water. I choked. Sherre chewed and chewed. Almost choking, she spit the whole mess into her napkin. "Look, Liz," she said. "Those footprints are back!" She pointed to the ceiling. Lizzy looked up. Plop, plop. Lizzy still was looking up when Mom reached the doorway.

① confiscated
② drained
③ lamented
④ managed

## 40 다음 글의 내용으로 보아 빈칸에 들어갈 가장 알맞은 말은?

Western civilization took centuries to develop the idea of childhood. But television had erased it in a few decades. What a child once learned through reading roughly matched with his ability to process the information. In the television age, however, we all get the same messages. A child of five and an adult of 40 can see the same images and hear the same words simply by pushing a button. It shows in our behavior. Children and adults now dress alike, talk alike and play the same games. The concept of childhood is _____.

① expanding
② lingering
③ prevailing
④ vanishing

## 41 다음 글의 빈칸에 들어갈 가장 알맞은 것은?

I have seldom met a businessman who was not persuaded that inflation is produced by rising wages _____, by strong labor unions – and many a nonbusinessman is of the same mind. This belief is false yet entirely understandable. To each businessman separately, inflation comes in the form of higher costs, mostly wages; yet for all businessman combined, higher onces produce the higher costs. What is involved is a fallacy of composition. Any one person may be able to leave a crowded theater in two minutes without difficulty. Let everyone try to leave in two minutes and there may be utter chaos. What is true for each separately need not be true for all together.

① by accident

② in true

③ yet

④ unless

## 42 다음 중 빈칸에 들어갈 가장 알맞은 연결어는?

Mr. Schwarzenegger also steps into the political ring virtually none of the preparation of Mr. Reagan. When Mr. Reagan ran for governor in 1966, he had not only been a well-known actor, the host of a popular Sunday television show and a dashing figure around Los Angeles, but a visible Republican activist across the country. Mr. Reagan's entry into elective politics was a foregone conclusion after the defeat of the Republican presidential nominee Barry M. Goldwater in 1964. Mr. Schwarzenegger _____, arrives on the Republican scene as a virtual outsider. He doesn't have a group of people who two years before the election, as in Reagan's case, were going to do everything they could to advance him.

① by contrast

② in brief

③ moreover

④ therefore

## 43 다음 빈칸에 가장 적절한 것은?

To the average consumer, the difference between a brand and a product can be confusing. One way to explain the difference is that brands are around for a long time, while products are quick to come and go. Take, for instance, the sportswear manufacture Nike. Nike is the brand name. Nike might make many different products over the years, such as different kinds of athletic shoes and clothing, but the brand name "Nike" will _____.

① advertise itself
② always be the same
③ often succeed
④ sometimes make mistakes

## 44 다음 빈칸에 가장 적절한 것은?

The scholars have found that gender differences are reflected in the ways that children use language while they play. Boys often use commands when they talk to each other. For instance, when a boy is captain he might say, "You go first. Don't wait for me." As the leader of the other boys, he tells them exactly what to do. But when a girl wants to influence her friends, she uses different forms of language. Instead of using commands, she will say, "Let's try it this way. Let's do this." This is how she tries to direct the other girls without sounding bossy. By using the form "Let's," she also emphasizes the fact that the girls all belong to the same group.
These differences seem to do part of growing up in a given culture and following its rules of gender. If men and women can understand that many of their differences are _____, they may be able to improve their relationships.

① individual, not social
② cultural, not personal
③ voluntary, not compulsory
④ temporary, not permanent

**45** 다음 글을 읽고, 빈칸에 들어갈 말로 가장 적절한 것은?

Elements of culture can be divided into two categories. The first is the material culture, which is made up of all the physical objects that people make and give meaning to. Books, clothing, and buildings are some examples. We have a shared understanding of their purpost and meanings. _____, nonmaterial culture consists of human creations that are not physical. Examples of nonmaterial culture are values and customs. Our beliefs and the languages we speak are also part of our nonmaterial culture.

① Above all
② As a result
③ In contrast
④ In addition


**46** 다음 글의 빈칸 (A), (B), (C)에 가장 적절한 단어끼리 바르게 짝지어진 것은?

We humans have (A) involved / evolved into quite strange beings. Whatever happens in the future is unlikely to be odder than what has already happened in the past. We differ from other animals in that we cook our food and wear clothes. But perhaps the most important distinguishing (B) figure / feature is human language. This extraordinary system allows us to communicate about anything whatsoever, whether it is present, absent or even non-existent. Though this system is what makes us different from other animals, the (C) original / origin of our extraordinary communication system is still a mystery.

| | (A) | (B) | (C) |
|---|---|---|---|
| ① | evolved | feature | origin |
| ② | evolved | figure | origin |
| ③ | involved | feature | original |
| ④ | involved | figure | original |

**47** 다음 글의 빈칸 ⓐ, ⓑ에 들어갈 말로 가장 적절한 것은?

On an airplane in the Far East, in typhoon season, I asked the pilot how he handled those strong winds. "Oh, the strong winds sometimes can improve flight conditions," he replied. "I turn strong winds into tailwinds!" Perhaps suffering and hardship in life, some seemingly as big as typhoons, serve the same purpose for a human being. Then you can turn ( ⓐ ) into ( ⓑ ) and make it speed you on your way to achievement.

① chance — adversity

② difficulty — opportunity

③ disaster — courage

④ good luck — challenge

※ 다음 글의 밑줄 친 곳에 들어갈 가장 적절한 것을 고르시오. 【48~50】

**48** There are many places people visit to get services, such as banks, public offices, etc. Depending upon how many servers are available, they stand in many lines. When they are supposed to stand in line, they are always faced with a problem of making a decision. _____ It's because a shorter line does not always lead to quicker service. Some people who come later get served earlier simply because they happen to stand in the 'lucky' line. That's why some early comers wait longer than they expect to. This is not fair for all the parties concerned, both servers and customers.

① The solution to this problem seems to be easy.

② It would be possible for us to think of a social invention.

③ That is, in which line will I be able to get my job done most quickly?

④ A fair waiting system makes it possible for us to serve and be served on a first- come-first-served basis.

**49** The smoke signals from Asia's ailing cities are increasingly obvious, but many leaders and ordinary citizens are slow to act. For a relatively quick fix, governments can beef up enforcement of existing regulations on _____ levels and later bring them in line with more stringent international standards. They can also require assessments of the environmental cost of schemes that increase commercial and private traffic. A long—term regimen includes investing in more efficient and extensive mass transport systems and in alternative sources of clean energy ; and committing to far—sighted urban planning that would help create jobs and housing _____ congested city centers.

① education — next to

② preservation — just under

③ emission — outside of

④ expectation — except for

**50** _____ Scientists think the zebra evolved from a horselike animal with no stripes. They have different ideas about what the zebra's stripeless ancestor looked like, but many argue that it was mostly dark—colored or black. (So, to answer an old question, a zebra is probably a black animal with white stripes, rather than the other way around.) The way stripes might have evolved is this : By accidental variation, some of the dark horse foals were born with lighter—colored stripes. Since stripes were protective coloring, they were an advantage. And so striped animals often survived to have striped foals — another example of natural selection. More and more striped animals appeared as the generations passed. Eventually, there were several distinct species of an animal we call the zebra.

① What is the origin of the zebra?

② What good are zebra's stripes?

③ Where did the stripes of the zebra come from?

④ How did the zebra evolve from horses?

**51** 다음 글의 빈칸 (A), (B)에 들어갈 것으로 가장 적절한 것은?

It's relatively easy to experience deep listening. All you need to do is to understand its improvement and to give it some practice. But it's not 'practice' in the way we sometimes think of practice. There's little effort involved. In fact, ( A ) effort you make, ( B ) it will be. What you have to do is to clear your mind and relax — but at the same time, really be there with the other person. By doing this, you're removing the distractions. As you listen, notice how your mind tends to fill with other things — plans, answers, fears, whatever. When this happens, gently clear your mind and simply listen.

① the less — the easier
② the less — the more difficult
③ the more — the more difficult
④ the more — the easier

**52** 다음 글의 빈칸에 가장 적절한 것은?

Albert Schweitzer was born on October 29, 1875 in Kaysersberg, a town near Strasbourg in Alsace, Germany. Schweitzer has been called the greatest Christian of his time. He based his personal philosophy on a 'reverence for life' and on a deep commitment to serve humanity through thought and action. And he was a man of great strength who faced great problems with courage. The threat of war, the reality of imprisonment during World War One as a German citizen, and the unbearable heat in Africa did not deter him at all. He believed that man could overcome these obsacles if _____.

① he didn't mind about his nationality
② he had a sense of idealism
③ he faced the great problems in Germany
④ he wanted to help the poor in a foreign country

**53** 다음 빈칸에 들어갈 표현으로 옳은 것은?

Some people carry on active social lives with computers — their own or the ones available at terminals in public places like cafes, social centers, libraries, etc. Communicating with others on "bulletin boards", they get to know people they might never meet in traditional way. ( ㉠ ), a graduate student in San Francisco, California, has made more than fifty "net friends", including a homeless vegetarian who gets around on roller-blades, an HIV-positive police officer, some members of an Iranian family, an 80-year-old detective, and a medical geneticist who studies DNA. She has gone out on dates with about ten of her "network contacts". The romance didn't last, ( ㉡ ). She doesn't blame the computer for breaking up the relationship.

① ㉠ Therefore,    ㉡ in addition
② ㉠ By the way,    ㉡ nevertheless
③ ㉠ For example,   ㉡ however
④ ㉠ As a result,   ㉡ that is

**54** 다음 ( ) 안에 가장 적합한 것은?

When we think of the public face of scientific genius, we often remember someone with old and graying appearances. For example, we think of Albert Einstein's disheveled hair, Charles Darwin's majestic beard, Isaac Newton's wrinkled visage.
Yet the truth is that most of the scientific breakthroughs that have changed our lives are usually made by people who are still in their 30s and that includes Einstein, Newton and Darwin. Indeed, not surprisingly, younger scientists are less affected by ( ) than their elders.
They question authority instinctively. They do not believe it when they are told that a new idea is crazy, so they are free to do the impossible.

① economic concerns
② innovative experimental data
③ religious faith
④ the intellectual dogma of the day

**55** 다음 문장의 밑줄 친 곳에 들어갈 가장 적절한 것은?

In educating students for adult work and adult life, American schools try, above all, to be practical. American education has been greatly influenced by the writings of a famous 20th-century philosopher named John Dewey. Dewey believed that the only worthwhile knowledge was knowledge that _____. He convinced educators that it was pointless to make students memorize useless facts that they would quickly forget. Rather, schools should teach thinking processes and skills that affect how people live and work.

① has the right purpose

② is common to all people

③ can be used in a real life

④ can explain human nature

**56** 다음 (   ) 안에 가장 적합한 것은?

The Mediterranean Sea linked three continents Europe, Asia and Africa. Surrounding that sea was a world of diverse peoples, languages, and religions. Even its northern shores, largely united by Christianity, exhibited a remarkable variety of languages, customs, currencies, and political economies. (     ), the peoples who inhabited the shores of the Mediterranean were united in common world view — as the name suggests, they saw themselves as living at the center of the world.

① Moreover

② In brief

③ Therefore

④ However

## 57 다음 글의 빈칸에 들어갈 알맞은 것은?

The Danish flag, a large white cross on a red field, is the oldest unchanged national flag in the world. Its design is more than seven hundred years old. There is an unusual legend that tells of how the flag came to be. About A.D. 1218, King Valdemar Ⅱ of Denmark led a crusade against the pagans who were attacking his colonies. In 1219 the Danes won the war, saving their lands. According to legend, at a critical point in the battle _____ mysteriously appeared in the sky. The Danes say that King Valdemar adopted this design as the national flag.

① a red banner bearing a white cross

② an angel with a red flag in her left hand

③ Jesus Christ bearing wooden cross on his back

④ Jesus Christ wearing white garment


## 58 다음 문장의 빈칸에 들어갈 알맞은 말은?

Six-year-old Mary was given a simple train set for her birthday, but it took up all the floor space in her room. Mary and her parents put their heads together. Father, who had twisted his ankle on it, wanted it to be put away at night. Mother, who had a feeling for tidiness, tended to agree with him, though she understood Mary's feelings too. Mary tried to find a solution for herself by using her head. It was Mary who, at the last minute, saw that moving the bed along the wall would solve the problem. Her _____ was rewarded by her parents' sincere expressions of delight at her competence, and she then had the train set all the time.

① honesty

② initiative

③ generosity

④ cleanliness

**59** 다음 빈칸에 들어갈 가장 적절한 것은?

So often have I removed, so rough has been the treatment of my little library at each change of place, and, to tell the truth, so little care have I given to its well-being at normal times, that even the comeliest of my books show the results of _____.

① unfair usage
② great care
③ hard study
④ high price


**60** 다음 빈칸에 들어갈 가장 적절한 것은?

A society lacking language would be incapable of engaging in any but the simplest of cooperative enterprises. An individual or group of individuals would have no way of planning such activities, of explaining them to others, or of directing the actions of the participants in cooperative enterprises toward the _____ goal. Each individual would be to a large extent dependent on his own strength and ability since he would lack the means of securing the help of others.

① individual
② special
③ common
④ intensive


**61** 다음 글의 빈칸에 가장 적절한 것은?

Joseph Schumpeter was an unusual economist. Most economists have tried to reduce business cycles, but Schumpeter believed that constant change was the strength of capitalism. In constantly developing new products and new ideas, entrepreneurs cause the destruction of old products and ideas. Schumpeter thought that this process, which he called creative destruction, causes the business cycles that are part of a capital system. He believed that business cycles are _____ to the economy in the long run.

① helpful
② harmful
③ indifferent
④ ineffective

## 62 다음 글의 빈칸에 들어갈 가장 적절한 것은?

In the west, the old people efface themselves and prefer to live alone in some hotel with a restaurant on the ground floor, out of consideration for their children and an entirely unselfish desire not to interfere in their home life. But the old people have a right to interfere and if interference is unpleasant, it is nevertheless natural, for all life, particularly the domestic life, is a lesson in restraint. Parents interfere with their children anyway when they are young, and the logic of noninterference is already seen in the results of the Behaviorists, who think that all children should be taken away from their parents. If one cannot tolerate one's own parents when they are old and comparatively helpless, parents who have done so much for us, whom else can one tolerate in the home? One has to learn self-restraint anyway, or even marriage will go on the rocks. And how can the personal service and devotion and adoration of loving children ever be replaced by the best _____?

① hotel waiters　　　　　② behaviorists

③ natural prospect　　　　④ parents available


※ 다음 밑줄 친 부분에 가장 알맞은 것을 고르시오. 【63~66】

## 63
A mail-order firm is a kind of retail business that sells directly to customers by mail. Mail-order firms publish attractive catalogues that picture and describe the merchandise. The customer orders the products that are shown in the catalogue. For the mail-order firm, the catalogue takes the place of the _____.

① publisher　　　　　② customer

③ wholesaler　　　　④ salesclerk

**64** When I was young, I was suitably impressed to learn that, appearances notwithstanding, the whale is not a fish. Nowadays these questions of classification move me _____ ; and it does not worry me unduly when I am assured that history is not a science. This terminological question is an eccentricity of the English language. In every other European language, the equivalent word to 'science' includes history without hesitation. But in the English speaking world this question has a long past behind it, and the issues raised by it are a convenient introduction to the problems of method in history.

① less                           ② more
③ worst                          ④ best


**65** Culture is learned. It is not an innate characteristic of the individual. We learn to divide the color spectrum into red, orange, yellow, green, blue, indigo, and violet. The lines are _____, however, and people in other cultures learn to draw them differently. This is the case with time and space and people and every aspect of what we call "reality."

① tenacious                     ② redundant
③ deterministic                 ④ arbitrary


**66** A self-fulfilling prophecy occurs when a false definition of a situation causes a new behavior that makes the originally false conception come true. For example, the police believe Groples to be very criminal types. Consequently, more police patrols and surveillance are concentrated in those sections of the city where the Groples live. Increased police surveillance leads to greater visibility and reporting of crime, so the crime rate of Groples _____.

① increases
② decreases
③ becomes unpredictable
④ remains the same

Editors of newspapers and magazines often go to extremes to provide their readers with unimportant facts and statistics. Last year a journalist had been instructed by a well known magazine to write an article on the president's palace in a new African republic. When the article arrived, the editor read the first sentence and the refused to publish it. The article began ; "Hundreds of steps lead to the high wall which surrounds the president's palace." The editor at once sent the journalist a telegram instructing him to find out the exact number of steps and the height of the wall. The journalist immediately set out to obtain these important facts, but he took a long time to send them. So the editor sent the journalist urgent telegrams, but received no reply.

**67** The editor acted as he did because _____.

① he had not read the article beyond the first sentence
② he was dissatisfied with the factual content of the article
③ he wanted to please the president of the new African republic
④ he wanted an excuse to fire the journalist

**68** He sent the journalist two telegrams, but did not receive _____.

① no reply                    ② the reply
③ the replies                 ④ a reply

**69** Editors of newspapers and magazines often go to extremes to provide their _____ with unimportant facts and statistics.

① public                      ② lectures
③ listeners                   ④ common

During world War Ⅱ, Winston Churchill in his late sixties and early seventies, was able to work sixteen hours a day, year after year. His secret? He worked in bed each morning until eleven o'clock, reading reports, dictating orders, making telephone calls, and holding important conferences. After lunch, he went to bed once more and slept for an hour. In the evening, he went to bed once more and slept for two hours before having dinner at eight. He didn't cure fatigue.

He didn't have to cure it. He prevented it. Because he rested frequently, he was able to work on, fresh and fit, until long past midnight.

**70** Churchill's secret was _____.

① resting frequently

② working on until long past midnight

③ having regular meals

④ holding conferences in the morning

**71** Churchill didn't have to cure fatigue because _____.

① fatigue is something that we cannot cure

② he worked fresh and fit until long past midnight

③ he was never tired out

④ he was not a doctor

**72** Many scientists and government agencies are working to control air pollution. In the United States, public health is protected by government standards that limit the amount of pollution produced by cars and factories. Since every living thing depends on air to survive, making sure _____ helps to make sure that healthy life in all forms will continue.

① the air is clean

② a lot of dust helps to form smog

③ an air mass is a huge body of air

④ nitrogen makes up about 78% of the air

**73** One way of telling whether or not a substance is an acid is to use an indicator. An indicator is an object that turns a certain color in an acid. Litmus paper is an indicator that turns from blue to red in an acid. No one should ever taste unknown solutions to find out whether or not _____. Some acids burn the tongue. Other acids are poisonous. Certain acids burn and wound the skin.

① they are acids

② lemon juice has a sour taste

③ inorganic acids contain carbon

④ sugars break down into acids

## ※ 다음 글을 읽고 물음에 답하시오. 【74~77】

If you walk under a ladder, you could get a bucket of paint on the head. But custom says if you walk under a ladder, the wrath of the gods will be on you in any case and what you ought to do is quickly __(a)__ your fingers and make a wish. Historians have rationalized that the ladder, leaning against a wall, forms a triangle signifying the Holy Trinity. To pass through such __(b)__ space is a punishable offense. It's flat dangerous to play with such supernatural forces ; a bucket of paint on the head is nothing __(c)__.

**74** According to the article, if you walk under a ladder _____.

① Gods will be angry with you

② you will be lucky in that case

③ you have to behave properly

④ Gods will cause trouble for you

**75** 빈칸 ⓐ에 적합한 것은?

① wash ② cross

③ hold ④ shake

**76** 빈칸 ⓑ에 적합한 것은?

① open ② insane

③ sacred ④ impure

**77** 빈칸 ⓒ에 들어갈 문맥상 적합한 표현은?

① what could be compared to store in

② in what store could be compared to

③ what in store could be compared to

④ compared to what could be in store

## 78 밑줄 친 부분에 들어갈 가장 적절한 단어는?

Over the course of history it has been artists, poets and playwrights who have made the greatest progress in humanity's understanding of love. Romance has seemed as inexplicable as the beauty of a rainbow. But these days scientists are challenging that notion, and they have rather a lot to say about how and why people love each other. For a start, understanding the neurochemical pathways that regulate social attachments may help to deal with defects in people's ability to form relationships. All relationships rely on an ability to create and maintain social ties. Defects can be disabling, and become apparent as disorders such as autism and schizophrenia. Research is also shedding light on some of the more extreme forms of sexual behaviour. And some utopian groups see such work as the doorway to a future where love is guaranteed because it will be provided chemically, or even genetically engineered from conception.

According to the passage above, scientists now consider love as something _____.

① enviable                      ② edible
③ expiable                      ④ explicable

## 79 밑줄 친 부분에 들어갈 가장 적절한 것은?

Americans have ambivalent feelings about neighbors. This ambivalence reflects the tension we feel over our loyalties to group and to self and which of the two takes precedence. In other cultures, the group clearly takes precedence. _____, in the United States, we draw boundaries around individuals and circumscribe their "space". We conceptualize this space as privacy which protects the individual from the outside and from others. It is a concept that many foreigners find odd, even offensive. But again, it is the individual that is valued over the group, whether that group is a family, corporation, or community.

① For example                   ② Therefore
③ However                       ④ Consequently

**80** 다음 글의 내용을 한 문장으로 요약하고자 한다. 빈칸 (A)와 (B)에 들어갈 말로 가장 적절한 것은?

The discovery that the seeds of the coffee fruit tasted good when roasted was undoubtedly the key moment in coffee history. It marked the beginning of the transformation of coffee from an obscure medicinal herb known only in the horn of Africa and southern Arabia to the most popular beverage in the world. A skeptic might counter that it is caffeine, not flavor that made coffee into one of the world's most important commodities. This argument is difficult to sustain, however. Tea, yerba mate, cocoa and other less famous plants also contain substances that wake us up and make us feel good. Yet none has achieved quite the same universal success as coffee. Furthermore coffee figures as important flavoring in countless candies, cookies, cakes and confections.

It is clear that the ___(A)___ has(have) a great deal to do with its triumph as the ___(B)___ in the world.

|     | (A) | (B) |
|-----|-----|-----|
| ① | aromatics of roasted coffee | most popular artificial flavor |
| ② | aromatics of roasted coffee | most favored beverage |
| ③ | caffeine in roasted coffee | most popular artificial flavor |
| ④ | caffeine in roasted coffee | most favored beverage |

**81** 다음 글의 내용상 빈칸에 들어갈 말로 가장 적절한 것은?

In Bootle, England, a city of 55,000, people were bombed nightly for a week during World War Ⅱ with only 10 percent of the houses escaping serious damage. Yet one-fourth of the population remained asleep in their homes during the raids. Only 37 percent of the London mothers and children who were eligible for evacuation left the city during the war crisis. Furthermore, even during periods of heavy bombing in London, evacuees drifted back nearly as rapidly as they were being evacuated. Similar findings are on record for Germany and Japan during World War Ⅱ. This should not be surprising. Human beings have a very strong tendency to _____.

① continue with their established behavior patterns
② play a definite role within their group
③ run away in a panic during emergency situations
④ initiate new courses of action

## 82 다음 글의 빈칸에 들어갈 속담으로 가장 적절한 것은?

The saying goes : _____. In language teaching, teachers can provide all the necessary circumstances and input, but learning can only happen if learners are willing to contribute. Their passive presence will not suffice. In order for learners to be actively involved in the learning process, they first need to realize and accept that success in learning depends as much on the student as on the teacher. That is, they share responsibility for the outcome. In other words, success in learning very much depends on learners having a responsible attitude.

① learn to walk before you run

② burn not your house to fright the mouse away

③ do as most men do, then most men will speak well of you

④ you can bring the horse to water, but you cannot make him drink


## 83 다음 글의 요지를 아래와 같이 한 문장으로 요약하고자 한다. 빈칸에 가장 적절한 것은?

Problems, problems! Some would-be problem solvers are so overwhelmed by the problem that they usually fail. There are others who approach the problem calmly and practically, and usually solve it. Still others—only the truly inventive—find a unique solution to the problem in order to prove a point. For example, Alexander the Great, an ancient Greek ruler, was said to have been challenged to untie the Gordian knot. In mythology, this knot was fastened to a wagon and was thought to be impossible to undo. The great ruler was able to accomplish the task easily, however. He simply cut the knot with his sword! Tradition has it that Christopher Columbus was once given a challenge, too. In 1493, he attended a banquet in his honor, where he was questioned about how he had coped with the difficulties of his voyage to the New World. Columbus replied by challenging his questioners to balance an egg. When they couldn't, he did. How? He cracked the shell to create a flat bottom!

→ According to the passage above, we can infer that some difficult problems _____.

① could be solved easily  　　　② gave us questions

③ gave us challenges  　　　　④ could be solved by the science

## 84 밑줄 친 부분에 들어갈 가장 적절한 것은?

It is common knowledge that ability to do a particular job and performance on the job do not always go hand in hand. Persons with great potential abilities sometimes fall down on the job because of laziness or lack of interest in the job, while persons with mediocre talents have often achieved excellent results through their industry and their loyalty to the interests of their employers. It is clear, therefore, that the final test of any employee is the person's performance on the job.

According to the above paragraph, an employee's efficiency is best determined by his/her _____.

① interest in the job
② work performance
③ loyalty to the employer
④ potential work skills


## 85 다음 글을 읽고 밑줄 친 곳에 들어갈 가장 알맞은 것을 고르면?

Wildlife officials would introduce five bears to the Bitterroot Mountains each year for five consecutive years, starting in 2002. They anticipate that the grizzly population, with its slow reproductive cycle, would take more than 100 years to reach the projected goal of about 300 bears.

Wildlife officials have a plan _____

① to set bears free to increase their population.
② to observe the grizzlys' behavior in a wild state.
③ to live with five bears in the Bitterroot Mountains.
④ to reproduce bears in an extremely controlled situation.

## 86 다음 빈칸에 들어갈 가장 알맞은 것은?

For many years, alligator skin was popular in the United States for making fashionable leather shoes and purses. From 1870 to 1965 at least ten million alligators were killed in the United States for leather. Then, in 1967, the government made laws against hunting alligators. After that the alligator population began to grow again. Now there are _____.

① fewer alligators than they expected
② more alligator hunters than in 1870
③ more alligators than there were in 1967
④ still more alligators killed in America

## 87 다음 밑줄 친 빈칸에 들어갈 알맞은 것은?

Hawthorn experiment was conducted in the late 1920s and early 1930s. The management of Western Electric's Hawthorn plant, located near Chicago, wanted to find out if environmental factors, such as lighting, could affect workers' productivity and morale.
A team of social scientists experimented with a small group of employees who were set apart from their coworkers. The environmental conditions of this group's work area were controlled, and the subjects themselves were closely observed. To the great surprise of the researchers, the productivity of these workers decreased in response to any change in their environmental conditions. The rate of work increased even when the change (such as sharp decrease in the level of light in the workplace) seemed unlikely to have such an effect. It was concluded that the presence of the observers had caused the workers in the experimental group to feel special. As a result, the employees came to know and trust one another, and they developed a strong belief in the importance of their job. The researchers believed that this, not the changes in the work environment, accounted for the increased productivity.

The Hawthorn experiment suggests that _____.

① social scientists are good workers
② productivity in electric plants tends to be low
③ workers' attitudes are more important than their environment
④ even those Hawthorn workers who were not in the experiment improved their productivity

**88** 다음 글의 밑줄 친 곳에 들어갈 가장 알맞은 것은?

When it comes to American presidential elections, blue blood _____. So say British researchers who predict Democratic challenger will oust President Bush on Nov. 2 simply because he boasts more royal connections than his Republican rival.
After months of research into Kerry's ancestry, Burke's Peerage, experts on British aristocracy, reported on Monday that the Vietnam War veteran is related to all the royal houses of Europe and can claim kinship with Czar Ivan "The Terrible," a previous Emperor of Byzantium and the Shahs of Persia. "Because of the fact that every presidential candidate with the most royal genes and chromosomes has always won the November presidential election, the coming election — based on 42 previous presidents — will go to John Kerry." Similar research carried out on Bush ahead of the 2000 presidential race showed that he beat Al Gore in the royal stakes, claiming kinship with Britain's Queen Elizabeth as well as with King Henry Ⅲ and Charles Ⅱ of England.

① counts
② is to be made little of
③ fails the Vietnam War veteran
④ can have a positive effect on Bush

**89** 다음 밑줄 친 곳에 들어갈 알맞은 것은?

As in other jurisdictions, public safety determines the priority for snow removal in the district. Clearing and salting efforts focus first on major roads, commuter thoroughfares and designated Snow Emergency Routes. Streets that are narrow, steep, or shaded, receive special attention, _____ scheduled for next day trash collection. Please be patient and allow sufficient time for snow operations to be implemented.

① as those streets do          ② do those streets as
③ do as those streets          ④ as do those streets

☞ 정답 및 해설 P.302

## 4 글의 내용

**1** 글의 내용에 해당하는 가장 적절한 표현은?

> Two hunters saw a wild goose fly overhead. As one of the hunters placed an arrow in his bow and aimed it at the goose, he said, "That goose will make a fine stew." "Stew!" said the other. "It would be far better to roast it." "Stewed!" said the first, putting down his arrow. "Roasted!" replied the other. The argument went on. "Let's ask our clan leader to decide the best way to cook that goose." The leader settled the argument by suggesting that when they caught the goose, half should be stewed and half should be roasted. In that way, everyone's needs would be met. Pleased, the two hunters went out to shoot the wild goose, but by that time, the goose was safely long gone.

① Haste makes waste.

② Judge not a book by its cover.

③ Do not count your chickens before they hatch.

④ The highest spoke in fortune's wheel may soon turn lowest.

**2** 글의 내용과 일치하는 것은?

> The Wildfoods Festival takes place in the old mining town of Hokitika on the west coast of the South Island. This year, the organizers are preparing for more than 23,000 curious visitors from all over the world, a 10 percent increase in attendance over last year's crowd. Each year, the chefs invent more and more exotic dishes, and you may need to have a strong stomach and be open-minded to try them. This year they are offering new dishes such as insect eggs, scorpions, and venison tongue. Last year's favorites are still available : kangaroo and emu steaks fresh from neighboring Australia, and of course, earthworms and snails. It's a country full of sheep, but don't expect to eat any of them here!

① The Wildfoods Festival takes place in Australia.

② More than 20,000 visitors attended last year's festival.

③ Kangaroo steak is one of this year's new dishes.

④ Sheep steak is one of last year's favorites.

**3** What an Indian eats depends on his region, religion, community, and caste. It also depends on his wealth. A vast proportion of the Indian population is made up of the rural poor who subsist on a diet that meets only about 80 percent of their nutritional requirements. Many of the poor, unable to find work all year round, and therefore unable to buy food everyday, have to manage their hunger by fasting on alternate days. In Bengal, the meals of the poor are made up of rice, a little dhal flavored with salt, chillies, and a few spices, some potatoes or green vegetables, tea and paan. Paan, which is an areca nut mixed with spices and rolled up in a betel leaf, is chewed after the meal. Although it seems a luxury, in fact, the poor use it to stave off hunger.

① Indians' diets vary across their religion and wealth.

② The food the rural poor in India take doesn't meet their nutritional requirements.

③ Many poor Indians go without food every other day.

④ In Bengal, paan is luxurious food for the poor.

**4** The newest approach to automobile repair is the clinic, a place where car doctors go over an automobile in an attempt to detect defects. Since the clinic does no repairs, its employees do not neglect the truth. So many automobile owners feel that mechanics deceive them that the clinics, even though they undoubtedly charge high fees, are quite popular. The experts do a thorough job for each client. They explore every part of the engine, body, and brakes; they do all kinds of tests with expensive machines. Best of all, the comprehensive examination takes only about half an hour. With the clinic's report in your hand no mechanics will be able to defraud you by telling you that you need major repairs when only a small repair is necessary.

① The clinic discovers the problems of the car.

② The clinic requests repairs to the clients without telling the truth.

③ In spite of the high fees, the clinics are popular among automobile owners.

④ The clinic's report prevents you from being cheated by mechanics.

**5** 다음 글을 읽고 대변인의 주장에 가장 가까운 것은?

> Spokesman for a chemical company to residents of a nearby town : We have conducted tests and have found no evidence that the fumes leaking from our waste disposal site are harmful to humans. There is no reason to be alarmed, much less to begin evacuating people from their homes.

① 폐기물 처리장에서 나오는 연기가 인간에게 해롭다.
② 폐기물 처리장에서 나오는 연기 때문에 인근 주민들은 빠른 시간 안에 집을 비워야 한다.
③ 인체에 유해한 실험을 했기 때문에 경각심을 가져야 한다.
④ 실험한 결과 경각심을 갖거나 집을 당장 비울 필요는 없다.


**6** 다음 글의 내용과 일치하지 않는 것은?

> Britain, the biggest single beneficiary of the first age of globalization, was unlikely to gain much from its end. In the 1920s the old and tested policies no longer seemed to work. Paying for World War I had let to a tenfold increase in the national debt. Just paying the interest on that debt consumed close to half of total central government spending by the mid-1920s. The assumption that the budget should nevertheless be balanced meant that public finance was dominated by transfers from income tax-payers to bondholders. The increased power of the trade unions during and after the war not only intensified industrial strife but also meant that wage cuts were slower than price cuts. Rising real wages led to unemployment: during the Depression year of 1932 nearly three million people, close to a quarter of all insured workers, were out of work.

① 영국은 세계화 초기에 가장 큰 수혜를 입은 나라였으나, 1920년대에 과거 정책들은 효과를 발휘하지 못했던 듯하다.
② 제1차 세계대전 당시 진 빚에 대한 영국의 이자지출은 1920년대 중반까지 중앙정부 예산 지출의 약 10%를 잠식했다.
③ 전쟁 중 그리고 전쟁 후 노동조합의 커진 힘은 영국에서의 노동쟁의를 격렬하게 만들었다.
④ 대공황 해인 1932년에 영국의 실업자 수는 보험가입 노동자의 25%에 육박했다.

**7** 다음 글의 내용과 일치하는 것은?

> The medical library of a hospital is a special library. So are the libraries of a law office, a weather bureau, a labor union, a museum, an arboretum, or an encyclopedia publishing firm. A special library is part of a hospital, business, or other organization, and it offers practical information to the workers or members. Such a library is not generally open to the public. Usually it concentrates on a particular subject — medicine, law, climate and weather, labor, or art. A special library may have few books, relying heavily instead on such materials as magazines, reports, and computer printouts. These enable the library to keep up in fast-moving fields including aerospace and bio-technology.

① Many special libraries are easily accessible to ordinary people.

② Special libraries normally have more books than other types of materials.

③ Special libraries often own some other organizations such as a hospital.

④ A special library usually focuses on a particular subject.

**8** 다음 글의 내용과 일치하지 않는 것을 고르시오.

> With very rare exceptions, 90% of American elementary and secondary school students have no contact with a foreign language until at least high school. Even at that level, according to recent information, no more than 20% of the students have as much as a superficial exposure to foreign languages. Those high schools which do teach languages other than English usually offer Spanish, French, Latin, or German to their students, in that order of frequency, depending upon the section of the country and the wealth of the individual school system.

① Foreign languages are not typically taught in American middle schools.

② Majority of American high school students do not receive intensive foreign language education.

③ American high schools teach German more than French.

④ Foreign language education in American high schools may vary from place to place.

**9** 다음 글의 내용과 일치하지 않는 것을 고르시오.

New research suggests that when a home's value falls below 75 percent of the amount owed on the mortgage, the owner starts to think hard about walking away, even if he or she has the money to keep paying. The number of Americans who owed more than their homes were worth was virtually nil when the real estate collapse began in mid-2006, but by the third quarter of 2009, an estimated 4.5 million homeowners reached the critical threshold, with their home's value dropping below 75 percent of the mortgage balance. Walking away — also called "jingle mail," because of the notion that homeowners just mail their keys to the bank, setting off foreclosure proceedings — began in the Southwest during the 1980s oil collapse.

\* foreclosure : 저당물을 찾는 권리의 상실

① Homeowners try not to walk away no matter what their houses are worth.
② In mid-2006, there was almost nobody whose amount of money on the mortgage was more than their homes' value.
③ A foreclosure proceeding starts after a homeowner decides to walk away.
④ The 1980s oil collapse forced some homeowners to walk away.

**10** 다음 글의 내용과 일치하는 것은?

Charles Darwin was about as keen an observer of nature as ever walked the earth, but even he missed the pink iguana of the Galapagos. The rare land iguanas were first seen, in fact, only in 1986, when one was spotted by park rangers on Volcan Wolf on the island of Isabela. Since then, they have been found only on that volcano, which would explain why Darwin missed them, since he didn't explore it. An analysis by the researchers shows that there is significant genetic isolation between the pink iguana and a yellow iguana that also lives on Volcan Wolf. And besides the obvious difference in color, there are differences in morphology between the two reptiles, the researchers say. Their genetic analysis suggests that the pink iguana diverged from the other land iguana lineages about 5.7 million years ago. Since Volcan Wolf formed much more recently, the current distribution of the pink iguanas only on that volcano represents something of a riddle, the researchers report.

① Charles Darwin first found the pink iguana of the Galapagos.
② The pink iguana is similar to yellow iguanas in morphology.
③ The pink iguana originates in Volcan Wolf.
④ Both pink iguanas and yellow iguanas are found on Volcan Wolf.

**11** 다음 글의 목적으로 가장 적절한 것은?

Every hour of every day, one thousand children, women and men die from preventable illness. While life expectancy has continued to climb in the world's most affluent countries, it is decreasing in many of the poorest countries. That is simply not right. And the world has means to address this injustice. For more than 30 years, we have worked to see that these means are put into action. Tremendous strides have been made but much is left to accomplish. You can help us as we work with governments and multilateral agencies to ensure that adequate resources and sound policies are applied to global health. Your support also enables us to make sure that effective, low-cost health-care practices are recognized and promoted. Your financial support helps us save lives. Not dozens or even hundreds of lives, but millions.

① 빈곤 퇴치를 위한 정부의 정책을 홍보하려고
② 저소득층의 기대 수명 연장 방안을 공모하려고
③ 세계적 보건문제 해결을 위한 기금을 모으려고
④ 경제 위기 극복을 위한 국제적 협력을 촉구하려고

**12** Bernice의 심경으로 가장 적절한 것은?

When Marjorie and Bernice reached home at half past midnight, they said good night at the top of the stairs. Although they were cousins, they were not close friends. In fact, Marjorie had no female friends—she considered girls stupid. Bernice, on the other hand, had hoped that she and Marjorie would share their secrets. She had looked forward to long talks full of girlish laughter and tears. For her these were an important part of all feminine conversation. However, she found Marjorie rather cold. For Bernice it was as difficult to talk to Marjorie as it was to talk to men.

① satisfied and happy
② relieved and rested
③ terrified and panicked
④ uncomfortable and awkward

**13** 다음 글의 밑줄 친 부분의 의미로 가장 적절한 것은?

An old woman came into her doctor's office and confessed to an embarrassing problem. "I fart all the time, Doctor Johnson, but they're soundless, and they have no odor. In fact, since I've been here, I've farted no less than twenty times. What can I do?" "Here's a prescription, Mrs. Harris. Take these pills three times a day for seven days and come back and see me in a week." Next week in upset Mrs. Harris marched into Dr. Johnson's office. "Doctor, I don't know what was in those pills, but the problem is worse! I'm farting just as much, but now they smell terrible! What do you have to say for yourself?" "Calm down, Mrs. Harris," said the doctor soothingly. "Now that we've fixed your sinuses, we'll work on your <u>other</u> sense!"

① oral                ② sixth

③ visual            ④ auditory

※ 다음 글의 내용과 일치하지 않는 것을 고르시오. 【14~15】

**14** In the late 20th century, the northern hemisphere experienced its most widespread warmth for 1,200 years, according to the journal Science. The findings support evidence pointing to unprecedented recent warming of the climate linked to greenhouse emissions. University of East Anglia(UEA) researchers measured changes in fossil shells, tree rings, ice cores and other past temperature records. They also looked at people's diaries from the last 750 years. Timothy Osborn and Keith Briffa of UEA analysed instrument measurements of temperatures from 1856 onwards to establish the geographic extent of recent warming. Then, they compared this data with evidence dating back as far as AD 800. The analysis confirmed periods of significant warmth in the northern hemisphere from AD 890 to 1170 (the so-called "Medieval Warm Period") and for much colder periods from AD 1580 to 1850 (the "Little Ice Age").

① Researchers at UEA examined a variety of materials to check temperature changes.

② The Medieval Warm Period was shorter than the Little Ice Age.

③ The late 20th century is not the first in history that witnessed a temperature change.

④ Greenhouse emissions are considered to be the cause of the recent warming.

**15** Ice wines are becoming increasingly popular across North America. While ice wines have always been fashionable in Western Europe, they were hard to find in North America and often ridiculously expensive. Ice wines are more expensive than other types of wine on account of the temperature requirements to make them. The grapes must be left on the vines until the first frost, after which they are harvested. If the first frost comes too late, the grapes will turn rotten, and the harvest will be lost. Add to that the cost of shipping the wines, and they become rather expensive. However, good quality North American ice wines, produced in California and British Columbia, have recently come onto the market, making ice wines more affordable.

① Specific temperature conditions are required to make ice wines.

② Ice wines used to be difficult to come by in North America.

③ The shipping costs contribute to the high prices of ice wines.

④ North America was well-known for its high quality ice wines.

**16** 다음 글의 내용과 일치하는 것은?

> The umbrella is so old that no one knows where it came from — it was invented before man learned how to write. But for thousands of years, the umbrella was used only for protection from the sun, rather than from the rain. The word 'umbrella', in fact, comes from the Latin word 'umbra', which means 'shade', and ancient slaves held umbrellas over their masters to give them shade. At the beginning, umbrellas were carried only by women, for they weren't considered 'manly' enough to be used by men. It wasn't until about 300 years ago that people began to use water-proof umbrellas in the rain.

① The umbrella was invented after man learned how to write.

② The umbrella was used mainly for protection from the rain.

③ At the beginning, umbrellas were carried only by men.

④ People began to use waterproof umbrellas about 300 years ago.

**17** 다음 글에 의하면, 사람들이 세제를 구입할 때 고려하지 않는 사항은?

Every year, people spend approximately 400 million dollars on detergents to clean, and help keep their laundry fresh. Most consumers of detergents are not novices, meaning that they have tried various brands of detergents and carefully selected the best product. To each customer, the best product may have a different priority. For example, some people may select the most well-known product, while others purchase according to how economical the product may be. Still, for others buying environmentally safe products is their priority.

However, many customers do not actually compare what is inside the box of various detergents. A surprising study showed that while each brand had its own marketing strategy, over 90% of the same basic ingredients were identical to all brands. Another interesting result was found when veteran detergent customers were not shown the box, and were asked to choose their favorite brand based only on the result of the detergent. Only 3% were able to identify their brand and even then, most of them were not entirely sure. This goes to show that while detergents may seem different, marketing is just giving basically the same products different clothes.

① How environmentally safe the products are
② How famous the products are
③ How economical the products are
④ What ingredients are in the products

**18** 다음 글을 읽고 수도 정책에 대하여 나머지 셋과 다른 입장을 취하고 있는 것을 고르면?

Conserving water is typically a good thing — except when you're penalized for your frugality. Elected officials are urging people to speak out against the Water Board's potential double — digit water rate hike at a public hearing in St. Albans on Feb. 16. The rate hike is needed, the city officials have said, because people are using less water, which means less revenue.

"The only way to stop the soaking of taxpayers is by showing up and making our voices heard," City Councilman Peter Koo said. "We must remain ever watchful, informed and ready to fight."

He attended a Queens Borough Board meeting Monday where a representative from the City Department of Environmental Protection spoke in favor of the proposed rate hike.

① The Water Board
② The city officials
③ City Councilman Peter Koo
④ The City Department of Environmental Protection

※ 다음 글의 내용과 일치하지 않는 것을 고르시오. [19~20]

**19** The biggest hurdle to cross is realizing that credit is not an extension of income. Living within your means can require a major lifestyle change. Credit, when used wisely, is a useful money-management tool, but learning when and how to use it requires dedication and diligence. However, most consumers who have successfully made the change to debt-free living say that living with one credit card and using a spending plan has created a sense of freedom that they have never known before. All the stress and negativity of living from paycheck to paycheck has vanished.

① It is not wise to regard credit as a part of income.

② For debt-free living, it is helpful to live with one credit card.

③ If you work with dedication and diligence, you will be able to live free from debt.

④ To spend money with a plan will relieve you of the stress of barely making both ends meet.

**20** With a well-diversified production structure, German and Japanese producers are now more resilient to shocks. The ruthless cost-cutting that went along with outsourcing significant parts of their manufacturing production has enabled them to stay competitive and maintain their traditional focus on export-driven growth. This focus is not always an advantage in a modern consumer society. At the moment, however, it helps. As ever more people in ever more emerging markets are leaving abject poverty behind and are turning into consumers, the export-oriented companies of the developed world find fast-growing markets for their products.

① The production structure of German and Japanese producers makes it easier to adapt to shocks.

② Cost—cutting is the more effective strategy than outsourcing for German and Japanese producers to stay competitive.

③ The focus on export—driven growth is conducive to German and Japanese producers.

④ German and Japanese firms are able to sell more products due to the increasing number of customers.


※ 글의 목적으로 가장 적절한 것을 고르시오. 【21~22】

**21** Various fogs are essentially clouds that form at the earth's surface, produced by temperature differences and moisture in the air. As warm, moisture—laden air cools, the amount of moisture that air can contain decreases. Warm air can hold more water vapor than cold air. So if the air is cooled sufficiently it will reach the dew point, at which the moisture begins to gather together out of the air and form water drops, creating fog.

① To explain how fog is formed

② To describe various types of fog

③ To show when warm air affects the fog

④ To point out why moisture works in the air


**22** Job—related stress can lead to symptoms of poor physical health such as weight gain, fatigue and illness. Both diet and exercise can contribute to the alleviation of these negative effects of stress. The first step is to eliminate junk food from the diet. Instead of soda or a candy bar, try a piece of fresh fruit. The next step is to make a habit of exercising every day. And you should aim for twenty to thirty minutes of exercise a day. The key is to find a form of exercise that you enjoy. That way, you are more likely to do it every day and will receive the maximum benefit. Both diet and exercise can help you maintain a healthy weight, keep you feeling energized, and protect you from sickness. Then you will be better equipped to deal with the sources of stress at your job.

① To prevent weight gain

② To explain the causes of stress

③ To announce why junk food is bad for the health

④ To explain how to ease the negative effects of stress

**23** 다음 제시된 편지의 내용과 일치하지 않는 것은?

International Import Company
100 East Houston St.
New York, NY 10053
U. S. A.

Farmers Fruit Ltd.

Aghia Paraskevi 19081
Athens, Greece

Dear Sirs,
In reply to your letter dated May 3rd, we thank you for allowing us a special discount. This makes it possible for us to place an order and to expect quite good sales.
We have pleasure of enclosing our Order No. 813/BS, and would ask you to return the duplicate to us, duly signed, as an acknowledgement.

Yours faithfully,
Paul Hogan

Enc. Order No. 813/BS

① Order No. 813/BS is being enclosed.
② Paul Hogan is turning the order down.
③ Paul Hogan works for a company in New York.
④ The special discount makes possible an order for products.

## 24 다음 제시된 글의 내용과 일치하지 않는 것은?

> Fortunately, psychologists believe that books can serve as therapeutic tools — or at least as effective adjuncts to professional therapy — to help children come to terms with their parents' divorce. According to educator-counselor Joanne Bernstein, stories that confront life's problems with candor and credibility may provide insights, promote self-examination, and lead to changes in attitude and behavior. One way stories accomplish this is through identification. Reading about the grief and anxiety of others, she explains, can arouse sudden awareness as problems that have not been consciously or completely recognized are allowed to surface. Introduced to characters who share their difficulties, children may feel less alienated and thus freer to discuss and resolve their own plight.

① Children come to terms with their plight by reading.

② Stories are likely to alienate children from their parents.

③ Books are helpful for children whose parents are divorced.

④ Children identify themselves with characters while reading.


## 25 다음 문장에서 추론할 수 있는 것으로 가장 적절한 것은?

> Illegible handwriting does not indicate weakness of character, as even a quick glance at the penmanship of George Washington, Franklin D. Roosevelt, or John F. Kennedy reveals.

① A person's handwriting reveals a lot about that person.

② The weakness of character is evident in illegible handwriting.

③ Washington, Roosevelt, and Kennedy all had weak characters.

④ Washington, Roosevelt, and Kennedy all had handwriting that was difficult to read.

**26** 다음 글의 종류로 가장 적절한 것은?

In one of the most widespread man–made disasters the region has known, smoke from the fires has blanketed a broad swath of Southeast Asia this month.

Flights have been canceled around the region, the busy shipping lanes of the Strait of Malacca have been disrupted by low visibility, and millions of people are coughing and wheezing. It is impossible to say how many people have been made sick by the smoke. The fires are mostly intentionally set. Hundreds of Indonesian and Malaysian companies — mostly large agricultural concerns, and some with high–placed Government connections — are using fire as a cheap and illegal means of land–clearing.

① 신문기사
② 문학비평
③ 기행문
④ 관광안내


**27** 다음 글의 분위기로 가장 적절한 것은?

Mary is six years old. She loves her grandmother a lot. Whenever she comes to visit her, she meets her at the port. One day she was taken to the port to see her grandmother off. When she got on the ship, Mary began to cry. She said to her mother, "Why does Grandmother live in the ocean and not on the ground like everybody else?"

① sad
② disappointed
③ anxious
④ humorous

**28** 다음 글의 Broom jumping에 관한 내용과 일치하지 않는 것은?

> Broom jumping is most famous in the United States as an African-American wedding custom. The broom holds spiritual significance for many African people, representing the beginning of homemaking for a couple. The ritual itself in America was created during slavery. Because slaves could not legally marry, they created their own ways to honor their unions. Broom jumping is a ritual in which the bride and the groom, either at the ceremony or at the reception, signify their entrance into a new life and their creation of a new family by symbolically sweeping away of their former single lives, and jumping over the broom to enter upon a new adventure as wife and husband.

① It is a well-known African-American wedding custom.

② Its origin traces back to the period of slavery on America.

③ It was performed by the slaves who got legally married.

④ It signifies the union of the bride and the groom and their entrance into a new life.


**29** 다음 글의 내용과 일치하는 것은?

> Upstate New York florist Patricia Woysher has been in the business for forty years. She's sold flowers to tens of thousands of folks in the area and even received one of the best assignments a florist could hope for, decorating the White House for the Christmas season. "I had to take a deep breath. I mean, you see pictures of the place all your life, then one day you're in the Oval Office." Despite the excitement, Patricia's focus remained on her day-to-day concerns. "Doing the White House was exciting and rewarding, but my job is to run my business. I want to have something here that will last forever, that I can pass on to my children."

① Patricia runs a flower shop in the White House.

② Patricia was invited to the White House for a party.

③ Patricia worked for the White House and forgot her daily routines.

④ Patricia hopes to turn her business over to her offspring.

**30** 다음 글의 밑줄 친 부분의 뜻으로 가장 적절한 것은?

When jesse and Rachel got married, they knew they wanted to live in a traditional nuclear family — mother, father, and biological children. Each of them had come from other family arrangements, and they had decided that a more traditional arrangement was what they wanted. Rachel had been born out of wedlock. Because her parents had never married, she had never met her biological father. Jesse's mother had been widowed. His father's early death made Jesse want to have a large family.

① rich                      ② illegitimate

③ divorced             ④ handicapped

※ 다음 글을 읽고, 물음에 답하시오. 【31~32】

"Future shock" — the disease of change — can be prevented. But it will take drastic social, even political action. No matter how individuals try to pace their lives, no matter what psychic crutches we offer them, no matter how we alter their education, the society as a whole will still be caught on a runaway treadmill until we capture control of the accelerative thrust itself.

The high velocity of change can be traced to many factors. Population growth, urbanization, the shifting proportions of young and old — all play their part. Yet technological advance is clearly a critical node in the network of causes, indeed, it may be the node that activates the entire net. One powerful strategy in the battle to prevent mass future shock, therefore, involves the conscious regulation of technological advance.

We cannot and must not turn off the switch of technological progress. Only _____ babble about returning to a "state of nature." A state of nature is one in which infants shrivel and die for lack of elementary medical care, in which malnutrition stultifies the brain, in which, as Hobbes reminded us, the typical life is "poor, nasty, brutish, and short.'' To turn our back on technology would be not only stupid but immoral.

**31** 위 글의 빈칸에 들어갈 말로 가장 적절한 것은?

① severe realists            ② intelligent idealists

③ clever politicians         ④ romantic fools

## 32 다음 중 윗글의 필자의 생각을 가장 잘 표현한 것은?

① Future shock has no bearing on change.

② We must defy the advance of technology.

③ The state of nature is a bliss we seek after.

④ There are pros and cons as for technological progress.


## 33 다음 글의 내용과 일치하는 것은?

According to history we have the Mayan Indians to thank for discovering chocolate or at least the cacao bean. They prepared a special drink from the cacao bean for religious ceremonies mixing this early form of chocolate with spices, wine, and water. The Aztecs learned of chocolate from the Mayans. Aztec Emperor Montezuma was known to take no other beverage than the chocolate. When Hernan Cortez arrived in Mexico in 1519, this early Spanish explorer was introduced to the chocolate drink by the Aztec Emperor Montezuma. Cortez is credited with bringing the chocolate drink back to Spain. The Spanish added vanilla, spices and sweeteners to their version of the drink. It wasn't until 1828 when Conrad van Houten in Holland developed the process for removing fat from the cocoa bean creating cocoa powder and cocoa butter, that chocolate could finally be molded into bars.

① The Mayans took the chocolate drink almost every day.

② The Emperor Montezuma enjoyed the chocolate drink mixed with sweeteners.

③ The chocolate bar was introduced to the Aztec.

④ Europeans couldn't enjoy the chocolate bar in the 1700s.

**34** What does the underlined you refer to?

It was a very emotional time for me — my youngest son was about to leave for basic training. I took the day off so we could spend his last day as a civilian together. My son likes to pass himself off as a tough guy, but as we climbed into the car, he blurted out in a halting, sad voice, "I'm going to miss you." Well, I just about lost it. The tears flowed from my eyes as I turned to say how much I was going to miss him too. That's when I saw that he was addressing a can of Pepsi he'd just opened.

① father
② mother
③ brother
④ drink

※ 다음 글의 내용과 일치하지 않는 것을 고르시오. [35~36]

**35** Is it possible to construct machines that will talk and understand speech? As early as the 18th century, attempts were being made to devise ways of mechanically reproducing human voices. The Austrian inventor, Wolfgang von Kempelen (1734~1804), built one such machine, consisting of a pair of bellows to produce air flow, and other mechanisms to simulate parts of the vocal tract. Alexander Bell (1847~1922) also constructed a 'talking head', made out of various synthetic materials, that was able to produce a few distinct sounds. Modern techniques have led to massive progress in this field. It is no longer necessary to build physical models of the vocal tract. Sound waves can be generated electronically by synthesizing the different components of the sound waves.

① Efforts were made to replicate human speech sounds in the 18th century.
② Kempelen devised mechanisms to simulate human vocal parts.
③ Bell's 'talking head' was made out of a variety of artificial materials.
④ It is still important to construct physical models of human articulators.

**36** Sputnik I, the first manmade object to orbit the earth, was launched on October 4, 1957. With its launch, the space race was officially begun! The satellite was not much more than a spider-like metal sphere with four external antennae. It contained no scientific instrument other than a small radio transmitter. But Sputnik I, whose name literally means 'traveler', was launched much to the disbelief and shock of the world. Bold claims were made by critics of the day who averred that Russian technology wasn't advanced enough to perform such a feat and therefore the project was a fake. However, those voices were quickly silenced when radio transmissions from the satellite were heard days later.

① Sputnik I looked like a spider.

② Sputnik I contained a radio transmitter.

③ The early Russian success in space made people stunned.

④ The world's disbelief in Sputnik I lasted for a long time.


**37** 다음 글을 쓴 목적으로 가장 적절한 것은?

I was extremely sorry to hear of your disappointment. It was a very hard luck, and you were so near to getting the job. You had worked hard and deserved success, and no one can do more. However, I know you have too much grit to let a thing like this unduly depress you. Wipe out all thought of it and have another try — that's the only sensible thing to do. I know your luck will turn soon, so don't be depressed about it. Are you doing anything Wednesday night? If not, give me a ring, and we might fix up a night out together.

① to report

② to relieve

③ to complain

④ to forgive

## 38 다음 글을 가장 잘 요약한 것은?

Everyone worries at one time or another. It is a part of our every day lives. We worry about deadlines, about financial problems, and about our relationships with others. Surprisingly, the fact is that worrying is not always a bad thing. Some amount of worry is necessary because it gives us time to concentrate on a problem and find possible solutions or ways to deal with it. Some worry is stimulating. It can propel you to do better work or to complete work on time. In other cases, however, our worries can interfere with our problem-solving abilities. We worry so much that it stops us from taking the steps needed to solve the problem. If it continues, worrying can take away our energy and lead to physical problems such as fatigue, headaches, muscle pain, and insomnia.

① Some amount of worry can be useful.
② Worry has both positive and negative effects on us.
③ Worry can bring about a variety of problems to our body.
④ Too much worry may keep us from concentrating on our problems.

## 39 다음 글의 내용과 일치하지 않는 것은?

Humans have always been fascinated by dreams. The vivid dreams people remember and talk about are REM dreams — the type that occurs almost continuously during periods of rapid eye movement (REM) during sleep. But people also have NREM dreams — dreams that occur during periods without rapid eye movement — although they are typically less frequent and less memorable than REM dreams. REM dreams have a story-like or dream-like quality and are more visual, vivid, and emotional than NREM dreams. Interestingly, blind people who lose their sight before age five usually do not have visual dreams, but they have vivid dreams involving the other senses. A popular belief about dreams is that an entire dream takes place in an instant, but in fact, it is not true. Sleep researchers have discovered that it takes about as long to dream a dream as it would to experience the same thing in real life.

① REM dreams are usually easy to remember.
② Human dreams usually occur in an instant.
③ Even a 4-year-old blind boy can have vivid dreams.
④ REM dreams take place more often than NREM dreams.

**40** 다음 글의 내용과 일치하는 것은?

> Galileo Galilei was long obsessed with Copernicus's theory of the nature of the universe, and planned to publish a book that supported it. However, his plan was changed by the pope's injunction of 1624 that the should not publish such a book. Although the publication was delayed, Galilei finally published the book in 1632. The book was an immediate success, largely because it was extremely controversial. Clearly violating the ban of the church, Galilei defended the Copernican theory. Certainly, the pope was furious, and Galilei was summoned to Rome to stand trial. He was judged to have supported the Copernican theory against the teachings of the church. He was ordered to recant and did so against his will.

① Galilei's enemies were satisfied when the church imprisoned Galilei.

② Galilei's book of 1632 did not bring forth much response from the public.

③ The Copernican theory was not approved by the church in Galilei's time.

④ The pope encouraged Galilei to develop a new scientific discovery before 1632.


**41** 다음 밑줄 친 부분 중 의미하는 바가 나머지 셋과 다른 것은?

> One superstition I can't seem to escape is the one dealing with calendars. In my family, it's bad luck to look at ① a new calendar before the start of the new year. I can't ignore this because efficient administrative assistants at work hand out new calendars in late November or early December. And some of my coworkers hang ② them up as soon as they get them. So at any time, I'm likely to walk into a colleague's space and confront ③ the offending object. If I see one, I avert my eyes. Try as I might to rid myself of ④ this superstition, I'm not willing to take any chances, either.

**42** 다음 글의 내용과 일치하지 않는 설명은?

Trousers seem to have been invented in Persia in the later prehistoric period. They were then adopted by many northen European and central Asian "barbarians"(as they were referred to by "civilized" members of the Roman and Chinese empires), such as the Saxons. In many cases, barbarian women also wore trousers, especially when horseback riding was part of the nomadic way of life. In the cities of the two empires, however, both men and women of the elite wore long flowing robes. Even after the Roman Empire collapsed into a fragmented feudal Europe, noble men and women continued to wear long, quasi-Roman robes. Peasants wore short robes, and occasionally male peasants wore loose "barbarian" trousers.

① 로마와 중국 제국은 Saxon족을 야만인으로 취급하였다.
② 중세의 유럽에서 귀족 여성들은 바지를 자주 입었다.
③ 바지는 로마제국시절 북부 유럽에 존재하였다.
④ 중세 유럽의 귀족들은 로마 제국의 복식을 답습하였다.

**43** 다음 밑줄 친 부분 중 성격이 나머지 셋과 다른 것은?

Many people who want to stay young-looking ask their doctors for Retin-A. ①This is an ointment that was originally made to help people with pimple, but researchers found that ②it also reduces the number of fine wrinkles and makes the skin look smoother and healthier. Unfortunately, the effects from ③the ointment do not come immediately. The results of ermabrasion can be seen quickly, usually within a week or so. This is a minor surgical technique that some antiagers have had done. ④It involves peeling off a layer or so of skin. The result is that the skin looks younger and smoother, subtracting fifteen or more years from someone's appearance.

**44** 다음 중 밑줄 친 these organs가 가리키는 것으로 가장 적절한 것은?

At about 2,000 feet, the ocean is completely black. Yet in these dark depths, fish live. It is pretty amazing to imagine that life can exist in water that deep and dark. These animals are grotesque, with huge mouths and strange shapes. What might be even more amazing is that these creatures emit light. In fact, over half the fish that live below 2,000 feet have organs called photophores. Fish who have these organs do not give off light all the time. They flash their lights at other fish. They will also flash their lights when they bump into something. but the lights are not meant to help the fish see.

① 발광기관          ② 발성기관
③ 소화기관          ④ 호흡기관


**45** 다음 글을 쓴 목적으로 가장 적절한 것은?

Klez. E is the most common world-wide spreading worm. It's very dangerous as it will corrupt your files. Because of its very smart stealth and anti − anti − virus technique, most common anti virus software can't detect or clean it. We developed this free immunity tool to defeat the malicious virus. This tool acts as a fake Klez to fool the real worm.

So some anti − virus monitors may cry when you run it. If so, ignore the warning, and select 'continue'. You only need to run this tool once, and then Klez will never come into your PC.

① 칭찬하려고          ② 문의하려고
③ 주문하려고          ④ 안내하려고

**46** 다음 글을 읽고 아래 물음에 대한 답으로 가장 알맞은 것을 고르면?

> Two boys argue when the teacher entered the room. The teacher said, "Why are you arguing?" One boy answered, "We found a ten-dollar bill and decided to give it to whoever tells the biggest lie." "You should be ashamed of yourselves," said the teacher. "When I was your age, I didn't even know what a lie was." the boys gave the ten dollars to the teacher.

> Q : Why did they give the money to the teacher?

① Because the money was the teacher's.

② Because the teacher told the biggest lie.

③ Because boys couldn't find the solution.

④ Because they wanted the teacher to find the owner.

**47** 다음 글의 내용과 의미가 가장 가까운 것은?

> When you overspend on your budget by ten dollars in one day, it's not a big problem. But if you do it again tomorrow, and the next day, and the next, you end up broke. For people who put on weight, it usually isn't a sudden big disaster — it's a bit today and a bit tomorrow — then one day they find themselves in big trouble and ask, "What happened?"
>
> One thing adds to another, and the little things become the big things. The little things in life can make such a big difference.

① Misfortunes seldom come singly.

② One good turn deserves another.

③ You can't eat your cake and have it.

④ Drop by drop, water wears away a stone.

**48** 다음에 주어진 단어의 뜻풀이 가운데, 밑줄 친 out of의 의미로 가장 적절한 것은?

> Many people have lost faith in modern medicine because researchers have been unable to find cures for a variety of problems, from cancer to the common cold. Some people turn to "alternative medicine" <u>out of</u> curiosity' others out of desperation. What many have realized is that where one treatment is no good, another is often effective ; one medical techinque can complement another.

① not having ; lacking — We're out of coffee.

② from within to the outside of — got out of the car

③ because of — I came out of real interest, not just to have a good time!

④ in a position or situation beyond the range, boundaries, limits, or sphere of — The plane flew out of sight.


**49** 밑줄 친 Just let me listen to the clatter and chatter의 의미로 가장 적절한 것은?

> My friend Jerome told me about her first Chirstmas away from home. She timed a telephone call to the hour when she knew that three generations of her family would be together getting a variety of dishes ready for Christmas dinner. "Put down the phone," she said. "<u>Just let me listen to the clatter and chatter.</u>" It seemed an odd thing to do, but Jerome had the right idea. When I spent a Christmas alone in Florida, I called home at a time when most of my farmily just happened to be on the kitchen. The background sounds of busyness were like Christmas music to my ears.

① 큰소리로 말해야겠다.

② 나도 곧 참석하겠다.

③ 분위기를 느끼고 싶다.

④ 여러 사람과 통화하고 싶다.

**50** 다음 글의 내용과 일치하는 것은?

Although many people think of reptiles as slimy, snakes and other reptiles are covered with scales that are dry to the touch. Scales are outgrowths of the animal's skin. Although in some species they are nearly invisible, in most they form a tile-like covering. The turtle's shell is made up hardened scales that are fused together. The crocodile has a tough but more flexible covering.

① All reptiles have scales.
② All reptiles are dangerous.
③ Every reptile has hard scales.
④ The scales of all reptiles are alike.

**51** 다음 글에서 'I'가 겪은 심경의 변화로 가장 적절한 것은?

I blinked snow out of my eyes. I was buried up to my neck. Only my head and right hand were free. My legs were still wrapped around the tree, in snow packed so tight it felt like concrete. Before long there was another horrible roar. What looked like the entire top half of the mountain broke loose, sending a 20-foot-high wall of snow rumbling right toward me, flinging chunks of snow the size of a car. I couldn't move at all. I thought of my wife, our two sons, the sounds of their voice. Lord, I want to see them again! All at once the wall of snow stopped, 30 feet away. Just stopped.

① gloomy → overwhelmed
② surprised → disappointed
③ fearful → relieved
④ lonely → happy

## 52 다음 글의 목적으로 가장 적절한 것은?

The Metropolitan Museum of Art, which was founded in 1870 by a group of civic leaders, financiers, industrialists, and art collectors, moved to its present location in Central Park in 1880. Today the Metropolitan is the largest museum of art in the Western Hemisphere. Its collections include more than 3.3 million works of art from ancient, medieval, and modern times and from all areas of world. The educational function of the Museum is implicit in every facet to the Museum's endeavors. The Museum's bimonthly Calendar/News provides a handy index to the many ongoing programs and activities.

① to enjoy

② to invite

③ to introduce

④ to report

## 53 다음 글의 내용과 가장 일치하는 것은?

Around the world, people are wrestling with the question of humane death — especially in the face of painful terminal illnesses. The dilemma has become more complicated in recent years, as advanced medical technology has enabled doctors to keep patients alive much longer in even the most extreme cases. Of course, patients have the right to refuse medical treatment at any time; requesting lethal injections, however, is another matter. Therefore, although it officially endorsed euthanasia in 1984, the Netherlands issued strict guidelines on how to perform it, and proclaimed that doctors who don't follow the guidelines can be imprisoned for up to 12 years.

① Advanced medical science lengthened people's life expectancy as long as they want.

② Patients with terminal illnesses can ask for euthanasia anywhere in the world.

③ The right for euthanasia should be fully given to an individual.

④ Lethal injections may cause doctors to be imprisoned for up to 12 years.

## 54 다음 글에서 밑줄 친 this가 가리키는 것은?

<u>This</u> is generally used in summer for the circulation of air. In Korea, this helps to keep rooms cool and shaded. This also makes the interior of a room almost invisible from the outside. Yet this allows a person seated inside to see out, providing some privacy even when windows and doors are open. Hung above a door, this is designed to be rolled or lifted up. Because of its woven patterns and decorative metal hangers, this can also serve as a wall hanging.

① 멍석　　　　　　　　　② 부채
③ 병풍　　　　　　　　　④ 발

## ※ 다음 글을 읽고 물음에 답하시오. [55~56]

Truman Capote's In Cold Blood(1966) is a well-known example of the 'non-fiction novel,' a recently popular type of writing based on factual events in which the author attempts to describe the underlying forces, thoughts, and emotions that lead to actual events. In the book, the author describes the sadistic murder of a family on a Kansas farm, often showing the point of view of killers. To research the book, Capote interviewed the murderers, and he maintains that his book presents a faithful reconstruction of the incident.

## 55 Which of the following best describes the tone of the passage?

① descriptive　　　　　　② sadistic
③ cold　　　　　　　　　④ emotional

## 56 The purpose of this passage is to _____.

① discuss an example of a new literary genre
② tell the story of In Cold Blood
③ explain Truman Capote's reasons for writing In Cold Blood
④ describe how Truman Capote researched his nonfiction novel

**57** 다음 광고문으로 보아 이 식당과 어울리지 않는 손님은?

> Dynasty Restaurant
> 2nd floor, Ward Shopping Center, Open 11 A.M. to 10 P.M. 7 days a week, Excellent
> Chinese cuisine, Shrimp with lobster sauce, Spicy fried beef or chicken, Lemon
> chicken, Vegetarian orders also available, Dine in or take out! For free delivery call
> 922 − 4860.

① 월요일 오전 11시에 중국 요리사를 시간제로 고용하려는 손님
② 오후 1시에 새우요리를 집으로 배달시키고자 하는 손님
③ 새우요리 미식가로 일요일에 이 식당에서 닭고기를 먹고자 하는 손님
④ 채식주의자 손님으로 금요일에 중국 요리를 먹고자 하는 손님


**58** 다음 글의 내용과 일치하지 않는 것은?

> From the day the first motor car appeared on the streets it had to me appeared to
> be a necessity. It was this knowledge and assurance that led me to build to the one
> end − a car that would meet the wants of the multitudes.
> All my efforts were then and still are turned to the production of one car − one
> model. And year following year, the pressure was, and still is, to improve and refine
> and make better, with an increasing reduction in price.

① The writer asserts that cars should satisfy the wants of the multitudes.
② The writer did all his might to produce one car − one model.
③ The writer devoted himself to the reduction of price in producing a car.
④ The writer emphasizes the improvement of a car according to a reduction in
   price.

**59** 다음 글의 어조로 가장 알맞은 것은?

> The boss was disturbed when he saw his employees loafing. "Look," he said, "everytime I come in there I see things I'd rather not see. Now, I'm a fair man, and if there are things that bother you, tell me. I'm putting up a suggestion box and I urge you to use it so that I'll never see what I just saw!"
>
> At the end of the day, when the boss opened the box, there was only one little piece of paper in it. It read : "Don't wear rubber-soled shoes!"

① upset           ② instructive

③ humorous       ④ critical

**60** 다음 글에서 섬유광학을 사용함으로써 얻는 이득은?

> Communications systems using fiber optic technology provide a high degree of reliability which allows complex digital signals to be transmitted, including a high volume of data base information. In the audio field, fiber optics provide high quality for international communications going through a number of relay points. The world-wide fiber optic network is constantly expanding and is never likely to be really completed as points are added to better serve customers.

① Higher volume

② Fewer relay points

③ More reliability

④ Less complex signals

**61** 다음은 어떤 글의 일부이다. 이 글의 종류로 가장 알맞은 것은?

> Acknowledging that there are common elements in the South's proposal for a confederation and the North's proposal for a federation of lower stage as the formulae for achieving reunification, the South and the North agreed to promote reunification in that direction. The South and the North have agreed to promptly resolve humanitarian issues such as exchange visits by separated family members and relatives on the occasion of the August 15 National Liberation Day and the question of former long-term prisoners who had refused to renounce Communism.

① 기행문
② 광고문
③ 안내문
④ 선언문


**62** 다음 글의 내용과 일치하지 않는 것은?

> When we're little, our mother is the center of our attention, and we are center of hers. So our mother's characteristics leave an indelible impression, and we are forever after attracted to people with her facial features, body type, personality, even sense of humor. If our mother was warm and giving, as adults we tend to be attached to people who are warm and giving. If our mother was strong and even-tempered, we are going to be attached to a fair-minded strength our mates.

① 어머니에 대한 인상은 강하게 남는다.
② 외모가 어머니와 비슷한 사람을 좋아한다.
③ 어머니와 같은 성격을 가진 사람에게 끌린다.
④ 성인이 되어야 서서히 어머니의 영향을 벗어난다.

## 63 다음 글의 내용을 가장 잘 표현한 속담은?

Jane and Mary had been homebodies most of their lives. After their kids were grown, they decided to take a trip around the world. Of course, they were inexperienced travelers and had trouble accepting the customs of foreign countries. Their guide suggested that they should make an effort to follow the customs of the local people and not expect to behave in a foreign country as they would at home. Once they began to follow this advice, they enjoyed their trip much more.

① A friend in need is a friend indeed.

② Beauty is in the eye of the beholder.

③ One swallow doesn't make a summer.

④ When in Rome, do as the Romans do.

## 64 이 글의 성격으로 가장 알맞은 것은?

A bill that passed the National Assembly to promote youth employment is gathering strong backlash from job-seekers in their 30s. The new bill obliges the public sector to reserve more than a 3-percent share for job applicants aged between 15 and 29 in hiring quotas from next year. New hiring in public companies generally does not exceed 3 percent of total employment, which means that job-seekers in their 30s virtually won't be able to get jobs in the public sector from next year.

① Acknowledgement                    ② Declaration

③ Editorial                          ④ Advertisement

## 65 문맥상 밑줄 친 부분과 뜻이 가장 가까운 것은?

In today's business climate, you've got to be clever enough to come up with ideas that others haven't thought of yet. Take my friend Mr. Kim, an organic apple farmer. Five years ago, his business wasn't making a profit. It was about to <u>go under</u>. Then organic fruit really caught on. Suddenly it seemed that everyone wanted to buy his organic apples! He then decided to try something new. He set up a mail-order business so his customers could order his apples from home and get them quickly. Sales took off and Mr. Kim made even more money. Now he's thinking about retiring early.

① become popular          ② break even

③ decrease               ④ become bankrupt

## ※ 다음 글을 읽고 물음에 답하시오. 【66~67】

As much as puppies or pandas or even children, dolphins are universally beloved. They seem to cavort and frolic at the least provocation, their mouths are fixed in what looks like a state of perpetual merriment, and their behavior and enormous brains suggest an intelligent approaching that of humans — or even, some might argue, surpassing it.
Dolphins are turning out to be exceedingly clever, but not in the loving, utopian-socialist manner that sentimental dolphin lovers might have hoped.
Researchers who have spent thousands of hours observing the behavior of bottle-nosed dolphins off the coast of Australia have discovered that the males form social alliances with one another that are far more sophisticated and devious than any seen in animals apart from human beings.

## 66 The main subject for the passage is the _____ of dolphins.

① living condition

② high intelligence

③ rare brutality

④ beloved nature

**67** Choose the one which might come after this passage.

① What is more, females seem to exert choice over the males that seek to herd them, sometimes swimming alongside them in apparent contentment, but at other times working furiously to escape, and often succeeding.

② The scientists call this effort to control females "herding," but they acknowledge that the word does not convey the aggressiveness of the act.

③ Species like the bottle-nosed dolphins make most of their decisions by consensus, spending hours dawdling in a protected bay, nuzzling each other and generating an eerie nautical symphony of squeaks, whistles, barks, twangs and clicks.

④ They found that one team of male dolphins will recruit the help of another team of males to gang up against a third group, a sort of multitiered battle plan requires considerable mental calculus to work out.

Travelers who return from a vacation often answer the question "How was your trip?" by saying, "Oh, it was out of this world!" (A) By this idiom, they mean, of course, that their trip was amazing. (B) Already it's possible to go through the same training that astronauts go through. (C) Just go to Star City, Russia. _____ astronaut training, it's possible to experience one of their 'Space Adventures.' (D) On one of these, for example, you can enter a special plane that gives you the feeling of weightlessness that astronauts experience — several minutes of zero-gravity. Two private individuals have already spent a week at the International Space Station, at a price of $20,000,000 each. A number of companies are now planning projects to commercialize space in various ways. A California company, Scaled Composites, and a British company, Virgin Galactica, are working on the creation of reusable vehicles that could carry passengers in the near future. Even the Hilton Hotel chain is considering building a space hotel. The main attractions will be the view (of Earth), the feeling of weightlessness, and the chance to take a hike on the Moon. It goes without saying that the price will also be 'out of this world.'

**68** 밑줄 친 부분에 들어갈 말로 가장 적절한 것은?

① Despite                    ② Due to
③ In addition to             ④ Since

**69** 다음 문장이 들어가기에 가장 적절한 곳은?

However, people will soon be able to use this expression literally, but it will be expensive.

① (A)                        ② (B)
③ (C)                        ④ (D)

## ※ 다음 글을 읽고 물음에 답하시오. 【70~71】

Children are particularly susceptible to the effects of television because their minds are growing, developing, and learning much faster than those of adults. Whereas television could be used as an educational tool for children, more often simple, entertaining cartoons with little or no educational value are shown.

Social scientists, teachers, and parents are troubled by the kinds of television programs children choose to watch. These groups of people are concerned about the media's impact on young children. They are worried about the effects of televised violence on society as well as commercials for sugarcoated food. Most importantly, however, they feel television is one factor that causes declining math and reading scores among schoolchildren. Because of the excessive time _____ children are spending less time reading and thinking independently.

**70** Which of the following is true according to the passage?

① Adults are more likely to be influenced by television than children.

② Social scientists are concerned about what children watch on TV.

③ Children who watch TV cannot read and think independently.

④ Schoolchildren can learn how to read scores from watching TV.

**71** Choose the expression that is most appropriate for the blank?

① spent doing homework

② is wasted on TV

③ spent watching TV

④ for learning math

There are products on the market that are made of non-tobacco substances, such as vegetable leaves. While these materials do not contain nicotine, they produce tars. The fact that these tars cause cancer has not yet been determined. Not all popular brands of cigarettes have the same tar and nicotine yield. Those with filter tips have a lower tar content than other brands. There are other ways to make smoking less hazardous. Cigarettes should not be smoked all the way down. Smokers should take an annual physical check-up. Their physicians may include a lung function test, chest X-ray or a spittle test. The smoker who gives up cigarettes will feel better and breathe easier. Respiratory symptoms improve when smoking stops. The death rates of ex-smokers approach those of the nonsmokers.

**72** According to the above passage, choose the incorrect sentence.

① Scientists have not determined if vegetable leaves cause cancer.

② Brands of cigarettes have different amounts of tar.

③ As a cigarettes burns, harmful substances accumulate in the unsmoked portion.

④ Charcoal filters are more effective than cellulose filters.

**73** A person who gives up smoking can expect _____.

① to gain weight rapidly for a short time

② to reduce his risk of heart attack

③ to look less attractive

④ to stay away from the doctor's office indefinitely

**74** The author points out that _____.

① excessive exposure to X-rays is harmful

② the death rates of heavy smokers approach those of ex-smokers

③ doctors often check a smoker's spittle

④ heavy smokers decrease their life spans by five years

During the summer of 1829, Mendelssohn took a vacation in Scotland. He traveled for less than three weeks. His trip no doubt produced pleasant memories, as shown in his letters and a few drawings he made of the scenery, but otherwise the trip was relatively insignificant. The present book gathers together Mendelssohn's drawings, reprints the letters, and provides a kind of commentary on the trip. Except for a brief biographical sketch of Mendelssohn and a totally superficial discussion of his Scottish Symphony, this is essentially a travel book of exceptionally limited value.

**75** What can be inferred from the passage?

① Buy the new book about Mendelssohn.

② Mendelssohn's drawings enrich the book.

③ Mendelssohn had a good time in Scotland.

④ Mendelssohn's trip is little important for his work.

**76** What the author speaks most favorably of in terms of the study of Mendelssohn's music is _____.

① a brief biographical sketch of Mendelssohn

② pleasant memories

③ a few drawings

④ a kind of commentary on the trip

**77** The author of the passage is most likely _____.

① a singer                                      ② a book-reviewer

③ a novelist                                    ④ a traveler

Air pollution is not just smoke and soot. It is carbon dioxide and deadly carbon monoxide, both invisible. It is sulfur dioxide and nitrogen dioxide. There is lead from gasoline additives, solid particles of many kinds, traces of a multitude of chemicals from industry. Air pollution makes smog that can cut visibility ⓐit endangers airplanes and traffic on highways. Air pollution soils and corrodes. It damages skyscrapers and granite statues, steel suspension bridges, nylon hose, the metal gutters on the family house. It does hundreds of millions of dollars' damage to agricultural crops each year. It smells bad, and it makes the eyes ⓑsmart. Sometimes it can even kill.

**78** According to the passage, which of the following does not belong to the dangerous effects of air pollution?

① corrosion
② bad smell
③ car accidents
④ flood

**79** Which of the following will fit in the blank ⓐ ?

① too bad for
② badly because
③ very much because
④ so badly that

**80** Choose the word which has the same meaning as the underlined ⓑsmart.

① hurt
② clever
③ intelligent
④ good

Listening comprehension is a classic "learn-by-doing" task. The learner must adopt the strategy of listening for key elements around which to construct meaning, all the way moving along with the flow of discourse. In reader mode, of course, one may re-scan the text to solve difficulties, since the reader controls how information reaches the eyes. Listening is really quite different. (You may read from left to right, but you can't listen from left to right!) The instructor cannot effectively ask the student to "listen faster," nor does the study of vocabulary and grammar perse produce direct improvement in hearing at the rate native speakers speak. Practice with tape recordings of spontaneous speech can be useful, but students report that it is difficult to maintain concentration for more than a brief period of time. In any case, listening labs have not produced particularly dramatic improvement in comprehension.

**81** According to the passage, which of the following statements is not true?

① People can improve their listening comp3r at the rate native speakers speak.

② The process of listening is not similar to that of reading.

③ Listening labs cannot bring dramatic improvement in listening.

④ The study of grammar helps people hear at the rate native speakers speak.

**82** According to the passage, what would be the best strategy to bring improvement in listening comprehension?

① the study of vocabulary and grammar

② re-scanning the text to construct meaning

③ listening for key elements

④ practice with tape recording of spontaneous speech

**83** Where would you probably find this passage?

① in a social science textbook
② in a short story
③ in a popular magazine
④ in an academic journal

No nation on earth is home to more varied or spectacular wildlife than India. And few countries have made a more resolute effort to preserve their native species in the face of seemingly hopeless odds. There were perhaps 80 national parks and sanctuaries 30 years ago. Now there are more than 45 — at least on paper — and still more are planned. And ⓐ Project Tiger, the internationally assisted effort launched in 1973 to save India's national animal from extinction, appears to have succeeded : In less than two decades the official census of Indian tigers in the wild has roughly doubled. And __ⓑ__, after nine trips to India over the past decade, it seems clear to me that the future of India's wildlife is more in doubt than ever.

## 84 What is ⓐ Project Tiger?

① A movement to save wild animals

② Indian tigers in extinction

③ A movement to preserve Indian tigers

④ A movement to keep people from wild tigers

## 85 What do you think would be the main topic of the passage?

① project tiger movement

② indian city development

③ indian tigers

④ wildlife protection in India

## 86 What would be the most appropriate connection word to fill in the blank __ⓑ__?

① additionally　　　　　② yet

③ furthermore　　　　　④ besides

※ 다음 글을 읽고 물음에 답하시오. [87~88]

Until the mid-nineteenth century, whale oil was a definite necessity as an oil used extensively for lamps. But when petroleum was discovered and put into production for illumination, the price competition was too great. For the next fifty years the whaling industry ⓐ dwindled away almost to a state of nonexistence. However, in 1908, a French scientist devised a process of hydrogenation which changed the evil-smelling, fish oil of the whale into an odorless, tasteless, and bland solid fat. For this fat, margarine and soap-making industries made ever-increasing demands.

**87** Which of the following statements can be inferred from the above passage?

① The whaling industry has had its ups and downs since the mid-nineteenth century.

② Though once in very short demand, whale oil is now a necessity on the world market.

③ Whale oil was competitive because it was cheaper than petroleum.

④ The old whaling industry is gone, but getting whale oil is still an interesting occupation.

**88** Choose the one that best replaces the underlined ⓐ dwindled away.

① diminished        ② increased

③ neutralized       ④ endangered

## 1  어휘 및 숙어

### 1. 어휘

**1**  ①

fatigued : 피로한, 지친 exhaustive : 남김 없는, 철저한, 소모적인 eminent : 저명한, 유명한 sane : 제정신의, 온전한

「사람들은 생기 있을 때보다 지쳤을 때 더 실수를 한다.」

**2**  ④

architect : 건축가 certificate : 증명서, 면허장, ~에게 증명서를 주다, 인증하다 lawful : 합법의, 법률이 인정한, 정당한 licensed : 면허를 얻은, (관청의) 허가를 얻은, 인가된

「이 사무실은 인가된 건축가에 의해 운영되는 그 도시에 몇 안되는 것들 중 하나이다.」

**3**  ①

① reserved 말을 잘 하지 않는, 내성적인
② confident 자신감 있는, 확신하는
③ loquacious 유창한, 연설을 잘 하는
④ eloquent 유창한, 연설을 잘 하는

「만약 당신이 내성적인 사람이라면, 당신은 당신의 감정을 숨기는 경향이 있고 다른 사람에게 당신의 진심을 드러내는 것을 좋아하지 않을 것이다.」

**4**  ④

issuance : 배급, 배포, 발행, 간행 appreciate : 진가를 알아보다, 고마워하다 aggravate : 악화시키다, 짜증나게 만들다 meditate : 명상(묵상)하다 facilitate : 가능하게(용이하게) 하다

「Visaokay는 비자 전체의 조언과 비자 발행 과정을 용이하게 함으로써 호주의 여행산업과 기업들, 정부, 그리고 개인들을 돕는다. Visaokay는 여행 비자들을 신청하고 지원하는 것과 관련된 복잡함과 시간 지연을 최소화 한다.」

**5**  ②

capacity : 용량, 수용력, 능력, 지위 rationalization : 합리화, 이론적 설명, 합리적 사고 self-deception : 자기기만 sighted : 앞을 볼 수 있는, 시력이 정상인 harshly : 엄격히 엄하게 leniently : 인자하게, 관대하게 honestly : 솔직히, 정말로 thankfully : 고맙게도, 기꺼이

「우리의 합리화와 자기기만을 위한 멋진 능력을 고려해봤을 때, 대부분의 우리는 스스로 관대하게 평가한다. 나는 멋진 사람이기에 저 맹인 승객에게 정직했다. 나는 앞을 볼 수 있는 이는 속였다, 게다가 그녀는 아마 돈도 너무 많이 가졌을 것이기 때문이다.」

**6**  ①

ranging : 범위가 ~에 이르는 rapidly : 빨리, 급속히 apparatus : 기구, 장치
① 대체품이 곧 휴대폰을 대신할 것이라고 했으므로 휴대폰은 쓸모없어질 것이라는 내용이 이어져야 한다.
① 더 이상 쓸모가 없는
② 대규모의
③ 일반적인, 널리 퍼져있는
④ 능숙한

「현재 모든 거리 또는 모든 가게는 8살에서부터 80세에 이르는 휴대폰 사용자들로 꽉 차 있다. 그러나 만약 우리가 빠르게 발전하는 기술을 고려한다면, 곧 대체 장치가 휴대폰을 대신할 것이며, 휴대폰은 쓸모없어질 것이다.」

**7**  ③

fluctuate 변동하다, 파동하나, (물가·열 등이) 오르내리다 drop 떨어지다, 내리다 vary 변화하다, 달라지다 increase 증기하다 decrease 감소하다

「금의 가격이 변동되고 있지만 기름가격만큼 변동되지는 않았다.」

**8**  ②

curb : 억제하다, 제한하다 unquenchable : 채울 수 없는, 충족시킬 수 없는 appetite : 식욕, 욕구 communist : 공산주의자, 공산당 see as : ~으로 생각하다(간주하다)

① aesthetic 심미적, 미학적
② insatiable 채울 수 없는, 만족시킬 수 없는
③ infallible 결코 틀리지 않는, 실수하지 않는
④ adolescent 청소년

「전기자동차는 또한 중국의 공산당 지도층이 전략적 약점으로 생각하는 석유와 가스 수입에 대한 끝없는 욕구를 억제하기 위한 당국의 노력으로서 중요한 부분이다.」

**9** ①

permit : 허락하다   nimble : 빠른, 날렵한   feat : 위업   manipulation : 처리, 취급   retrieval : 회수, [컴퓨터] 검색
① 빠른, 지체 없는   ② 독특한, 특이한
③ 효율적인, 유능한   ④ 인상적인

「사생활에 대한 가장 중요한 최첨단의 위협은 컴퓨터이며, 그것은 (정보의) 검색과 문서 보관함에 들어 있는 서류에서는 거의 불가능한 기록표의 일치를 포함한 데이터 처리의 재빠른 위업을 허락한다.」

**10** ②

mundane : 재미없는, 일상적인
① 난처한, 당혹스러운
② 일상적인, 매일의
③ 깊은
④ 짜증스러운

「그들은 휴가 동안에 설거지 같은 일상적인 일에 신경 쓰는 것을 원치 않았다.」

**11** ①

undergo : (변화, 안 좋은 일 등을) 겪다   merger : 합병
① 합동, 합병
② 사찰, 점검
③ 재판, 시험
④ 파경, 소멸

「두 은행은 합병을 통해 하나의 거대한 조직으로 통합되었다.」

**12** ④

stereotype : 고정관념, 정형화된 생각
① 동시의        ② 의혹을 갖는
③ 불안정한   ④ 단단한, 견고한, 확실한

「남자가 여자보다 수학을 더 잘한다는 것은 전통적인 고정관념이지만, 이것을 설명할 확실한 증거가 없다.」

**13** ①

classify : 분류하다, 구분하다   caucasoid : 코카서스 인종의(백색 인종)
① 꺼리는, 마지못한
② 반가운, 환영받는
③ 조심스러운, 소심한
④ 꺼리지 않는, 반대할 이유가 없는

「남부 인도의 많은 사람들은 어두운 피부를 가지고 있지만, 과학자들은 그들의 코카서스 인종의 얼굴 생김새와 머리카락 모양 때문에 아프리카계 흑인들로 분류하기를 꺼려왔다.」

**14** ④

Pediatrics : 소아과
① 만연하다, 팽배하다
② 완전히 이해하다, 동화되다
③ 수여하다
④ 자제하다, 억제하다

「미국 소아과 학회는 부모들이 자녀들과의 대화로 더 많은 시간을 보내기 위해서는 그들의 TV 시청을 자제할 것을 제안한다.」

**15** ④

cramping : 자유로운 행동을 방해하는, 속박하는
Tuskegee : 미국 Alabama주 동부의 도시
① irksome 짜증나는, 귀찮은
② annoying 짜증스러운
③ welcoming 환영하는
④ suffocating 숨막히게 하는, 규제로 인해 질식할 것 같은

「영화와 연극 보러 가는 것은 재미있었지만, Ralph는 다른 학생들처럼 터스키기의 관습에 속박을 느꼈다.」

**16** ②

debunk : 정체를 폭로하다, (생각이) 틀렸음을 밝히다   misogynist : 여자를 싫어[혐오]하는 사람
① conceal 숨기다
② expose 폭로하다
③ praise 칭찬하다
④ delimit 범위를 한정하다

「Davin의 경험을 통해, Joyce의 이야기는 아일랜드 식민지의 여성멸시를 폭로한다.」)

**17** ①

injury : 부상  permanently : 영구히  temporarily : 일시적으로

「그 부상은 그가 축구를 영원히 못하게 할지도 모른다.」

**18** ④

beguiling : 묘한 매력이 있는  namelessness : 무명  anonymity : 익명  hospitality : 환대  convenience : 편의  disrespect : 실례, 무례

「사이버공간의 가장 매력적인 측면 중 하나는 그것이 익명성을 제공하면서, 외국의 다른 사람들과 연락할 수 있는 능력을 제공한다는 것이다.」

**19** ③

plight : 역경, 곤경
① 이상한 상황
② 행복한 인식
③ 나쁜 상황
④ 마지막 결정

「그는 그 석유 부족 국가의 곤경을 어떻게 설명합니까?」

**20** ①

give way : 못 이기다  in no way : 결코 ∼ 않다  in a big way : 대규모로

• 「장례식에서 가족들은 그들의 감정을 못 이기고 내놓고 울었다.
• 그 결과는 결코 정부의 실패로 보이지 않는다.
• 유럽의 회사들은 그들의 돈을 아시아에 대대적으로 투자하고 있다.」

**21** ④

desertification : 사막화  threaten : 위협하다  dwindling : 줄어들다  arable : 곡식을 경작하는  exacerbate : 악화시키다  marginalize (marginalization) : 하찮은 존재 같은 기분이 들게 하다  conflicts : 갈등  deter : 방해하다
① 향상시키다
② 정당화시키다
③ 오래 머물다
④ 악화시키다

「사막화는 이미 건조한 중동아프리카와 북아프리카의 20%를 위협하고 있어 늘어나는 인구를 먹여 살리기 위해 많은 국가들이 아프리카 농장에 투자하도록 만든다고 '불모지대 및 건조지역 연구를 위한 아랍 센터'의 Wadid Erian이 말했다. 곡식을 경작할 수 있는 땅은 줄어들고 식량에 대한 불안감이 커지는 것은 이미 존재하는 분쟁들을 더 악화시킬 수 있고 경제적 주변화는 오랫동안 불안정을 몰고 온 지역에 투자하는 것을 방해할 수 있다.」

**22** ③

significant : 중요한  incident : 사건
① tardily 더디게
② gradually 점진적으로
③ immediately 즉각적으로
④ consistently 지속적으로

「때때로 당신이 어떤 중요한 경험을 써달라고 요구 받자마자 바로 그 사건이 머릿속을 즉각적으로 빠르게 스쳐 지나갈 것이다. 그러나 많은 다른 경우에는 당신의 기억들을 떠올리는데 더 많은 시간이 필요할 것이다.」

**23** ③

sentence : 형벌  mild(milder) : 가벼운  substitute : 대체물  torture : 고문  mutilation : 신체절단  exile : 추방
① supplement 보충 – irrevocable 변경할 수 없는
② sequel 속편 – overabundant 과다한
③ reform 개혁 – harsh 가혹한
④ suggestion 제안 – corrective 교정하는

「징역형은 사형, 고문, 신체절단, 추방 등의 가혹한 처벌에 대한 가벼운 대체안의 개혁으로 18세기에 도입되었다.」

**24** ①

executives : 경영자  estimate : 추정하다, 추산하다, 추정, 견적서  insolvent : 파산한  inverted : 반대의, 반전된  distracted : 산만해진  decoded : 해독하는

「경영자들은 파산할 위험이 있는지 확인하기 위해서 그들의 총부채상환비율(소득대비 부채상환비율)을 추산해야 한다.」

**25** ②

franchise : 특권, 특허, 독점 판매권, 체인점, 가맹점  appeal : 애원, 간청, 호소, 매력  major : 대형의, 다수의  be like : ∼와 같다, 아마, 추측컨대  predictability : 예상, 예측가능성  feasibility : (실행)가능성  sustainability : 지속가능성

「미국에서 패스트푸드 프랜차이즈는 매우 성공적이었다. 사람들에게 매력적인 한 부분은 예측가능성이다. 대형 햄버거 또는 치킨 프랜차이즈에서 사람들은 그들이 어디에서 그것을 사든 그 음식의 맛이 어떤지 알고 있다.」

**26** ①

indulged : ∼에 빠지다  touch : 대다, 가볍게 누르다, 손을 대다, 도달하다, 만짐, 촉감  a touch of the flu : 독감 기운   a touch of : ∼약간의  personal touch : 개인적 방식, 취향, 접촉

「• 그녀는 단지 가벼운 감기기운이 있다고 생각했다.
• 대학에서 그는 글을 조금 썼고, 약간의 연극을 했으며 학내 정치에 몸담았다.
• 그가 만드는 요리는 모두 독특한 개인의 취향을 반영하고 있다.」

**27** ①

organization : 단체, 조직  charge : 요금을 부과하다, 청구하다  announce : 알리다, 발표하다  plummeting : ∼으로 곤두박질치다  publisher : 출판업자  eager : 갈망하다, 열망하다  switch : 변경, 바꾸다  despite : ∼에도 불구하고  revenue : 수입원, 세입, 수익  information : 정보  renewal : 갱신  interest : 수입, 관심, 흥미

「월스트리트 저널, 파이낸셜 타임즈 그리고 뉴스데이를 포함한 뉴스 단체의 매우 적은 수가 이미 회사에서 개발한 시스템으로 온라인 독자들에게 요금을 부과하고 있고, 뉴욕 타임즈는 최근에 그와 같이 요금을 부과할 계획이라고 발표했다. 하지만 광고업이 밑으로 치달으면서, 새로운 수입원을 갈망하는 많은 다른 출판업자들이 독자와 광고를 잃을 위험성에도 불구하고 변경을 고려하고 있다.」

**28** ④

outspoken : 솔직한, 노골적으로 말하는  reserve : 말을 잘 하지 않는, 내성적인  wordy : 장황한  retrospective : 회고(회상)하는, 소급 적용되는  candid : 솔직한, (사진 등이) 자연스러운

「Sarah는 매우 거리낌 없이 말하기 때문에 다른 이들의 작품을 비판할 때 종종 다른 사람들에게 상처를 준다.」

**29** ④

strange : 이상한, 낯선  well : 우물  impatient : 짜증난, 못 견디는
① 설득하기 쉬운
② 만족시키기 쉬운
③ 다루기가 짜증나는
④ 이해하기 어려운

「Mary와 나는 10년이 넘게 친구로 지내오고 있지만 나는 때때로 그녀에게서 낯선 느낌을 받는다. 그녀는 우물만큼 깊다(이해하기가 너무 어렵다).」

**30** ②

replicate : 모사하다, 복제하다  curable : 치료할 수 있는, 고칠 수 있는  susceptible : 영향을 받기 쉬운, 감염되기 쉬운  prosperous : 번영하는, 순조로운  reproductive : 번식하는, 복제하는

「박테리아가 개체를 유지하기 위해서는 약물에 영향을 받기 쉬우면 안 된다.」

**31** ④

① 아끼지 않은, 관대한 − 은혜를 베푸는 사람, 후원자
② 풍부한, 무성한 − 털, 머리카락
③ 경의를 표하는, 우대의 − 선물, 경품, 아주 싼 물건
④ 문방구, 편지지 − 군대, 무리

**32** ②

① 논의의 여지가 없는, 부정할 수 없는, 명백한(= incontrovertible, unquestionable, indubitable)
② 동시 발생의, 공존하는(= simultaneous)
③ 비할 데 없는
④ 없어서는 안 되는, 필수의(= absolutely necessary, essential)

「오늘 밤 편성된 두 건의 멋진 TV프로그램이 있지만, 이 둘은 동시에(동일 시간대에) 방영되기 때문에 나는 둘 중 하나만 볼 수 있다.」

**33** ①

Icelander : 아이슬란드 사람  individualist : 개인(이기)주의자  difference : 다름, 차이(점)  community : 공동 사회, 공동체  known as : ∼로 알려져 있는  opposing : 반대하는, 반대의  force : (물리적인) 힘, 세력  active : 활동적인, 활동(진행) 중인  volcanic : 화산(성)의, 화산이 많은  on earth : 지상에(서)  co-exist : 동시(같은 장소)에 존재하다, 공존하다  surprise : 놀라운 일, 뜻밖의 일(것)  society : 사회  reconcile : ∼을 화해(융화)시키다, 조화시키다  individualism : 개인주의  need : 필요한 것, 요구하는 것

one of the most active volcanic countries on earth 다음에 but이 나오므로 빈칸에는 대조되는 말이 와야 한다. one of the most active volcanic countries는 fire, heat에 해당하므로 ice, cold에 해당하는 말인 glacier가 알맞다.
① 빙하
② (대)초원, 목초지
③ 사막
④ 늪, 소택지(沼澤地)

「아이슬란드 사람들은 미국인들처럼 개인주의자들이다. 차이는 공동체 의식에 있는 것 같다. '불과 얼음'의 나라로 알려져 있는 아이슬란드는 상반된 세력을 지니고 살아간다. 이 나라는 지상에서 가장 활동적인 화산이 많은 나라 중의 하나이지만 4,536평방 마일의 빙하가 있어 열과 추위가 공존한다. 그래서 아이슬란드 사회가 또 다른 상반된 세력인 개인주의와 공동체의 요구를 융화시킬 수 있다는 것은 전혀 놀라운 일이 아니다.」

**34** ③

fairly : 꽤, 상당히, 정말로  frequently : 자주, 빈번히  flash : (감흥·영감·기지 등의) 번득임, 섬광  illumination : 조명, 조도(照度)  momentary : 순식간의, 순간적인  glimpse : 일견(一見), 힐끗 보기, (빛의) 희미한 번쩍임, 섬광  off one's guard : 방심하여, 경계를 게을리 하여

little flashes of illumination, momentary glimpses 등으로 보아 설명하는 단어가 inspiration(영감)이라는 것을 알 수 있다. '영감(inspiration)'은 순간적으로 스쳐 지나가는 '번득임(flash)'과 잘 호응한다.
① 충격, 추진력, 충동
② 욕망, 갈망, 열의
③ 영감, 고취, 감화
④ 이상주의, 관념론

「일부 사람들에게 꽤 빈번히, 아마도 모든 사람에게는 이따금, 조명의 짧은 섬광으로 다가오고 세상의 본질에 순간적인 일견[섬광]으로 다가온다. 이것은 우리가 방심하고 있을 때 우리에게 다가온다.」

**35** ①

pick : 고르다  exclusively : 오로지, 오직 ~만(= solely), 배타적으로, 독점적으로  reggae : 레게 (1968년에서부터 1969년에 자메이카에서 발생한 라틴계의 새로운 음악 양식)
① 까다로운
② 변덕스러운(= fickle), 급변하는, 변하기 쉬운
③ 이성적이 아닌, 불합리한, (요금·요구 등이) 부당한
④ 절약하는, (식사 등이) 검소한, 빈약한

「그는 자신이 고르는 음악에 매우 까다롭다. 그는 오직 힙합과 레게만 듣는다.」

**36** ④

commercial : 영리적인, 상업상의  success : 성공, 성공한 것, 대성공  copycat : 모방의  flick : 영화
① 수송하다, 운송하다
② 진가[좋은 점]를 인정하다, (사물을) 올바르게 인식하다, (사람의 호의 등을) 고맙게 생각하다
③ 압박하다, 억압하다
④ (알을) 까다, 부화시키다, 탄생시키다

「Steven Spielberg의 1975년 영화인 죠스는 영리 면에서 대성공작이었고, 이 영화는 수많은 모방 영화들을 탄생시켰다.」

**37** ④

mysterious : 신비한, 수수께끼 같은  precious : 귀중한, 값비싼, 소중한

① 불타기 쉬운, 가연성(可燃性)의
② 경솔한
③ 뉘우치지 않는, 회개하지 않는, 고집 센, 완고한
④ 감지할 수 없는, 손으로 만질 수 없는, 실체가 없는, 무형의

「시간은 마치 예술 같다. 즉, 신비하고 감지할 수 없으며 소중하다.」

**38** ③

complexity : 복잡성  educational : 교육상의, 교육적인  psychologist : 심리학자  undergo : (검열·수술을) 받다, (변화 등을) 겪다, 경험하다  rigorous : 엄격한, 엄한(= severe), 엄밀한, 정밀한  professional training : 직업 교육, 직업 훈련  professional : 직업의, 직업적인, 전문적인  training : 훈련, 교육
① (회의·대표단 등이) 고위층으로 구성된, 지위가 높은
② 섬세한, 고운(= fine), 우아한, 연약한, 깨지기 쉬운
③ 가혹한, 엄한, 거친, (소리 등이) 귀에 거슬리는
④ 하찮은, 시시한

「그들 업무의 복잡성은 교육심리학자들이 엄격한 직업[전문] 교육을 받아야 한다는 것을 의미한다.」

**39** ③

celebrated : 유명한, 저명한(= famous)  exquisite : 훌륭한, 절묘한, 매우 아름다운(= excellent, admirable, very beautiful, gorgeous, lovely)  scale : 비늘  measure : 측정 (기구), 기준, 척도  be on leave : 휴가 중이다  leave : 휴가 (기간)(= vacation, holiday)
③ scale이 '가치 평가의 기준'이라는 뜻이 있기는 하지만 보기에서 쓰인 scale은 '(물고기의) 비늘'의 의미로 쓰였으므로 measure와 의미가 같다고 볼 수 없다.

「① 그녀의 어머니는 유명한 여배우셨다.
② Paul Scofield는 훌륭한 공연을 했다.
③ 생선을 물로 씻고 칼로 비늘을 제거해라.
④ 그녀는 9월 말까지 휴학 중이다.」

**40** ②

supplant : 대신하다, 대체하다(= substitute, replace, supersede, take the place of)  dismiss : 해고하다

「그들의 업무는 주로 동일한 기능을 수행하는 컴퓨터 프로그램의 사용으로 대체되어 왔다.」

**41** ③

desolate : 황폐한, 황량한
① 무더운, 찌는 듯이 더운, 후텁지근한, 몹시 뜨거운
② 온화한, 온난한, 온대성의
④ 축축하고 습기있는
「여름철에 130℃가 넘는 대기온도는 이 황량한 섬에서 일반적인 일이다.」

**42** ①

review : 비평, 논평, 재고  conception : 임신, 수태, 착안, 개념
카페인과 임신에 관해서 서로 상반된 내용이 나열되고 있다.
① 상충하다
② 동시에 일어나다
③ 이치에 닿다, 합리적이다
④ 명백하게 하다
「카페인과 임신의 평론은 상충된다. 2,817명의 여성들을 대상으로 한 연구결과 임신 가능성에 카페인이 어떤 영향도 미치지 않았으나, 1,909명의 여성들을 대상으로 한 다른 연구결과는 하루 300mg 이상의 카페인은 임신지연과 연결되었다.」

**43** ③

destruction : 파괴, 살인, 절멸, 멸망  haughty : 오만한, 거만한, 건방진
① 신성한, 성스러운, 경건한
② 조용한, 고요한, 정지한
③ 거만한, 거드름 부리는, 오만한
④ 엄한, 엄중한
「교만은 파괴 전에 오고 거만한 마음은 몰락 전에 온다.」

**44** ①

to see A as B : A를 B로 간주하다  agile : 기민한, 재빠른, 예민한
① 민첩한, 재빠른, 재치있는
② 낭비하는, 사치스러운, 기발한
③ 부식성의, 소작성의, 통렬한
④ 의심하는, 의심많은, 혐의를 일으키는
「Infosys는 IBM보다 그 자신이 더 민첩하다고 생각하고 있다.」

**45** ④

liability : 책임이 있음, 책임, 의무, 부담, 불리한 일
① 이익, 이득
② (공을 칠 때의) 발의 위치, 선 자세
③ 선구자, 선임자, 전조
④ 불리한 처지, 손해, 불리
「가족 중에 미국 시민권자가 있는 것 또한 공인들에게는 정치적으로 불리한 문제가 된다.」

**46** ①

totalitarianism : 전체주의  subservient : (~에) 보조적인, 도움이 되는  coincide : 동시에 일어나다, 일치하다
① 희생, 산 제물을 바침, 희생물을 바치다
② 보상하다, 보수
③ 옹호하다, 주장하다, 창도자
④ 상세히 설명하다, 해설하다, 해설자
「전체주의는 모든 사람이 국가에 복종해야 한다는 생각을 옹호한다. 모든 개인적인 목표와 욕망은 사회의 공동 선과 일치하지 않는다면 버려야 한다. 개인의 자유는 희생되어 모두의 자유의 수준이 향상되도록 해야 한다.」

**47** ②

unhealthy : 건강하지 못한, 건강에 해로운  penchant : 강한 기호, 경향  solely : 혼자서, 단독으로, 오로지  share : 몫, 일부분, 주석, 분배하다  blame : 비난하다, 나무라다, 책임지우다  intriguing : 호기심을 자극하는  ailment : 병, 불안  ornament : 꾸밈, 장식, 장식품, 꾸미다, 장식하다

「만일 당신이 건강에 해로운 소금을 좋아하는 경향을 가지고 있다면 그것은 당신만의 잘못이 아니다. 어머니도 일부를 책임져야 할지 모른다. 작지만 호기심을 자극하는 일부 연구 정도가 이를 암시하고 있다.」

**48** ③

pregnant : 임신한, 충만한, 의미심장한  uncomfortable : 기분이 언짢은, 살기 불편한  stigma : 오명, 치욕, 성흔, 낙인  unwed : 미혼의, 독신의  motherhood : 모성, 모성애  abortion : 낙태, 유산, 발육정지, 실패  jeopardize : 위태롭게 하다  endangered : 위기에 처한, 멸종될 위기에 이른

「일단 임신하게 되면 여성은 불편한 상태에 직면하게 된다. 미혼모라는 오명이 낙태라는 오명보다 더 크다. 학생들은 종종 학교를 그만두라는 압력을 받게 된다. 직장을 다니는 여성은 그들의 직장생활이 위태로워질 수도 있다.」

**49** ①

attitude : 태도, 사고방식  prevalent : 일반적으로 행하여지는, 효과있는  overwhelming : 압도적인, 극도의  evidence : 증거, 흔적  contrary : 반대의, 적합지 않은, 정반대

「사랑하는 것보다 더 쉬운 것은 없다라는 태도는 반대되는 압도적인 증거가 많음에도 불구하고 사랑에 대한 일반적인 생각으로 자리잡고 있다.」

**50** ①

eliminate : 제거하다, 무시하다, 삭제하다 altogether : 완전히, 다합하여, 전체 practically : 실제로, 사실상 warn : 경고하다, 통지하다 approach : 접근하다, 교섭하다 primitive : 원시의, 야만의, 초기의, 구식의 moreover : 게다가, 더욱이 desirable : 바람직한, 호감이 가는 lamentable : 슬픈, 유감스러운, 초라한

「나는 인간 삶으로부터의 두려움을 완전히 제거하도록 애써야 한다고 제안하지 않으려 한다. 이것이 인력으로 가능하다면 그것은 사실상 바람직하지 않다. 두려움은 다가오는 위험을 경고하는 인간 유기체의 기본적인 경보체계이며 이것이 없다면 원시세계나 현대세계에서 살아남지 못했을 것이다. 게다가 두려움은 강력하게 창의적인 힘이다.」

**51** ④

compare : 비교하다, 비유하다 iceberg : 빙산 aspect : 양상, 관점, 용모 in contrast : 대조적으로 similarly : 유사하게, 같은 모양으로, 같게
① 결국
② 대조적으로
③ 그럼에도 불구하고
④ 유사하게

「1966년에 에드워드 홀은 문화의 본질을 빙산에 비유하였다. 당신은 빙산의 일부는 볼 수 있으나 빙산의 대부분은 물 아래 잠겨 있어 볼 수 없다. 유사하게 대부분의 문화 양상은 볼 수 없다. 이 보이지 않는 면들은 우리에게 친숙하나 평소 생각해보거나 의문시 해보지 않은 것들이다.」

**52** ①

jaunty : 명랑한, 의기양양한 look upon : 관찰하다 self-confident : 자신있는, 의기양양한 manner : 태도, 예법
① 자신있는 태도를 가지고
② 무엇인가를 관찰하고
③ 삼가하며 진지한 태도
④ 빠른 움직임으로 인해 떨리는

「Edgar Stevens씨는 80세임에도 불구하고 아직까지 40대가 지니는 자신있는 태도로 걸어다닌다.」

**53** ①

affect : ~에 (악)영향을 미치다, (병·고통이 사람·인체를) 침범하다, 감동시키다, ~인 체하다 effect : 효과, 영향, 결과, 취지, (변화 등을) 초래

하다, 실행하다 have an effect on : ~의 영향을 미치다, 효과를 나타내다 profound : 심한, 깊은, 뜻깊은 put into effect : 실행되다, 수행하다, 효력을 발휘하다
① '영향'이라는 명사로 'effect'가 적절하다.

「① 알코올은 운전자들에게 악영향을 끼친다.
② 그들의 의견은 나의 결정에 영향을 주지 않을 것이다.
③ 그 사건은 그녀에게 있어 심한 변화를 초래하게 했다.
④ 새로운 법은 다음 달에 실효가 될 것이다.」

**54** ④

normally : 보통은, 정상적으로 taciturn : 말 없는, 과묵한, 말 적은 reticent : 과묵한, 말을 삼가는 loquacious : 수다스러운, 말이 많은, 떠들썩한

「원래 말이 많던 Robert씨가 거의 말을 하지 않고 있다.」

**55** ①

purpose : 목적, 용도, 취지, 효과 environmental : 환경의, 주위의 retention : 보유, 유지, 보류, 감금, 압류 permeation : 침투, 보급, 충만 soil : 토양, 국토, 나라, 온상, 오물 reduce : 감소하다, 줄이다 harmful : 유해한, 해가 되는 chemical : 화학제품, 화학작용의, 화학적인 infiltration : 침입, 침투, 잠입 evaporation : 증발(작용), 기화, 발산, 소산 permanent : 영구불변의 것, 영구적인, 내구성의, 상설의 pregnancy : 임신, 함축

「수질환경보전구역의 목적은 지하수와 그 수로에까지 다다르는 유해한 화학물질을 감소시키기 위해 토양으로의 물의 침투를 늦추는 것이다.」

**56** ③

athletic : 체육의, 경기의, 강건한 festival : 제전, 잔치, 향연 association : 관련, 관념, 교제, 연상, 군집 in honour of : ~에 경의를 표하여, ~을 축하하여 eventually : 결국, 드디어, 마침내 local : 현지의, 지방의 character : 특성, 특색, 성격, 인격 competitor : 경쟁자, 경쟁상대 waive : 규칙을 적용하지 않다, 포기하다, 철회하다, 미루다, 보류하다

「고대 그리스의 운동경기제전은 매우 중요했으며 종교와 강한 연관이 있었다. 올림픽 운동경기제전은 제우스신을 기념하며 4년마다 열렸고, 결국 지방의 특색을 잃고 외국의 경쟁자들에게 불리한 규칙들이 철회된 이후 최초의 국제적 경기가 되었다.」

**57** ④

elative : 비교상의, 상대적인, 친척 persuade : 설득하다, ~을 납득시키다 trial : 공판, 재판 rebuff : 저지하다, 좌절시키다 sibling : 자매(의), 형제(의)

lament : 슬퍼하다, 비탄하다, 애도하다  despise : 경멸하다, 멸시하다

「최근에 그의 친척들은 그의 소송을 포기시키기 위해 반복적으로 그를 설득하고자 노력했다. 그러나 그는 화를 내면서 그 부탁을 거절했다. 그의 형제, 자매들이 그의 좁은 마음에 한탄한 것처럼, 그는 분명히 그들의 생각을 무시했다.」

**58** ①

material : 물질의, 중요한, 자료  unconscious : 무의식의, 자각하지 않는, 깨닫지 못하는  dormant : 자는, 수면상태의, 잠복의, 움직이지 않는  repress : 억누르다, 저지하다  anxiety : 걱정, 근심, 갈망, 열망  pervasive : 널리 퍼지는, 어디에나 있는, 유인, 동기  constitute : 구성하다, 조직하다  widespread : 널리 보급되어 있는, 보급된, 대폭적인  persuasive : 설득 잘하는, 설득력 있는  perverse : 외고집의, 심술궂은, 괴팍한, 별난  negligible : 무시해도 좋은, 하찮은

「무의식 속에서의 자료는 잊혀지거나 잠자는 것이 아니다. 걱정을 만들어 내는 본성 때문에 억압되어 있을 뿐이다. 그러나 그것이 행동에 미치는 영향은 방대하다. 무의식은 성격을 형성한다. 우리 행동의 많은 부분이 무의식의 환상을 본떠서 행동한다.」

**59** ④

assurance of : 확신시키다, 확보하다  rainy : 비 오는  sunny : 햇빛 비치는  overcast : 흐린  muggy : 후덥지근한  auspicious : 상서로운, 길조의(= propitious)
②도 역시 좋은 의미이지만 햇빛만이 곡식의 수확을 좋게 하는 것이 아니라 비도 필요하므로 rainy나 sunny 하나만으로는 부족하다.

「좋은 날씨는 그 농부들에게 좋은 수확에 대한 확신을 주었다.」

**60** ①

categorically : 절대적으로, 단언적으로, 명확히  whatsoever : 무엇이든  absolutely : 절대적으로  obviously : 명백하게  gladly : 기꺼이  surprisingly : 놀랍게도  carelessly : 부주의하게

② 숨겨지지 않고 눈에 잘 띈다의 의미를 가진다.

「나는 어느 때이든, 어느 장소에서든, 누구와 함께든 무엇이든 다 거절한다.」

**61** ④

quietly(= secretly) : 은밀하게, 조용하게  control : 관리하다, 통제하다  silently : 잠자코, 고요하게  calmly : 온화하게, 침착히  rapidly : 빠르게, 신속하게  secretly : 은밀하게, 비밀로, 몰래  sadly : 몹시, 슬픈 듯이, 애처롭게

「당신은 고용주가 종업원들을 통제하기 위해 은밀하게 전자메일을 읽을 때, 그것을 감지할 수 있을 것이다.」

**62** ①

boost(= promote) : ~에 앉히다, 모시다, 밀어 올리다, 후원하다  appearance : 출현, 등장  promote : 진전시키다, 조장하다, 승진하다  denounce : 탄핵하다, 고발하다  assault : 강습하다, 습격하다  discard : 버리다, 해고하다, 벗어버리다

「영화 스튜디오는 텔레비전 토크쇼에 초대손님으로 종종 새로운 스타를 모신다.」

**63** ④

ablaze(= radiant) : 불타는, 밝게 빛나는, 활활 타오르는  shades of : 명암(색의 농도), 그늘, 그림자  abloom : 개화하여, 꽃이 피어(= in bloom)  inaccessible : 가까이 하기 어려운  feasible : 실행할 수 있는, 적당한(= suitable)  radiant : 빛나는, 찬란한, 방사하는  unstable : 불안정한, 흔들거리는, 변하기 쉬운, 움직이기 쉬운, 침착하지 않은

「가을에는 산이 붉고 노랗고 오렌지의 빛깔들로 불타오른다.」

**64** ③

avalanche : 눈사태, (질문, 편지 등의) 쇄도  endanger : 위태롭게 하다, 위험에 빠뜨리다  avenue : 가로수 길, 큰 거리, 수단, 방법, 길  deplore : (죽음·과실 등을) 비탄하다, 한탄하다, 애도하다  disguise : 변장, 가장, 변장하다, 위장시키다  disrupt : 찢어발기다, 붕괴시키다, 분열시키다, 혼란케 하다, 파열하다, 중단시키다  implore : 애원하다, 간청하다, 탄원하다  erupt : 분화하다, 분출하다, 폭발하다

「눈사태는 생명을 위협할 뿐만 아니라 중요한 통신수단을 막고, 상업활동을 중단시킨다.」

**65** ②

stranger : 낯선 사람, 이방인, 경험 없는 사람  doorstep : 문 앞의 계단  startle : ~을 깜짝 놀라게 하다  expression : 표정, 표현, 표시, 말씨  manner : 태도, 방법, 풍습, 예절  pick up : 집어들다(올리다), (도중에 차 등에) 태우다  gently : 부드럽게, 상냥하게, 친절하게  sidewalk : 인도, 보도  arrogant : 건방진, 거만한, 교만한, 무례한  benign : 상냥한, 친절한, 온화한  lucrative : 유리한, 이익이 있는  mandatory : 명령적인, 강제적인, 의무적인

「• 우리의 문 앞 계단에서 낯선 사람을 발견한 것이 나를 깜짝 놀라게 했지만, 그의 얼굴에 나타난 상냥한 표정은 나에게 걱정하지 말라고 말했다.
• 평소의 친절한 태도로 나의 이웃은 조심스럽게 그의 부엌에서 개미를 집어서, 그것을 밖으로 가지고 간 다음, 그것을 인도에 내려놓았다.」

**66** ③

term : 말, 용어, 기간, 학기, 조건, 약정, 만기, 사이(대인관계)  interchangeably : (서로) 교환적으로, 교체적으로  as long as : ~하는 동안, ~하는 한은, ~하기만 하면  be made up of : ~으로 구성되다  behave : 행동하다, 처신하다, 움직이다  be on good terms with : ~와 사이가 좋다  contract : 계약  negotiate : 협상하다, 교섭하다  be apt to do : ~하기 쉽다, ~하는 경향이 있다  in terms of : ~의 말로, ~의 견지에서, ~에 의하여
① 나는 그와 사이가 좋다.
② 우리의 계약은 그것의 만기에 가까워지고 있기 때문에 우리는 새로운 계약을 협상해야 한다.
③ 이 책에는 너무 많은 기술용어들이 있다.
④ 우리는 인생을 돈으로 보는 경향이 있다.
「문화와 사회라는 용어는 종종 교환적으로 사용되며, 보통 우리가 그 차이가 무엇인지 알기만 하면 그렇게 하는 데 크게 해(지장)는 없다. 가장 단순한 형태에서, 우리는 어떤 사회가 항상 사람들로 구성된다고 말할 수 있다 ; 그들의 문화는 그들이 행동하는 방식이다.」

**67** ②

coalition : (정치상의) 연합, 일시적 결합, 제휴, 연립  be critical for : ~에 중요하다  military response : 군사적 대응  temporary : 일시의, 임시의  retaliation : 보복, 앙갚음  sufficient : 충분한, 흡족한
「Bush 대통령은 연합하는 것이 군사적 대응에 중요하다는 것을 알고 있다.」

**68** ④

weave : (직물 등을) 짜다, 뜨다  art : 기술, 공예  pottery : 도자기(류)  jewelry : 보석
① 도자기 만드는 것
② 보석 만드는 것
③ 인형 만드는 것
④ 천 만드는 것
「방직(紡織)은 애리조나와 뉴멕시코에 있는 나바호족(族)들의 기술이다.」

**69** ④

cadre : 기간요원(편성·훈련을 맡은 장교·하사관), 뼈대, 기초(공사), 개요  nucleus : 핵, 중심, 기점, 토대  personnel : 직원, 인원, 요원  fetus : 태아  womb : 자궁, 태내  impeach : 고발하다, 탄핵하다

accuse : 고발하다, 비난하다  charge with : 책망하다, 고발하다  tribunal : 법정, 법관석  putrid : 썩은, 부패한  maturity : 성숙, 원숙
④의 풀이에 해당하는 단어는 'puberty(사춘기)'이다.
「① 기간(基幹) - 훈련된 요원의 핵심
② 태아 - 자궁 속에 있는 태어나지 않은 동물이나 인간
③ 고발하다 - 법정에서 죄를 고발하거나 책망하다
④ 썩은 - 성적 성숙에 다다른 시기」

**70** ③

pictorial : 그림의, 생생한, 그림으로 나타낸  representation : 표현, 묘사  portrait : 초상화
「주로 어떤 사람의 얼굴을 회화, 데생, 혹은 그림으로 묘사한 것」

**71** ②

① 동일한(같은)          ② 악명높은
③ 엄숙한                ④ 가련한

**72** ③

attached : 덧붙여진  devastated : 황폐화된  flexible : 구부리기 쉬운  simplified : 간소화한
「고무와 가죽은 잘 휘어진다 ; 나무와 유리는 그렇지 않다.」

**73** ②

intellectual : 지적인  bodily : 신체의, 육체의  spiritual : 정신의  spectacular : 볼 만한
「건강을 제대로 유지하려면 육체적인 운동을 해야 한다.」

**74** ④

miss : 빗맞히다, 놓치다, 모면하다, 피하다, 그리워하다
① 그는 총을 쏘았지만 빗나갔다.
② 빠뜨린 서류는 책상 밑에서 발견되었다.
③ 그는 발 밑을 보지 못해서 연못에 빠졌다.
④ 만일 남편이 죽는다면 그녀는 남편이 그리울 것이다.
「아이들이 가버리고 나면, 나는 아이들의 쾌활한 얼굴이 그리울 것이다.」

**75** ④

frill : 사치물, 없어도 좋은 장식물(= ornament, decoration, embellishment)
「그 차는 카세트 플레이어나 개폐식 자동차 지붕과 같은 장식물이 없는 기본적인 모델이다.」

**76**　②

pledge : 서약, 저당, 담보, 보증　abandon : (사람·나라·장소·지위 등을) 버리다, 단념하다, 그만두다　struggle : 노력(분투)하다, 버둥(허우적)거리다, 애쓰며 (나아)가다　defeat : 쳐부수다, 지우다, 좌절시키다　strengthen : 강하게(튼튼하게) 하다, 힘(기운)을 돋우다　extricate : 구출하다, 탈출시키다, 해방시키다　force : (종종 pl.) 군대, 부대

「프랑스와 영국은 워싱턴으로부터 두 나라가 그들의 군대를 탈출시키기 위해서 고군분투할 때에 동맹관계를 포기하지 않겠다는 서약을 받았다.」

**77**　①

radioactive : 방사성의, 방사능의　poisoning : 중독, 독살　district : 지역, 지방　abort : 유산(낙태)하다, 발육하지 않다, 좌절되다　absorb : 흡수하다, 열중케 하다　abstain : 그만두다, 삼가다

「그 토양과 식물에 대한 방사능의 오염은 너무나 심각해서 몇몇 지역의 주민들은 그들의 수확물을 식용으로 이용하는 것을 삼가야만 한다.」

**78**　②

pupil : 눈동자, 동공　dilate : 넓히다, 팽창시키다　numb : (추위 따위로) 감각을 잃은, 마비된

「사람 눈의 동공은 빛의 세기가 약해지면 확대된다.」

**79**　③

instantly : 당장에, 즉시, 즉각, ~하자마자　collision : 충돌, 격돌, 대립, 불일치　crash : 충돌　conference : 회담, 협의, 의논, 회의, 동맹

「나이든 사람과 젊은이, 이 두 명의 운전사가 지난밤 일어났던 충돌로 즉사했다.」

**80**　①

place an embargo on ~ : ~의 수출을 금지하다, ~의 출항을 금지하다　textile : 직물, 옷감　ban : 금지, 금지령, 추방　penalty : 형, 형벌, 벌금, 반칙

「정부관리들은 한때 외국 직물의 입항을 금지할 것을 심각하게 고려했다.」

**81**　②

precarious : 불확실한, 불안정한(= insecure), 위태로운　tedious : 지루한, 싫증나는, 장황한　monotonous : 단조로운, 변화없는

「우리는 중세의 삶이 지금보다 훨씬 더 불안정했다는 것을 인정해야만 한다.」

**82**　①

undetected : 발견되지 않은, 간파되지 않은　camouflage : 위장, 속임, ~을 위장하다, 속이다

「깨어진 유리창이 수리되지 않은 채 있는 도시 거리에서 범죄율은 즉시 증가한다. 그 이유는 무엇인가? 깨어진 유리창은 사람들에게 '와서 하고 싶은 대로하시오'라는 식의 공고를 하는 것과 같기 때문이다.」

**83**　①

occurrence : 사건, 발생　coincidence : (우연의) 일치, 부합, 동시 발생

「고속도로에서 차량사고가 많이 발생하여 큰 우려를 야기하였다.」

**84**　③

set up : 세우다, 주창하다, 새로이 만들다, 시작하다　printing press : 인쇄기　spring up : 싹이 트다, 일어나다.

「1476년경 William Caxton은 영국에서 커뮤니케이션에 일대 혁명을 일으킨 인쇄기를 만들었다. 인쇄술은 유럽의 르네상스에서 싹튼 풍요로운 신사상을 영국에 가져다 주었다.」

**85**　①

bow : 활, 곡선, 절, 경례　primary : 첫째의, 주요한, 처음의, 근본적인　lethal : 치명적인, 죽음을 가져오는　intractable : 다루기 어려운　blatant : 뻔뻔스러운

「활은 아직도 아프리카와 아시아의 몇몇 지역에서 주요한 무기이다. 그들은 특히 화살에 독이 묻어 있을 때 활과 화살을 실제적이고도 매우 치명적인 장비로 사용한다.」

**86**　③

inhabitant : 주민, 거주자　accustomed : 습관의, 익숙한　relic : 유물, 유적　salvation : 구조, 구제　remnant : 유물, 자취　oblivion : 망각, 잊혀짐, 무의식 상태

「구세계의 거주자들은 과거의 유물, 잊혀진 보물, 오랫동안 잃어버린 수 십 년 혹은 수 세기 전의 생활의 유물들을 찾는 데 익숙해져 있다.」

**87**　①

benign : (병리)양성의, 자비로운, 온화한, 양성의　tumor : 종양　malignant : 악의있는, 악성의　inoperable : 수술 불가능한　curable : 치료할 수 있는, 낫는

「9년 전 의사들은 내게 십 년 이상 양성뇌종양으로 있던 것이 악성으로 갑자기 변했다고 알려 주었다. 그들은 악성종양은 수술이 불가능하고 아마 나는 3달쯤 살 수 있을 것이라고 말했다.」

## 2. 숙어

**1** ③

put up with ~을 참다, 참고 견디다 make a point of ~을 주장하다, 강조하다, 반드시 ~하다, ~하도록 노력하다 lose track of ~을 놓치다, ~와 소식이 끊어지다 take advantage of ~을 이용하다 take a stand on 태도를 정하다

「그는 그의 우수한 비서에게 모든 일을 맡기고 그 자신은 아무것도 하지 않으면서 그녀를 이용한다 ; 나는 그를 참을 수 없다.」

**2** ②

evidence 증거 urgently 급히
② look into ~을 조사하다
① look after ~를 보살펴주다
③ look up 올려다보다, 쳐다보다
④ look up to

「만약 당신이 나에게 증거를 제시한다면, 나는 그것을 급히 조사할 것이다.」

**3** ③

iron out : 다림질하다, 펴다, 원활하게 하다, 없애다, 해결하다 conceive : (생각·계획 등)마음속으로 하다, 상상하다 pose : 제기하다

「우리는 먼저 몇 가지 문제를 해결할 필요가 있다.」

**4** ③

① 인계받다.
② (해체하여)치우다, 적다, 끌어내리다.
③ 떠맡다, 고용하다, (특정한 특질·모습 등을) 띠다
④ 이륙하다

「• 한국에서는, 장남이 많은 책임감을 맡는 경향이 있다.
• 다른 방식으로 말해질 때, 같은 단어들이 다른 의미를 띠게 된다.」

**5** ④

④ up to the[one's] eyes in은 '~에 몰두하여'라는 의미로 '~에 집착하는, ~에 전념한'의 의미를 가진 preoccupied with와 유사하다.
① ~에 관심 있는
② ~에 준비가 된
③ ~에서 석방하다

「그녀는 남편에게 약속을 지킬 수 없다고 말하게 되어 유감이었다. 그녀는 그 순간에도 일에 몰두해 있었다.」

**6** ④

business climate : 기업 풍토 come up with : ~을 생산하다, ~을 제안하다 go under : 도산하다 catch on : 유행하다 take off : 급격히 인기를 얻다
① 인기를 얻게 되다
② 본전치기를 하다
③ 감소하다
④ 파산하다

「오늘날의 기업 풍토는 다른 사람들이 미처 생각하지 못한 아이디어를 제안할 만큼 충분히 영리해야 한다. 유기농 사과 농부인 내 친구 Mr. Kim을 보자. 5년 전 그의 사업은 이익을 내지 못해 파산 지경이었다. 그때 유기농 과일이 인기를 얻었다. 갑자기 모든 사람들이 그의 유기농 사과를 사기를 원하는 것 같았다! 그때 그는 새로운 것을 시도하기로 결심했다. 그는 통신 판매 사업을 마련했고 그로 인해 고객들은 그의 사과를 집에서 주문하고 빠르게 받을 수 있게 되었다. 판매는 급격히 인기를 얻었고 Mr. Kim은 더 많은 돈을 벌었다. 현재 그는 조기퇴직에 대하여 생각하고 있다.」

**7** ③

term paper : 학기말 리포트(과제) yet : 아직, 이제 have plenty of time : 시간이 많다 put off : 연기하다, 미루다
① ㉠ go ahead : 앞서가다
   ㉡ make up : ~을 이루다
② ㉠ keep leading : 선두를 유지하다
   ㉡ cover up : ~을 덮다
③ ㉠ lag behind : 뒤처지다
   ㉡ catch up : 따라잡다, 만회하다
④ ㉠ be enthusiastic : 열심히 하다
   ㉡ follow up : ~을 덧붙이다

「A : 학기말 리포트를 이제 작성했나요?
B : 아니요. 하지만 다음 주에 할 수 있는 시간이 많이 있습니다.
A : 그것은 지난주와 그 전 주에도 말했어요. 계속 연기할 수는 없습니다. 쉬는 시간을 이용해서 해야 하고 일도 해야 합니다.
B : 사실은 제가 모든 수업에서 뒤처졌고 다시 따라잡을 수 있을지 모르겠습니다.
A : 유감이군요. 하지만 그런 이야기는 지금 아무런 도움이 되지 않아요.
B : 알겠습니다. 그럼 내일부터 시작하겠습니다.
A : 안 됩니다. 오늘 하세요.」

**8** ①

government : 정부  uprising : 반란, 폭동  force : 힘, 무력  put down : 진압하다, 평정하다  drop by : ~에 들르다, 다녀가다  fill up : ~을 가득 채우다  abide by : 준수하다, 따르다

「정부는 지금 외부 힘의 도움을 받아, 폭동을 진압하기 위해 노력하고 있다.」

**9** ②

newly : 새로, 최근에  appoint : 임명하다  minister : 장관  at the cost of : ~을 희생하여  right : 권리  fundamental : 근본적인  take place : 일어나다, 개최되다  take down : 분해하다, 해체하다  take after : ~을 닮다  take care of : ~을 돌보다, 신경을 쓰다

「새로 임명된 장관은 말했다. "발전은 근본적이고 본질적인 것이기 때문에 사람들의 권리를 희생하여 일어날 수 없습니다. 그러므로 어떠한 발전도 사람들의 권리를 가장 먼저 신경 써야 할 것입니다."」

**10** ②

persuasive : 설득력 있는  examine : 조사하다, 검토하다  illogical : 터무니없는, 비논리적인  hold water : (어떤 이유나 설명이) 논리적이다.
① take sides  편을 들다
② make sense  이치에 맞다
③ clear the air  상황이나 기분을 개선하다
④ pick a quarrel  ~에게 싸움을 걸다

「데이비드는 매우 설득력 있는 연설가이지만 당신이 그의 주장을 조사할 때, 그것들 중의 대부분은 비논리적이다. 그것들은 그저 이치에 맞지 않는다.」

**11** ④

Chances are that : 아마 ~일 것이다  access : 접근하다, 접속하다  present : 증정하다, 제출하다  hardcover : 양장본, 딱딱한 표지로 된 책  just as : ~와 마찬가지로  multiple : 다양한  determine : 결정하다

「당신은 정기적으로 컴퓨터에 접속할 기회가 있다. 온라인 사전은 정식 사전이 할 수 있는 거의 모든 일을 할 수 있다. 당신이 웹브라우저를 사용하여 "온라인 사전"을 치면, 당신은 광범위한 선택을 제공받게 될 것이다. 당신이 친밀하게 느끼는 몇몇의 하드커버 사전들이 스스로의 온라인 사전을 실행할 것이다. 몇몇 기업은 유용하게 사용할 온라인 사전을 개발하고 있다. 일단 당신이 사용하고 싶은 것을 발견하면, 단지 그것을 당신의 "즐겨찾기" 목록에 추가하여 그것에 쉽게 접속할 수 있을 것이다. 이러한 웹사이트들은 다양한 자료들(예를 들면 시소러스, 백과사전 그리고 인용 안내)을 제공하기 때문에, 당신은 그 사이트들이 무료인지, 약간의 회원비를 요구하는지를 결정해야 할 것이다.」

**12** ①

function : 기능, 역할, 의식  historian : 역사가, 역사 저작가  neither nor : ~도 ~도 아니다  past : 지나간, 과거의  emulate : 겨루다, 모방하다  emancipate : 해방하다, 석방하다  invoke : 기원하다, 호소하다

「역사가의 일은 과거에만 집착하거나 과거에서부터 벗어나는 것이 아니라, 현재를 이해하기 위한 열쇠로서 과거를 탐구하는 것이다.」

**13** ①

stubborn : 완고한, 완강한, 다루기 힘든  a chip of[off] the old block : 아버지를 꼭 닮은 아들
① 나는 나의 아버지를 꼭 닮았다.
② 나는 완전히 기분이 별로다.
③ 나는 나의 직감에 의존한다.
④ 나는 나의 오래된 친구와 함께 즐거운 시간을 보내는 게 좋아.

「A : 왜 너는 그렇게 고집이 세니?
 B : 나도 몰라. 그것은 나의 방식일 뿐이야. 나는 내가 나의 아버지와 성격이 닮았다고 생각해.」

**14** ④

④ brush up on ~을 복습하다
① make up to ~에게 아첨하다
② shun away from ~을 회피하다
③ come down with (병에) 걸리다

「그녀가 작년 겨울 멕시코로 여행가기 전에, 그녀는 대학 이후로 연습하지 않았던 스페인어를 복습할 필요가 있었다.」

**15** ②

at stake : 위험에 처하여, 문제가 되어

「국립보건원의 관계자는 SARS가 확산되고 있어 5세 미만의 모든 아동들이 위험에 처해있다고 말했다.」

**16** ④

take on : 떠맡다, 고용하다, 취하다  share : 할당하다, 분배하다  evaluate : 평가하다, 사정하다  undertake : 떠맡다, 착수하다

「The Acme Construction Company는 많은 문제를 겪고 있다. 지난 7개월 동안 새로운 사무실이 축조되고 있었으나 모든 것이 잘못되어 가고 있는 것 같았다. 앞서, 이 일을 떠맡고자 했던 작은 공사를 중단했었다. 현재 두 사업 모두 위기에 처해져 있다.」

**17** ②

enforce : 실시하다, 집행하다, 강조하다   stave off : 저지하다, 막다, 피하다   recession : 불경기, 후퇴   reduction : 감소, 저하   improve : 개선하다, 활용하다   prevent : 막다, 방지하다, 방해하다   treat : 취급하다, 간주하다

「경기침체를 막고자 하는 최근의 움직임으로 인해 지난밤에 또 한 차례 이자율 인하를 불러왔다. - 이는 단 8일만의 두 번째 인하가 된다. 중앙은행은 또 한번 추가 인하가 단행될 것이라고 지적하였다.」

**18** ②

off the hook : 곤란[의무]에서 해방되어(= free), (수화기가) 제 자리에 안 놓여   be done with : ~을 끝내다, 마치다
② hook은 '갈고리'라는 뜻을 가지고 있고 off는 분리의 의미를 가지는 전치사로 off the hook은 갈고리(구속된 상태)에서 벗어난, 즉, '자유로운(free)'이라는 의미의 관용 표현이다.

「네가 이 과정을 끝마치면 나는 너를 자유롭게 해 줄 수 있다.」

**19** ③

let sleeping dogs lie : 잠자는 아이를 깨우지 않고 그대로 놓아두어라(문제를 일부러 찾는 짓은 하지 말고 그대로 놓아두는 것이 최선이라는 것을 뜻하는 속담).   make troubles : 말썽[소란]을 일으키다   take it or leave it : 싫으면 그만두다let sleeping dogs lie는 직역을 하면 '자고 있는 개를 그대로 누워 있도록 내버려 두어라'라는 의미로, '긁어 부스럼 만들지 말라'는 의미의 속담이다.

「아파트에 페인트를 칠한다고 건물 주인에게 아무런 말도 하지 않는 게 나을 거야. 만약 내가 너라면, 난 긁어 부스럼 만들지는 않을 거야. 지난번에 네가 주인에게 수리를 좀 해 달라고 요구했을 때, 그는 임대료를 올렸잖아.」

**20** ②

In retrospect : 뒤돌아보아(보면), 회상하면   take in : ~을 속이다(= deceive, cheat, play a trick on)   real estate agent : 부동산 중개인
① ~을 세심하게 조사하다, 점검(검사)하다
② ~을 속이다, 기만하다
③ ~을 존경하다(= respect, look up to, admire, esteem)
④ (남)을 즐겁게 하다, 기쁘게 하다

「되돌아보니, 나는 변덕스러운 어투로 말하던(어투를 가진) 그 부동산 중개업자에게 속았다.」

**21** ①

substantial : (양·크기가) 상당한   the number of : ~의 수   working : 일하는, 노동에 종사하는   childcare : 어린이 양호(보육), 육아(育兒)   factor into : (계획·예산 따위에서) ~을 고려하다(= factor in)   administration : 행정 기관, 정부   policymaking : 정책 입안(수립)   lead to : (어떤 결과)에 이르다   poll : 여론 조사, 투표, 선거
① ~을 참작하다, 고려하다
② ~을 줄이다, 축소하다
③ ~을 대신하다, 대용하다
④ ~을 제외하다, 배제하다

「근로 주부 수의 상당한 증가는 여론 조사에서 예상치 못한 결과를 가져온 주된 이유들 중 하나였는데, 그들의(근로 주부들의) 육아를 위한 비용이 정부의 정책입안에 고려되지 않았다.」

**22** ④

vain : 자만심이 강한, 우쭐대는, 헛된   ambition : 대망, 야심   cut a fine figure : 두각을 나타내다, 이채를 띠다(= make a brilliant figure)   in the world : 온 세상에서, 세계에서   sculptor : 조각가   preeminent : 우수한, 탁월한
① 잘생긴 아이를 얻겠다
② 조각가가 되겠다
③ 큰돈을 벌겠다
④ 우수하겠다, 탁월하겠다

「나는 세상에서 두각을 나타내겠다는 야심을 가질 만큼 자만심이 강했다.」

**23** ④

collaborated : 공동으로 일하다
① 합계하다, 모으다
② 같이하다, 동반하다, 동행하다
④ 같이 일하다, 공동으로 일하다

「그는 음식생산에 관한 글의 영문 번역을 그의 아들과 공동으로 작업했다.」

**24** ①

get rid of ~을 면하다   fire ~을 해고하다, 내쫓다

「그 가게주인은 모든 게으른 직원들을 해고하였다.」

**25** ④

with impunity : 벌을 받지 않고, 무난히   leisure : 자유시간, 틈, 여가   composure : 침착, 평정
① 기꺼이 ② 침착하게 ③ 명확히, 한정적으로

「그는 죄를 짓고도 벌을 받지 않을 나이에 도달했다.」

**26** ④

④ be in person's black books : ～의 미움(주목)을 받고 있다

**27** ③

quarrel : 말다툼, 싸움, 불화　hatchet : 전투용 도끼
① 순조롭게 잘 되어가다. 예상 외로 잘 되어가다.
② 이성을 잃다.
③ 화해하다.
④ 쉽게 얻어지다.

「나는 Paul과 Ted가 그들의 해묵은 싸움을 잊기를 바란다. 그들이 (화해하고) 다시 친구가 될 시점이다.」

**28** ②

scrape : 문지르다, 돈을 긁어 모으다　make both ends meet : 수입에 알맞은 생활을 하다　achieve : 이루다, 성취하다

「나는 수입에 맞게 생활하기 위해 돈을 모으고 저축하며 살아야 하는 것이 싫다.」

**29** ④

take in
㉠ 섭취하다, 흡수하다
㉡ 얻다, 싣다, 수용하다
㉢ 숙박시키다, 하숙생을 두다
㉣ (신문을) 구독하다, 받다
㉤ (거짓을) 진실로 여기다, 속이다
㉥ 이해하다, 받아들이다

• 그 장을 절반쯤 읽다가 나는 그만 두었다. 나는 한 단어도 이해할 수 없었다.
• 그 대학의 근처에 있는 많은 가구들은 그들의 수입을 더하기 위해 학생들을 숙박시켰다.
• 당신을 속이기가 매우 쉬워 유감이다. 동업자로부터의 경험에도 불구하고 당신은 더 많이 알아야 한다.」

**30** ②

make up for : 보상하다, 만회하다　speed up : 속력을 높이다　compensate for : 만회하다　turn down : 거절하다, 각하하다　rule out : 제외하다, 제거하다

「모든 것이 지연된 후 우리는 잃어버린 시간을 만회하길 갈망하였다.」

**31** ④

④ hang up 전화를 끊다
① put on 입다, 켜다
② call on 방문하다
③ pick up 집어올리다, 골라내다

「휴대폰이 처음 울리면 바로 받도록 해라. 그렇지 않으면 전화를 건 사람이 전화를 끊어서 중요한 소식을 놓칠지도 모른다.」

**32** ④

petition : 청원, 탄원, 진정　overwhelming : 압도적인, 저항할 수 없는　jealousy : 질투, 시샘　result in : ～의 결과를 내다　carelessness : 부주의, 경솔
④ 운전자의 부주의로 교통사고가 나는 것이므로 result in(～ 결과를 내다)이 아닌 result from(～로부터 결과가 나오다)을 사용해야 한다.

「① 그 경기는 날씨가 나빠서 취소되었다.
② 5만명의 사인을 포함한 청원서가 시장의 집무실에 제출되었다.
③ 그녀는 갑자기 압도적인 질투심에 사로잡혔다.
④ 대부분의 교통사고는 운전자의 부주의에서 나온다.」

**33** ①

① 지지 않다　　② 싫증이 나다
③ 아프고 피곤하다　④ 지긋지긋하다

「A : 난 20년 동안 이 일을 해 오고 있어서 더 이상 이 일을 좋아하지 않는다.
B : 당신이 당신의 직업에 (싫증이 난 것 / 힘들고 피곤한 것 / 지긋지긋한 것)을 절실히 이해할 수 있다.」

**34** ②

on terms with～ : ～사이가 좋은　reflect on : 숙고하다, 곰곰이 생각해보다

「• 나는 그녀와 사이가 좋다.
• 당신은 그 문제를 해결하는 방법을 숙고해야 한다.」

**35** ①

immune : (공격·병독 등을) 면한, 면역성의, (과세 등을) 면제한, ～에 영향을 받지 않은　be protected against : ～에 대해 보호되어지는, 영향을 받지 않는다

「그는 이러한 감정들에 영향을 받지 않는 것 같았다.」

**36** ①

bankruptcy : 파산, 도산   insure : 보험을 들다, 지키다
① Tom의 아내는 집에서는 남편을 깔아 뭉게는 것처럼 보인다.
  wear the pants : 자기주장을 하다, (상대방을) 깔아 뭉게다
② 모든 사람은 그 회사의 재정문제에 관해서 전혀 모르고 있다.
  be in the dark about : ～에 대해 전혀 알지 못하다
③ Susan은 부도를 막기 위해 백방으로 노력을 했다.
  leave no stone unturned : 모든 노력을 다하다
④ 나는 화재에 대비해서 보험을 들었는데, 만전을 기하기 위해서였다.
  be on the safe side : 신중을 기하다

**37** ④

reasoning : 추론, 추리, 논의   impressive : 감동을 주는, 인상적인   not to the point : 적절하지 못한, 딱 들어맞지 않는(= wide of the mark)
「그의 추론은 감명적이었지만, 딱 들어맞지는 않았다.」

**38** ③

let go of : 가도록 허락하다   clutch : 잡다, 단단히 쥐다, 붙들다, 부여잡다   release : 풀어놓다, (손을) 놓다, 방출하다, 해방(석방)하다   grasp : 붙잡다, 움켜쥐다, 납득하다, 이해하다
「어리석은 개는 호수에 비친 자기의 고기 그림자를 보고는, 자기의 것보다 더 큰 고기를 문 다른 개로 착각했다. 그래서 그는 그 개를 공격해서 그로부터 그의 고기를 빼앗고자 자기의 고기를 버렸다. 고기는 바닥에 가라앉았고, 이로써 그는 그의 고기를 잃었다. 그는 그 고기를 다시는 되찾을 수 없었다.」

**39** ①

out of the blue : 갑자기   in no time : 곧   in no way : 결코 ～이 아니다
「갑자기 그녀가 그의 얼굴을 때렸을 때, 그 부부는 침착히 얘기하고 있는 것처럼 보였다.」

**40** ④

process : 진행, 과정   evolution : 전개, 발전, 진전   break in(= tame) : 길들이는, 시운전의   cattle : 가축, 소, 축우   raise : 올리다, 끌어 올리다, 승진시키다   beat : 치다, 두드리다, 때리다   feed : 먹을 것을 주다, 먹이다   interfere : 간섭하다, 말참견하다, 방해하다   tame : 길든, 식물이 재배된
「발전과정에서 인간은 노동력을 위해 몇몇의 가축을 길들였다.」

**41** ③

offer : 제안, 제의, 신청   impractical : 비실용적인, 비실제적인, 비현실적인   lawyer : 변호사, 법률가   turn down : (제안 등을) 거절하다, 각하하다   case : 경우, (소송)사건   acknowledge : 인정하다, 승인하다, 용인하다, 자인하다, 고백하다   generate : ～을 낳다, 산출하다, 발생시키다   reject : 거절하다, 사절하다, 각하하다, 물리치다, 버리다, 무시하다   resign : 사직하다, 그만두다, 포기하다, 단념하다, 넘겨주다, 양도하다
「그 신청이 너무 비현실적이어서 그 변호사는 소송사건을 거절하였다.」

**42** ④

put up with : ～을 참다, 참고 견디다   lose track of : ～을 놓치다, ～와 소식이 끊어지다   make a point of : ～을 주장하다, 강조하다, 반드시 ～하다, ～하도록 노력하다   take a stand on : 태도를 정하다   take advantage of : ～을 이용하다
「그는 그의 좋은(우수한) 비서에게 모든 일을 맡기고 그 자신은 아무것도 하지 않으면서 그녀를 이용한다 ; 나는 그를 참을 수 없다.」

**43** ②

be willing to do : 기꺼이 ～하다   put A through to B : A를 B에게 통화연결해 주다   man in charge : 책임자   take apart : 분해하다, 분석하다, 분리하다, 혼을 내다   put together : 조립하다(= construct), 모으다, 합계하다, 구성하다, 편집하다   put up with : ～을 참다   put up : (집을) 짓다, 숙박하다, 올리다, 치우다, 상연하다
•  그녀는 기꺼이 책임자에게 나를 통화연결해 주려고 하였다.
•  그 소년은 라디오를 분해했으나, 다시 조립할 수 없었다.
•  나는 더 이상 그의 무례한 행동을 참을 수 없다.
•  그들은 그 구역에 여러 개의 건물을 신축하고자 하였다.

**44** ④

bend over backward(s) : 비상한 노력을 하다, 필사적으로 ～하려고 애쓰다(노력하다)
「우리나라에 있는 많은 부모들은 필사적으로 그들의 아이들을 교육시키기 위해서 애쓴다.」

**45** ④

of moment : 중요한  remove : 제거하다, 이동하다, 가져가다  suppression : 금지, 억압, 은폐  publication : 출판, 발표, 간행  obscene : 저질스런, 음란한, 추잡한
① 언제라도, 당장에라도
② 모든 순간
③ 당장에, 그 즉석에서
④ 중요한
「이러한 음란서 출판에 대한 억압을 없애는 것은 중요한 문제이다.」

**46** ②

catch on : 유행하다, 인기를 얻다  charm : 매혹하다, 황홀하게 하다  familiar : 익숙한, 친밀한  satisfy : 만족시키다, 충족시키다
「그 헤어스타일은 여학생들에게 유행하였다.」

**47** ④

see eye to eye (with) : (누구)와 견해가 일치하다  convert : 전환하다, 바꾸다, 개조하다, 가공하다  avert : (눈·얼굴 따위를) 돌리다, 피하다
「그 두 나라는 한국의 금융시장 개방속도에 대해 서로 견해가 일치하지 않는 것으로 여겨진다.」

**48** ①

thumb : 엄지손가락  all thumbs : 손재주가 없는 (= clumsy)  clumsy : 솜씨 없는, 서투른
「나는 씨를 뿌리기 위해 밭을 갈 때면 매우 서투르다.」

**49** ③

be fed up with : ~에 물리다, ~에 싫증나다  week after week : 매주  be bored with : ~에 싫증나다
「나는 매주 TV에서 같은 프로그램을 보는 게 지겹다.」

**50** ③

punctually : 시간을 엄수하여  at a time : 동시에  in time : 때를 맞춰, 늦지 않게  just get to : 지금 막 도착하다
「F803편은 오늘 정확한 시간에 김포공항에 도착했습니다.」

**51** ②

be on the tip of one's tongue : 혀끝에 맴돌다
「그 남자의 이름이 혀끝에 맴돈다.」

**52** ②

deprive A of B : A에게서 B를 박탈하다(= A be deprived of B)
「그 기간에 죄수는 외부인의 면회나 편지와 신문을 받을 수 있는 권리가 박탈당해야 한다는 것이 인정되었다.」

**53** ④

deep-seated craving : 깊숙이 자리한 열망  crave + (for + N) : (~을) 갈망·열망하다, 간절히 원하다  prestige : 명예, 위신, 신망  be considered to do : ~라고 여겨지다
「깊숙이 자리한 사랑에의 열망에도 불구하고 그 밖의 거의 모든 것들이 사랑보다 더 중요한 것으로 여겨진다. 성공, 명예, 돈, 권력 거의 모든 우리의 힘은 이 목적들을 어떻게 성취하는가를 배우기 위해 쓰여지고 있으며, 거의 아무도 사랑을 배우려 하지 않는다(거의 아무런 힘도 쓰여지지 않는다).」

**54** ①

lose one's heart : 실망하다, 낙담하다[= be discouraged(disheartened, disappointed)]  fail to do : ~하지 못하다
「그는 시합에 지게 되자 낙담하였다.」

**55** ④

keep down : (감정 등을) 억누르다, 진정시키다  explode : 폭발시키다  stimulate : 자극시키다(= prompt)  amuse : 즐겁게 하다  suppress : 억압하다, 억누르다, 참다
「그는 자신의 화를 참으려 애썼다.」

**56** ②

enter by force : 일시에 쏟아져 나오다(= break forth)  break away : 무너뜨리다, 갑자기 중단하다, 도망하다  break in : 길들이다, 침입하다, 말참견하다  break off : 꺾어버리다, 끊다
「만약 그렇게 많은 사람들이 일시에 나오지 않았다면 나는 이 이야기를 좀더 잘 말할 수 있었을 것이다.」

**57** ①

in token of ~ : ~의 표시(증거)로[= as a token(sign) of ~] in return for ~ : ~의 답례로 in terms of ~ : ~의 말로, ~에 의하여(= by means of ~), ~의 관점에서(= from the standpoint of ~) as a result of ~ : ~의 결과로서

「Mary는 그에게 우정의 표시로 라이터를 주었다.」

**58** ④

come to terms with : ~와 타협하다, 절충이 되다, 협정이 성립되다, 화해하다 cope : 대처하다, 극복하다, 맞서다, 대항하나

「내가 알기로는, 그는 오직 그 자신과 주변 세계와만 타협하는 사람이다.」

**59** ①

look over : 훑어보다 examine : 검사(조사, 심사)하다, 진찰하다, 시험하다 glance at : 힐끗 보다 cancel : 취소하다(= call off), 무효로 하다, 지우다, 중지하다, 말소하다 neglect : 무시하다, 등한시하다, 경시하다, 간과하다, 게을리하다, 소홀히하다, ~하지 않다

「사인을 하기 전에 계약서를 훑어보아야 한다.」

**60** ④

lose one's temper : 화를 내다(= get angry, get into rage, get enraged, etc.) become worse : 악화되다(= get aggravated)

「Phillip은 분에 못 이겨 자신의 정원에 있는 개를 걷어찼다.」

**61** ②

call off : 취소하다

「우리는 물건들이 제때 도착하지 않아 판매를 취소해야 했다.」

**62** ③

interfere with : 방해하다, 참견하다, 간섭하다, ~와 충돌하다, ~에 저촉하다 promote : 진전시키다, 조장하다, 촉진하다, 진척시키다, 장려하다, 고무하다, 승진시키다 hinder : 방해하다, 훼방하다 circulate : 순환하다, 퍼지다, 빙빙 돌다, 유포되다

「어떤 것도 진리를 찾고자 하는 우리의 조사를 방해하도록 해서는 안된다.」

**63** ④

stand up for 옹호(변호)하다 (= defend)

「당신이 당신의 권리를 옹호하지 않는다면, 당신을 위해 그 일을 해줄 사람은 아무도 없다.」

**64** ④

give … a hand with ~ : ~으로 …를 도와주다(= help … with ~)

「A : 이 책상을 옮기려고 하는데 나를 좀 도와주시겠습니까?
B : 물론, 도와 드리지요. 그것을 어디에 두려고 합니까?」

## 2 문법 및 구문

### » 1. 문법

**1** ③

automobile : 자동차 district : (특정한) 지구(지역)
주어인 automobiles가 복수이고 과거 시제의 수동형이 되어야 하므로 were가 옳다.

「이 지역에 있는 자동차의 10분의 1이 지난 해 도난당했다.」

**2** ②

① while 다음에 she was가 생략되었으므로 worked를 working으로 바꿔야 한다.
③ 'One of 복수명사' 뒤에는 단수동사를 써야하므로 were를 was로 바꿔야 한다.
④ 전치사 뒤에는 관계대명사 that이 올 수 없으므로 that을 which로 바꿔야 한다.

**3** ①

to leave it unsaid의 부분이 가정법 과거완료의 대용표현임을 주절의 would have been (조동사의 과거형+have p.p)의 형태로 알 수 있다.

「그 말을 하지 않았던 편이 더 현명했을텐데.」

**4** ③

① ago는 현재 완료와 함께 사용할 수 없으므로 앞에 있는 have를 삭제해야 한다.

② 부정어가 문두에 나왔으므로 도치되어야 한다. No sooner had he gone이 되어야 한다.

④ dispense without → dispense with ~없이 지내다.

**5**  ①

② each는 단수 취급이므로 their→his가 되어야 한다.

③ However you may try hard→However hard you may try

④ smart와 alert는 형용사이지만 loyalty는 명사이므로 and의 연결이 옳지 않다.

「① 부주의한 많은 보행자들이 거리에서 사망하였다.
② 각각의 장교는 자신의 임무를 효율적으로 수행해야 한다.
③ 아무리 열심히 애를 써도, 당신은 그것을 해낼 수 없다.
④ 독일셰퍼드는 영리하고, 기민하며, 충직하다.」

**6**  ③

intimately : 친밀히, 충심으로 insist on : ~을 고집(요구)하다 break out : 발발(발생)하다 vary : 달라지다, 달리 하다 significantly : (두드러질 정도로) 상당히

① 동등비교로 as intimately as 가 되어야 한다.
② company는 회사, 동료의 명사이다. 동행이라는 뜻을 가진 accompany가 와야 적합하다.
④ the number of 는 셀 수 있는 복수명사와 써야 한다. sugar는 불가산명사이기 때문에 the amount of로 써야 옳다.

「① 벌과 꽃처럼 친밀히 연관된 생명체는 거의 없다.
② 아버지는 그들이 머물고 있는 곳에 우리와 함께 가지 않았다. 그러나 내가 가라고 주장했다.
③ 이라크의 상황이 너무 심각해 보였기에 마치 언제라도 제3차 세계대전이 발발할 것처럼 보였다.
④ 최근의 보도에 따르면, 미국인들이 소비하는 설탕의 양은 해마다 두드러지게 크게 달라지지 않는다고 한다.」

**7**  ④

transient : 일시적인, 순간적인 introduce into sth : (~속에)넣다 cumulative : 누적되는 exposure : 노출

④ Whereas는 접속사이다. 따라서 whereas it is 로 완전한 문장이 와야 옳은 문장이 된다.

「소음공해는 몇 가지 방식에 있어 다른 형태들의 공해와 다르다. 소음은 일시적이다 : 일단 공해가 멈추면, 환경은 그것으로부터 벗어난다. 예를 들어 공기오염의 경우는 이렇지 않다. 우리는 공기 안으로 유입된 화학물질의 양을 측정할 수 있다. 반면에 소음에 누적된 노출을 모니터 하는 일은 극도로 어려운 일이다.」

**8**  ②

② homework는 불가산명사이므로 'many homeworks'가 아닌 'much homework'로 써야 한다.

「① George는 아직 과제를 마치지 못했고, Mark 또한 그렇다.
② 우리 언니는 어젯밤에 너무 많은 과제를 해야 해서 속상해 했다.
③ 만약 그가 은행에서 돈을 좀 더 찾았었더라면, 신발을 살 수 있었을 텐데.
④ 방이 너무 조용해서 나는 바깥에서 나뭇잎이 떨어지는 소리를 들을 수 있었다.」

**9**  ③

shift : 옮기다, 바꾸다  adaptively : 적응하여, 순응적으로  strategy : 계획, 전략  cope : 대처하다  appraise : 살피다, 평가하다

ㄹ '-centered'는 분사 복합어로 '감정 중심의'라는 의미로 쓸 때는 'emotion-centered' 형태로 써야 한다.

ㅁ that → which

「대부분의 아이들은 감정을 처리하는 데 있어 두 가지 일반적인 전략을 어렵지 않게 바꾼다. 문제 중심 대처법에서 그들은 그 상황을 가변적인 것으로 평가하고 문제를 확인한 후 그에 대해 무엇을 할지 결정한다. 이 방법이 효과가 없으면 그들은 감정 중심의 대처법으로 관심을 돌리는데, 이는 내면적이고 개인적이다.」

**10**  ④

shoplift : 가게 물건을 훔치다  anonymous : 익명의  guilt-ridden : 죄책감에 시달리는  enclose : 동봉하다  money order : 우편환  pay back : 되갚다  interest : 이자

④ 접속사 없이 문장 안에 동사 enclosed 다음에 다시 동사가 나올 수 없으므로 수동분사로 보아야 하는데, money order가 two dollars를 pay back 하는 능동관계이므로 paying back이 되어야 한다.

「1952년 샌턴에 있는 울워스의 가게에서 물건을 훔친 한 사람이 최근 그 가게로 익명의 사과 편지를 보냈다. 편지에서 그는 "저는 내내 죄책감에 시달렸습니다."라고 말했다. 그가 훔친 물건은 2달러짜리 장난감 하나였다. 그는 이자와 같이 2달러를 되갚는 우편환을 동봉했다.」

**11**  ④

phenomenon : 현상  further : 더 이상의  cliche : 상투적인 문구  announce : 알리다, 발표하다  insist : 고집하다, 주장하다  accountant : 회계사

① 동등비교구문이므로 as good a swimmer as he was가 되어야 한다. 이때 한정사 a는 형용사 뒤에 온다.

② has described 다음에 목적어가 없고, 문맥상 수동의 의미이므로 has been described가 되어야 한다.

③ never → ever
부정어 hardly와 never가 중복되어 있다.

「① 그녀는 그보다 더 낫지는 않더라도 그가 그랬던 만큼 자신이 좋은 수영 선수였다고 느꼈다.

② 이 현상은 너무 자주 설명되어서 그 주제에 대한 더 이상의 어떠한 상투적인 표현들도 필요 없다.

③ 우리를 가장 놀라게 했던 것은 그가 자신은 직장에 늦은 적이 거의 한 번도 없었다고 말했다는 사실이다.

④ 케이씨가 다른 회사로의 이동을 알리기도 전에 우리가 새로운 회계사를 채용하기 위한 광고를 시작해야 한다고 주장했다.」

**12** ①

② such는 명사를 수식하므로 형용사인 nervous 만을 단독으로 수식할 수 없다.

③ by+ing구문에는 동사원형이 올 수 없다. himself 다음 동사 learn이 to learn이 되어야 한다.

④ work가 자동사로 쓰였으므로 목적격 관계대명사 which가 아닌 관계부사 where가 와야 한다.

「① 만약 내가 너의 충고를 따랐더라면, 나는 지금 매우 건강했을 것이다.

② 나는 나의 일에 집중할 수 없는 정도의 그러한 불안함을 느꼈다.

③ 존은 그 자신의 실수로부터 배우는 것을 받아들임으로써 훌륭한 사람이 되었다.

④ 톰은 루이스 설리번의 밑에서 일하기 위해 시카고로 이사했다.」

**13** ②

code talker : 암호통신병   primary : 우선적   tactical : 전략적인   radio communications net : 무선통신네트워크   informally : 비형식적으로   valuable : 가치 있는   enhance : 향상시키다   vital : 필수적인   front line : 최전방   operation : 작전

② which → whose

「암호통신병은 암호화된 언어를 이용하여 말하는 사람들을 표현하기 위해 사용되는 용어였다. 이것은 기밀 전략 메시지의 전송이 우선적 임무였던 미국 해병대에서 근무했던 북미 원주민들을 묘사하기 위해서 빈번하게 사용된다. 이들은 이 메시지를 자신의 모국어를 기반으로 하는 형식적 암호나 비형식적으로 개발된 암호를 사용하여 군대 전화 혹은 무선통신네트워크를 통해서 전송했다. 이들의 서비스는 매우 가치가 있었다. 그 이유는 그 서비스가 제2차 세계대전 중 필수적인 최전방에서의 작전에 대한 통신보안을 향상시켰기 때문이다.」

**14** ④

habitat : 서식지   as regards to : ~과 관련하여   ample : 충분한   extent : 규모   climatic : 기후의

grassland : 초원   culprit : 장본인   indicate : 나타내다   wholesale : 대량의   insufficient : 불충분한

(A) expect + 목적어 + to 동사원형 ~가 ~하는 것을 기대하다

(B) indicate가 '~을 나타내다'라는 의미로 사용될 경우 목적어가 필요한데 목적어가 없기 때문에 수동으로 써야 한다.

(C) fault는 lies와 takes의 공통 주어이다. 따라서 lies와 마찬가지로 단수 동사 형태인 takes로 써야 한다.

「자연 서식지는 자연적인 이유 또는 비자연적인 이유로 변할 수 있다. 전자의 경우는 기후의 변화가 주된 가능성이 된다. 자연 초원은 특정 기후의 특성의 결과로 만들어진다. 그래서 만약 이와 같은 기후 요소가 변한다면 초원도 변할 것이다. 지금 기후 변화에 대한 충분한 증거가 아프리카에 존재한다. 하지만, 자연과 자연의 규모는 지도 위에 나타내어지는 광범위한 지역에서 대량의 초원이 사라진 것을 설명하기에는 불충분하다. 그래서 기후는 주된 요소가 아니다. 대신에, 잘못은 다른 곳에 있으며 주로 인간의 형태를 한다.」

**15** ③

discovery : 발견   shape : 형성하다   shake up : ~을 일깨우다   literate : 글을 읽고 쓸 줄 아는   follower : 추종자   arcane : 신비로운   profound : 엄청난   disturb : 방해하다   specialized : 특화된

③ 뒤에 따르는 examples를 꾸며주기 때문에 부사인 recently가 아니라 형용사인 recent로 써야 한다.

「어느 시대에서든 발견은 전체 지식 사회의 사고를 형성하고 일깨운다. 그리고 이 같은 효과는 민주주의와 글을 읽고 쓸 줄 아는 능력이 증가하면서 더욱 커졌다. 물론, 익숙한 예로 코페르니쿠스(1473-1543)와 그의 추종자들의 발견이 지구가 더 이상 중심이 아니라는 사실에 대한 인식으로 서양의 문화를 어떻게 혼란스럽게 만들었는지에 대해 생각해 볼 수 있다. 더 최근의 영향으로 다윈의 생물학과 프로이드의 심리학이 가지는 영향을 생각해 볼 수 있다. 요즘에는 비록 신비롭고 특화된 영역이 되었지만, 우주과학이 전체 사회의 사고에 엄청나고 광범위한 영향을 미치게 되었다.」

**16** ④

balanced : 균형 잡힌   watch : 주시하다   a variety of : 다양한   dairy product : 유제품   encounter : 접하다   overweight : 과체중인

④ 이 문장의 주어는 the best way이고, to avoid problems는 주어를 수식하는 형용사구이다. 따라서 to avoid problems는 생략 가능하다. 주어 the best way는 단수 형태이므로 동사는 are가 아니라 is를 써야 한다.

「요즘에는 흔히 건강에 좋고 균형 잡힌 식단을 섭취한다. 이것은 자신이 먹는 것을 주시한다는 것을 의미한다. 다양한 음식이 건강한 신체를 유지하는 데 좋다. 물론 자신의 몸이 건강할수록 질병을 접할 가능성이 낮아진다. 과체중이거나 심장마비를 겪는 대부분의 사람들은 좋지

않은 타입의 지방을 함유한 음식을 많이 먹기 때문에 건강이 좋지 않다. 그러므로 이런 문제를 해결하기 위한 가장 좋은 방법은 고기, 생선, 야채 및 유제품으로 구성된 균형 잡힌 식단을 섭취하는 것이다.」

**17** ④

mental : 정신적인  imagination : 상상력  visualize : 상상하다  embellish : 꾸미다  exaggerate : 과장하다  imagery : 형상화  fatty acid : 지방산  cellular : 세포의  powerhouse : 동력실  fiery : 불타는  furnace : 용광로  incinerate : 소각하다  shrink : 줄어들다
④ 전치사 to 다음에 접속사 and를 기준으로 see와 visualize가 연결된다.

「당신의 가장 큰 정신적인 힘 중 하나는 상상력이다. 당신은 자신이 원하는 것은 무엇이든지 상상할 수 있으며, 자신이 원하는 만큼 자신의 상상을 꾸미거나 과장할 수 있다. 예를 들어, 당신은 유리지방산이 "세포 동력실" – 미토콘드리아 – 에서 에너지를 내기 위해 연소되는 것을 상상할 수 있다. 그리고 미토콘드리아는 불타는 용광로로 지방을 "소각시키고 있는" 것이라고 상상할 수 있다. 나는 지방조직이 줄어드는 것을 보고 신체를 "지방연소용 광로"로 상상하는 것은 꽤 흥미로운 아이디어라고 생각이다.」

**18** ③

detailed : 자세한  procedure : 절차  carry out : 이행하다  exactly : 정확하게  rapidly : 빠르게
③ 이 문장의 주어는 컴퓨터로 컴퓨터는 그것이 말하는 내용을 이행하는 것이 아니라, 사용자가 컴퓨터에 말하는 내용을 이행하는 것이기 때문에 능동형인 tells 대신에 수동형인 is told를 써야 한다.

「우리는 매일 문제를 푼다. 컴퓨터가 문제를 풀기 위해서는 해결법이 아주 자세해야 하며 컴퓨터가 이해할 수 있는 형태로 작성되어야 한다. 알고리즘은 문제를 푸는 절차이다. 그것은 단계별 지시사항으로 정확하게 이행되는 경우 문제를 해결한다. 컴퓨터가 지시사항을 매우 빠르게 따르지만 그것은 지시 받는 내용만을 정확하게 이행한다. 알고리즘은 이 같이 매우 자세한 지시사항을 고안하기 위해 이용된다.」

**19** ④

① objects to be asked → objects to being asked(to는 전치사)
 : 그녀는 직장에서 만난 사람들과 데이트 하는 것에 반대한다.
② where is → where(간접의문문의 어순은 '의문사+평서문')
 : 나는 이 주변에서 가장 가까운 은행이 어디에 있는지 모르겠다.

③ were born → was born(주어가 Tom이므로 단수동사를 쓴다.)
 : 나의 가장 친한 친구들 중 하나인 Tom은 1985년 4월 4일에 태어났다.
④ 그들이 나의 명령을 따랐었더라면, 그들은 처벌받지 않았을 것이다.

**20** ②

be called : ~라고 불리다
② calling phenylethylamine → called phenylethylamine

「아즈텍인들은 초콜릿이 사람을 똑똑하게 만든다고 믿었다. 오늘날 우리는 이것을 믿지 않는다. 하지만 초콜릿은 페닐에틸아민이라 불리는 특별한 화학물질을 지닌다. 이것은 사람이 사랑에 빠졌을 때 신체가 만들어내는 화학물질과 같은 것이다. 초콜릿을 먹는 것과 사랑에 빠지는 것 중에 당신은 무엇을 더 선호하겠는가?」

**21** ②

ladder : 사다리  embarrassed : 당황스러운
② like는 타동사 뒤에 온 형용사로, 타동사의 형질을 가지기 때문에 목적어가 필요하다. 따라서 부사인 how가 아닌 대명사인 what으로 고쳐 써야 한다.

「어제 수영장에서 모든 것이 잘못되어가는 것처럼 보였다. 내가 도착한 직후 나는 나의 선글라스 위에 앉아서 그것을 부수었다. 그러나 나의 가장 최악의 순간은 내가 전망은 어떤지 보기 위해 높은 다이빙대에 올라가기로 결심했을 때 왔다. 나는 거기에 올라가자마자 나의 친구들이 내가 다이빙을 할 것이라고 생각했기 때문에 나를 보고 있는 것을 깨달았다. 나는 너무 무서워서 그 높이에서 다이빙을 할 수 없다고 결정했다. 그래서 나는 사다리에서 내려왔고, 매우 창피했다.」

**22** ①

relatively : 비교적  liberal : 민주적인  on the one hand ~ on the other : ~하는 반면, 다른 한편으로는  moderate : 보통의  importer : 수입업자
① 관계부사 다음에는 완전한 문장이 와야 하는데 부사구인 throughout most of the twentieth century를 빼면 where 뒤에 주어 없이 동사 was가 바로 나오므로 불완전한 문장이다. 따라서 관계부사 where가 아닌 관계대명사 which로 고쳐 써야 한다.

「칠레는 한편으로는 20세기 내내 비교적 진보된 자유민주주의에 의해 특징 지워진 반면 다른 한편으로는 보통의 경제성장 밖에 이루지 못해 식량 수입업자가 될 수 없었던 라틴아메리카의 국가이다.」

**23** ①

② 부정어가 문두에 나왔으므로 도치되어야 한다. No sooner he had gone → No sooner had he gone

③ dispense without → dispense with ~ 없이 지내다

④ ago는 현재 완료와 함께 사용할 수 없다. 앞에 있는 have를 삭제해야 한다.

**24** ②

① 성질, 성격, 속성 등을 나타낼 때는 전치사 of를 쓴다. for him → of him

③ have 동사 다음에 온 명사를 to 부정사가 수식할 때는 능동형으로 써야 한다. to be used → to use

④ 지각동사인 notice가 사용되었으므로 to come을 come으로 바꾸어야 한다.

**25** ①

afterward : 후에, 나중에    assistant : 조수, 보조원, 보좌원    bookstore : 서점

① 문장에 동사가 두 개이기 때문에 문장을 이어주는 접속사가 필요하다. afterward는 부사이므로 접속사인 after가 들어가야 한다.

「① 우리가 집을 떠난 후에 모든 것이 변하였다.
② 그 당시, 그녀는 서점에서 보조원으로서 일하고 있었다.
③ 나는 마라톤 때까지 열심히 훈련할 것이고 그 뒤 휴식을 취할 것이다.
④ 이 아름다운 사진첩은 새로 결혼한 커플에게 완벽한 선물이다.」

**26** ③

③ 비가 내리기 시작한 시간보다 1마일도 채 못 걸은 시간이 앞서므로 과거 완료 시제가 나와야 한다.

「① 그는 다음 주 금요일에 중국으로 떠날 것이다.
② 날씨가 한 달에 절반은 불쾌하다.
③ 나는 비가 내리기 전에 1마일도 채 못 걸었다.
④ 내가 만약 다시 그것을 읽는다면 4시간 정도면 읽을 수 있다.」

**27** ④

estimate : 추정하다, 평가하다    Since then : 그때 이래, 그때부터

④ the number는 단수로 취급되므로 have가 아닌 has를 사용해야 한다.

「1990년대 중반, 9백만 명의 미국인 등이 홀로 여름휴가를 계획했던 것으로 추정었다. 그때부터 점점 혼자 여행하는 사람들의 수가 증가하고 있다.」

**28** ③

failure : 실수, 태만, 부족    provide : 제공하다, 공급하다    shake : 흔들리게 하다, 동요시키다    devastate : 황폐시키다, 철저하게 파괴하다    carnage : 대학살    stun : 기절시키다, 인사불성에 빠지게 하다    whole world : 모든 세상    high time : 마침 좋은 때, 벌써~할 때

「미국인들에게 충분한 안전을 제공하지 못한 우리의 실수로 인한 이 끔찍한 대학살로 인해 황폐화된 나라가 흔들렸으며 모든 세상을 인사불성에 빠지게 만들었다. 중동에서 우리의 외교정책을 재검토할 때가 된 것이다.」

**29** ④

participate in : ~에 참여하다, 참가하다    survey : 조사    sponsor : ~을 후원하다    weekly magazine : 주간지    turn out : 결국은 ~이 되다, 결국은 ~임이 밝혀지다    concerned : 관심(흥미)이 있는, 염려하고 있는    serious : 심각한    homeless : 집 없는

① 선행사가 사람(Younger students)이고 주격으로 쓰였으므로 주격관계대명사 who가 쓰였다.

② the survey를 수식하는 과거분사이다.

③ 'turn out+to부정사'는 '~임이 밝혀지다'라는 의미이며 to부정사가 to be일 때에는 생략할 수 있다.

④ less와 호응할 수 있는 than이 알맞다.

「한 주간지의 후원을 받은 그 조사에 참여한 좀 더 어린 학생들은 더 나이가 든 학생들보다 집 없는 사람들(노숙자들)에 대한 심각한 문제에 대해 덜 염려하고 있는 것으로 드러났다.」

**30** ②

decision-making : 의사 결정    political : 정치적인, 정치의    financial : 재정적인, 재정의

half (of) the harvests에서 half는 전체에 대한 부분을 나타내는 표현이므로 half의 수는 harvests의 수에 맞게 복수가 되므로 동사도 복수가 되어야 한다.

「의사결정이 보다 높은 수준에 도달함에 따라, 전 세계 수확량의 절반은 먹기 위해 재배되었다는 사실을 무시한 정치적이며 재정적인 거래로 매매되었다.」

**31** ④

explanation : 설명    as to : ~에 관하여, ~에 대하여    cause : ~의 원인이 되다, 일으키다    hiccup : 딸꾹질    tell : 알려 주다, 가르쳐 주다    how to do : ~하는 방법    be rid of : ~을 면하다, 벗어나다

'There are many explanations as to what causes hiccups.'와 'There are many explanations as to which tell how to be rid of them.'라는 두 문장을 비교 관계로 놓으면서 두 문장의 공통부분인 many explanations as to를 뒤 문장에서 생략하고 as ~ as로 연결한 문장이다. 'There are as many explanations as to what causes hiccups as there are (many explanations as to) which tell how to be rid of them.'에서 볼 수 있듯이 먼저 생략된 부분에 대해 파악할 수 있어야 한다. as to(~에 관하여, ~에 대하여) 다음에 전치사의 목적어로 간접의문문이 온 경우로, 간접의문문의 어순은 의문사+주어+동사라는 것에 유의해야 한다. 주어진 문장은 what과 which가 모두 주어 역할을 하므로 뒤에 동사가 바로 위치하는 것이 맞으므로 which tell이 맞다. how to 다음에는 동사가 와야 하므로 be rid of가 와야 하며 be rid of(~을 면하다) 다음에는 전치사의 목적어가 와야 하므로 hiccups를 받는 대명사 them이 와야 한다.

「어떤 것이 딸꾹질을 면하는 방법인지를 알려 주는 것만큼이나 무엇이 딸꾹질을 일으키는지에 대해서도 많은 설명들이 있다.」

**32** ③

on one's way home : 집으로 오는 도중에
forget+to부정사는 미래지향적인 의미로 '~하는 것을 잊어버리다'의 의미이며, forget+동명사는 과거 지향적인 의미로 '~한 것을 잊어버리다'의 의미이다. 주어진 문장의 내용상 '사는 것(to buy)'을 잊어버린 것이지, '(과거에) 산 것(buying)'을 잊어버린 것이 아니므로 빈칸에는 to buy가 알맞다.

「나는 냉장고 안에서 야채를 전혀 찾을 수 없었는데, 그것은 아내가 집으로 오는 도중에 사오는 것을 잊어버렸음에 틀림없다는 것을 의미한다.」

**33** ④

third-person : 제3인칭  approach : (학문 등에의) 접근법, 학습[연구]법  academic : 학구적인, 대학의  by far : (최상급을 강조하여) 훨씬, 단연, 월등히  common : 공통의, 보통의  point of view : 견지, 관점, 견해
by far는 최상급을 강조하므로 최상급인 the most common 앞에 위치해야 하며, point of view는 '관점'이라는 의미의 명사이므로 common 뒤에 위치해야 한다.

「3인칭 접근법은 학구적인 글에서는 단연 가장 공통적인 관점이다.」

**34** ②

부가의문문의 문장이다. goes라는 일반동사가 왔으므로 does she가 와야 한다.

「그녀는 좀처럼 영화를 보러 가지 않아, 그렇지 않니?」

**35** ①

take notes of : ~을 기록하다, 메모하다(= make notes of)
① 명사 notes를 수식하는 것은 형용사이어야 하므로 부사 carefully를 형용사 careful로 바꿔야 한다.

「John은 나중에 참조할 수 있도록 그 회의의 전반에 걸쳐 모든 발표 내용을 주의 깊게 기록했다.」

**36** ②

restrict : 제한하다, 한정하다
② (B)에서 avoid는 목적어로 동명사구를 취한다.
to present opinions → presenting opinions

「많은 학생들이 교과서의 저자들이 사실만으로 제한하고 자신의 의견을 피한다고 생각한다. 비록 어떤 과학교재들의 경우 사실일 수 있지만, 일반적으로, 특히 심리학, 역사, 정치 분야에서는 사실이 아니다.」

**37** ④

obesity : 비만, 비대  galvanize : 직류 전기로 자극하다, 활기를 띠게 하다, 격려하여 (어떤 행동을) 하게 하다  improve : 개선하다, 증진하다, 이용하다
④ improve는 원형부정사로 조동사 뒤에 지각동사, 사역동사가 있을 경우 목적보어 자리에 사용되며 'to 부정사'가 되어야 한다.
ways improve → ways to improve

「어린이 비만율의 심각한 증가는 전국의 부모와 학교에서 어린이들의 식사와 건강을 개선시키기 위한 방법을 찾도록 자극하였고, 우리는 우리의 보고가 그러한 노력에 도움을 주기를 희망한다.」

**38** ③

surgery : 외과, 외과수술  consent : 동의하다, 승낙하다  anesthesiologist : 마취의사  threaten : 위협하다
③ 문장 앞의 demand는 당위성, 필요성을 나타내는 동사로 that절에서 'should+동사원형'을 사용하거나 should가 생략된 동사원형을 사용해야 한다.
she signed → she sign(or should sign)

「수술하는 날 나의 아내가 수술실에 들어가기 몇 분 전에 외과의사의 보조자가 그녀가 원하지 않던 수술 동의서에 서명해야 한다고 요구했다. 그녀가 거절하자 그 마취의사는 그 수술을 취소하겠다고 위협했다.」

**39** ①

inspection : 정밀검사, 시찰, 감찰  deteriorate : 나쁘게 하다, 악화시키다, 나빠지다  entrepreneurship : 기업가정신

① deal → deal with

「게다가, 국회의원은 20일 동안의 감찰의 나머지 기간 중에 다루어야 할 많은 다른 안건이 있다. 우선 그들 중에는, 느린 성장과 악화된 취업시장에서부터 부동산의 거품과 약해진 기업가 정신에 이르기까지 악화된 경제적 상황이 있다. 국회의원들은 만약 그들이 문제점을 부각시키고 정부의 정책의 실패에 대한 대안을 제시하여 대중의 주의를 끌 수 있다면 우리의 칭찬을 얻을 수 있다.」

**40** ②

relate : 관계가 있다  injury : 상해, 손상  estimate : 평가하다, 추정하다  previous : 이전의, 앞의  serious : 진지한, 중대한

② 추정을 나타내는 것이므로 those를 that으로 써야 한다.

「지난 해 장난감과 관련된 상해는 약 200만건으로 추정된다. 이것은 나쁜 소식이다. 그러나 좋은 소식도 있다. 좋은 소식의 일부는 이러한 추정치가 그 전년도의 상해 건수보다 약 10% 적다는 것이다. 또 다른 좋은 소식은 상해사고 중 3% 이하가 응급실을 찾은 것이다. 그러나 이것은 수 백만건이 심각한 상해임을 암시하는 것이다.」

**41** ④

④ bringing on → brought on

「회사들은 매년 스트레스로 인해 일으킨 질병으로부터 고통 받은 고용인들 때문에 수십억 달러를 잃는다.」

**42** ①

have 동사는 되풀이되는 경험에 사용하므로 여기서는 do 동사를 사용하여 여행을 다녀온 행동에 대해 묻는 문장이 되어야 한다.

「① A : 당신은 언제 여행에서 돌아왔나요?
② B : 2일 전에요.
③ A : 여행은 어땠나요? 여행하는 동안 즐거웠나요?
④ B : 물론입니다.」

**43** ④

consequence : 결과, 결말, 영향(력), 중대성, 중요함  enormous : 거대한, 막대한, 매우 큰, 극악한, 무도한  astute : 기민한, 빈틈없는, 교활한  attune : (마음·이야기 등을) 맞추다, 조화시키다, 조율하다

④ more는 competent를 수식하므로 어순이 'who are emotionally more competent'로 되어야 한다.

「부모들이 어떻게 자녀들을 다루는가가 아이들의 정서생활에 강하고 지속적인 결과를 가져온다는 것을 보여주는

수많은 연구들이 있다. 정서적으로 이해력이 뛰어난 부모를 갖는 것 자체가 아이에게 엄청난 이득이 된다는 것을 보여주는 믿을 수 있는 자료가 최근에 와서야 나왔다. 부부가 그들의 감정을 다루는 방식은 빈틈없이 모두 배우는 아이들에게 많은 교훈을 주어 가족 간의 가장 미묘한 감정의 교류에도 동조하게 된다. 결혼생활을 정서적으로 보다 유능하게 하는 부부들은 또한 그들의 자녀들이 감정적인 기복을 겪을 때 가장 효과적으로 도와준다.」

**44** ④

④ that he met → that met

「① 그는 그녀가 생각하기에는 신사라고 칭할 수 있는 유일한 사람이다.
② 비록 비싼 것이었지만, 그녀의 치마는 그녀에게 어울리지 않았다.
③ 그녀는 부모님의 집에 간다고 해도 극히 드물게 갔다.
④ 어젯밤 식당에서 그녀를 만난 사람은 John이었다.」

**45** ③

instead of : ~대신에  in spite of : ~임에도 불구하고(= despite)  exertion : 전력, 노력, 행사  in the case of : ~에 관하여 말하면, ~의 경우에는  advance : 가격인상, 등귀, 진보, 진전

③ In the case of rain → In case of, '~의 경우에'를 의미하는 표현은 in the case of와 in case of 두 가지 모두 사용된다. In case of는 불확정적이며 실현가능성이 불명확한 상황에서 쓰이며, in the case of는 구체적이며 일반적인 경우를 표현할 때 쓰인다.

「① 그는 내게 현금 대신 수표를 주었다.
② 전력을 다했는데도 불구하고, 그는 그 시험에서 낙제했다.
③ 비가 올 경우에는 그 경기는 연기될 것이다.
④ 생활비의 등귀 때문에 임금인상이 요구된다.」

**46** ②

never(cannot) ~ without + -ing : ~하면 반드시 ~한다  on the verge of -ing : 막 ~하기 직전이다  needless to say : 말할 나위가 없는

② to leave → of leaving, on the verge of + -ing : 막 ~하기 직전이다(= on the brink of, be on the point of -ing).

「① 나는 그녀를 보면 그녀의 어머니가 떠오른다.
② 그들은 막 피서지로 떠나기 직전이었다.
③ 근면이 끝내 이긴다는 것은 말할 나위가 없다.
④ 나는 단지 그날 종일 한 가지 일만 할 생각을 하니 싫다.」

**47** ④

lest ~ should : ~하지 않도록, ~하지 않기 위해(= in case ~ should, for fear ~ should)  remark : 소견, 비평  encourage : 격려하다, 용기를 돋우다, 장려하다

「• 감기에 걸리지 않도록 조심해야 한다.
• 반대하지 않으면, 나는 내일 올 것이다.
• 나의 선생님의 말은 이상한 것 같았지만, 나에겐 격려
가 되었다.」

**48** ④

content : 만족하여(with)  jackal : 자칼  vulture :
독수리  scavenger : (독수리, 하이에나 등의) 청소
동물  bush : 덤불, 관목  go out of the one's
way : ~일부러(고의로) 하다  unattractive : 아름
답지 않은

ⓐ 'As Nature is not content with ~'를 현재분
사를 이용하여 분사구문으로 만든 것으로, 원
래는 'Being not content with ~'이나 being
은 생략되었다.

ⓑ being은 동명사로 전치사 of의 목적어 역할을
하고 있다.

ⓒ 'seem + 부정사' 구문, 완료부정사를 쓰게 되면
주절의 시제보다 한 시제 앞서는 것을 나타낸
다. 즉, 현재완료나 과거를 나타낸다.

ⓓ looked → look, make는 사역동사로서 목적보
어로 동사원형을 취한다. 주어진 문장에서
them이 make의 목적어이다.

「자연은 자칼과 독수리에게 미국 덤불의 청소동물의 역할
을 주는 것에 만족하지 않고, 또한 그것들을 가능한 아
름답게 보이지 않도록 만든 듯하다.」

**49** ④

fingerprint : 지문  scene : 현장, 장면, 광경, 무대장면
detected : 탐지하다, 발견하다, 검출하다  various : 다양
한, 가지각색의  visible : (육안으로) 볼 수 있는
photographe : 사진을 찍다, 사진  sight : 찾아내다, 목
격하다, 관측하다  barely : 거의 ~하지 않다  surface :
표면  dusting : 체로 거름, 가루 살포  powder : 분말
textile : 직물, 피륙  chemical : 화학적  solution : 용액,
용해, 해법, 분해, 해체, 해결

ⓐ 주어가 Fingerprints로 복수이고, 사물주어이
므로 '발견되어지다'라는 수동태가 된다.

ⓑ 지문이 '남겨지는' 것이므로 과거분사가 되어야
한다.

「범죄현장에 남겨진 지문들은 다양한 방법으로 탐지된다.
그것들 중 대부분은 육안으로 보이며, 발견되면 사진으로
남겨둔다. 그러나 어떤 지문들은 거의 육안으로 확인이
불가능하다. 어두운 표면에 남겨졌을 때는, 흰색의 분말
이 밝게 하기 위해 사용된다. 종종 지문들은 침구나 셔츠
같은 직물 위에서 발견되어지기도 한다. 그러한 지문을
육안으로 확인하기 위해, 그런 옷감은 지문을 갈색으로
변하게 하는 화학적 용액에 넣어지기도 한다.」

**50** ④

① 의문사 When은 완료시제와 함께 쓰지 못하고
단순시제와 함께 사용된다.
When have you read the news? → When
did you read the news?

② 목적격 관계대명사는 생략할 수 있으나 주격
관계대명사는 생략할 수 없다.
He employed a man he thought was
diligent. → He employed a man who he
thought was diligent.

③ The garden is all wet ; it must rain last
night. → The garden is all wet ; it must
have rained last night(과거 사실에 대한 현
재의 객관적 추측).

「① 너는 그 뉴스를 언제 읽었니?
② 그는 근면하다고 생각되는 그 남자를 고용하였다.
③ 그 정원은 젖어 있다. 지난 밤에 비가 온 것이 틀림없다.
④ 기다리는 동안 나는 이상하게 걱정되기 시작하였다.」

**51** ④

board : 올라타다, 판자를 두르다  immediately :
곧, 즉시, 바로 가까이에

① (      ) 안의 동사와 Flight 1029는 능동적 관
계이므로 답이 될 수 없다.

② Flight 1029를 주어로 하는 준동사가 필요하다.

③ will begin boarding은 탑승을 시작할 것이라
는 의미이므로 제외된다.

「서울로 떠날 1029 비행기는 개찰구에서 즉시 탑승을 시
작하겠습니다.」

**52** ①

estimate : 추정하다  population : 인구, (어떤 지
역 내) 개체군(수)  buffalo : 물소, 아메리카 들소

① 주절의 주어와의 관계가 능동의 관계(주어가
글을 쓴 것)이므로 Writting이 옳다.

「1910년대에 글을 썼던 자연주의 작가 Ernest N. Seton
은 18세기 말 무렵의 북아메리카 들소의 개체수가 7천 5
백만 마리였을 것이라고 추정했다.」

**53** ④

persuade : 설득하다, ~을 납득시키다  ~을 믿게
하다  be anxious to : ~하고 싶어하다, ~하기를
갈망하다  convince : ~에게 납득시키다

④ easy, difficult는 진주어에 that절을 사용하지
못한다.
It is easy that we convince him. → It is easy
for us to convince him.

「① 그가 우리를 설득시키는 것은 불가능하다.
② 우리가 1～2년 안에 영어를 정복하는 것은 쉽지 않다.
③ Mary는 즉시 그 곳을 떠나는 것이 좋다.
④ 우리가 그를 납득시키는 것은 쉽다.」

② very → much, very는 형용사·부사의 원급을 수식하며, much가 형용사·부사의 비교급을 수식한다.

③ to attend → attend, let은 사역동사로 원형부정사(동사원형)를 목적보어로 취한다.

④ to read → reading, This book is worth reading carefully = This book is worthy of careful reading = This book is worthy to be read carefully = This book is worthwhile to read(reading) carefully.

「① 나무가 높으면 높을수록, 바람은 점점 더 강하다.
② 서울의 인구는 런던의 인구보다 훨씬 더 많다.
③ 그들은 그 기념제에 나를 참석하지 못하게 하였다.
④ 이 책은 주의깊게 읽을 가치가 있다.」

**54** ④

facility : 시설, 편의, 능숙
① many guests와 them all이 중복되므로 them all이 빠져야 한다.
② more는 수사의 뒤에 위치하므로 more ten minutes는 ten minutes more로 바꿔야 한다.
③ it take + (sb) + 시간 + to부정사 : ～하는 데 시간이 걸리다. 따라서 finishing을 to finish 로 바꿔야 한다.

「① 내가 얘기를 해줄 손님들이 너무 많다.
② 십 분이 더 지나면 도서관 시설을 사용할 수 있을 것이다.
③ 그 일을 끝마치는 데 얼마나 오래 걸릴 것 같니?
④ 그것을 말하지 않은 채로 둔다면 더 현명할텐데.」

**55** ②

significant : 의미심장한, 중요한, 상당한, 뚜렷한
combine : 결합하다, 연합하다
② more significant → more significantly, 이 문장에서 동사 has increased를 수식하고 있으므로 significant의 부사형인 significantly의 비교급이 와야 한다.

「전세계의 인구는 결합된 다른 모든 시대에서보다 현대에 더 뚜렷하게 증가했다.」

**56** ③

do one's best : 최선을 다하다  chemical : 화학약품
attentive : 주의깊은  concern : ～에 관계하다, 이해관계가 있다  have nothing to do with : ～와 전혀 관계가 없다
③ every sixth days → every sixth day, '매(每) ～마다'의 의미는 'every + 기수 + 복수명사 = every + 서수 + 단수명사'의 형태로 나타낸다.

「① 당신은 단지 최선을 다하기만 하면 된다.
　= 당신이 해야 하는 모든 것은 최선을 다하는 것이다.
② 화학약품으로 실험하는 동안, 그는 매우 주의깊다.
③ 그녀는 6일에 한 번씩 나를 보기 위해서 온다.
④ 그 문제는 나와 관계가 없다.
　= 나는 그 문제와 전혀 관계가 없다.」

**57** ①

attend : 출석하다, 참석하다  anniversary : 기념일, 기념제

**58** ③

advance : 전진하다, 향상하다, 진보하다  salary : 월급, 급료  sufficient : 충분한, 흡족한  in one's days : 한창 때에  a beauty : 미인
③ 형용사 sufficient와 enough가 모두 '충분한'이란 의미로 중복표현이 되며, salary는 '높다, 낮다'를 'high, low'로 나타내므로 부자연스러운 표현이 된다.

「① 그 군인은 천천히 전진했다.
② Mr. Kim은 Jane에게 반복하라고 부탁했다.
③ 그 봉급은 그의 수요를 충족하기에는 충분했다.
④ 그녀는 한창 때에 미인이었던 것 같아 보인다.」

**59** ①

work : 작품, 저작, 업무, 노력  matchmaker : 결혼중매인, 경기의 대전계획을 짜는 사람  motion picture : 영화  adapt : 개작하다, 적응시키다
① 'Thornton Wilder의 작품들 중의 하나'라는 의미이므로 one of + 복수명사(works)가 쓰여야 한다.

「Thornton Wilder의 작품들 중 하나인 '중매인(The matchmaker)'은 1958년에 영화로 만들어졌고, 1964년에 뮤지컬 'Hello Dolly'로 개작되었다.」

**60** ③

listen to : ～을 듣다  saying : 말, 진술, 격언
still : 아직  exactly : 정확히
③ 대통령이 말한 시점은 과거이지만 현재 내가 그 의도를 이해하지 못하겠다는 의미이므로 조동사의 현재형 can't가 쓰여야 한다.

「나는 아주 주의깊게 대통령의 연설을 들었으나, 여전히 그가 의도한 것을 정확하게 이해할 수 없다.」

**61** ②

organization : 단체, 조직화, 구성, 기구, 체제
endangered : (동식물이) 절멸위기에 처한
② which는 organizations를 선행사로 하여 purpose를 소유하고 있으므로 which가 아니라 소유격 관계대명사 whose 또는 of which the가 와야 한다. whose는 관사 없는 명사 앞에 와서 접속사와 소유격의 역할을 한다.
「위기에 처한 동물들을 도와주는 것을 목적으로 하는 많은 조직체들이 있다.」


**62** ②

ⓑ I wish 가정법으로 종속절에는 가정법 과거 또는 가정법 과거완료형의 동사가 온다. 그리고 과거 시점을 나타내는 부사절(while I was young)이 있으므로, I have studied를 가정법 과거완료형 동사인 I had studied로 고쳐야 한다.
「나는 내가 젊었을 적에 더 열심히 공부하였으면 한다. 즉, 나는 젊었을 적에 더 열심히 공부하지 않은 것을 후회하고 있다.」


**63** ④

refugee : 피난민, 망명자, 도망자  shelter : 피난처, 은신처, 대피호  brave : 용감한, 훌륭한, 멋진  hesitate : 주저하다, 망설이다  punish : 벌하다, 응징하다  be good at : ~에 능숙하다
④ either A or B는 '양자택일'에 관한 개념이며 neither A nor B는 '양자부정'에 대한 개념이다. 문맥상 '영국이나 미국' 둘 중 한 곳이 아니라 두 곳 모두를 간 적이 없다고 해야 의미가 자연스러우므로 'Though she has been neither to England nor America, she is good at English.'로 고쳐야 한다.
「① 피난민들은 식량도 피난처도 없었다.
② 비록 그가 용감한 사람일지라도, 그것을 하기를 망설였다.
③ 들은 대로 해라, 그렇지 않으면 벌을 받을거야.
④ 비록 그녀는 영국이나 미국에 간 적은 없지만, 영어에 능숙하다.」


**64** ②

preschool : 미취학의, 학령미달의  look after : 돌보다, 보살펴주다
② is looking after by → are looked after by, 주어가 The other half of about 10,000,000 children under five years old(= about 5,000,000 children under the five years old)로 복수이며, 보살핌을 받으므로 수동형태가 되어야 한다.

「어머니들이 일하는 동안에 보살핌을 필요로 하는 5살 미만의 약 1천만명의 어린이들이 있다. 친척들이 이런 미취학 어린이들의 절반을 돌본다. 나머지 절반은 가족 외의 사람들에 의해 보살핌을 받는다. 어떤 일하는 어머니들은 그들의 집으로 오는 보모를 고용한다. 하지만 이 선택은 많은 사람들에게 너무 비싸다.」


**65** ②

ⓑ which → where : 관계대명사는 뒤에 오는 절의 형태가 불완전하지만, ⓑ의 경우는 civilization can be destroyed의 문장이 1형식의 문장을 갖추어 완전한 구조를 가지고 있다. 따라서 관계부사로 바꾸어야 한다.
「확실히, 인간들은 거의 모든 기술적인 진보를 파괴적인 본능을 위해 바꾸어 놓았다. 그러나 인류는 이미 전쟁을 - 언젠가는 문명이 파괴되어질 지점까지 힘을 만드는 전쟁을 이미 가져왔던 적이 있다. 우리가 로봇을 금지한다고 해서 이런 면에서의 우리를 구할 수는 없다. 온 세상에서, 인간들이 전쟁을 두려워하고, 그리고 이러한 일반적인, 해마다 증가하고 있는 공포가 전쟁을 끝나게 할 수 있을지도 모른다. - 그렇게 된다면 전사로봇은 전혀 필요가 없게 될 것이다.」


**66** ①

consider, discuss, mention은 타동사로 쓰이며 뒤에 about이 붙지 않는다. have been considering은 현재완료진행형으로, 과거에서 현재까지 일정한 기간 동안 계속되는 동작을 나타낸다.
「그들은 몇 달 동안 그 문제를 검토해 오고 있다.」


**67** ①

if절의 if 가 생략되면 주어와 동사가 도치된다. 또 주절이 가정법 과거완료이므로, if절도 가정법 과거완료로 표현된 것을 찾는다.
Had it not been for the money = If it had not been for the money
「그 돈이 없었다면, 그 책을 살 수 없었을 것이다.」


**68** ①

수사와 명사가 결합하여 형용사적으로 쓰일 때는 단수형태를 취한다.
「그는 10마일을 달리는 경주에서 우승했다.」


**69** ①

운동 앞에는 관사가 붙지 않는다.
「그는 비록 대부분의 스포츠를 싫어하지만 수영과 골프는 즐긴다.」

**70** ③

③ 바로 앞의 선행사 those ladies의 주어가 되는 who가 와야 한다.

「Bill은 푸른색의 옷을 입은 그 숙녀들에게 매우 많은 관심이 있었다.」

**71** ④

murder : 살해하다, 학살하다, 못쓰게 하다  attempt : 시도, 기도, 습격, 공격, 시도하다, 꾀하다, 노리다, 습격하다, 도전하다

④ his wife가 clerk의 아내인지 boss의 아내인지 불분명하다. his wife를 the boss' wife로 고쳐야 의미가 분명해진다.

「그 점원은 그의 상관을 살해했고, 그 후 그 상관의 부인을 살해하려고 시도하였다.」

**72** ①

① entering의 의미상 주어가 주절의 주어 my attention과 일치하지 않으므로 생략하면 안된다. Entering을 When I entered로 고친다.

「미술관에 들어갔을 때 모퉁이의 큰 그림이 나의 주의를 끌었다.」

**73** ①

occur : (사건 따위가) 일어나다, 생기다, 나타나다, 존재하다, 떠오르다, 생각이 나다  match : 조화시키다, 맞추다, ～에 필적하다, ～에 어울리다, 걸맞다, 대등하다, 어울리다

① 조동사 do 다음에는 동사의 원형이 와야 하고 의미상 과거이므로 does를 did로 고쳐야 한다. 즉, If it did occur to the Greeks가 되어야 한다.

「만약 사람의 내면과 외면 사이의 구별이 그리스인에게서 생겨났다면, 그들은 내면의 아름다움은 다른 종류의 아름다움과 조화를 이룰 것이라고 여전히 기대했다.」

**74** ④

④ 주어가 one일 경우 그 소유격은 one's나 his를 써야 한다. 따라서 your를 one's나 his로 고쳐야 한다.

「이 주(州)에서 결혼하기 위해서는 건강진단서를 신분증과 함께 제출해야 한다.」

**75** ④

④ help는 타동사로서 목적어가 필요하므로 I를 목적격 me로 고쳐야 한다.

「이 책은 너무 기본적이어서 당신과 나 모두에게 도움이 되지 않는다.」

**76** ④

④ 둘을 비교할 때는 최상급을 쓰지 않고 the + 비교급을 쓴다. best를 the better로 바꾼다.

「나는 이 두 소설을 읽었다. 그것들은 모두 훌륭하지만 그 중 하나는 최고이다.」

**77** ④

④ 곧, 즉시 연결될 것이라는 의미가 되어야 하므로 short는 shortly가 되어야 한다.

「Mrs. Lee는 잠시 통화중이지만 곧 당신과 연결될 것이다.」

**78** ③

scarcely 자체가 부정어이므로 never와 함께 쓸 수 없다. 따라서 scarcely를 삭제해야 한다.

「나를 놀라게 한 것은 그가 절대 회사에 늦게 도착하지 않는다는 사실이었다.」

**79** ①

특정한 어떤 종류의 것을 나타낼 때는 부정관사 a가 와야 한다. so good milk → so good a milk.

「그것은 아주 좋은(양질의) 우유여서 우리가 그것을 마시는 것을 멈출 수 없어 그 병 전체를 비우게 하였다.」

### ➤ 2. 구문

**1** ②

possess : 소유하다

② '기껏해야'라는 뜻을 가지려면 'at the most'를 써야한다. 'at the least'는 최소한이라는 뜻이다.

the learning and knowledge that we have is at the least but little compared with that of which we are ignorant.

→the learning and knowledge that we have is at the most but little compared with that of which we are ignorant.

**2** ②

fortunate : 운 좋은, 다행한  landscape : 풍경

① which가 목적격으로 쓰여 in which가 되어야 한다. 또한 태풍에 손상되었던 것은 과거의 일이기에 had lived가 되어야 한다. 그리고 집이 태풍에 손상을 입어 수동태인 was badly damaged로 표현해야 한다.

The house which they have lived for 10 years badly damaged by the storm.

→The house in which they had lived for 10 years was badly damaged by the storm.

③ '먹을 것이 하나도 남아있지 않았다'를 표현하기 위해서는 'nothing left to eat'이 자연스럽다. 또한 두 문장을 연결해주는 접속사가 없기 때문에, 결과를 나타내주는 so가 들어가야 한다.

We had nothing to eat left in the refrigerator, we had to eat out last night.

→We had nothing left to eat in the refrigerator, so we had to eat out last night.

④ enough가 부사로 쓰일 때는 뒤에서 수식한다. 또한 관계대명사 that은 계속적 용법으로 쓰일 수 없어 which로 쓰는 것이 옳다.

We were enough fortunate to visit the Grand Canyon, that has much beautiful landscape.

→We were fortunate enough to visit the Grand Canyon, which has much beautiful landscape.

**3** ③

ambivalent : 양면가치의, 상극인 reflect : 반영하다 tension : 긴장, 갈등 loyalty : 충의, 충실 take precedence : 우선권을 가지다, 우위를 차지하다 boundary : 경계, 한도 circumscribe : 경계선을 긋다, 제한하다 conceptualize : 개념화하다 protect : 보호하다 offensive : 불쾌한, 무례한 corporation : 법인 community : 사회, 공동체 consequently : 그 결과, 따라서

「미국인들은 이웃에 대해 상호충돌적인 감정을 가지고 있다. 이러한 양면성은 우리가 단체와 자신 스스로에 대한 충실도 사이에서 느끼는 갈등을 반영하는데, 둘 중의 하나가 우위를 차지하게 된다. 다른 문화권에서는 단체가 확실히 우월성을 가진다. 하지만, 미국에서 우리는 개개인의 경계선을 긋고 그들의 "공간"을 설정한다. 우리는 이 공간을, 외부와 다른 사람들로부터 개인을 보호하는 사생활이라는 것으로 개념화한다. 이것은 많은 외국인들이 이상할 뿐만 아니라 심지어는 무례한 것이라고 생각하는 개념이다. 그러나 다시 말하지만, 그 단체가 가족, 회사, 또는 공동체이건 간에 단체보다 가치 있게 여겨지는 것은 개인이다.」

**4** ①

take a nosedive 급격히 감소하다 hit the ceiling (몹시 화가 나서) 길길이 뛰다 come in handy 쓸모가 있다, 도움이 되다 stand on one's own feet 자립하다

the stock market (그 주식시장)이 주어가 될 수 있는 동사구가 나와야 하고, 문맥상 take a nosedive (급격히 감소하다)이 적절하다. 따라서 정답은 ①이다.

「미국인들은 그 주식시장이 급락 했을 때 이미 수백만 달러를 잃었고, 그것은 종합적인 재정 위기 이전에 이미 시작되었다.」

**5** ②

② 선출된 것은 사람이므로 분사구문의 의미상의 주어는 she가 와야 한다.

「연례회의에서 한국무용가협회를 대표토록 선출된 그녀는 짤막한 수락연설을 했다.」

**6** ①

prove : ~을 증명하다 keep on ~ing : 계속해서 ~하다 encourage : ~에게 용기를 북돋워 주다, ~을 격려하다 put out : (다른 곳으로) ~을 옮기다, 밖으로 내놓다 go to bed : 잠자리에 들다 close : (공장·학교 따위) ~를 폐쇄하다, 닫다

① 종속절의 내용이 변하지 않는 진리나 속담일 때에는 주절의 시제와 상관없이 항상 현재시제를 쓰는데, 종속절이 '지구가 둥글다'라는 불변의 진리를 나타내고 있으므로 현재시제를 써야 한다.

② keep on ~ing 는 '계속해서 ~ 하다'라는 의미로 keep on 뒤에 ~ing가 와야 한다.

「encourage+목적어+to부정사」는 '(목적어)가 ~하도록 격려하다'라는 의미로 목적어 다음에 to부정사가 오는 것에 주의해야 한다.

③ remember+to부정사는 미래, remember ~ing는 과거의 경우에 쓴다.

I remember to meet her next week.
나는 그녀를 다음 주에 만날 것을 기억하고 있다. (앞으로 할 일)

I remember meeting her last week.
나는 그녀를 지난주에 만났던 것을 기억하고 있다. (지나간 일)

④ 현재완료시제는 for many years와 잘 호응하고 있으며 주어와의 관계로 보아 수동태가 알맞다.

「① 콜럼버스는 지구가 둥글다는 것을 증명했다.
② 나의 부모님께서는 계속하여 내가 공부하도록 격려해 주셨다.
③ 잠자리에 들기 전에 고양이를 밖으로 내놓는 것을 기억하세요.
④ 그 호텔은 여러 해 동안 폐쇄되어 왔다.」

**7** ①

① foolish, silly, stupid, kind, nice 등과 같이 의미상의 주어에 대한 성질 등을 나타내는 경우 의미상의 주어를 나타낼 때에는 전치사 for 가 아닌 '성질, 성격 등'의 의미를 지닌 전치사 of를 사용해야 한다.

② 주절의 동사가 명령, 주장, 결정, 제안, 충고, 요구 (order, command, insist, urge, decide, suggest, propose, advise, recommend, demand, require, request, propose, ask, desire 등)를 나타내는 동사일 때 종속절(that절)의 동사는 'should+동사원형'의 구조를 취하며, 이때 should 는 생략할 수 있다.

③ 사람 주어에 대한 '감정'을 나타내는 과거분사 amazed가 알맞고, 능동일 경우 4형식 동사 offer가 수동태가 되어 the job이 목적어가 된 3형식 문장도 알맞다.

④ 'keep+목적어+from ~ing'는 '(목적어)가 ~하는 것을 (못하도록) 막다, … 때문에 ~하지 못하다'라는 의미의 동명사 관용 표현이다. keep 외에도 stop, hinder, prohibit, prevent 등의 동사가 쓰인다.

「① 네가 그런 일을 한다는 것은 어리석은 짓이다.
② 그는 그 일이 즉시 처리되어야 한다고 명령했다.
③ 나는 그 일자리를 제공받았을 때 정말 깜짝 놀랐다.
④ 폭우 때문에 그들은 소풍을 갈 수 없었다.」

**8** ②

make a point : 논지를 충분히 입증하다   distinct : 별개의, 독특한   depend on : ~에 달려 있다, ~에 의존하다, 의지하다   specific : 구체적인, 명확한   convey : (통신·사상·소리 등을) 전달하다, (물건·승객 등을) 나르다, 운송하다

간접 의문의 명사절을 이끄는 whether ~ or 표현을 사용하는 것이 알맞다.

「비교와 대조문의 목적은 독자들에게 두 개의 구별되는 항목이 유사하거나 다르다는 것을 보여줌으로써 논지를 충분히 입증하고자 하는 것이다. 두 항목을 비교하느냐 대조하느냐를 선택하는 여부는 여러분이 독자들에게 전달하고자 하는 구체적인 논지에 달려 있다.」

**9** ③

sympathy : 동정, 위문, 호의   informal : 탁 터놓은, 형식을 따지지 않는   eccentric : 별난, 괴벽스러운   mean : 인색한, 비열한   greedy : 탐욕스러운, 욕심 사나운

「① John은 매우 냉혹하다. → John은 다른 사람에게 동정심을 갖지 않는다.
② 그녀의 생각은 엉뚱하다. → 그녀의 생각은 형식을 따지지 않거나 별나다.

③ 그녀는 상냥하다. → 그녀는 매우 인색하며, 탐욕스럽다.
④ 그는 실제로 최고수준의 행정가이다. → 그는 가장 우수한 행정가이다.」

**10** ②

burglary : 강도, 주거침입죄   suspect : 용의자, 요주의 인물, 의심을 두다   desire : 욕망, 욕구

② explain은 뒤에 바로 사람을 간접목적어로 취할 수 없다.

「이탈리아 로마에서 폐점시간 이후에 상점에서 잡힌 한 상점도둑 용의자는 자신은 지속적으로 잠자고자하는 욕망때문에 고통받고 있으며 그래서 상점 안에서 잠자고 있었다고 경찰에게 설명했다. 그의 상태는 그가 경찰의 질문을 받는 동안 계속 잠들면서 증명되었다.」

**11** ③

unconscious : 모르는, 알아채지 못하는, 의식을 잃은, 무의식의

③ discover는 타동사로 목적격 관계대명사가 필요하며, 문장에서 선행사가 없으므로 선행사를 포함하고 있는 what으로 고쳐야 한다.

「시인과 철학자들이 프로이드 전에 무의식을 발견한 이래로 프로이드가 발견한 것은 무의식을 연구하는 과학적인 방법이었다.」

**12** ③

Pacific : 태평양   profound : 깊은, 밑바닥이 깊은, 뿌리 깊은, 심원한, 뜻깊은, 깊은 곳, 심연, 심해, 대양   depth : 밑바닥, 깊이, 깊은 곳, 깊은 정도, 깊은 맛, 심각성   ocean : 대양, 해양, 바다, 끝없이 넓음, 막대한 양

than이 사용되면 그 앞에는 비교급 표현이 있어야 하며, 또한 전치사 with가 쓰였으므로 뒤에는 명사를 써야 한다.

「태평양은 가장 깊은 바다이다. 다른 어떤 바다보다 더 깊은 밑바닥을 가지고 있다.」

**13** ④

castle : 성(成)   relative : 친척(親戚)   court : 궁정, 법정

'So + V + S'는 '역시 그러하다'의 뜻이다. 이 때 앞 문장의 동사가 be동사인 경우에는 be동사를, 일반동사인 경우에는 do를 인칭 및 시제에 맞게 쓴다.

「며칠 뒤에, Cedric의 8번째 생일이 되자 성(成)에서는 큰 파티가 있었다. Earl의 모든 친척들이 참석했다. Hoggins 부부와 그의 가족들을 포함해서 Earl의 궁정의 사람들도 참석했다.」

**14** ④

not so much A as B : A라기보다는 차라리 B이다
(= more B than A)
① 그는 학자도 작가도 아니다.
② 그는 학자이자 작가이다.
③ 그는 작가가 아니라 학자이다.
④ 그는 학자라기보다는 작가이다.
「그는 학자라기보다는 작가이다.」

**15** ②

빈칸에는 문장의 주어가 될 수 있는 어구가 쓰여
야 한다.
① 형용사 excessive가 명사 뒤에 쓰여야 할 특별
한 이유가 없다.
③ 의미상 '지나치게 소비하는 것'을 뜻하므로 부
적절하다.
④ consume는 타동사로서 목적어가 전치사 뒤에
있으므로 부적절하다.
「카페인을 과다 섭취하게 되면 불안감, 불면증, 심지어 정
신착란 등의 증세가 나타날 수 있다.」

**16** ④

명사를 수식하는 어구의 순서는 the+최상급+형
용사+명사가 가장 적절하다.
「나는 그 시험에서 내가 쓴 답이 가능한 최선의 선택이었
다고 생각한다.」

**17** ④

should have done : ~했어야 했는데
「나는 학창시절에 게을렀다. 좀더 열심히 공부했어야 했
는데.」

**18** ②

fairly : 매우, 대단히  indoors : 집안에(서)  indoor :
옥내의, 실내의  be likely to do : ~할 것 같다(가능
성)  keep away from : ~로부터 멀리 있다, ~에 가
까이 하지 않다
unprotected는 유사보어로서 주어(a chimney)의
상태를 설명한다.
「우뢰와 번개불이 치는 폭풍이 있을 때 집안에 있는 것이
매우 안전하다. 그러나 굴뚝은 지붕 위로 보호되지 못한
채 올라와 있으므로 집의 다른 부분보다 번개를 맞을 가
능성이 더 크다. 그러므로 벽난로에서는 멀리 떨어져 있
는 것이 현명하다.」

**19** ④

빈칸에 주어와 본동사가 들어가야 완전한 문장이 된다.
「운동은 정신적 · 육체적 건강을 증진시키는 중요한 요인
으로 인식된다.」

**20** ①

주절에 would be가 온 것으로 보아 가정법 과거
구문이거나 가정법 미래구문이다. if절에 'were to'
가 나오면 실현가능성이 없는 가정을 나타내는 가
정법 미래구문이 된다.
「만약 그가 경기에서 이긴다면 나는 놀랄 것이다.」.

**21** ②

지각동사 hear가 진행 · 능동의 뜻이므로 현재분사
를 목적보어로 취한다.
「나는 일부 유럽계 미국인들이 다른 모든 사람들을 대신
해서 착취적인 일본상인들이 평화적인 경쟁관계를 망치
고 있다고 욕하는 것을 들었다.」

**22** ①

in spite of ~ : ~에도 불구하고(= despite)  whereas
: 반면에
'although'와 'whereas'는 접속사로서 그 뒤에 '주
어 + 동사'의 절 구조가 이어져야 한다. 이 문장의
빈칸에는 advertisement라는 명사를 목적어로 취
하는 전치사(구)가 필요하다. 따라서 'in spite of'
가 적합하며, 'despite'의 경우는 뒤에 'of'를 쓰지
않는다.
「광고를 했음에도 불구하고 그 식당은 손님들에게 무료
디저트의 제공을 거절했다.」

**23** ③

문맥상 빈칸에는 원인을 나타내는 부정사구가 적
합하며, 일자리를 찾은 것은 운이 좋다고 생각한
것보다 더 이전 시점을 나타내므로 완료부정사를
써야 한다.
「서울에 도착했을 때 나는 한 푼도 없었다. 내가 그처럼
빨리 일자리를 얻은 것은 다행스러운 일이다.」

## 24  ④

truce : 정전(휴전)  skirmish : 전초전, 작은 충돌
밑줄 친 부분은 이 문장의 주절이 되어야 하므로
주어와 동사가 분명하게 나와야 한다. 그리고 문
맥상 과거부터 현재까지의 시점을 나타내므로 현
재완료시제를 써야 한다.
「휴전이 선포된 후 6개월 동안 국경을 따라 몇 번의 사소
한 충돌이 있었다.」

## 25  ③

주절로 봐서 가정법 과거완료의 구문이므로 if절에
는 had + p.p.가 와야 한다. if가 생략되면 주어,
동사가 도치된다.
「만약 내가 그 음악이 얼마나 그녀를 괴롭혔는지 알았더
라면 나는 볼륨을 줄였을 것이다.」

## 26  ③

sloppily : 단정치 못하게, 되는 대로
「그의 지원서는 손으로 마구 써서 오자투성이였다.」

## 27  ②

skill 다음에 오는 전치사는 in이나 at이다.
「운전면허를 딸 때 하는 도로테스트는 시험보는 사람의 교통
법규에 대한 지식과 자동차를 다루는 기술을 평가한다.」

## 28  ③

acclaim : 환호, 갈채
it은 desire(욕구)를 가리키므로 술어동사로 achieved
를 쓰는 것은 의미상 적합하지 않고, 주어가 사물이므
로 satisfying을 쓰는 것이 옳다.
「대중적인 환호와 인정을 받으려는 욕구는 보편적이지만
좀처럼 만족시키기가 어렵다.」

## 29  ②

interest와 time은 no에 똑같이 걸리는 명사이므
로 이 둘 사이는 or로 연결하는 것이 옳다.
「나는 그들의 끊임없는 불평을 듣는 데 관심도 시간도 없다.」

## 3   영작 및 생활영어

### ≫  1. 영작

## 1   ②

② '기껏해야'라는 뜻을 가지려면 'at the most'를
써야한다. 'at the least'는 최소한이라는 뜻이다.
The learning and knowledge that we have is
at the least but little compared with that of
which we are ignorant. → The learning and
knowledge that we have is at the most but
little compared with that of which we are
ignorant.

## 2   ②

full fledged : 자격을 제대로 갖춘  home ownership
: 자택소유  clarify : 규명하다  be underestimated :
과소평가 되다  in short supply : 공급이 딸리는
② 동사 must clarify의 목적어로 'who owns
what'이 간접목적절의 형태로 쓰였다. who가 주
어, what이 목적어가 된다. 또한 병렬구조로 연결
되는 'what a property is worth' 역시 간접의문
문으로 what이 worth의 목적어로 쓰였다.

## 3   ④

alternative : 대안  invade : 침략하다  accountant
: 회계사
① had been offered → (having been) offered
② take → have taken
③ waited → waited for

## 4   ①

slip → to slip
cause는 목적어 뒤에 오는 목적보어로 to 부정사
를 취한다.

## 5   ④

by → with
벽돌을 도구로 이용한 것이므로 전치사는 by가 아
닌 with가 어울린다.

**6** ④

fluently : 유창하게  law of gravitation : 중력법칙
④ 과거 사실에 반대되는 것을 가정하는 것이므로
가정법 과거완료 시제가 되어야 한다.
If it was not for Newton, the law of
gravitation would not be discovered.
→ If it had not been for Newton, the law of
gravitation would not have been discovered.

**7** ③

strategy : 전략, 전술  appeal to : ~에 호소하다,
관심을 끌다  be accustomed to : ~에 익숙하다
문장의 주어부터 살펴보면 '그 회사의 마케팅 전
략에서 정관사 the가 있어야 하므로 ②와 ④가
먼저 정답에서 제외된다. be accustomed to는 명
사 또는 동명사(~ing)를 목적어로 취하므로 ③의
'be accustomed to paying'이 알맞다.

**8** ②

consist는 자동사이므로 수동태의 형태 'be consisted
of'로 쓸 수 없다. 또한 consist of 그 자체로 '~으로
구성되다'라는 뜻이 있다. 따라서 잘못 옮긴 것은 ②
이다.
「그 그룹은 10명으로 구성되었다. → The group consisted of
ten people.」

**9** ③

not A until B : B하고 나서야 비로소 A하다
「① 나는 그녀가 나에게 전화할 때조차 그녀가 사무실 안
　에 있다는 것을 알지 못했다.
② 그녀는 전화로 그녀가 사무실에 있지 않다고 말했다.
③ 나는 그녀가 전화할 때까지는 그녀가 사무실에 없다
　는 것을 알지 못했다.
④ 그녀는 그녀가 사무실에 없다는 것을 내가 알도록 하
　려고 나에게 전화했다.」

**10** ②

② "도착하다, 끝내다, 완료하다" 등은 '완료'의 의
미로 'by'가 호응되며, "기다리다, 공부하다, 일하
다" 등은 '지속'의 의미이므로 'until'과 호응한다.

**11** ③

purchase : 구입, 구입하다
③ 가정법문제로 '구입했었더라면'은 과거의 다른
상황을 상상하는 것이고, '얼마나 좋을까'는 현재
의 상황을 상상하는 것이므로 wish는 현재 시제
로, purchase는 과거 완료 시제인 'had purchase'
로 쓰는 것이 옳다.

**12** ③

by no means : 전혀 아닌   diligent : 부지런한
credit : 신용  failure : 실패
③ '신용만큼 중요한 것은 없다.'라는 최상급 표현
을 만들기 위해서는 'everything'을 'nothing'으로
고쳐야 한다.

**13** ②

fake : 가짜의, 모조품  can't be : ~일 리가 없다
hold : 열다, 개최하다  surface : 표면  impossible
: 불가능한
② 문맥상 수동형이 와야 하므로 'be + p.p'형태가
되어야 하고, 주기적인 일을 나타내고 있으므로
현재시제를 사용해야 한다. 따라서 'is held'가 되
어야 한다.

**14** ③

① should have p.p. : ~했어야 했다
② must have p.p. : ~했음에 틀림없다
③ could have p.p.는 '~ 할 수 있었을 것이다.
　'~ 했을 리가 없다'라는 의미를 가진 cannot
　have p.p.로 고쳐야 한다.
④ ought to do : ~해야 한다.

**15** ④

'cannot ~ without' 구문을 물어보는 것으로 ④에
서는 cannot을 no ~ can의 형식으로 쓴 표현이
되어 알맞다.
① 모든 사람들은 무언가를 배우지 않고서 이삼십
　년 동안 매일 아침 면도를 할 수 있다.
② 모든 사람들은 무언가를 배우기 위해서 이삼십
　년 동안 매일 아침 면도를 할 수 있다.
③ 어느 누구도 무언가를 배우기 위해서 이삼십
　년 동안 매일 아침 면도를 할 수 없다.
④ 어느 누구도 무언가를 배우지 않고서는 이삼십
　년 동안 매일 아침 면도를 할 수 없다. (= 이
　삼십 년 동안 매일 아침 면도를 하다 보면, 누
　구나 무언가를 배우기 마련이다.)

**16**  ④

① on no account가 있어서 부정어의 문두 사용으로 인한 도치 구조로 알맞은 표현이며, let in은 구동사로서 수동태 표현이 가능하다. 사역동사 let의 수동태 불가와 혼동해서는 안 된다.

② If the wound should be inflamed에서 If를 생략하고 Should가 문두에 나온 것이므로 알맞은 표현이다. 부사구를 문두에 두어 도치된 구조가 알맞으며 '낯선 사람들을 안으로 들여보내다(let strangers in)'의 표현이 수동태로 적절히 나타나 있다.

③ 사역동사 have 다음에 목적보어자리에는 원형부정사를 쓰는 경우가 많긴 하지만 경우에 따라서 현재분사형도 쓴다.

④ Either of the singers has → Both of the singers have
Either의 경우 둘 중 한 명의 가수를 말하므로 알맞지 않다. '두 명의 가수' 모두를 나타내려면 Both로 나타내야 하며 복수동사가 나와야 한다.

**17**  ②

arrived ten minutes behind schedule : 예정보다 10분 늦게 도착했다  be scheduled to : ~하게 예정되다  delay : 지연하다, 연기하다

**18**  ③

An experiment done with American astronauts : 미국 우주비행사들을 대상으로 한 실험
② An experiment done on에서 on이 아닌 with가 와야 한다.
③ make 뒤에 가목적어 it이 와야 한다.

**19**  ④

'이 책은 필수불가결한 안내서이다'에서 guide 앞에 관사가 필요하므로 'This book is an essential guide'가 되고, '우리 시대의 한 선도적 지식인에 대한'에서 지식인들 중에 한 명을 의미하기 위해 'one of the leading intellectual figures of our time'이 되어야 한다.
① This book을 This book is로 수정해야 한다.
② intellectuals를 intellectual로 수정해야 한다.
③ essential guide를 an essential guide로 수정해야 한다.

**20**  ①

'~하자마자'의 표현
㉠ the moment(the instant, the minute) + 주어 + 동사
㉡ as soon as + 주어 + 동사
㉢ no sooner had + 주어 + p.p. + than + 주어 + 동사의 과거형
① never A without B의 표현은 '~하면 반드시 ~하다'의 뜻으로 사용된다.

**21**  ①

② above는 ~위에, ~위쪽에 등을 나타내는 전치사이므로 옳은 표현이 아니다.
③ 전치사 with 다음에는 주어 + 동사가 올 수 없다.
④ of the age of 5는 올바른 표현이 아니며, under the age of 5로 나타내야 한다.
※ 나이에 '미만'이라는 표현을 쓸 경우 전치사 under를 사용해야 한다.

**22**  ①

② to watch it → to watch
③ went to prison → went to the prison
④ damaging → damaged

**23**  ①

conflict : 충돌, 대립, 다툼, 전쟁, 갈등  focus : 집중하다, 초점이 맞다  shape : 모양짓다, 형체를 이루다, 실현하다, 구상하다, 고안하다  commitment : 약속, 공약, 범행, 위임, 책임
① In resolving conflict, what you say it is as important as how you say. → In resolving conflict, what you say is as important as how you say it. what과 how는 각각 관계대명사와 관계부사이다. what은 선행사를 포함하는 관계대명사로서 명사적 용법으로 쓰인다. 여기서는 주어절을 이끌고 있으므로 what절 뒤의 it은 중복으로 삭제해야 한다. 또한, how가 이끄는 절에는 say의 목적어, it이 빠져 있다.

**24**  ④

break : 잠깐의 휴식·여유
④ Give me a break. : 좀 봐 주세요.

**25** ①

① 자동사는 전치사와 함께 쓰여 타동사 역할을 하며, 수동태가 가능하다. 따라서 laughed는 laughed at으로 바꾸어야 한다.

**26** ①

① would do well → would rather do, '~하는 것이 좋다'의 의미를 나타낼 때에는 'would rather + 동사원형'의 형태로 나타낸다.

**27** ④

① owe A to B : A는 B 덕택이다.
② be responsible for : ~에 책임이 있다.
③ despite : ~에도 불구하고
④ How를 What으로 고쳐야 한다.

**28** ①

burst into tears : 울음을 터뜨리다    sob : 흐느껴 울다

**29** ①

have been to + 장소 : ~에 갔다 왔다(경험)    see off : 전송하다, 배웅하다

**30** ④

to부정사 (and to부정사) : 단수취급, 동명사 and 동명사 : 복수취급
to keep good(early) hours(= early to bed and early to rise) : 일찍 자고 일찍 일어나기

**31** ①

가정법 미래의 문형이다.

**32** ①

overtake : 추월하다

**33** ④

the + 비교급 + of the(these / 소유격) two (of A and B), 최상급은 셋 이상에서의 비교를 말한다.
① one은 그 대상이 부정확하다.

**34** ③

③ 'so+형용사+a+명사'의 so~that 구문에 대한 것으로, take it for granted에서 it은 가목적어이므로 뒤에 진목적어 'that+주어+동사'가 필요하다.

**35** ②

① 목적어(such facilities)와 동사(must be able to use)의 위치가 잘못 되었다.
② '할 수 있어야 한다'와 must의 의미가 서로 맞지 않고, '무료'의 의미가 되려면 without charge가 되어야 한다.
④ 문장에 '무료'를 의미하는 단어가 없다. freedom은 '자유'의 뜻이다.

## ▶▶ 2. 생활영어

**1** ④

exceed : 넘다, (허용한도를) 넘어서다    fine : 벌금
on the spot : 즉석에서(현장에서)
① 왜냐하면 그 장소는 벌금을 부과하기엔 너무 바빴거든.
② 왜냐하면 나는 날 찍을 아무런 카메라도 찾지 못했거든.
③ 왜냐하면 나는 벌금이 부과되었을 때, 이미 지불하였거든.
「A : 이 편지 좀 봐.
 B : 아 그래, 공적인 것으로 보였어. 속도제한을 초과한 것에 대해 벌금이 부과되었다고 쓰여 있네. 왜 그 장소에서 벌금을 물지 않았니?
 A : 왜냐하면 나는 하나의 속도카메라에 사진을 찍혔거든.
 B : 그들은 점점 더 많은 카메라를 이 근처에 설치하고 있어. 너는 앞으로 더 조심해야 할 거야.
 A : 농담이 아니야, 벌금이 60달러야.」

**2** ①

frankly : 솔직히    mare : 암말, 암당나귀
② 행운을 빌어
③ 앞으로도 열심히 해.
④ 돈이 있으면 다 된다.
「Tom : 솔직히, 나는 내 새로운 보스가 자신이 뭐하는지 알고 있는 것 같지 않아.
 Jack : 톰, 그는 젊어. 너는 그에게 기회를 주어야만 해.
 Tom : 몇 번이나 내가 그에게 기회를 줘야 하지? 그는 실제로 끔찍하게 일해.
 Jack : 호랑이도 제 말하면 온다더니.
 Tom : 뭐? 어디?
 Jack : 저기, 너의 새로운 보스가 막 코너를 돌았어.」

**3** ③

off hand : 준비 없이, 즉석에서   urgent : 긴급한, 시급한
① 실망시키지 않을게.
② 나는 그것을 연습해야겠어요.
③ 바로 생각나지 않는데요.
④ 나한테 연락하는 것 잊지 마세요.

「A : Herbert의 전화번호 알아?
B : Herbert의 전화번호? 지금 주소록을 안가지고 있어서, 바로 생각나지 않는데.
A : 이거 곤란하게 됐는데! 나는 그를 찾아야 해. 급해. 만약 오늘 그를 찾지 못하면, 나는 곤경에 처할 거야!
B : 음, Beatrice에게 전화해 보는 거 어때? 그녀한테 그의 전화번호가 있을 거야.
A : 내가 해봤는데, 아무도 받지 않아.
B : 오, 넌 이제 죽었다!」

**4** ①

push oneself : (~하도록) 스스로를 채찍질하다
have pity on : ~을 불쌍히 여기다   exhausted : 기진맥진한, 진이 다 빠진
① 나는 빼줘!
② 왜 나는 마라톤에 참가하면 안 돼?
③ 내가 왜 그 생각을 못했을까?
④ 나는 그렇게 생각하지 않아.

「A : Kate, 나 너무 피곤해. 아직 7시 30분밖에 안됐어! 몇 분만 쉬자.
B : 아직 멈추면 안 돼. 조금만 더 힘내봐. 나도 조깅을 처음 시작했을 때, 매우 힘들었어.
A : 그럼 나 좀 봐줘. 난 오늘이 처음이잖아.
B : 힘내, Mary. 3개월 정도 하면 마라톤에 나갈 준비가 될 거야.
A : 마라톤! 마라톤이 몇 마일이나 되지?
B : 약 30마일 정도야. 내가 매일 조깅을 한다면, 두 달 후에는 마라톤에 참가할 수 있을 거야.
A : 나는 빼줴! 겨우 반 마일 했는데도 나는 완전 지쳤어. 그만할래.」

**5** ④

seconds : (방금 먹은 음식으로) 한 그릇 더
「① A : 나 다음 달에 중국에 갈 거야.
B : 중국 어디?
② A : 좋은 소식이 있어.
B : 뭔데?
③ A : 너 브라질 여행 갔다 올 때 와인 좀 사다줘.
B : 물론이지.

**6** ③

③ Will they? → Will you?
「① A : 이 학교는 1975년에 설립됐어.
B : 오, 그게 그래?

② A : 우리 엄마는 교사로 일하셔.
B : 오, 그녀가 그러셔?
③ A : 우리가 너의 상황을 고려할게.
B : 오, 그들이 그런대?
④ A : 너 프레젠테이션 좋았어.
B : 오, (나) 그랬어?

**7** ④

consider : 고려하다, 생각하다   mileage : 주행거리   rust : 녹, 부식
① 그것이 중고인지 어떻게 알 수 있나요?
② 당신은 엔진이 얼마나 지속될 것인지 알고 있나요?
③ 제게 마일리지가 얼마나 필요하죠?
④ 그밖에 주의해야 할 것이 있나요?
「A : 당신이 중고차를 살 때 첫 번째로 고려해야 하는 것은 주행거리예요.
B : 저도 그렇게 들었어요. 그밖에 주의해야 할 것이 있나요?
A : 네, 얼마나 부식되었는지도 확인해야 돼요.
B : 좋은 정보로군요.」

**8** ②

빈칸 바로 앞에서 B가 'We have a bigger one now. (더 큰 사이즈가 있어요)'라고 했으므로, 여전히 환불을 원하는지에 대해 묻는 표현인 ②가 정답이다.

「A : 이 스웨터를 환불 받을 수 있을까요?
B : 왜 그러시죠? 혹시 무슨 문제가 있나요?
A : 음, 이건 저에게 너무 작아요.
B : 더 큰 사이즈가 있어요. 그래도 환불을 원하시나요?
A : 네, 그렇게 해주세요. 영수증 드릴게요.
B : 네, 처리해 드리겠습니다.」

**9** ③

① 어느 지폐들을 교환하고 싶습니까?
② 무엇 때문에 그 지폐들을 원하십니까?
③ 지폐는 어떻게 해 드릴까요?
④ 당신의 지폐가 언제 준비되길 원하십니까?

「A : 안녕하세요. 무엇을 도와드릴까요?
B : 나는 약간의 유로를 미국 달러로 환전하고 싶습니다, 부탁합니다.
A : 물론입니다. 얼마나 환전하길 원하십니까?
B : 600유로입니다.
A : 지폐는 어떻게 해 드릴까요?
B : 50달러들로 부탁합니다.」

**10** ①

make a point of : 꼭 ~하기로 되어 있다.   idiot :
멍청이, 바보   going on : (일이)일어나고 있는, ~
에 가깝게   last : 계속하다   the rest of the day :
하루의 나머지 시간   as for me : 나로서는
① keep up with (상황의 빠른 속도를 맞춰가며)
　유지하다―put up with   참다, 참고 견디다
② catch up with   ~을 따라잡다
③ get along with   ~와 잘 지내다
④ come down with   (병이)들다, 걸리다
「A : 나는 TV 시청하는 것을 피하기로 했어. 그건 아이들
　　과 멍청이들을 위한거야.
　B : 나는 동의하지 않아. TV 뉴스는 매우 어른스러워.
　　그것은 내게 사실들을 제공해. 그것은 내게 무슨 일
　　이 일어나고 있는지를 말해줘. 그것은 내가 세상을
　　따라잡도록 도와줘.
　A : 뉴스는 30분간 진행돼. 네가 하루의 나머지 시간 동
　　안 보고 있는 것을 뭐라고 생각하니?
　B : 글쎄, 거기엔 또한 교육적인 프로그램도 있어. 너도
　　알다시피 예술과 과학에 대한 프로그램말이야.
　A : 만약 네가 10분짜리의 프로그램을 위해서 5분의 광
　　고를 참을 수 있다면, 그것들은 괜찮지. 나로서는,
　　나는 광고가 나올 때마다 소리를 꺼버려.」

**11** ④

take it on the chin : 묵묵히 참고 견디다   move
on : 앞으로 나아가다   talk around : 빙빙 돌려서
말하다   make sense : 이치에 맞다   on the tip of
one's tongue : 입가에서 맴돌다(생각이 나지 않다)
① 말을 빙빙 돌리지마.
② 말도 안돼.
③ 오, 생각이 나질 않아.
④ 네 말이 맞아.
「A : 초보자로서, 우리는 묵묵히 참고 견뎌야만 해.
　B : 네 말이 맞아.」

**12** ②

afraid : 두려워하는   fail : 실패하다   work out :
풀다, 해결하다   in a flap : 안절부절 못하다
① 나도 그러길 바래.
② 좋게 해결될 거야.
③ 넌 결과에 대해 후회하게 될 거야.
④ 넌 결과에 대해 안절부절 못하게 될 거야.
「A : 난 내일 시험에 떨어질까봐 두려워.
　B : 힘내. 좋게 해결될 거야.」

**13** ②

① 그렇지도 않아.
② 네 맘대로 해.
③ 네가 스스로 보러 와라.

④ 아마 한 스푼 또는 그 정도
「A : 커피 마시는 것은 어때요?
　B : 그거 괜찮은 데요.
　A : 아메리카노하고 카페라떼 중 어떤 거 드실래요?
　B : 나는 상관없어요. 당신 맘대로 하세요.
　A : 아메리카노를 가져올 생각이에요.
　B : 좋습니다.」

**14** ②

① 무슨 요일이죠?
② 이 책은 언제 반납해야 하나요?
③ 저는 이 책을 돌려 드릴 것입니다.
④ 이 책은 정식으로 대출할 수 있는 것이 맞죠?
「A : 이 책은 언제 반납해야 하나요?
　B : 오늘은 월요일이므로, 다음 주 월요일까지 대 여가 됩
　　니다.
　A : 날짜를 조금 더 연장할 수 있을까요?
　B : 아니요, 대여한 책은 일주일 이내에 다시 가져오셔야 되요
　A : 10일 가량 이 책을 빌릴 다른 방법은 없나요?
　B : 음, 그럴 수는 없을 것 같네요. 또 다른 주에 그 책을
　　다시 빌리는 것이 나을 것 같아요.」

**15** ④

① 다리 흔들기
② 봉창 두드리기
③ 말꼬리 잡기
④ 둘러서 말하기
「A : 에이미, 파티에 갈 준비 다 되었니?
　B : 갈 수 있을지 잘 모르겠어, 약간 아픈거 같기도 하고,
　　드레스도 맘에 들지 않고 그냥 난 빼놓고 가야할거 같아.
　A : 제발 에이미. 돌려서 말하는 건 그만해. 난 너를 너무
　　잘 알아. 아픈게 아니잖아. 가기 싫은 진짜 이유가 뭐
　　니?」

**16** ①

paycheck : 급여
① 용감히 난국에 맞서다, 정면대응하다.
② 긁어 부스럼 만들지 마라.
③ 쌀쌀맞게 대하다.
④ 항복하다, 포기하다.
「A : 오늘 월급받았는데, 내가 기대했던 것만큼 인상되지
　　않았어.
　B : 아마도 이유가 있겠지.
　C : 정면대응을 하러 당장 사장님에게 가서 그것에 대하
　　여 말을 하렴.
　A : 몰라. 사장님이 지난주 회계보고서에 대하여 아직까지
　　화가 나 있는 것인 지도 몰라.」

**17** ③

serve : (손님)을 응대하다, (손님)의 주문을 받다
close call : 위기일발, 구사일생   let go of : ~을
놓아 주다, 해방하다(= release)
'Have you been served?'는 '주문하셨습니까?'라는
의미로 'Are you being waited on?'으로 바꿔 쓸
수 있다. '주문하셨습니까?'라는 질문에 대한 대답으
로 '이미 주문했습니다.'라는 의미의 'I'm being
waited on.'이 알맞으며, 'I'm being served.', 'I'm
being helped.' 등도 같은 의미이다.

「① 네, 가는 중입니다.
② 그것은 위기일발이었어요.
③ 네, 이미 주문했습니다(이미 안내를 받고 있어요).
④ 세 손 좀 놓아 주세요.」

**18** ④

living : 생계, 생활 방편   fly : (항공기 따위)를 조
종하다   commercial : (항공편 따위가) 영업용인,
군용이 아닌   strong : (차·술·약 따위가) 진한   I
'm afraid (that) ~ : ~인 것 같다, (유감이지만) ~
라 생각하다   busy : (전화가) 통화 중인   prefer :
~을 좋아하다, 오히려 ~을 택하다   give ~ a
hand : ~를 도와주다, 거들다   keep one's hands
off : ~을 손대지 않다, ~에 간섭하지 않다
④ '저 좀 도와주시겠어요?'라는 말에 대해 '제가
손대지(간섭하지) 않아서 기쁩니다.'라고 대답하는
것은 알맞지 않다.

「① A : 당신의 직업은 무엇입니까?
  B : 저는 대형 항공사의 민간 여객기를 조종합니다.
② A : 커피를 어떻게 해 드릴까요?
  B : 진하게 해 주세요.
③ A : 그녀의 전화가 통화중인 것 같아요. 기다리시겠습니까?
  B : 전 그녀에게 메시지를 남기고 싶어요.
④ A : 이 책들은 너무 무거워요. 저 좀 도와주시겠어요?
  B : 물론이죠. 제가 손대지 않아서 기쁩니다.」

**19** ①

gloomy : 우울한, 침울한, 울적한
① 'What does it matter to you?'는 '그게 너랑
무슨 상관이야?'라는 의미이므로 빈칸에 알맞지
않다. 'What's the matter with you?'와 혼동하지
않도록 유의해야 한다.
① 그게 너랑 무슨 상관이야?
② 무슨 일로 그러니?
③ 뭐가 신경 쓰이는데?
④ 네 마음을 누르는 게 뭐니?

「A : 난 일찍 집에 가고 싶어.
  B : 그렇게 빨리? 너 요즘 우울해 보여. _____」

**20** ④

Help yourself : (음식을) 마음껏 드십시오   dress
up : 정장하다, 옷을 차려입다
④ A의 대화는 자리를 지켜 달라고 하는 내용인
데, B의 답이 '협조해 주어 고맙습니다.'이므로 어
울리지 않는 내용이다.

「① A : 안녕, Ted! 만나서 반가워. 여기 자리 있니?
  B : 아냐, 마음대로 해(앉아도 좋아).
② A : 이번 주 금요일 파티에 널 초대하고 싶어.
  B : 초대해 줘서 고마워. 정말 가고 싶어.
③ A : 오! 내가 옷을 차려입어야 돼?
  B : 있는 그대로 와.
④ A : 제 자리 좀 봐 주실 수 있어요?
  B : 협조해 줘서 고맙습니다.」

**21** ③

remind : 생각나게 하다, 상기시키다, 일러 주다
agenda : (회의 등의) 협의 사항, 의제   deal with
: ~을 다루다, 취급하다(= handle, treat, cope
with)   out of time : 너무 늦어서   drag on : 지루
하게 계속하다, 질질 오래 끌다

B의 내용이 지난주 회의가 끝나지 않을 것 같았다는
내용이므로 A에 ③의 '회의가 지난번처럼 질질 끌어
지지 않았으면 한다'는 내용이 와야 알맞다.
① 지난번 회의의 모든 자료를 다 보셨나요?
② 우리가 너무 늦은 것 같은데요. 그렇게 생각하
지 않으세요?
④ 저는 지난 회의의 대부분의 결정은 너무 성급
했다고 생각합니다.

「A : Tim, 4시경에 직원회의가 있죠?
  B : 맞아요. 저에게 상기시켜 주셔서 기쁘네요. 전 하마터
면 깜빡할 뻔했어요.
  A : 오늘의 의제에 관해 묘안이라도 있나요?
  B : 저는 판매수치(매출액)를 높이기 위한 새로운 전략을
우리가 다루는 것은 어떨까 생각합니다.
  A : 전 (오늘) 회의가 지난번처럼 오래 질질 끌려가지 않
기를 바랍니다.
  B : 저도 마찬가지입니다. 저도 지난 주 회의는 끝이 나지
않으리라 생각했어요.」

**22** ②

let's call it a day : 오늘은 이만 끝내자

「A : 우리는 모든 주문품의 포장을 끝냈나요?
  B : 아니오. 우리는 아직 10분 정도 더 해야만 해요.
  A : 난 이 물건을 포장하는 것이 지루해요.
  B : 아마도 나중에 우리는 그 일을 끝낼 수 있을 거예요.
  A : 물론이죠. 우리는 내일 아침에 할 수 있어요.
  B : 좋아요. 오늘은 이만 끝내요.」

**23** ①

loading : 선적, 하역, 짐싣기

「A : 나는 계속해서 주차장소를 찾아다녔지만 어디에도 주
　차장소를 찾을 수가 없었어요.
　B : 그래서 어떻게 했어요?
　A : 선적구역에 주차할 수밖에 없었어요.
　B : 안돼요. 그것으로 인해 벌금을 물 거예요.」

**24** ①

agenda : 의사일정, 협의사항, 의제, 비망록　fill
B in on A : A에게 B에 대해 자세히 알려주다
① 그것에 대해 자세히 알려줄 수 있겠니?
② 함께 만들자.
③ 내 대신 참석할래?
④ 나는 아직 결정하지 못했어.

「A : David, 당신은 아침 이사회 회의에 참석하지 않았다.
　B : 나는 그렇게 할 수가 없었다. 나는 사실 아프다고 전
　화했다.
　A : 중요한 의제들이 결정되었다.
　B : 자세히 알려줄 수 있겠니?」

**25** ①

competent : 유능한, 능력이 있는, 충분한　modest
: 겸손한, 신중한, 정숙한, 적당한
② 나는 그에게 재고해달라고 부탁할 것이다.
③ 당신이 그를 좋아하지 않다니 유감입니다.
④ 나는 평평하게 할 수가 없습니다.

「A : 당신은 새로운 관리자와 잘 지내고 있습니까?
　B : 그렇습니다. 그는 능력 있고 겸손합니다. 당신은 어떻
　습니까?
　A : 불평할 것이 없습니다. 나는 그를 매우 좋아합니다.
　B : 우리가 그와 함께 일하게 된 것은 행운입니다.」

**26** ①

receipt : 영수증　identification : 신분확인, 신분
증　opinion : 의견, 감정
① 어느 쪽이든 상관없다.
② 모든 것이 중요하다.
③ 나는 도울 수 없다.
④ 당신의 의견은 확실하지 않다.

「A : 실례합니다. 이 라디오를 여기서 구매했는데 작동하지
　않네요.
　B : 영수증 가져오셨어요?
　A : 영수증을 잃어버렸는데요. 다른 라디오와 교환할 수
　있을까요?
　B : 영수증이 없으면 어려운데요.
　A : 믿어주세요. 오늘 아침에 구매했어요.
　B : 그러면 다른 신분증을 가지고 있나요?
　A : 예, 운전면허증과 신용카드가 있습니다.
　B : 좋아요. 어느 쪽이든 상관없어요. 당신은 이제 지배인
　사무실로 가시면 됩니다. 바로 저쪽에 있습니다.」

**27** ②

① 그녀는 지금 어떨까요?
② 그녀는 어떤 사람인가요?
③ 그녀는 어떻게 생겼나요?
④ 그녀는 무엇을 하고 싶어 하나요?

「메리 : 월요일에 서울 출신인 우리 학생이 도착했어요.
　빌 : 그녀의 이름은 뭐예요?
　메리 : 순희입니다.
　빌 : 이름 예쁘네요! 그녀는 어떤 사람인가요?
　메리 : 그녀는 정말 좋아요. 난 우리들 사이에서 잘 지낼 것
　이라고 확신해요. 우리는 공통점이 많은 것 같아요.
　빌 : 벌써 어떻게 알아요? 그녀는 무엇을 하기를 좋아한데요?
　메리 : 음, 그녀는 춤추는 것을 좋아해요. 나도 그렇고요.
　그리고 우리는 둘 다 같은 종류의 음악을 듣는 것
　을 좋아해요. 그녀를 빨리 보고 싶네요.」

**28** ②

① 내가 돌아온 후에 나에게 어디에 있는지 말해줄래?
② 이 줄에서 내 자리 좀 맡아줄래?
③ 내가 너에게 편지를 써도 되니?
④ 전화를 끊지 말고 기다려주실래요?

「A : 오, 이런!
　B : 무슨 일이야?
　A : 차에 내 지갑을 놓고 온 것 같아.
　B : 그럼, 입장권을 사기 전에 갔다오는 것이 좋겠다.
　A : 이 줄에서 내 자리 좀 맡아줄래?
　B : 물론이지, 서둘러!」

**29** ④

certainly : 확실히, 틀림없이　perform : 실행하다,
공연하다　from time to time : 가끔　suppose :
추측하다

「Tom : 확실히 여기는 아름답다.
　Emma : 정말. 오, 저길 봐. Perter Kadar가 오늘 밤 노
　래공연해.
　Tom : 난 그의 노래를 들어본 적이 없어.
　Emma : 그는 유명한 헝가리 가수인데 매년 미국에서 공
　연하고 있어. 나는 항상 헝가리 음악가들에게 관
　심이 있어. 우리 부모님이 모두 헝가리 출신 음
　악가셨거든.
　Tom : 오, Kovacs는 헝가리 이름이야?
　Emma : 아니, Kovacs는 나의 결혼한 이름이야. 하지만
　나의 남편도 헝가리 사람이야.
　Tom : 그거 흥미롭다. 너 헝가리어 할 수 있니?
　Emma : 응, 내가 어린아이였을 때 집에서 헝가리어를 썼
　어, 또 남편하고 가끔 헝가리어로 대화하기도 해.
　Tom : 나의 부모님은 스웨덴에서 오셔서 스웨덴어를 조금
　할 수 있어. 하지만 스웨덴 여자와 결혼하지 않았
　어, 사실 나는 결혼하지 않았어.
　Emma : 그렇구나, 비행사들은 여행을 많이 해서 가정을
　꾸리는 것이 힘들 것 같아.」

## 30 ①

① 내 이야기 알아들었니?
②④ 다시 말해 줄 수 있나요?
③ 우리 함께 갈까요?

「A : 만약 네가 이런 상황이라면 너는 어떻게 코끼리에서 내려올 수 있겠니?
B : 사다리를 사용해서?
A : 아니야. 너는 코끼리에서 내려올 수 없어. 너는 오리에서 내려 온다. 내 말 알아듣겠니?
B : 흠, 웃기네.」

## 31 ②

talk the same language : 말이 통하다, 생각이 일치하다   be through with : ~와 끝내다, 끊다
never fail to do : 반드시 ~하다
① 너는 반드시 나를 기쁘게 해야 한다.
③ 그녀는 많은 일로 꼼짝 못하는 것이었음에 틀림이 없다.
④ 네 말이 맞다. 그녀는 영어를 좋아하지 않는다.

「A : 비록 2년 동안 교제하고 있지만, 그녀와 나는 여전히 생각하는 게 달라.
B : (그래서, 그녀와 끝내려고 하니?)」

## 32 ④

stuffed : 배부른, 속을 채운

「① A : 당신의 컴퓨터 좀 사용해도 될까요?
B : 지금은 안 됩니다.
② A : 여기가 박사님의 사무실이죠, 그렇죠?
B : 죄송하지만, 박사님의 사무실은 옆방입니다.
③ A : 오, 이런! 너 Barbara구나.
B : 그래, 맞아! 다시 만나서 반갑구나, Danny.
④ A : 디저트 드시겠습니까? 아이스크림이 있는데요.
B : 그럼요, 주세요. 배부르네요.」

## 33 ④

교습경력이 있어야 한다고 걱정하는 친구에게 할 수 있는 적절한 답변을 보기에서 고른다.
① 그러면 내가 그것에 관한 것을 잊겠습니다.
② 글쎄요, 컴퓨터 프로그래머가 되고 싶습니다.
③ 죄송하지만, 아이들을 가르치는 것을 좋아하지 않습니다.

「A : 어이, 여기서 뭐해?
B : 시간제 일을 찾으려고 신문을 읽고 있어.
A : 오늘 신문에 흥미있는 직장 있어?
B : 글쎄, 여기 컴퓨터 프로그래머를 구하는 게 하나 있어. 난 컴퓨터를 좋아하지만, 그렇게 솜씨가 좋지 않아.
A : 그럼, 다른 일은 어때?
B : 오, 여기 또, 개인교사를 구하는 게 있네.
A : 좀 보자. 교습경력이 있어야 하잖아.
B : (문제없어. 전에 몇몇 학생을 가르쳤거든.)」

## 34 ④

과거의 비난, 유감, 후회(should + have + p.p. : ~했어야 했는데)
You should have worked harder.
= You ought to have worked harder.
= I am sorry (that) you didn't work harder.
= I wish you had worked harder.
= I would that you had worked harder.
= I would to God you had worked harder.
= I if only you had worked harder.
= You had to work harder, but you didn't.

「소년 : 이 파이는 정말 맛있었어요.
소년 : 나의 것도 그래요. 나는 미국 디저트를 좋아해요.
소년 : 당신이 가장 좋아하는 것은 뭐예요?
소년 : 저도 잘 모르겠어요. 아마도 아이스크림이요.
소년 : 그러면 당신은 파이와 아이스크림을 먹지 그러셨어요?
소년 : 애! 그렇군요. 다음에는 그렇게 해보지요.」

## 35 ①

「A : 가게 가려는 참인데, 내가 뭐 사다줄 거 없나요?
B : 네, 제과점에 들러서 초콜릿 케이크 하나 사다 줘요.
A : 초콜릿 케이크요?
B : 네, Marion의 생일이에요. 우리는 파티를 열거예요.
A : 오, 그녀가 틀림없이 놀라겠네요. 모든 사람들을 초대했어요?
B : 네. (모든 것이 다 준비됐어요.)」

## 36 ②

blouse : 블라우스, 작업복   discount : 할인, 참작, 감가   mark down : 가격을 내리다, 기록하다
① Tom은 여자친구를 위해 블라우스를 살 것이다.
② Julie는 40달러 이하의 값으로는 블라우스를 팔려 하지 않는다.
③ Tom은 35달러밖에 없다.
④ 블라우스의 정가는 45달러이다.

「Tom : 이 블라우스는 얼마인가요?
Julie : 40달러입니다.
Tom : 좀 비싼 듯한데. 깎아 줄 수 있나요?
Julie : 미안해요. 이미 내린 값이예요. 손해를 보고 팔수는 없어요.
Tom : 5달러만 깎아 주면 어때요?
Julie : 살 거예요? 말거예요?」

## 37 ①

① 좀 더 구체적으로 말씀해주실 수 있나요?
② 제가 시간을 엄수했나요?
③ 바로 그곳으로 갈 건가요?
④ 차로 여기서 얼마나 걸릴까요?

「A : 실례합니다. 제가 남부터미널을 찾고 있는데요.
B : 아, 바로 저기예요.
A : 어디라고요? 좀 더 구체적으로 말씀해주실 수 있나요?
B : 네. 그냥 길 아래로 걸어가다가 첫 번째 교차로에서 오른쪽으로 꺾으세요. 터미널은 왼쪽에 있어요. 분명히 찾을 수 있을 거예요.」

## 38  ①

mechanic : 기계공, 수리공, 정비사  by the way : 그런데, 아무튼, 어쨌든  cost : 비용이 들다  rough : 거친, 대강의, 대략적인  part : 부품  labor : 노동, (자동차 수리비 중) 기술료  fix : 고정시키다, 수리하다  at least : 적어도, 최소한, 아무튼, 어쨌든  come up with : ～을 따라잡다, 생각해내다  how come ～? : 어째서? 왜?  brief : 짧은, 간결한, 간략한

「수리공 : 좋은 아침입니다. 오늘 어떠십니까?
Dianne : 좋아요. 고맙습니다. 그런데 내 차를 수리하는 데 비용이 얼마나 들 것이라고 생각하나요?
수리공 : 미안합니다만 나는 이것이 비용이 얼마나 들 것인지 정확하게 확신하지 못합니다.
Dianne : 저런, 대략적인 비용(에 대한 생각)을 알려줄 수 있나?
수리공 : 글쎄요, 부품들은 약 75달러입니다.
Dianne : 그리고 기술료는?
수리공 : 아마도 약 100달러 정도일 것입니다. 이것은 쉬운 작업(일)이 아닙니다.
Dianne : 그래서 내 차를 수리하는 데 175달러의 비용이 들 것이라는 말이군요. 그렇죠?
수리공 : 적어도, 아마도 (비용이) 약간 더 들 것입니다.
Dianne : 시간이 얼마나 오래 걸릴 것이라고 생각하나요?
수리공 : 두 세 시간 정도 걸립니다.」

## 39  ②

call it a day : (하루일과를) 끝내다, 마치다, 마감하다  in one's shoes : ～의 입장이 되어, ～을 대신하여  look (like) oneself : 평소와 다름없어 보이다, 건강해 보이다  headache : 두통, 두통(골칫·걱정)거리, 고민

「① A : 나는 정말로 너무 피곤해서 더 이상 일을 할 수가 없어.
　B : 좋아. 끝내자.
② A : 만약 네가 내 입장이라면 어떻게 하겠니?
　B : 내가 너라면 좋을 텐데.
③ A : 오늘은 평소의 너처럼 보이지 않아(건강해 보이지 않아. 아픈 것 같아.)
　B : 두통이 있어.
④ A : 나는 너에게 충분히 감사할 수 없어(정말 고마워).
　B : 천만에.」

## 40  ②

be supposed to do : ～할 것으로 기대되다(= be imagined to do), ～하기로 되어 있다(= be expected to do)  be close to : ～에 가깝다  not that I know of : 그것은 잘 모른다, (앞의 말을 받아서) 내가 아는 바로는 아니다

「A : 나는 콜롬비아 호텔을 찾고 있습니다. 어디 있는지 아세요?
B : 콜롬비아 호텔이라……, 이 근처에는 없어요. 어쨌든 그것은 잘 모릅니다.
A : Lake Park 근처에 있는 것 같은데.
B : 어느 길인데요? 아세요?
A : 아니오, 내가 아는 것은 그 호텔이 Lake Park 가까이 있다는 겁니다.
B : 죄송해요. 못도와 드려서.」

## 41  ③

hang in there : 곤란을 견디다, 버티다

「① A : 시카고에서 얼마나 오래 살았니?
　B : 내가 12살이었을 때부터 여기서 쭉 살고 있어.
② A : 안녕, Peter. 어떻게 지내니?
　B : 별로 안좋아. 근근히 버텨가고 있어.
③ A : 우리를 언제 방문할건지 말해 줄 수 있습니까?
　B : 글쎄, 아무것도 아닙니다. 잊어버리는 편이 낫겠어요.
④ A : 오늘밤 뭐 할거니?
　B : 영화 보러 갈거야. 나랑 같이 갈래?」

## 42  ③

make it : 성공하다, 받아들여지다(구어체에서 쓰임)
① 나를 도와줄 수 있어요?
② 별일 없나요?
④ 오늘 밤에 뭐 먹을 거예요?

「A : 오늘 저녁 당신과 저녁식사를 같이 하고 싶은데요. 6시쯤 어떻습니까? (가능합니까?)
B : 좋습니다.」

## 43  ①

when it comes to ⓝ-/ing : ～하는 것에 관해 말할 것 같으면

「A : 나는 같이 일하는 사람들과 좋은 관계가 못된다.
B : 건실한 관계를 갖는 것에 관해서 말하면, 정직이 가장 최선의 정책이야.」

# 4　독해

## 1. 글의 주제

**1**　④

refract : 굴절시키다　in the meantime : 그 사이에
width : 너비　edge : 가장자리　overhead : 위에 있
는　suffer : 겪다　shortening : 단축　ellipse : 타원
① 왜 굴절이 발생 하는가
② 빛의 굴절 법칙
③ 무엇이 태양을 부풀게 만드는가
④ 태양이 납작하게 보이는 이유

「태양빛은 대기에 의해 굴절된다. 태양이 지평선에 더 가
까울수록 더 많은 굴절이 발생한다. 태양의 아래쪽 가장
자리가 지평선 위에 있는 경우를 생각해 보자. 만약 굴
절이 발생하지 않는다면 태양의 아래쪽 가장자리는 실제
로 지평선보다 0.5도 정도 아래에 있을 것이다. 그 사이
에, 위쪽 가장자리는 굴절이 없다면 눈에 보이는 곳에서
0.5도 정도 아래에 나타날 것이다. 결론적으로 수직 너
비는 지평선 위로 보이는 태양을 기준으로 구하며, 수평
너비는 굴절로 인해 아주 조금 단축될 것이다. 그렇기
때문에 태양이 지평선 위에 있을 때 그것은 타원으로 나
타난다.」

**2**　②

tumor : 종양　　pan-European : 범　유럽적인
genetic : 유전적　interfere : 간섭하다　incapable :
~을 할 수 없는　task force : 대책위원회
definitive : 확정적인　veracity : 진실성　allegation
: 주장　radiation : 방사선　molecular bond : 분자결
합　mutation : 돌연변이
① 휴대전화의 이용에 따른 혜택
② 휴대전화의 이용과 관련된 건강상의 영향
③ 휴대전화 방사선의 특성
④ 휴대전화의 이용과 관련된 예방책의 필요성

「휴대전화를 장시간 많이 사용하는 사람들에게서 특정한
종류의 희귀종양의 발병이 증가한다는 사실에 대한 과학
적 근거가 일부 존재한다. 좀 더 최근에 범 유럽적인 연
구를 통해서 특정한 조건에 따른 유전적인 피해에 대한
상당한 증거가 제시되었다. 또한 몇몇 연구자들의 보고
에 따르면, 휴대전화 산업은 건강에 대한 위험에 관해
추가적인 연구로 간섭을 받았다. 하지만, 지금까지 세계
보건기구 산하 EMF의 건강 관련 영향에 대한 대책위원
회는 이와 같은 주장의 진실성과 관련하여 어떤 확정적
인 결론도 제시하지 않았다. 일반적으로 RF는 비이온화
방사선으로 고려되기 때문에 가열효과 이상의 것을 만들
어내지 못한다고 생각한다. 다시 말해, 이것은 유전적 돌
연변이를 발생시킬 만큼의 분자결합의 방해하는 에너지
가 부족하다는 것이다.」

**3**　④

folk : 민속　discredit : 존경심을 떨어트리다　first-
born : 맏이　radically : 근본적으로　washed out : 색
이 바랜　psychological : 정신의　assumption : 가정
predictor : 예측 변수　: 결론을 내리다
① 맏이는 다른 사람에게 친절하다.
② 출생 순서는 사람의 지적능력에 영향을 미친다.
③ 형의 성격은 동생의 성격과는 다르다.
④ 출생순서는 성격과는 관계가 없다.

「출생의 순서가 성격, 지적능력, 성취에 있어서 많은 영향
을 끼친다는 것은 오랜 민속의 지혜이다. 하지만, 맏이가
근본적으로 다른 아이들과 다르다고 주장하는 대부분의
연구들은 신뢰가 떨어진다. 그리고 이제 출생의 순서가
지적능력이나 성격에 끼치는 영향은 한 사람의 인생에
있는 다른 영향에 빛이 바래 버린 것 같다. 사실, Texas
at Austin 대학의 사회적 심리학자인 Toni Falbo에서 기
인한 출생의 순서의 영구적인 영향에 대한 믿음은 당신
의 성격이 당신이 여섯 살 때 형성된다는 심리학 이론에
서 나온 것이다. 그 가정은 그야말로 잘못되었다. 이 후
의, 더 나은, 더 큰 규모의 연구들에서 출생의 순서가 어
떠한 것의 유용한 예측 변수로 찾기는 더 힘들 것이다.
Cecile Ernst와 Jules Angst, 2명의 스위스 사회학자가
몇 년 전 1500개의 연구를 검토하였을 때 "성격에 있어
출생 순서의 차이는 우리의 표본에 존재하지 않는다. 특
히 맏이의 성격에 대한 아무런 증거가 없다."라고 결론을
내렸다.」

**4**　①

neighborhood : 근처, 이웃　put out : (불 등) 끄다
fire department : 소방서　subject : 주제　recipient
: 받는 사람　inspired : 영감을 받아
① 그녀의 소설, 영감을 받은 영화까지 모두 그
　사건의 낯선 이의 친절에서 비롯된 것이므로
　제목으로 낯선 사람의 친절함이 알맞다.
① 낯선 사람의 친절함
② 아주 어릴 적의 정신적 외상
③ 실생활에서 영향을 받은 영화
④ 누군가의 아이디어의 의도치 않은 폭력

「어느 늦은 밤, Caterine Ryan Hyde는 로스앤젤레스에서
운전을 하고 있었다. 근처 위험한 지역에서 그녀의 차에
불이 붙었다. 그녀는 뛰쳐나갔다. 세 명의 남자가 그녀를
향해 달려왔다. 그녀는 그들이 무섭다는 것을 바로 느꼈
다. 하지만 그들은 그녀를 해치지 않았다. 그들은 불을
진압했고, 소방서에 연락했다. 그녀가 그들에게 감사의
뜻을 전하려 할 때, 그들은 떠나고 없었다. 몇 년 후, 그
사건은 Pay It Forward 라는 그녀의 소설의 주제가 되
었다. 그녀는 그 사건을 잊지 못하였다. 책에서 선생은
그의 학생들에게 "세상을 변화시킬 수 있는 아이디어를
생각하고, 행동으로 옮겨라"라고 요구한다. Trevor는 다
른 이를 위해 친절히 행동할 것을 제안하였다. 그들은
그의 아이디어대로 해보았다. Trevor의 아이디어는 다음
과 같이 작용한다. 누군가가 세 명을 고르고, 각각에게
친절한 일을 한다. 그 친절함에 보답을 할 때에는 받은
사람이 또 다른 세 명 이상의 사람에게 호의를 베풀어야
만 한다. 2000년에, 소설은 한 영화에 영감을 주었다.」

**5** ④

outbreak : 발생, 발발  measles : 홍역  consequence : 결과  vaccinate : 예방주사를 맞히다  infant : 유아  ill-founded : 근거 없는  combat : 방지하다, 싸우다  mumps : 유행성 이하선염(볼거리)  rubella : 풍진  autism : 자폐증  shun : 피하다
① 발생 경험  ② 백신의 용도  ③ 자폐증의 원인
④ 두려움의 대가

「국가는 십 년 조금 더 전에 영유아들의 백신 접종 실패의 후유증으로 보이는 홍역의 심각한 발생을 경험하고 있다. 그 실패의 주요 원인은 홍역, 유행성 이하선염, 풍진을 막기 위해 널리 쓰이는 백신이 자폐증을 일으킨다는 부모들 사이에서의 근거 없는 두려움이었다. 그들이 백신을 꺼렸기 때문에, 이제 십대가 된 그들의 자녀들이 그 결과를 겪고 있다.」

**6** ③

demonstrate : 입증하다  firmly : 단호히  capable : ~을 할 수 있는, 유능한 : indicate 나타내다, 보여 주다  commitment : 약속, 전념
① 구직에 대한 당신의 전념을 보여주는 방법
② 면접에서의 긍정적인 자세
③ 면접에 성공하기 위한 세 가지 단계
④ 면접에서 당신의 능력을 보여주는 것의 중요성

「대부분의 성공적인 면접은 3가지 기본적인 단계를 따른다. 만약 당신이 이 단계를 알고 있다면, 직업을 구할 기회를 높일 수 있다. 첫 번째 단계는 약 3분정도 이어지고 처음 자기소개에서 일어난다. 이 3분 동안 당신은 자신이 친절하고 다른 사람들과 잘 지낸다는 것을 입증할 필요가 있다. 이때가 단호하게 악수하고, 눈을 맞추며 미소 지을 순간이다. 2단계에서 당신은 당신의 기술과 능력에 대해서 설명해야 한다. 이때가 고용주에게 당신이 얼마나 능력이 있는지를 보여주어야 할 기회이다. 3단계는 면접 마지막에 있다. 비록 겨우 1분 또는 2분이지만, 이 단계 역시 중요하다. 고용주가 "연락드리겠습니다."라고 말할 때 당신은 "괜찮으시다면 며칠 후 제가 당신께 연락드리겠습니다."와 같은 말을 해야 한다. 이런 말은 구직에 대한 당신의 전념을 보여 준다.」

**7** ④

meditation : 명상  boost : 북돋우다  immunity : 면역력  psychologist : 심리학자  antibody : 항체  measurable : 주목할 만한
① 독감 백신과 항체의 관계
② 면역 체계의 형성 과정
③ 명상 길이와 스트레스
④ 명상의 긍정적인 효과들

「명상을 통해 당신의 정신을 맑게 하는 시간을 갖는 것은 당신의 기분과 면역력을 북돋울 수 있다. 심리학자인 리차드 데이비슨은 40명의 사람들에게 독감 백신을 주었다. 그들 가운데 반은 하루에 한 시간씩 일주일 중 6일 동안 정기적인 명상 스케줄을 따랐다. 나머지 사람들은

그냥 백신만 맞았다. 8주 후, 명상을 한 사람들은 명상을 하지 않은 사람들보다 더 높은 수준의 독감에 대항하는 항체들을 가지게 되었다. 그들은 또한 스트레스를 더 잘 다룰 수 있었고 뇌에서 좋은 기분과 연결된 영역의 활동을 증가시켰다. "명상은 뇌와 신체에서 주목할 만한 생물학적 변화를 만들어냅니다."라고 데이비슨은 말한다. "그것은 안전하고 큰 도움이 됩니다.」

**8** ①

active : 적극적인  objective : 객관적인  literal : 문자 그대로의  subjective : 주관적인  nonverbal : 말로 할 수 없는  intonation : 억양  loudness : (소리의) 세기  emphasis : 강조  hesitation : 망설임, 주저  grasp : 파악하다, 이해하다  potential : 가능성  verify : 확인하다, 입증하다  distortion : 왜곡  uncover : 드러내다  clarify : 명확하게 하다, 분명히 하다
① 좋은 듣기의 방법들
② 효과적인 듣기를 위한 언어 기술들
③ 듣기에서 질문하기의 중요성
④ 듣기와 정서 사이의 관계

「적극적인 청자들은 그들의 귀와 눈 그리고 마음으로 이야기를 듣는다. 그들은 그들이 들은 문자 그대로의 단어들에 귀를 기울임으로써 객관적인 정보를 받아들인다. 하지만 그들이 들은 모든 메시지는 단어 이상의 것을 담고 있다. 화자들은 다른 목소리와 비언어적인 신호들을 통해서 주관적인 정보-그들의 감정과 정서-또한 이야기한다. 이것들은 소리의 세기, 강조, 망설임, 목소리의 움직임, 얼굴 표정, 자세 그리고 손짓과 같은 언어적인 억양들을 포함한다. 문자 그대로의 말들은 물론 감정과 정서들을 잘 귀담아 들음으로써 당신은 화자의 메시지 이면에 있는 전체 의미를 파악할 수 있다. 하지만 당신이 전체 의미를 잘 귀담아 듣는 것에 아무리 능숙해진다 하더라도 여전히 오해의 가능성은 남아있다. 따라서 적극적인 청자는 질문을 함으로써 완전함을 확인하는 것이다. 질문의 사용은 왜곡을 드러내고 오해를 명확하게 할 수 있다.」

**9** ③

rely on : 의존하다, 의지하다  diet : 음식  maintain : 유지하다  expert : 전문가  inventory : 물품 목록  swing : 회전하다, 돌다

「우리의 일이 아무리 만족스럽다 할지라도 일을 우리가 만족을 느끼는 유일한 원천으로서 의지하는 것은 옳지 못하다. 인간이 건강을 유지하기 위해 다양한 필수 비타민들과 미네랄들을 공급하는 여러 가지 음식들을 필요로 하는 것과 마찬가지로, 우리는 일종의 즐거움과 만족을 제공하는 다양한 많은 양의 활동들을 필요로 한다. 일부 전문가들은 사람은 목록-당신이 하기 좋아하는 것들, 당신의 재능과 관심사, 그리고 만약 당신이 시도한다면 당신이 생각하기에 즐길 수 있을지 모르는 심지어 새로운 것들-을 만드는 것에 의해서 시작할 수 있다고 제안한다. 그것은 원예, 요리, 스포츠, 새로운 언어를 배우기, 또는 자원봉사 등이 될 수 있다. 만약 당신이 당신의 관심과 주의를 잠시 동안 다른 활동들로 옮긴다면, 결과적

으로 그 주기는 다시 회전할 것이고, 당신은 다시 새로워진 관심과 열정을 갖고서 당신의 일에 되돌아 올 수 있다.」

**10** ④

get to : ～을 시작하다  transform : 개조하다  merely : 단지  unit : 개체  pre-history : 선사시대  mold : 주조하다  inheritance : 유산  mindless : 생각이 없는  acquisition : 습득  lasting : 영속적인  abstract : 추상적인

「우리가 태어나자마자, 세상은 우리에게 작동을 해서 우리를 단지 생물학적인 개체에서 사회적인 개체로 바꾸기 시작한다. 역사 혹은 선사시대의 모든 인간은 각각의 사회 속에서 태어나며, 어린 시절부터 그러한 사회를 통해서 주조된다. 인간이 사용하는 언어는 개인적인 유산이 아니라 그가 자란 집단으로부터 나온 사회적인 습득물인 것이다. 언어와 환경 둘 다 인간 사고의 특징을 결정하도록 돕는다. 인간의 어린 시절 때의 생각은 다른 사람들로부터 온다. 충분히 설명한 것처럼, 사회와 분리된 개인은 말 할 수 없고, 생각할 수도 없다. 로빈슨 크루소 신화에 끊임없이 매료되는 것은 사회로부터 독립된 개인을 상상하려고 하는 시도 때문이다. 그 시도는 잘못 되었다. 로빈슨은 추상적인 인간이 아니라 요크에서 온 영국 사람이기 때문이다.」

**11** ④

jogger : 조깅하는 사람  exotic : 이국적인  molt : 털갈이  frigid : 얼은, 추운  heavy layers of clothes : 두꺼운 옷  woolen caps : 양모모자  snugly : 아늑하게  bulky : 덩치가 큰  peeled away : 사라지다  terry cloth : 테리직물  velour : 벨루어  dot : 점을 찍다, 여기저기 보이다  winter-pale : 겨울동안 하얗게 된

「날씨가 변하면서 조깅하는 사람들은 몇몇의 이국적인 새들처럼 털갈이를 하기 시작한다. 캐나다로부터 바람과 눈이 휘몰아치는 몹시 추운 겨울날 조깅하는 사람들은 두꺼운 옷을 입는다. 스키마스크가 그들의 얼굴을 덮고, 양모모자는 그들의 머리카락을 가려주며, 두꺼운 목도리는 그들의 목을 포근히 감싸고 있다. 그러나 점차 날씨가 따뜻해짐에 따라 부피가 큰 옷은 점차 벗겨진다. 먼지 테리직물이나 벨루어, 심지어 플라스틱 재질의 초경량 조깅복들이 공원이나 길거리 여기저기에서 목격된다. 봄이 여름으로 바뀌면서 겨울동안 하얗게 된 팔과 다리가 다시 보이기 시작하고 단지 일부분만 반바지와 티셔츠로 덮인다.」

**12** ①

wonder at : ～에 놀라다  the celebrated : 유명 인사들  prestige : 명성  small account : 중요하지 않은  deal with : 다루다  come across : 떠오르다  correspond with : 부합하다
① 여러분은 유명 인사들의 대외적인 행위를 그들의 진정한 본성과 혼동해서는 안 된다.
② 여러분은 유명 인사들을 만나기 위해 열정을 가져야 한다.

③ 여러분은 유명 인사들이 하는 말은 무엇이든 믿으면 안 된다.
④ 여러분은 유명 인사들은 그들의 진정한 본성을 주의한다는 것을 깨달아야 한다.

「나는 유명 인사들을 만나기 위해 많은 사람들이 가지고 있는 열정에 항상 놀랐다. 당신은 당신 친구에게 유명 인사를 안다고 말할 수 있음으로 당신이 얻을 수 있는 명성은 다만 당신 스스로는 별로 중요하지 않다는 것을 증명할 뿐이다. 유명 인사들은 그들이 우연히 만나는 사람들을 다루는 기술을 개발한다. 그들은 세상 사람들에게 가면을, 종종 인상적인 가면을 보여준다. 그러나 그들의 진정한 본성을 감추기 위해 주의한다. 그들은 그들에게 예상되는 역할을 하며 연습을 하여 그런 역할을 잘 하도록 배우지만 그들의 역할의 이러한 대외적인 행위가 내면에 있는 그 사람과 부합한다고 생각한다면 여러분은 어리석은 것이다.」

**13** ③

gimmick : 장치  theorist : 이론가  only if : ～해야만  extensive : 광범위한, 폭넓은  guarantee : 보장하다  maintain : 주장하다
① 읽기는 우리의 지식 기반을 향상시킨다.
② 더 많은 읽기는 읽기를 더 흥미롭게 만든다.
③ 우리는 광범위하게 읽음으로써 더 나은 독자가 된다.
④ 우리는 특정한 요령을 배우면서 우리의 읽기를 향상시킨다.

「많은 사람들은 다음과 같이 생각한다. 읽기의 향상이 '요령'을 배우거나 마술적으로 읽는 속도와 이해를 향상시킬 어떤 기술적 장치들을 완전히 익히는 데서 온다. 하지만 대부분의 읽기 전문가들은 우리가 단순히 폭넓게 읽는 것의 결과로서 더 잘 읽는 것을 배운다고 동의한다. 읽기의 많은 부분이 우리의 '선행 지식'에 의존한다. — 우리가 페이지를 펼쳐 읽기 시작할 때 우리가 우리의 머리 안으로 넣은 정보. 많은 학습 이론가들은 우리가 그것을 우리가 이미 가지고 있는 기억에 연결시킬 때만 새로운 정보를 기억한다고 주장한다. 인쇄된 페이지에 있는 단어들과의 광범위한 경험보다 사람의 읽기 효율에 대한 더 큰 보장은 없다. 당신은 당신의 지식 기반을 늘리기 위해 독자로서 단순히 더 광범위하게 읽음으로써 느리지만 꾸준히 전진할 수 있다.」

**14** ③

quack : 돌팔이 의사, 엉터리 치료를 하다  alternative : 양자택일, 대안  victim : 희생자, 피해자
① 의대생들에게 더 많은 훈련을 시켜야 한다.
② 의학적 치료의 대안이 몹시 필요할 수 있다.
③ 의료사기의 피해자가 되는 것을 스스로 방지하자.
④ 어쨌든, 그것은 며칠동안 의사에게 가는 것을 피하게 하는 것이 확실하다.

「점점 더 많은 사람들이 의사를 외면하는 대신, 의학에 관한 훈련을 하지 않고 검증되지 않은 치료를 행하는 사람들에게 가고 있다. 그들은 감기부터 암까지 모든 것을 치료받기 위해 돌팔이 의사에게로 간다. 그리고 그들은

위험한 상황에 처하게 된다. 많은 사람들은 검증되지 않은 치료가 얼마나 위험한지를 실감하지 못한다. 무엇보다도 그 치료는 언제나 효과가 없다. 그 치료법들이 해롭지 않을지 몰라도 누군가가 검증된 치료 대신 이런 방법을 사용한다면 그 사람은 해를 입게 될지도 모른다. 왜? 왜냐하면 그 사람이 그런 방법을 사용하는 동안 그 사람의 병이 더욱 악화될지도 모르기 때문이다. 이것은 심지어 그 사람을 죽게 만드는 원인이 될 수도 있다.」

**15** ②

deaf : 귀머거리, 청각장애인  immobilize : 지체부자유자  indispensable : 없어서는 안 될, 피할 수 없는  companion : 친구, 동료  disability : 장애, 핸디캡  obviously : 명백하게, 분명히  variety : 변화, 종류
① 견공들과의 우정
② 견공들의 치유력
③ 건강지킴이로써의 견공들
④ 무능한 일본의 견공들

「견공들은 의료계에서 오랫동안 특별한 위치를 가지고 있다. 시각장애인을 위해 보고, 청각장애인을 위해 듣고, 지체부자유자를 위해 움직이도록 훈련받았기 때문에 견공들은 장애를 가지고 있는 사람들에게는 없어서는 안 될 친구가 되었다. 그러나, 견공은 네발 달린 건강지킴이 그 이상인 것처럼 보여 진다. 일본의 한 연구에서 애완동물을 소유한 사람은 30% 적게 병원을 찾는다는 것이 보고되었다. 6,000명을 대상으로 한 멜버른의 한 연구에서는 견공과 다른 애완동물을 가진 사람들이 그렇지 않은 사람들에 비하여 콜레스테롤수치, 혈압 그리고 심장마비 위험이 더 낮은 것으로 보고되었다. 명백하게, 애완동물을 소유한 사람들의 건강상태가 더 좋은 것을 다양한 원인들을 통해 설명할 수 있으나 많은 전문가들은 친구로서의 동물들이 부분적으로는 적어도 스트레스를 낮춰줌으로써 건강을 회복시킨다고 믿고 있다.」

**16** ②

prolonged : 오래 끄는, 장기의  achieve : 이루다, 달성하다  caretaker : 관리인, 대행인  hectic : 몹시 바쁜  subtle : 미세한, 치밀한  stressor : 스트레스 요인  attempt : 시도하다, 기도하다  settle : 해결하다, 진정시키다  over-the-counter : 약사의 처방 없이 팔 수 있는  prescription : 처방  promote : 촉진하다  aid : 거들다, 원조  insomnia : 불면증  induce : 권유하다, 야기하다, 설득하여 시키다  drowsiness : 졸음  dependency : 의존  altogether : 전적으로, 완전히  inclined : 싫어하는
① 남성들과 반대로 여성들은 불면증으로 고생한다.
② 불면증 치료를 위한 많은 종류의 약이 있어도 안전에 대하여는 보장 못한다.
③ 많은 여성들이 불면증으로 고생하지만 증상을 호전시키는데 도움이 되는 수면보조제를 구입하기에는 처방이 필요하다.
④ 많은 여성들이 불면증으로 고생하지만 의사들은 결코 수면보조제를 처방하지 않는다.

「많은 여성들이 숙면을 이루는데 장기적인 어려움을 겪고 있다. 엄마, 학생, 관리자 그리고 전문가 등 많은 여성들이 수면을 취하려고 시도하지만 정신을 괴롭히는 명백하고 치밀한 스트레스 요인들로 가득 찬 채 바쁜 삶을 살고 있는 것이다. 의사의 처방 없이 팔 수 있는 것과 처방이 필요한 수면보조제의 수로 오늘날 불면증이 얼마나 광범위하게 퍼져 있는지 당신은 생각할 수 있다. 그러나 이러한 수면보조제들은 졸음을 유발하지만, 깊고, 지속적이며, 상쾌한 진정한 숙면을 진행시키지는 못한다. 그리고 수면보조제를 몇 달간 복용하게 된다면 수면보조제에 대한 의존을 높이거나 혹은 완전히 효과가 없을 것이다. 만약 당신의 의사가 수면보조제에 대한 처방을 싫어하지 않는다고 하여도 놀라지 마라.」

**17** ①

examine : 검사하다, 검토하다  shipment : 발송, 출하, 선하  receipt : 받는 데로  inconsistency : 불일치  upon invoice : 송장으로 만들다

「발송된 물건을 받는 데로 검사해 주시기 바랍니다. 주문한 물건이나 송장에 기재된 물건이 손상되었거나 일치하지 않으면 10일 내에 알려주시기 바랍니다. 계산서 작성 실수는 가능한 한 빨리 무료전화 1 – 800 – 848 – 9500으로 알려주시기 바랍니다.」

**18** ④

diplomacy : 외교, 외교적 수완  employ : 사용하다, 쓰다  synonym : 동의어, 유사어  lacking : 부족하여, 결핍되어, 모자라는(in)  vigour : 힘, 활력  signify : 의미하다, 나타내다  negotiation : 교섭, 협상  specifically : 명확하게, 보다 엄밀히 말하면  denote : 표시하다, 의미하다  process : 과정, 방법  machinery : 기구, 수법  carry out : 실행하다, 수행하다  branch : 분과, 부문  Foreign Service : 해외근무, 외무직원  nephew : 조카  interpretation : 해석, 설명
① 외교의 중요성
② 정책의 분야들
③ 외교방법
④ '외교'라는 단어의 다른 해석들

「어떤 때에는 '외교'라는 단어가 '근동지역의 영국외교에 활력이 부족하다'고 말할 때와 같이 '외교정책의 유사어'로 사용된다. 또 다른 때에는 외교라는 단어가 '그 문제는 외교로 해결할 수 있는 것이다'고 말할 때와 같이 '협상'을 의미한다. 더 엄밀히 말하면, 외교라는 단어는 그런 협상이 실행되는 과정과 기구를 의미한다. 네 번째 의미는 '내 조카는 외교 일을 한다'고 말할 때처럼 해외근무의 한 분야를 의미한다.」

**19** ④

본문의 흐름을 보면 'home schooling의 정의 → Reasons for Home Schooling(주제문) → 주제문에 대한 부연 설명(구체적인 이유)'로 이야기가 진행되

고 있다는 것을 알 수 있다. 'There are many reasons why parents choose home schooling for their children.'이라는 주제문이 나온 다음 Some parents ~, Others ~로 주제문에 대한 구체적인 이유를 부연 설명하고 있다. 그러므로 제목으로 'Reasons for Home Schooling'이 알맞다.
① 학교에서의 압력의 유형들
② 자택 학습의 찬반양론
③ 자택 학습의 부작용
④ 자택 학습을 하는 이유들

「영국에서 부르는 이름처럼 home schooling 또는 home tuition이라는 용어는 가정에서 아이들을 교육시키거나 공립학교나 사립학교와 같은 주된 환경이 아닌 다른 장소에서 아이들을 교육시키는 것을 의미한다. 학부모들이 그들의 자녀들을 위해 자택학습을 선택하는 데는 많은 이유들이 있다. 일부 부모들은 공립학교에서의 교육의 질에 불만이 있다. 다른 일부 부모들은 그들의 자녀들이 '또래의 압박', 즉 친구들로부터 받는 사회적 압력에 대해 염려해야 하는 현실을 원하지 않는다. 그들은 이것이 아이의 학업에 방해가 될 수 있다고 말한다. 이런 부모들은 이런 유형의 압력이 흡연, 알코올 음주 및 마약 복용과 같은 부정적인 행동의 결과를 가져올까봐 두려워한다.」

**20** ④

① 얻기 쉬운 것은 잃기도 쉽다.
② 변절하지(도망치지) 말고, 용기를 내라.
③ 모든 사람은 자기 나름의 재능을 가지고 있다.
④ 성급한 판단을 내리지 말라.

「원인은 항상 결과를 가지고 있으며 결과는 원인이 있다. 하지만 종종 한 행동의 원인과 결과를 탐색하면서, 우리는 서둘러 결론을 내리게 된다. 덩치도 크고 튼튼한 John Wilkins가 풋볼 팀에 들어가려고 애쓰지 않는다면 어떤 학생(애)들은 Wilkins는 "용기가 없어."라고 말한다. 아마도 진짜 이유는 그의 부모님이 반대하시거나 그가 학업이 뒤처져 시간을 낼 여유가 없거나 아니면 자신은 풋볼은 할 만한 게 못 된다고 믿는 것일지도 모른다.」

**21** ①

invariably : 변함없이, 일정불변하게, 늘 take care : 주의하다, 조심하다 triumphantly : 의기양양하게
첫 문장에서 필자의 생각이 나와 있고, 그 후 필자의 경험을 통해 어려움을 보여 주고 있다.

「내가 덴마크에 있는 동안 덴마크어를 배웠을지라도, 악센트를 습득하기가 어려웠다. 내가 한 식당에서 차와 토스트를 주문했을 때 변함없이 나는 차와 치즈 샌드위치를 받았다. 나는 부지런히 연습했고 어느 날 토스트를 원한다는 것을 설명하려 특별히 주의를 기울였다 ― 나는 치즈 샌드위치를 원한 것이 아니라 그저 토스트를 원했던 것이다. 나는 웨이터가 이해했는지 물었다. "네, 그럼요." 그는 나를 안심시켰다. 그는 곧 되돌아와 토스트로 만든 치즈 샌드위치를 나의 앞에 의기양양하게 놓았다.」

**22** ①

flying : 나는, 비행하는, 공중에 뜬 glob : 덩어리, (액체의) 작은 방울, 한 방울 oatmeal : 오트밀, 빻은 귀리, 오트밀 죽 land : (어떤 지점에) 놓다, 두다(= place) grow into : (성장하여) ~이 되다, 몸에 맞을 만큼 자라다, (차츰) ~이 되다 nightmare : 악몽, 무서운 꿈(= frightening dream, terrible dream, horror) frantic : 미칠 듯한, 광란의(= mad, crazy) punctuate : (이야기 등을) 가끔 중단시키다(= interrupt) shriek : 비명, 새된 목소리 hyena-style : 하이에나 스타일의 disaster : 재앙, 재해, 불행 miniature : 소형의, 소규모의 hallway : 현관, 복도 caged : 새장[우리]에 갇힌 imprisoned : 수감된, 구속된, 갇혀진 uneaten : 먹지 않은 tidbit : 맛있는 가벼운 음식 blissfully : 더없이 행복하여, 즐겁게 knock over : ~을 때려눕히다, 부딪쳐 넘어뜨리다 threaten : ~할 우려가 있다, ~의 징후를 보이다
① 아이들과 함께 하는 부모님들의 광란의 일상생활
② 매번 식사로 뭘 먹을까 선택하는 어려움
③ 아이들이 훌륭한 식사예절을 배워야 할 중요성
④ 지나치게 활동적인 아이들의 조기 치료의 필요성

「덩어리가 뜬 채인 오트밀 죽, 엎질러진 주스 그리고 늘 젤리 쪽이 아래로 놓여 있는 토스트로 아침 식사를 시작하면서, 아이들과의 하루는 날카로운 비명소리, 울음소리와 악마 같은 웃음소리에 가끔씩 중단되는 악몽 같은 광란의 활동[일과]으로 접어들게 된다. 애들이 바로 그렇게 노는 것만으로도 집안은 재해지역으로 탈바꿈한다. 테이블과 의자 위로 내던져 동굴 모양이 만들어진 담요와 시트, 복도 위아래로 끊임없이 질주하는 소형차와 트럭, 세탁물 바구니 아래 가두어 진 채 우리에 갇히게 된 고양이. 저녁식사 후에는 더 많은 우유가 엎질러져 있고, 테이블 아래의 고양이에게는 먹지 않은 야채와 음식물이 있는 가운데, 마침내 잠자리에 들 시간이다. 하지만 더없이 행복하게 잠이 들기 전에, 아이들은 아직도 안자고 다시 한 번 침실에 둔 물 잔을 넘어뜨리고, 침대 위에서 점프를 하다 보니 침대스프링이 깨어질 지경이 되고, 마지막으로 어머니 등을 한 번 더 타고 화장실에 가자고 졸라댄다.」

**23** ④

blooper : 큰 실수 amend : 고치다, 바로잡다
① 모든 사람은 실수를 한다.
② 잘못을 저지르지 않으려면 노력해라.
③ 어떻게 바로잡는지는 크게 중요하지 않다.
④ 사람들은 자신의 잘못을 통해 배울 수 있다.

「"최고의 사람들은 잘못으로부터 만들어진다고 사람들은 말한다." "그리고 대부분의 경우 조금 나쁜 것에 비해 훨씬 나아지게 된다."라고 셰익스피어는 Measure for Measure에 썼다. 그래서 매번 각각의 실수를 저지른 것은 자기개선을 위한 주된 기회로 보일 수 있다. 실제로 더 큰 실수는 당신에게 더 나은 인물이 되도록 돕는 기회가 될 것이다. ― 만약 당신이 어떻게 바로잡는지를 알고 있다면 말이다.」

**24** ②

astronaut : 기공이 없는  particle : 극소량, 미립자, 작은 조각  boost : 증가시키다, 밀어올리다

① 많은 유형의 우주 임무들
② 비행사에게 미치는 방사능의 위험성
③ 비행사들의 다양한 의료문제
④ 핵 입자가 우주선에 미치는 영향

「달이나 화성에 보내지는 비행사들이 직면하는 많은 신체적 위험 중에 가장 큰 위험은 눈에 보이지 않는 방사선일 것이다. 이것은 태양계 너머로부터 거의 빛의 속도로 도달하는 핵 입자이다. 입자들은 DNA의 가닥을 통과하여 암과 다른 질병의 위험을 증가시킨다. 2001년 NASA의 한 연구 결과 적어도 39명의 비행사들이 우주비행 후에 백내장으로 고통받고 있으며 그 중에 36명은 아폴로 착륙과 같은 높은 방사능 노출 임무에 참여했다.」

**25** ②

struggle : 발버둥치다, 싸우다, 분투하다  apparent : 또렷이 보이는, 명백한  segment : 구획, 단편, 선분, 조각  enliven : 생기를 주다, 유쾌하게 하다  stockholder : 주주  vote : 투표, 표, 투표권  proxy : 대리, 위임장  labor : 노동, 노동자, 수고, 업무  opinion : 의견, 평가, 감정  increasingly : 점점, 더욱 더  judge : 판단하다, 재판하다, 재판권, 심사권  partisan : 일당, 당파심이 강한  implausible : 믿기 어려운, 이상한  compromise : 타협, 절충안, 양보하다  dispute : 논쟁하다, 반론하다  influence : 영향, 세력, 감응  conflict : 투쟁, 충돌, 갈등

① 투표권과 대리권의 중요성
② 산업 내부의 투쟁에 대한 일반인의 영향
③ 노동과 자본 사이 논쟁에서의 타협
④ 노사분쟁에서의 중용의 필요성

「미국에서의 경제적 투쟁은 계속되고 있으나 그것은 우리 사회의 거대한 부분 사이의 투쟁이 아니라 그들 내부에 있는 것처럼 보인다. 권력과 통제력을 위한 싸움은 일부 대기업 내에서 행해지고 있으며 큰 상이 주주들의 투표권 또는 대리권인 전쟁으로 인하여 활기를 띠게 된다. 유사하게 권력을 얻기 위한 투쟁은 대규모 노조에서도 일어나고 있다. 각각의 경우 사람들에게 당파적 입장을 알리려는 노력이 진행되는 판단으로 볼 때 여론은 점점 중요한 역할을 하는 것 같다. 그리고 싸움장(논쟁점)이 일반인의 지지와 관련이 있는 한 중용은 믿기 어렵거나 부자연스러운 것도 아닌 것처럼 보인다.」

**26** ①

amid : ~의 한복판에, ~이 한창일 때에  lurk : 숨다, 남에 눈에 띄지 않다, 남의 눈을 피해다니다  collectivization : 집단화  holocaust : 번제, 대학살, 몰살, 유대인 대학살  rampage : 격노상태, 광포한 행동, 야단법석  personalize : 인격화하다, 개인화하다  blame : 비난하다, 책임지우다, 저주하다  embrace : 포옹하다, 포착하다, 받아들이다, 잡다  tolerate : 관대하

게 다루다, 허용하다  totalitarian : 전체주의의, 전체주의자  theologian : 신학자  rationalist : 순리론, 순리론자, 합리주의  progress : 전진, 진행, 진보, 과정, 증가  capitalism : 자본주의  genocidal : 대량 학살의  seek : 찾다, 구하다, 노력하다

① 대량 학살의 세기
② 세계적인 세기
③ 자본주의의 세기
④ 혁명의 세기

「다음엔 어두운 측면에 있었다. 세기의 영광의 한복판에 일부 역사상 최악의 공포가 숨겨져 있었다. 스탈린의 집단주의, 히틀러의 유대인 대학살, 마오쩌둥의 문화혁명, 폴 포트의 킬링 필드, 이디 아민의 광란. 우리는 이러한 일이 극소수 광인들의 잘못인 것처럼 개인화하려고 노력하지만 사실 광기를 포옹하고 허용한 것은 독일과 같은 진보된 사회를 포함한 전체 사회였다. 그들이 가진 공통점은 자유를 위한 것보다는 전체주의적인 해결을 강구했다는 것이다. 신학자들은 왜 신이 악을 허락했는지에 대한 물음에 답을 해야 한다. 합리론자들은 왜 진보가 문명보다 문명화되지 못했을까라는 그만큼 어려운 질문을 가지고 있다.」

**27** ④

dreadful : 두려운, 무시무시한  burden : 무거운 짐, 부담  usurp : 빼앗다, 강탈하다  ascribe : ~의 탓으로 하다, ~에게 돌리다  lordship : 통치권, 권력  perceptibility : 지각할 수 있음  at hand : 가까이에  deity : 신위, 신, 신성  paraphrased : 바꾸어 말하기, 의역  hazard : 위험, 모험

「자연계의 문이 드디어 열리고 우리는 선택이라는 두려운 짐을 갖게 되었다. 우리는 우리가 한때 신에게 돌렸던 많은 권력을 강탈해왔다. 두렵고 준비가 되어 있지 않지만 우리는 이 세계에 살아 있는 모든 것의 삶과 죽음을 통치하게 되었다. 위험과 영광 그리고 선택은 결국 인간에게 달려있다. 인간의 지각능력을 테스트할 시점이 가까이에 왔다. 신과 같은 권력을 갖게 된 인간들은 이제 인간 안에서 책임을 찾고, 또한 우리가 과거에 신이 가지길 기원했던 지혜를 우리가 가져야 한다. 인간은 그 스스로 가장 큰 위험이자 인간의 유일한 희망이 되었다. 그러므로 오늘날 사도 St. John의 말을 바꾸어 표현할 수 있다. 마지막 단어가 있으니(가장 중요한 단어는) 그것은 곧 인간이며, 또한 인간과 함께 한다.」

**28** ①

necessary : 필요한, 필수적인  torn : (tear의 과거분사) 찢다, 잡아채다  stitch : 한 땀, 바늘땀

① 한 번의 바느질이 아홉 번을 구한다.
② 천천히 그리고 꾸준히 하는 사람이 경주에서 승리한다.
③ 시작이 반이다.
④ 시간과 조류는 사람을 기다리지 않는다.

「당신은 당신의 양말이나 스타킹에서 작은 구멍을 찾은 적이 있습니까? 만약 당신이 당장 수선을 하지 않는다면 그 찢어진 부분은 보다 더 심해지거나 그 구멍은 더 커

질 것입니다. 그렇게 되면 수선하는데 더 많은 시간이 걸리게 됩니다. 오늘 작은 구멍을 수선하는 데 5분을 보내는 것이 다음에 더 커진 구멍을 수선하는 데 15분을 보내는 것보다 낫습니다.」

**29** ③

excuses : 용서하다, 변명하다  train : 훈련하다, 양성하다  operating : 수술의, 경영의  immediately : 곧, 즉시  conflict : 투쟁, 충돌  principle : 원칙, 신념  attitude : 태도, 사고방식  practical : 실제의, 실용적인  involve : 포함하다, 말려들게 하다  presence : 존재, 현존, 출석

「당신은 즉시 변명할 생각을 합니까? 그렇다면 충돌을 일으킬 것을 생각하지 말고 'yes'라고 발하도록 자신을 훈련시키십시오. 나의 치남은 운영의 원칙이 초대에 결코 'no'라고 대답하지 않는 것입니다. 이것이 항상 실용적인 것은 아니지만 태도가 중요합니다. 당신 자신을 관계시킬 준비를 하십시오. 문제를 해결하고 'no'라고 대답하는 방법보다 초대에 응할 수 있는 방법을 찾으십시오. 당신의 참석이 당신이 보내는 어떠한 물질적인 것보다 큰 선물이 될 수 있다는 것을 기억하십시오.」

**30** ①

steamship : 상선, 기선  transcontinental : 대륙횡단의, 대륙 저쪽의  adventurer : 모험가, 투기꾼  sailor : 선원, 뱃사람, 수병  trader : 상인, 무역선  abroad : 국외로, 해외로  indeed : 실제로, 정말로  wildly : 무턱대고, 거칠게, 야생적으로  geographic : 지리적인, 지리학의  reality : 사실, 현실, 진실, 실체  nowhere : 아무데도 ~없다  mythical : 상상의, 신화의  evident : 명백한, 분명한  imaginative : 상상의, 가공의, 상상력이 풍부한  remarkably : 놀랄만한, 주목할 만한, 현저한  accurate : 정확한, 빈틈없는, 신중한  include : 넣다, 포함시키다

① 19세기 이전에 상상의 지도들이 종종 그려지곤 했는데, 이것은 아주 적은 수의 사람들만이 해외로 여행을 했기 때문이다.
② 그들의 별난 묘사에도 불구하고 19세기 이전에 제작된 지도들은 놀라울 정도로 정확했다.
③ 옛날 지도들은 상상 속의 동물들의 그림을 넣어야 했다.
④ 19세기 이전에 지도제작자들은 상상의 동물들을 두려워했기 때문에 이상한 인간들을 지도에 묘사했다.

「19세기까지 상선과 대륙횡단열차가 많은 사람들에게 장거리 여행을 가능케 했을 때, 몇몇 모험가들, 주로 선원들과 상인들만이 자신들의 나라 밖으로 여행을 떠났다. '해외'라는 것은 대부분의 사람들이 사실 거의 알지 못하는 그야말로 생소한 곳이었다. 그래서 초기의 지도제작자들은 종종 매우 지질학적인 사실에 비해 매우 부정확하였을지라도 실수로 비난받는 것에 대해 전혀 두려움이 없었다. 이것은 옛 지도에 상상의 생물들과 이상한 인간들이 묘사된 것에서 명백히 알 수 있다.」

**31** ②

Antarctica : 남극대륙  tourism : (집합적) 관광객, 관광여행  consequence : 결과, 중대성  melt : 녹다, 용해하다, 서서히 사라지다  flood : 범람시키다, 관개하다, 홍수  coastal : 연안(해안)의, 근해의  air conditioning : 공기조절  clearly : 분명히, 똑똑히, 물론, 아무렴  fragile : 연약한, 부서지기 쉬운, 덧없는  excessive : 과도한, 과다한, 지나친, 심한

남극대륙을 여행하는 관광객들로 인해 남극대륙이 파괴되며, 그로 인해 지구도 심각한 위험에 빠질 수 있다고 본문은 말하고 있다.
① 남극의 얼음은 햇빛을 끌어들이고 지구를 따뜻하게 한다.
② 남극대륙으로의 과도한 방문은 남극대륙과 지구를 훼손시킬 것이다.
③ 작가는 남극에 대한 과학적 연구가 금지되기를 원한다.
④ 만일 우리가 남극에서의 관광을 중지한다면, 이것은 관광회사들을 위한 결론이다.

「우리가 관광객들로부터 남극대륙을 보호하지 않는다면, 우리 모두에게 심각한 결과가 있을 것이다. 남극대륙의 빙하는 전 세계 담수의 70%를 갖고 있다. 이런 빙하가 녹게 되면, 해수면은 200피트 상승하며 지구 해변도시들을 범람시킬 수 있다. 또한, 남극대륙의 광대한 빙하지대는 지구의 자연적인 공기조절을 제공한다. 그것들은 태양빛을 대기권 밖으로 반사하면서 지구가 너무 데워지는 것을 막는다. 분명히, 남극대륙은 조심스럽게 관리되어져야 하는 과학적 연구를 위한 장소로 남겨져야 한다. 우리는 관광객들이 지구에 가능한 위험을 가져오는 것을 허락해서는 안 된다. 이렇게 연약하고 중요한 지구의 부분을 보호하기 위한 유일한 방법은 남극대륙을 여행하려는 관광객을 막는 것이다.」

**32** ④

recession : 불경기, 경기후퇴  organize : 체계화하다, 정리하다, 계획하다  tip : 정보, 조언, 힌트  productive : 생산적인, 다산의, (토지가) 비옥한  consider : 숙고하다, 고찰하다  immediately : 즉시, 곧, 직접  available : 유효한, 소용이 되는, 이용할 수 있는, 압축할 수 있는  part-time : 비상근  appear : 나타나다, ~임이 분명하다  willing : 자발적인, 기꺼이 ~하는  eager : 열심인, 열망하는, 간절히 하고 싶어하는  discouraged : 낙담한  give up : 포기하다  eventually : 결국

문두에서 얻고자 한다면 구직활동을 체계화하라고 말하고 있으며, 가장 중요한 것은 낙담하지 말고 자발적이며 열성적이어야 한다고 말하고 있다.

「불경기 때, 직장을 찾기 힘들 때, 당신의 직업을 구하는 것을 신중히 체계화하는 것이 중요하다. 여기 당신의 구직을 더 생산적이게 하는 몇 가지 조건이 있다. 무엇보다도, 당신의 일은 직업을 구하는 것임을 숙고해야 한다. 매일 정해진 시간 동안 직업을 찾으려고 힘을 다해라. 다음에는, 당신이 알고 있는 사람들에게 당신을 위해 다른 사람들에게 직장에 관해 이야기하도록 요청해라. 전임근무가 즉시 유효하지 않다면 비상근직을 제안하라. 자발적이며 열성적인 것처럼 보여라. 가장 중요한 것은 낙담하

지 말고 포기하지 말아라. 당신의 구직활동은 당신이 직업을 얻고자 노력한다면 결국에는 성공할 것이다.」

**33** ①

sea horse : 해마  hold on to : ～을 꽉 붙잡다, 고수하다, 집착하다  lizard : 도마뱀  get hold of : ～을 잡다  fall off : (분리되어) 떨어지다  run away : 도망치다  fur : 털, 모피

「해마는 꼬리를 손처럼 사용한다. 일부 원숭이도 마찬가지이다. 해마는 꼬리로 바다식물을 꽉 잡는다. 그러면 해마는 물에 떠내려가지 않는다. 어떤 원숭이들은 꼬리로 나무에 매달려 있다. 그들은 다른 일을 하는 데 손을 사용한다. 도마뱀과 여우는 안전을 유지하기 위해 꼬리를 사용한다. 때때로 또 다른 동물이 도마뱀의 꼬리를 잡는다. 꼬리는 잘려나가고 도마뱀은 도망친다. 나중에 새 꼬리가 자란다. 여우는 싸움을 시작할 때 꼬리 뒤에 숨는다. 그 꼬리는 숱이 많은 털로 덮여 있다. 그곳은 물려도 다치지 않을 것이다.」

**34** ②

willpower : 의지력, 자제력  for the sake of : ～을 위하여(= for one's sake)  well-being : 복지, 안녕, 행복  addiction : 중독  have no desire to do : ～할 생각이 없다  safeguard : 지키다, 보호하다  present : 있는, 참석한, 지금의  involuntarily : 본의 아니게, 비자발적으로  toxin : 독소  linger : 오래 머무르다  ventilation : 환기, 통풍

「불행하게도 누구나 자제력을 가지고 있는 것은 아니다. 몇 명은 그들의 사랑을 받는 사람들 또는 그들의 행복을 위하여 그만두기를 원할지도 모르지만, 니코틴 중독의 힘은 너무 크다. 다른 사람들은 담배를 즐기며 그것을 그만둘 생각이 없다고 주장한다. 만약 당신이 그만둘 수 없거나 그만두지 않겠다면, 여전히 당신 주위에 있는 사람들을 보호하기 위해서 할 수 있는 많은 것이 있다. 어느 누구도 당신의 집이나 차 안에서, 심지어 아이들이 있지 않을 때라도 결코 흡연하도록 허락하지 말아라. 사람들이 비자발적으로 흡연하지 않도록 당신의 권리를 존중해야 한다고 설명해라. 독소들은 심지어 당신이 그것들을 보거나 냄새를 맡을 수 없을지라도 공기 속에 남아 있다. 만약 당신이 흡연자라면, 그것을 밖으로 가지고 가거나 환기장치가 당신 집의 환기장치와 분리되어 있는 곳에서 흡연하여라.」

**35** ③

liquor manufacturer : 주류제조업자  excessive : 지나친, 과도의  cirrhosis : (간장 등의) 경변(硬便)  liver cancer : 간암  probability : 가능성, 일어남직함  in compliance with : ～에 순응하여(= according to), ～을 준수하여, ～에 따라서  enact : 법률을 제정하다, 규정하다, 법이 발효하다  mandatory : 의무적인, 강제적인(= compulsory)

「주류제조업자들에 따르면, 정부에서 3월 23일부터 처음으로 시행하는 모든 술병에는 '건강경고문'이 부착될 것이다. 그 경고는 다음과 같다. "지나친 음주는 간의 경변(硬便)이나 간암을 유발하고, 운전이나 일하는 동안에 사고의 가능성을 증대하기도 한다." 이러한 움직임은 작년 9월에 제정된 공중보건촉진법에 따른 것인데, 이 법은 모든 주류판매자가 술병에 경고문을 부착해야 하는 것을 의무화하도록 하고 있다. 그 경고문의 실제 문구는 보건복지가족부장관이 제안한 세 가지 사례들 가운데 선택되었다.」

**36** ②

would sooner A than B : B하느니 차라리 A하는 것이 훨씬 더 낫다  monotonous : 단조로운, 지루한  variety : 다양(성), 변화, 차이  contrast : 대조, 대비  blue : 우울한, 기운없는  green : 활기있는, 원기왕성한, 미숙한  courageous : 용기있는, 용감한  tolerance : 인내(심), 포용력, 관용  preference for : ～을 선호함(좋아함)  preservation : 보존, 유지, 보호
① 단조로운 생활을 좋아함
② 세계 평화의 유지
③ 세계의 다양함과 상반됨
④ 대담한 관용의 필요성

「나는 확실히 세계적인 전쟁(세계대전)이 벌어지는 세상에 사느니 차라리 단조로운 공동체사회 속에 살고자 한다. 그러나, 그들 중 어느 한 쪽에 사느니 차라리 죽는 게 훨씬 더 낫다. 내 마음은 다양성과 상반된 것으로 가득찬, 우울하면서도 활기찬 측면을 지닌 오늘날의 세상에 머물고 있다. 그리고 내가 바라는 것은 대담한 관용을 통해서 현재의 세계가 유지되는 것이다.」

**37** ④

hospice : (말기환자를 위한) 요양병원  incurable : 불치의, 낫지 않는  nursing home : 간호요양원  handicapped : 심신장애의  resource : 자원, 재원
hospice가 hospital이나 nursing home과 어떻게 다른가를 설명하는 글이다.

「Hospice(말기환자를 위한 요양병원)는 특별한 형태의 건강관리시설이다. 이 요양병원은 일년 이상 생존할 것이라고 기대할 수 없는 치유 불가능한 병을 앓고 있는 환자를 다룬다. 그러나 Hospital(일반병원)은 환자가 질병으로부터 회복하는 것을 도와주는 것을 목표로 하고 있고, nursing home(간호요양소)은 장애자들과 노인들에게 장기치료를 제공한다. 또한 요양병원의 목적은 죽어가는 사람들과 그들의 가족을 도와주는 것이다. 대조적으로 일반병원과 간호요양소는 환자의 가족을 도와주는 데 대한 재원을 제한시켜 왔다.」

**38** ①

motion sickness : 멀미  joint sensory receptor : 관절수용기  fluid : 유체, 유동체  semicircular canal : 반고리관  timely : 시기적절한

① 멀미는 어떻게 발생하는가.
② 멀미를 피하는 가장 좋은 방법
③ 멀미의 다양한 증상
④ 멀미하는 아이를 위한 응급처치

「아이들은 대개 자동차, 비행기 또는 기차를 타고 여행할 때 메스꺼워한다. 이것이 멀미이다. 여행하는 동안 신체의 다른 기관들은 뇌로 다른 신호들을 보낸다. 눈은 주변의 사물들을 보고 움직임의 방향에 대하여 신호들을 보낸다. 관절수용기와 근육들은 근육의 움직임과 신체가 취하고 있는 자세에 대하여 신호들을 보낸다. 피부수용기는 땅과 연결되어 있는 신체의 부분에 대한 신호들을 보낸다. 내이(內耳)는 반고리관 안에 액체를 가지고 있다. 이 액체는 움직임을 느끼고, 앞뒤 혹은 위아래와 같은 움직임의 방향을 감지한다. 뇌가 여러 신체 기관으로부터 시기적절한 보고를 받을 때 뇌는 신호들 사이에 관계를 찾고, 특정한 순간에 신체의 움직임과 자세에 대해서 그림을 그린다. 그러나 뇌가 신호들로부터 연결점을 찾지 못하고 그림을 그릴 수 없을 때, 그것은 당신을 메스껍게 만든다.」

>> 2. 전후관계

**1**    ②

come up with : 찾아내다, 제시하다 quantify : 양을 나타내다, 수량화하다 seemingly : 외견상으로, 겉보기에는 unquantifiable : 수량화할 수 없는, 계량 불가능한 component : 요소, 부품 overall : 전반적인 substantial : 상당한 figure out : 계산해내다, 생각해내다

② 제일 윗 지문이 연구 방법을 찾아냈다는 내용이었기에 뒤이어 (B)의 구체적인 방법에 대한 설명 (A) 방법에 대한 예시(믿음) (C) 예시(믿음)에 대한 추가 설명이 이어지는 것이 자연스럽다.

「해마다, 유럽 노동 시장 연구를 위한 Scotland's Centre의 후원을 받은 조사는 (다음과) 같은 것을 발견했다 : 만약 당신이 인생에서 행복해지기를 바란다면, 당신의 직업에서 행복을 느껴야 한다. 좋다, 그러나 무엇이 나의 직업 안에서 날 행복하게 만들 것인가? 캐나다의 the University of British Columbia의 몇몇의 연구원들은 겉보기에는 수량화 할 수 없어 보이는 것을 수량화하는 흥미로운 방법을 제시했다. (B) 직업만족에 있어 네 가지 요인을 고려한 생활만족도 조사를 분석함으로써 그들은 임금 인상과 비교해보았을 때 얼마나 가치 있는 것인지 계산해내었다. (A) 예를 들어, 경영진에 대한 믿음-단연코 직업만족에 있어 가장 큰 요소인-은 상당한 임금 인상만큼 당신의 전반적인 행복의 가치가 있다. (C) 연구원들의 계산에 의하면, 더 정확히 말해 믿음에 있어 조금의 증가가 36퍼센트의 임금인상과 같다는 것이다. 다시 말하면, 그것은 36퍼센트의 임금 인상과 거의 같은 양만큼 삶에 있어 전반적인 만족의 단계를 상승시킨다는 것이다.」

**2**    ③

deformed : 기형의 mobility : 이동성 defeat : 패배시키다 compete : 경쟁하다 kayak : 카약 perseverance : 인내

③ 달리기를 배움→올림픽 주자는 될 수 없음을 깨달음, 다른 스포츠를 찾음→카약을 알게 되는 것이 자연스럽다. 따라서 (C)의 위치가 적합하다.

「하지만 그가 절대 올림픽 주자가 될 수 없다는 것을 그는 알고 있었다. 그래서 그는 그가 할 수 있는 다른 스포츠를 찾았다」

「많은 사람들이 자신의 인생에 있어 큰 장애를 만나게 된다. 하지만 극복하는 방법과 장애로부터 실질적인 이점을 찾아낸다. 예를 들어, 1984년, 198년, 1992년 미국의 카약 올림픽 메달리스트인 Greg Barton은 심각한 장애를 가지고 태어났다. (A) 그는 발가락이 안쪽으로 향하고 있는 기형의 발을 가지고 있었다. 그 결과 그는 쉽게 걷질 못하였다. 몇 번의 수술 후에도 여전히 이동성에 제한이 있었다. (B) 그럼에도 불구하고 Greg은 절대 포기하지 않았다. 우선 그는 걷는 것을 배우고, 심지어 뛰는 것도 배웠다. 그리고 그는 고등학교 육상부로서 경쟁도 하였다. (C) 행복하게도, 그는 카약을 발견했다. 그것은 작은 다리와 발 근육을 요하기 때문에 그에게 완벽한 스포츠였다. 그의 상체 힘을 이용하여 그는 그 스포츠를 터득할 수 있었다. (D) 결국, 훈련과 인내의 많은 세월이 지나서 Greg는 1984년 올림픽 팀을 만들 수 있었다.」

**3**    ③

grub : (곤충의) 유충 rekindle : 다시 불러일으키다 nature : 자연, 천성, 본성 nurture : 양육, 육성 die down : 차츰 잦아들다 reasonably : 상당히, 꽤 acquired : 획득한, 기득의 inherited : 상속한, 유전의 sophisticated : 세련된, 정교한 variation : 변화, 변형 infancy : 유아기, 초창기 significance : 중요성

「유충의 탄생은 그 당시 과학계에 격렬한 논쟁을 일으킨 유전론 대 환경론의 토론에 대한 나의 흥미에 다시 불러일으켰다. (A) 우리 인간은 유전자 구성의 생산물인가 아니면 환경의 생산물인가? (B) 최근에 와서 이런 논쟁의 불씨는 차츰 잦아들었고, 이제는 상당히 복잡한 뇌를 가진 모든 동물들에게서 성인의 행동은 유전적 특징과 개개인이 인생을 살면서 얻은 경험이 섞여서 획득된다고 받아들여진다. (C) 다시 말하면, 우리의 행동은 완전히 유전자에 의해서만 결정되는 것이 아니며, 그렇다고 그것으로부터 완전히 자유롭지도 않다. 동물의 두뇌가 더 정교할수록 학습이 그들의 행동을 형성하는 데에서 역할이 커지며, 개개인 사이의 보다 많은 다양함을 찾을 것이다. (D) 그리고 행동이 가장 유연한 유아기와 아동기 동안 획득한 정보와 학습된 교훈은 특별한 의미를 가질 것이다.」

**4** ④

expenditure : 지출, 소비  particularly ad. : 특히,
특별히  apart from : ~외에는  exception : 예외
relatively : 비교적  timber : 수목, 목재  infrequent
: 잦지 않은, 드문  hold down : 억압하다, 억제하다
deterrent : 제지하는 것  investment : 투자
daunting : 벅찬, 주눅 들게 하는

「"돈은 나무에서 열리는 것이 아니다."는 소비에 대한 요
구가 비현실적이거나 낭비인 것처럼 보일 때, 잘 알려진
대답이다.
(C) 아이러니하게도 삼림 관리에 투자하는 것은 특히 그
렇다. 몇몇 예외를 제외하고는, 나무는 다른 작물과
비교했을 때 상대적으로 천천히 자라고, 목재 수확은
횟수가 드물며, 목재 상품의 가격은 다른 자재들과의
경쟁으로 인해 억제되어 있다.
(B) 게다가 삼림 관리의 장기적인 특성으로 인한 투자의
위험성이 잠재적인 투자자들에게 주된 방해물이 될
수 있다.
(A) 이러한 특성들을 고려하면, 삼림 관리에서 이윤을 만
들어내고자 하는 도전은 쉽지 않다.」

**5** ③

private : 사적인  individualism : 개인주의  servant :
하인  prefer : ~을(더) 좋아하다, 선호하다
(C) 다음의 But부터 개인주의적 생활을 선호하는
내용이므로 (C)의 위치가 알맞다. (B) 이전에는
방에 대한 이야기가 나오지 않으므로 (B)에는 문
맥상 어울리지 않는다.

「사생활을 향한 욕망에서 점점 커지는 개인주의가 모습을
드러내었다.
(A) 17세기 중산층과 더 부유한 가문들은 하인들의 시중
을 받았고 하인들은 그들이 식사를 할 때 그들의 대
화를 들었다.
(B) 그들은 보통 넓은 이중문을 통해서 하나의 방이 또
다른 방으로 이어지는 방에서 살았다.
(C) 심지어 침실조차 사적이지 않았다. 그러나 18세기에
가문들은 하인들이 그들이 하는 모든 것들을 듣게
하는 것보다 그들 스스로 수행하는 것을 선호하면서
혼자 먹기 시작했다.
(D) 그들은 또한 복도를 놓으면서 그들의 집 내부를 다
시 지었고, 그래서 가족 내의 모든 사람들이 그들 자
신의 개인적인 침실을 가지게 되었다.」

**6** ④

temper : 성질, 성미  hammer : 망치질하다  pull
out : (못을) 뽑다, 꺼내다  gradually : 서서히, 점
차  dwindle : 줄어들다

「옛날에 성질이 나쁜 한 꼬마 소년이 있었다. 그의 아버지
는 그에게 못이 든 가방을 주었고 화가 날 때마다 울타
리 뒤에 한 개의 못을 망치질해야 한다고 그에게 말했다.
(C) 첫째 날 소년은 여섯 개의 못을 울타리에 박았다. 그
다음 몇 주가 지나는 동안 그가 자신의 화를 조절하
는 것을 배우게 되면서 망치질 하는 못의 수는 하루

하루 점차 줄어들게 되었다. 마침내 소년이 화를 전
혀 내지 않은 날이 왔다.
(B) 그는 아버지에게 그것에 대해 이야기했고 그의 아버
지는 이제 화를 참을 수 있는 날마다 한 개의 못을
뽑아야 한다고 그에게 제안했다. 며칠이 지나갔고 어
린 소년은 마침내 모든 못들이 사라졌다고 그의 아
버지에게 말할 수 있었다.
(A) 아버지는 아들의 손을 잡고 그를 울타리로 데려갔다.
아버지는 이렇게 말했다. "잘했구나, 아들아. 하지만
울타리의 구멍들을 보거라. 울타리는 결코 같아질 수
없을 거란다. 네가 화가 난 채 이야기를 할 때, 그것
들은 바로 이 울타리처럼 상처를 남긴단다."」

**7** ③

nonverbal : 비언어적인  revolve : 회전하다  take
hold : 사로잡다  exaggeration : 과장  angle for : 노
리다  adhesive : 들러붙는  surface : 표면  utility : 유
용성  found : 구축하다  circumstances : 상황  assert
: 주장하다  tactful : 요령 있는  acceptance : 수용

「우정은 오랜 대화이다. 나는 육체노동 혹은 스포츠의 공유
를 통해서 비언어적 우정이 발전할 수 있다고 생각한다.
하지만 나에게는 좋은 대화가 핵심이다.
(A) 정말로 확실하지 않은 초기 단계에서 대화를 만들어
갈 수 있는 능력을 통해서 우정이 생성될 수 있다.
(B) 처음의 몇몇 대화의 경우 당사자들이 서로가 관심을
가질 수 있는 분야에 대해서 말하려고 하기 때문에,
서로의 말에 지나치게 동의할 수 있다.
(C) 유용성과 즐거움에 기초한 우정은 쉽게 변할 수 있는
상황에 기인해 구축된다.
(D) 하지만 시간이 지날수록, 의견의 불일치를 주장할 수
있는 용기와 서로 다른 의견을 요령 있게 받아들이는
자세를 통해서 신뢰가 생길 수 있다.」

**8** ③

feed : 밥을 먹이다  look after : ~를 돌보다  welfare :
복지  perform : 이행하다  extended family : 대가족
gradually : 점차적으로  census : 인구조사  right and
wrong : 선악  estimate : 추정하다  heterosexual : 이
성애적  cohabit : 동거하다

「사회 속에서 태어난 아이에게는 음식과 보살핌이 제공되
어야 한다. 많은 사회에서 부모는 아이의 복지에 책임이
있으며 다음 세대를 돌보는 것으로 사회를 위한 기능을
이행한다. ① 한 아이가 형제 혹은 자매, 그리고 그의 부
모와 때때로 대가족의 다른 구성원과 함께 성장하면서
자신이 살고 있는 사회에 대해서 점점 더 많은 것을 배
운다. ② 예를 들어, 그는 언어, 선악에 대한 생각, 재밌
는 대상에 대한 생각, 그리고 심각한 대상에 대한 생각
등을 배운다. ③ 인구조사에 따르면 결혼하지 않고 동거
하는 이성커플의 수가 2007년 640만 명에 달했다. ④ 다
시 말해, 아이는 처음에 가족 구성원과의 접촉을 통해
사회문화를 배운다.」

**9** ③

meditation exercise : 명상수행  incorporate : 편입하다

「내가 자랄 때 나의 아버지가 나와 나의 누이에게 화가 나셨을 때 아버지는 크게 열까지 세곤 하셨다. (A) 그것은 다음에 무엇을 할지 결정하기 전에 진정하기 위한 전략이었다. (B) 나는 호흡사용을 혼합하여 이 전략을 발전시켰다. 당신이 해야 하는 모든 것은 다음과 같은 것이다. (C) 당신이 화가 났다고 느낄 때, 길고 깊은 숨을 쉬어라. 그리고 하던 대로 자신에게 일을 세어 보아라. 그러고 나서 숨을 내쉬면서 전신을 이완하라. (D) 지금 당신이 하고 있는 것은 명상 수행의 약소한 버전으로 정신을 맑게 하는 것이다. 숫자를 세는 것과 호흡하는 것을 결합한 것은 마음을 편안하게 해줘서 일단 하고 나면 화나 있는 것이 거의 불가능해 진다.」

**10** ③

government figure : 정부의 자료  preponderance : 우위  aging population : 고령화 인구  breakthrough : 도약, 발전  retail establishment : 소매상

「정부자료에 따르면, 다음 세기에 직업의 우위는 건강과 비즈니스 같은 서비스 관련 분야가 점할 것이다. ① 일자리 또한 기술 분야와 상점, 식당 같은 소매업 분야에 많을 것이다. ② 이러한 분야로 확장이 되는 것은 몇 가지 이유가 있다. 인구 노령화, 기술의 비약적 발전 그리고 변화하는 생활방식 등이다. ③ 그러나 사람들은 여전히 미래에 고수익이 될 전통적인 유형의 직업을 선호한다. ④ 그러므로 고수익의 직업은 과학, 컴퓨터, 기계와 의료에 학위를 가진 사람들에게 돌아갈 것이다.」

**11** ④

strip : 제거하다  tone : 색조를 조정하다  thereby : 그로 인해  sign : 흔적  aging : 노화  firm : 단단하게 하다

「(A) 많은 사람들은 비누가 피부에서 나쁜 기름 뿐 아니라 좋은 기름도 제거 할 수 있다는 것을 알지 못합니다.
(D) 라벤더 오일 화장품은 천연 오일을 당신의 피부에 되돌려 주도록 만들어졌습니다. 그로 인해 노화의 흔적을 줄여줍니다.
(B) 라벤더 오일은 얼굴과, 목, 눈 주변의 피부를 밝게 하고 탄력 있게 하기 위한 가장 인기 있는 상품으로 평가받아왔습니다.
(C) 그 이유가 궁금하십니까? 당신이 이것을 단 일주일 간만 매일 사용하시면 그 차이를 볼 수 있습니다.」

**12** ③

「(C) 인터넷은 그 어느 때보다 우리를 보다 서로 가깝게 만들어주고 있다.
(D) 이것은 Web에 접근할 수 있는 사람에게는 좋은 소식이다.

(B) 그러나, 전 세계의 수백 만 명의 사람들이 컴퓨터를 살 수 없다는 것은 나쁜 소식이다.
(A) 그들은 소위 정보화 시대가 도달하지 않은 세상에 여전히 방치되어 있다.」

**13** ③

hot spring : 온천  continent : 대륙, 육지  ocean floor : 해저  fissure : 길게 갈라진 틈  groundwater : 지하수  crust : 표층, 지각  come into contact with : ~와 접촉하다  definition : 정의  molten : (금속, 유리가)녹은  hydrothermal vent : 열수 분출공  issue : ~에서 나오다  phenomenon : 현상

첫 문장에서 온천이 모든 육지와 지구의 해저에서 발견되는 것을 주시하고, ①과②는 육지에서 생기는 온천과 관련된 설명과 예이고, ④는 해저에서 생기는 온천에 대한 설명이다.

「온천은 모든 육지와 지구의 해저에서 발견된다. ① 그것들은 지구 지각의 갈라진 틈으로부터 뜨거운 지하수의 강력한 부상에 의해 생산된다. ② 예를 들면, 화산지역인 옐로우스톤 국립공원의 온천들에서 나온 물들은 녹은 암석들과 접촉할 때 뜨거워져있기 마련이다. ③ 온천의 몇몇 정의들이 존재하지만 그것들 중 어느 하나도 보편적으로 수용되진 않는다. ④ 반면에, 그 현상은 그 해저에서 지구 내부의 열에 의해 나오는 물이 뜨거워지는 열수(熱水) 분출공이라고 불린다.」

**14** ③

currently : 현재  net worth : 순자산  potential : 잠재력, 가능성  liquidate : 매각하다, 청산하다  appropriate : 적절하다. 책정하다.

더 많은 돈을 필요로 할 때가 있을 수 있다는 첫 문장을 주시하고, 이후의 상황에 대처하기 위한 두 가지 선택사항인 (C)가 나오고, 선택사항에 대한 설명인 (B), (D) 그리고 위험성에 대한 경고인 (A)가 나와야 한다.

「아무리 주의 깊게 당신의 돈을 관리한다 하더라도, 당신이 현재 사용할 수 있는 것 보다 더 많은 돈을 필요로 할 때가 있을 수 있다.
(A) 그러나 저축을 사용하고 대출을 늘리는 것 모두 장기적인 재정적 안정성을 획득할 당신의 순자산과 잠재력을 감소시킨다는 사실을 기억하라.
(B) 당신이 자금을 필요로 할 때 보통예금, 양도성 예금증서, 뮤추얼 펀드 또는 다른 투자에 접근될 수 있다.
(C) 그 상황에 대처하기 위해서, 당신은 두 가지 기본적인 선택들을 가진다. : 예금을 정리하거나 빌리거나.
(D) 또는 신용카드 현금서비스나 개인대출이 적절할 수 있다.」

**15** ③

capital punishment : 극형 death penalty : 사형 infliction : 형벌 violate : 위반하다 controversial : 논란이 많은 background check : 신원조사 deter : 그만두게 하다 victim : 피해자 sink to : ~에 빠지다 barbaric : 야만적인

「극형은 중요한 법의 위반에 대한 처벌로 죽음을 적용하는 법적 형벌이다. 이것은 또한 사형이라고도 알려져 있으며, 현대세계에서 가장 논란이 많은 행위 중 하나이다. 이 행위에 대한 찬반논쟁은 종종 종교와 감정에 기반을 둔다. 극형을 찬성하는 사람들은 이 행위가 범죄를 막고 근절할 것이며, 피해자의 가족에게 정의감을 제공할 것이라고 믿는다. (그들은 범죄자의 사형이 더 심한 범죄로부터 사회를 보호하는 유일한 방법이라고 믿는다.) 반면에, 반대하는 사람들은 이것이 야만적이고 정부가 범죄자의 수준에 빠지게 한다고 믿는다. 또한 광범위한 신원조사와 수사에도 불구하고 실제로 결백할 가능성도 존재한다.」

**16** ②

given : ~이라고 가정하면, ~이 주어지면 adolescent : 청년, 10대 청소년 smoke detector : 흡연 탐지기 resist : ~에 저항하다, 반항하다, 방해하다 go along with : ~와 동행하다, ~에 부수하다, 따르다 indulge in : ~에 빠지다, 탐닉하다(= indulge oneself in)
② 건물 안에 화재탐지기(smoke detectors)를 설치하는 것이 법으로 규정되어야 한다는 것은 전체적 내용인 '흡연'과 관련된 것이 아니기 때문에 흐름상 알맞지 않다.

「흡연이 건강상에 전반적으로 위험하다는 것을 알고 있는 상황에서, 대부분의 흡연자들이 살아가는 동안 언젠가는 금연을 하려고 노력해 보는 것은 당연한 일이다. ① 그러나 대부분의 경우 그들의 시도는 성공적이지 못했다. 사람들은 부모님이 흡연하시는 것을 보고서 아니면 동료들의 압력 등을 포함한 다양한 이유로 흔히 그들이 청소년일 때 담배를 피우기 시작한다. ② 빌딩에 흡연 탐지기 설치가 법적으로 요구된대(의무화되어 있다). ③ 만일 한 그룹의 친구들 중 다른 사람들이 담배를 피기 시작하면, 그 무리를 따라가는 것을 거스르기가 힘들다. ④ 일단 사람들이 담배를 피기 시작하면, 그들은 이제 그 일에 탐닉하기 십상이다.」

**17** ③

veterinary : 수의(학)의 canine pet : 애완견 canine : 개의, 개과(科)의 aggression : 공격, 침략(= assault, attack, invasion) estimate : 추정하다, 추산하다
순서 배열 문제의 경우 접속어나 지시어 등을 이용하여 그 순서를 알 수 있으며, 일반적 내용이 구체적 내용 앞에 온다. (A)에 this caring cost가 있는 것으로 보아 앞에 caring cost(기르는 데 드는 비용)에 대한 내용이 (A) 앞에 와야 한다. 그러므로 일단 (A)가 (B) 앞에 있는 것은 정답이 될 수

없다. 선택지에서 정답이 ③이라는 것은 여기서도 알 수 있다. 또한 (A)에서 social cost(사회적 비용)가 처음 나왔고 (C)에서 사회적 비용을 구체적으로 설명하였으므로 (A) 뒤에 (C)가 와야 한다.

「개는 사람의 최고의 친구라고 많은 사람들이 생각한다. 그들은 충직하고, 사랑스럽고, 용감한 가족의 구성원으로 여겨진다. 그러나 그 비용은?
(B) 매년 미국인들은 개의 음식에 5백만 달러 이상의 돈을 사용하며, 그들의 애완견의 병원 치료에 7백만 달러 이상의 돈을 사용한다.
(A) 이런 개를 키우는 비용에 개의 공격에 사회적 비용이 더해진다. 한해에 미국의 보험회사들은 난폭한 개로 인해 2억 5천만 달러의 보험금을 지불한다.
(C) 다른 비용들이 추가되어질 때, 전문가들이 추정하기를 그 사회적 비용은 10억 달러이다.」

**18** ③

annual : 1년의, 해마다 urgent : 긴급한, 다급한 some serious problems가 these problems로 이어지고 이는 미국의 사례를 보여주는 것으로 연결된다.
결과적으로 (B)와 같은 내용으로 이어진다.

「비록 산업국가들이 의료에서 대단한 발전을 했을지라도, 오늘날 그들의 의료시스템은 약간의 심각한 문제들을 겪고 있다.
(C) 이러한 문제점들 중 가장 시급한 것은 재정이다. 의료비용은 경제의 다른 분야보다 더 빨리 오르고 있다.
(A) 예를 들어 미국은 매일 거의 20억 달러가 의료에 쓰이며 이 액수는 연간 12%의 속도로 증가하고 있다.
(B) 이렇게 증가하는 비용의 결과로 질 좋은 의료를 이용하는 것은 확대되기보다 줄어들고 있다.」

**19** ③

scientific : 과학의, 과학적인, 정확한, 숙련된 feat : 위업, 공훈, 묘기, 재주 threaten : 위협하다, ~할 우려가 있다 phenomenal : 자연 현상의, 인지할 수 있는, 놀랄 만한, 경이적인 transcendental : 선험적인, 초월적인, 탁월한, 우월한 miserable : 불쌍한, 비참한, 고약한 poverty : 빈곤, 가난, 결핍

「① 인간게놈의 해독은 놀랄 만한 사건이다. ② 그것은 오염, 전쟁, 그리고 빈곤에 의해 야기된 비참한 보건상태의 증진을 위한 인간의 노력에 있어서 탁월한 발견이다. ③ (그러나 다른 인간의 과학적인 위업과 같이 사회적, 산업적 관계를 위협할 수 있다) 그것은 사람들을 실직시키고 가족을 개편할 잠재성을 가지고 있다. ④ 이러한 과학적인 위업이 인종차별의 도구로 전환되는 것을 막기 위해 효과적인 법이 통과되어야 한다.」

**20** ①

biometeorology : 생물기상학    statistical : 통계적인
correlation : 상호관련, 상관관계  density : 밀도, 농도,
조밀도 hungarian : 헝가리의, 헝가리 사람 dental : 이
의, 치과의  periostitis : 골막염  inflammation : 염증,
격노, 점화, 연소  warm : 따뜻한  migrain : 편두통
barometric : 기압의    flourish : 번창하다, 건강하다
assume : 가정하면, 맡다, 취하다 ordinary : 평상의, 보
통의, 평범한 myriad : 무수, 1만  meanwhile : 그러저
럭, 그사이, 그동안, 한편 asthma : 천식

「ⓑ 생물기상학이 번창하기 시작한 유럽에서는 평범한 날
씨가 무수한 방법으로 보통 사람에게 영향을 미치는
것으로 가정하였다.
ⓐ 한 연구에서, 생물기상학자가 뼈 밀도와 온도 사이의
통계적인 상관관계를 보여주었다. 일부 헝가리 과학자
들은 온난 전선이 통과할 때 이의 염증이 증가한다는
것을 알아내었다. 일부 스웨덴 의사들에 따르면 편두
통은 기압과 온도가 변화한 지 3일 후에 증가한다고
하였다.
ⓒ 한편, 일본의 조사자들은 바람 방향이 변할 때 천식이
증가함을 알아내었다.」

**21** ③

mature : 성숙시키다, 익은   reach : ~에 도달하다,
~에 닿다  pathway : 좁은 길, 경로  determine : 결
심시키다, 결정하다 infant : 유아, 소아  regulate :
규제하다, 조절하다  interpret : 해석하다, 이해하다
dictate : 구술하다, 명령하다  hookup : 접속도, 중계
cortex : 피층, 피질    react : 반작용하다, 반응하다
strengthen : 강하게 하다, 튼튼하게 하다  cue : 신호,
신호를 주다

「유아는 뉴런이라고 불리는 수 십 억개의 뇌세포를 가지
고 태어난다. ① 어떤 뇌세포는 심장박동과 호흡과 같은
생명의 기본적인 것들을 조절하기 위해 출생 전에 다른
세포들과 연결되어 있다. ② 또 다른 뇌세포들은 바깥의
세계에 반응하고 해석하는 것을 돕기 위해 연결되는 것
을 기다리고 있다. 경험이 그 접속을 명령한다. (③ 유아
가 자라면서 세포들은 다른 세포에 도달하고 행동을 결
정할 필요가 있는 경로를 만든다.) 예를 들면 눈의 뉴런
들은 인지한 가지를 시각령에 보내는데 이 기관은 눈이
보이는 곳이고 다른 가지를 거쳐 사람에게 보이는 것에
반응하도록 신호를 준다. 경험이 되풀이 될 때마다 그
통로는 튼튼해진다. ④」

**22** ②

miscarriages : 자연유산, 실책, 실패  pregnancy : 임신,
임신기간 bulk (the ~) : 대부분의, 거대한 scramble : 긁
어모으다, 뒤섞다 embryo : 태아, 애벌레 chromosome :
염색체   gravely : 중대하게   stem : 종족, 계통, 줄기
abnormality : 이상, 변칙, 기형 occur : 일어나다, 발생하
다 diagnose : 진단하다, 원인을 밝혀내다

「대부분의 유산은 무작위로 일어나는 염색체의 혼선이 원
인이 되는데 이는 태아에게 심각한 영향을 주어 성장을
멈추게 한다. 이러한 자연적인 사고는 우연히 발생하게
되며 재발하지 않을 수도 있다. 처음 유산한 여성의
90% 이상이 대부분 다음 기회에 임신에 성공하게 된다.
세 번의 유산에도 불구하고 그 여성은 치료 없이 임신에
성공할 수 있는 가능성이 높다. 그러나 초기 유산자들의
적은 비율은 부모의 염색체 변이가 원인이 되어 발생한
다. 이 경우는 염색체 검사에서 발견된다. 이 시점에서는
이와 같은 염색체 이상은 치료할 수 없다. 그러나 의사
들은 현재 더 잘 진단하고, 잠재적인 위험이 있는 부부
들에게 좀더 나은 상담을 해주고 있다.」

**23** ①

reap : 거둬들이다, 올리다  perform : 실행하다, 이행하다
vigorous : 활기있는, 원기 왕성한  heart-disease : 심장
병 moderate : 적당한  reduce : 줄이다, 삭감하다  heart
attack : 심근 경색  public Health : 공중 위생(학)

「몇 년 전 의사들은 운동의 이득으로 거둬 들일 수 있는
것을 말했다. 당신은 일주일에 몇 시간 정도 조깅과 같
은 활기찬 활동을 실시해야 한다. 현재 그것은 당신의 심
장을 구해줄 수 있는 운동으로 나타내어진다. 최근 보고
서는 45세 여성 및 그 이상의 고령자들이 일주일에 최소
1시간씩 걸음으로써 심장병 위험률을 반으로 줄였다는
것을 보고하였다. 남자들도 마찬가지로 적은 양의 운동
으로 이득을 보았다. 골프나 정원산책 같은 적당한 움직
임조차도 심근 경색 발병을 줄이는 데 도움이 되었다. "
제일 중요한 것은 지금 바로 운동을 실시하는 것이다."라
고 하버드 대학 공중 위생학 박사인 Howard Sesso가
말했다.」

**24** ③

elsewhere : 다른 경우에, 어떤 다른 곳에서
inexhaustible : 무진장한, 무한정  calf : 송아지
approximately : 대략, 대체로   nurse : 젖먹이다,
품다 suckle : 젖을 먹이다, 젖을 먹다 suitable :
적당한, 상당한  consumption : 소비, 소모
제시된 문장에서 that은 새로 태어난 송아지가 젖
을 먹는 기간을 말하므로 ③에 들어가야 알맞다.

「젖소가 무한정 우유를 제공하지는 않는다. 젖소가 송아지
를 낳기까지 우유를 생산할 수 없다. 그리고나서 대략 열
달 동안 우유를 생산하는데 이것은 송아지가 젖을 먹는
시간에 해당한다. 낙농업자들은 젖소의 우유가 인간소비
에 적당하지 않을 때 새로 태어난 송아지에게 단지 며칠
동안 젖을 먹인다. 그 다음에 그 송아지는 다른 곳에서 젖
을 먹이고 낙농업자는 젖소에서 하루 두 번 우유를 짜낸다.
대부분의 젖소는 일년에 한번 새끼를 낳고, 평균적인 낙
농 젖소는 5~6년 동안 우유를 공급한다.」

## 25 ③

take over : 대신하다, 떠 맡다  eliminate : 제거하다, 삭제하다  for instance : 예로  advanced degrees : 고급 학위(석사 이상)  peer : 동등한 사람, 동료  overcrowd : 혼잡하게 하다
전산화(컴퓨터) 교육과 더불어, 아이들은 각자의 페이스에 맞게 모든 것을 배울 수 있다.

「(ⓐ) 교육의 새 시대가 시작되고 교실 수업 대신 컴퓨터를 사용할 시간이 도래되었다. (ⓑ) 교실, 선생님, 그리고 교육의 현재 형식적인 체계는 제거될 수 있다. 왜냐하면 컴퓨터는 각 개인적 교육을 공급할 수 있는 능력을 가지고 있기 때문이다. (ⓒ) 예로, 영리한 10살짜리 아이는 또래보다 타고난 재능이 적은 사람들이 자신들의 페이스에 맞춰 배우는 동안 고급 학위를 획득할 수 있다. (ⓓ) 멀티미디어 프로그램은 개념을 이해하기 쉽고 재미있게 배울 수 있다. 이제는 더 이상 설교나 혼잡한 교실은 없다. 컴퓨터는 미래의 학교이다.」

## 26 ①

shipbuilding : 조선술  tradition : 전통, 전설  evidence : 증거, 흔적  crew : 승무원 전원  afterlife : 사후세계  mast : 돛  shipbuilder : 조선가  legend : 전설  ferry master : 선장  Styx : (그리스 신화의) 삼도천  Hades : 저승, 황천

「조선술은 약간의 기묘한 전설을 가지고 있으며, 그리스와 로마의 역사에 근원을 둔 가장 흥미로운 것 중 하나이다.

(C) 고대 그리스와 로마 시대 동안에는 새로운 배를 축조할 때 돛대 아래에 얼마 안되는 동전을 놓아 두었다. 조선사는 아주 특별한 이유로 이것을 행하였다.
(B) 바다에서 재앙을 당한 경우, 사망한 승무원 전원은 사후세계에 가기 위해서 동전을 지불해야 할 필요가 있었다. 선원들은 이 강을 돈없이 건너면 사후세계에 그들의 자리를 얻을 수 없다고 믿고 있었다.
(D) 전설에 따르면 모든 승무원은 죽음의 땅인 저승으로 가는 삼도천을 건널 수 있도록 선장 카론에게 동전을 주었었다.
(A) 현재 과학자들은 부식되어 남아 있는 고대 그리스선에서부터 아직까지 활동중인 U.S.S가 건립한 프리킷 범선까지 여러 장소에서 오랜 전설의 흔적을 발견한다.」

## 27 ①

purchase : 구매하다, 사다  offer : 제시하다  further : 게다가  regulation : 단속, 규정  two-thirds : 2/3

「이런 이점에도 불구하고, 소비자들은 현재 결과에 실망할지도 모를 이 세트를 구매한다. 텔레비전 프로그램은 디지털 방식으로 생산된 것이 꽤 많다. 그리고 가까운 미래에는 그 수요가 믿기 어려울 정도로 증가할 것이다. 방송망은 내년부터 일주일에 딱 5시간씩 디지털 프로그램을 제공할 계획에 있다. 게다가 케이블 회사는 디지털 프로그래밍 전송에 대한 어떠한 규정하에 있지 않다. 미국인의 2/3 정도는 지연이 더 길어질지도 모르지만 케이블을 통해 텔레비전 방송을 받아본다.」

## 28 ④

insect : 곤충, 벌레  exception : 예외, 제외, 이의  possession : 소유, 입수, 소유물  beetle : 투구벌레, 딱정벌레  exceed : 능가하다, ~보다 뛰어나다, 넘다, 초과하다
글의 의미가 통하도록 글의 순서를 생각하되, 대명사가 무엇을 대신하는지 유의해서 보면 쉽게 순서를 찾을 수 있다.

「대부분의 숫놈 곤충들은 암놈들보다 더 작다. 그러나 이런 규칙에도 예외들은 있다.
(C) 때때로 곤충의 크기와 힘이 암놈을 소유하기 위해 싸우는 숫놈들에게 이점이 될 수도 있다.
(A) 이런 경우에, 숫놈들은 암놈들보다 더 크다.
(B) 그러나, 크기에서 암놈들을 능가하는 숫놈들 중에는 서로 싸우지 않는 투구벌레들도 있다.」

## 29 ①

cordless : 전화선 없는  portable : 들고 다닐 수 있는  masonry : 석공술, 석조건축  revolve : 회전하다, 순환하다  drain : 다 써버리다, 고갈시키다, ~에서 배수하다

「비록 코드가 없는 드릴이 휴대하기 좋은 이상적인 장비이지만, 그것들은 석공일에는 적합하지 않다.
(B) 만약 당신이 나무 목재가 아닌 일(특히, 석공일)을 위해 드릴을 사용하고자 한다면, 당신은 코드가 있는 드릴을 구입해야 할 것이다.
(A) 이는 코드 없는 드릴은 힘이 강하지 못하고(이런 드릴 도구는 빠르게 회전하지 못한다), 만약, 벽돌에 구멍을 뚫기 위해 사용할 때는 배터리가 빨리 닳기 때문이다.
(C) 그러나 가끔 석공구멍을 뚫을 때는, 여전히 코드 없는 드릴이 적합하다.」

## 30 ②

mistress : 여주인, 주부, 여학자, 여왕  attic : 다락방, 애덕양식(건축)  flee : 달아나다, 사라지다  harass : 괴롭히다, 공격하다
시간의 흐름을 기준으로 유추하면 [A(그녀의 출생)]→[D(주인의 사망과 새 주인과의 만남)]→[C(새 주인으로부터의 도주와 루머)]→[B(루머에 속은 주인과 그녀의 실제 생활)]의 순서가 적절하다.

「(A) North Carolina에서 노예로 태어난 Harriet Jacobs는 그녀의 여주인으로부터 읽고 쓰는 것을 배웠다.
(D) Jacobs의 여주인이 죽었을 때, 그녀는 그녀를 괴롭혔던 백인 남자주인에게 팔려갔다.
(C) 그녀는 마침내 주인으로부터 도망쳤고 북쪽으로 도망쳤다고 소문내기 시작했다.
(B) 비록 그녀의 주인이 그렇게 믿었지만, 사실은 조그만 어두운 다락에서 거의 7년을 보냈다.」

**31** ③

resignation : 체념, 포기, 사직  conquest : 정복, 획득, 전리품  unavoidable : 피할 수 없는, 어쩔 수 없는

첫 문장의 however와 also에 역접관계의 표현이 기술되어 있다는 점과 'it is a part no less essential than that played by effort'에 착안하면 답을 찾을 수 있다.
① 불행을 극복하는 방법
② 행복을 얻는 데 있어 체념의 중요성
③ 행복을 찾는 데 있어 노력의 중요성
④ 현명한 사람의 행복의 획득

「그러나 체념도 역시 행복을 정복하는 데 역할을 한다. 그리고 그것이 노력에 의한 행복만큼이나 똑같이 역할을 한다. 현명한 사람은 비록 막을 수 있는 불행에 주저앉지 않지만, 피할 수 없는 불행에는 시간과 감정을 낭비하지 않는다.」

**32** ③

textural : 그대로의, 원래의  leave behind : 뒤에 남기다, 둔 채 가다  component : 성분, 성분의  process : 제법(製法), 공정(工程), 순서, 방법  fiber : 섬유질  content : 함유량, 내용  wheat : 밀  refined : 정제된  flour : 밀가루  mill : 제분하다, 맷돌에 갈다

「음식을 준비하는 방식에 주의해라. 조리과정이 섬유함유량을 줄일 수 있다. 예를 들면, 사과주스 한 컵에는 한 개의 사과가 가진 전체의 섬유질의 12분의 1 정도 밖에 없다. (주스를 만들 때, 껍질과 사과의 다른 성분은 뒤에 남기 때문이다) wheat-grain이나 multi-grain이라 불리는 많은 갈색 빵은 대부분의 섬유가 완전히 제분된 것을 뜻하는 아주 정제된 밀가루로 만들어진다.」

**33** ④

electronic device : 전자장치  protect : 지키다, 보호하다, 방어하다  merchandise : 상품  tag : 꼬리표  key A to B : A를 B를 맞추다  alarm : 경보(장치)  entrance : (출)입구, 입장, 가입, 취임, 입학, 입사, 입회  item : 물품, 품목, 항목, 조항, 세목  attach : 붙이다, 부착하다, 첨부하다, 접착하다, 소속시키다, ~의 특성으로 생각하다, 부여하다  system : 조직, 계통, 체계, 제도, 방식, 방법  be based on : ~에 기초하다, 근거하다, 입각하다  storeowner : 가게주인

「많은 가게들이 그들의 상품, 특히 의류를 보호하기 위해 전자장치를 이용한다.
(C) 이 시스템은 가게주인들이 어떤 품목들에 붙인 특수한 꼬리표에 기초한다.
(A) 그 꼬리표는 가게 입구에 설치된 경보장치에 맞추어져 있다.
(B) 만약 어떤 품목이 여전히 꼬리표가 붙은 채 입구를 거쳐 가지고 간다면, 그 경보장치가 울린다.」

**34** ④

pertain : 속하다, 부속하다, 관계하다(to)

「강인한 사람들이 성공하게 되는 비결은 무엇인가? 왜 다른 사람들이 고난에 압도되어 있을 때 그들은 끝까지 살아남는가? 그들이 문제들을 어떻게 인식하느냐 하는 것이다. 그들은 문제들을 현실적이고 실용적으로 바라본다. 그들은 모든 문제들과 결부되어 있는 6가지 원칙들을 이해하고 있다. 이 원칙들이란 무엇인가?」

**35** ④

inaugural meeting : 창립총회  reign : 군림하다, 지배하다, 크게 유행하다

「당신이 세계은행(World Bank)과 국제통화기금(International Monetary Fund)을 구별하는 데 어려움을 겪고 있다면 당신 혼자 그런 것이 아니다. 대부분의 사람들은 단지 이 기관들이 무엇을 하는지 매우 희미하게 알고 있을 뿐이며 요점만 간단히 줄여 왜, 어떻게 그들이 다른가 물어보면 극히 소수의 사람들만이 대답할 수 있다. 심지어 이 두 기관의 설립자이자 많은 사람들이 20세기의 가장 뛰어난 경제학자로 여기는 John Maynard Keynes조차도 국제통화기금의 창립총회에서 자신도 그 명칭들이 혼동된다고 인정하였다. 그는 기금은 은행으로 불리워야 하며, 은행은 기금으로 불리워야 한다고 생각하였다. (그 이후로 혼동은 계속되어 왔다.)」

**36** ③

step : 단계, 조치  nature : 특성  sign language : 수화  eradicate : 없애다, 박멸하다  misconception : 오해, 잘못된 개념  traditional : 전통적인  popular : 대중적인, 인기 있는  plain : 평범한, 명백한  little more than : 겨우, 단지  sophisticated : 정교한, 세련된, 기교 있는  pictorial 그림의, 그림 같은  representation : 대표, 제시  external : 외부의  reality : 현실, 실체  distinction : 구별  conscious : 의식적인  verbal : 구두의

「수화의 본질을 고려했을 때 수화의 첫 번째 단계는 수화의 구조와 기능에 대한 전통적 오해를 뿌리 뽑는 것이다. 이 문제에 관한 대중적 의견들은 꽤 분명하다 : 수화는 진정한 언어이기보다는 기교적 몸동작의 시스템이다 ; 수화는 외부 현실을 간단하게 그림으로 표현한 것이다 ; 그리고 이 때문에, 전 세계에 걸쳐 이해될 수 있는 단 하나의 몸짓 언어라는 것이다. (1960년대로 거슬러 올라가 이 주제에 대한 첫 조사 연구의 결과를 통해, 지금은 이러한 생각이 잘못됐음이 분명하다.) 무엇보다, 몸짓 언어와 몸동작 사이의 분명한 차이점이 반드시 정해져야만 한다. 수화는 말을 통해 얻어지는 같은 범위의 의미를 표현하기 위해 의식적이고 "구두적인" 방법으로 손을 사용하는 것이다.」

**37** ④

mathematics : 수학　formulas : 공식　appreciate : 인식하다　logical : 타당한, 사리에 맞는, 논리적인　structure : 구조, 건물, 조직, 구조물　precision : 정확성, 정밀성, 신중함　subtleties of language : 언어의 중요한 세부요소들　mere : 겨우, 한낱 ~에 불과한　manipulating : 조정하다　superior : 우수한, 우월한, 우세한　prerequisite : 전제 조건

「몇몇 학생들은 수학은 공식들과 법칙들을 사용하여 오로지 문제를 푸는 것으로 구성되어 있다고 생각하는 실수를 범한다. 하지만 성공적으로 문제를 푸는 사람이 되기 위해서는 이론을 정확하게 인식해야만 하며, 논리적 구조와 수학적 방식을 뒤에 가려져 있는 추론을 인식해야 한다. 그러나 이러한 정확성은 언어의 미묘함에 대한 진정한 인식 없이는 얻어질 수 없다. 사실, 누구나 문제를 푸는 것을 넘어 수학적 공식이나 규칙을 능숙하게 다루지 않고서도 많은 진보를 할 수 있다. 즉, 언어 사용에서의 탁월한 능력은 문제를 성공적으로 푸는 사람이 되기 위한 전제조건이다.」

**38** ③

a couple of : 두 개의　check out : 점검하다　physical condition : 건강상태　gum : 잇몸　firm : 단단한　idea of : 짐작하다　personality : 성격, 성질　physical well-being : 육체적 안녕, 행복　timid : 소심한　aggressive : 공격적인

「강아지를 고를 때 주의해야 할 두 개의 중요한 단계가 있다. ⓐ하나는 강아지의 건강상태를 주의깊게 점검하는 것이다. 동물의 눈은 맑고 빛나야 한다. 그리고 잇몸은 핑크색이고 단단해야 한다. ⓑ또한 다른 강아지들과 함께 노는 것을 지켜봐야 한다. 그리고 강아지의 성격을 짐작해야 한다. ⓒ귀여운 강아지를 소유하면 사람의 마음과 육체적 행복이 개선될 수 있다. ⓓ매우 소심하거나 공격적이라면 좋은 애완동물이 될 수 없다.」

## ≫ 3. 빈칸넣기

**1** ④

overworked : 혹사당하는　anxious : 불안해하는　nervous breakdown : 신경쇠약　suffocate : 질식사하다, 질식사하게 하다　macho : 으스대는, 남자다움을 과시하는　blackout : 정전, 일시적인 의식상실　commonplace : 아주 흔한
① ~덕분에
② ~와는 대조적으로, ~이 아니라
③ ~에 찬성하여
④ 금방 ~하려고 하여, ~의 직전에

「혹사당하고, 스트레스 많이 받고, 불안해하는 대한민국이 증가하는 이혼율, 학업압박에 자살충동을 느끼는 학생들, 세계에서 제일 높은 자살률 그리고 여전히 업무 후에 정신을 잃도록 음주를 권하는 회식자리의 으스대는 기업문

화로 국가적인 신경쇠약에 걸리기 직전으로 느껴질 때가 때때로 있다. 매일 30명이 넘는 한국인이 자살을 하며, 연예인, 정치인, 운동선수 혹은 비즈니스 리더의 자살은 거의 아주 흔한 일이 되었다.」

**2** ②

automotive : 자동차의　innovator : 혁신가　assembly line : 조립 라인　juggle : (두 가지 이상의 일을 동시에) 곡예하든 하다　solid : 단단한, 고체의　valid : 유효한　split : 분열되다　allot : 할당하다　prioritize : 우선순위를 매기다
① 필기하는 습관을 들인다.
③ 지연되는 일 없이 하루의 일과를 처리한다.
④ 일을 시작하기 전에 두 번 생각한다.

「전략적인 사고는 삶의 어떠한 부분에도 긍정적인 영향을 준다. 전략적 사고의 첫 번째 단계는 보다 효과적으로 집중하기 위해서 사안을 작게 분해하는 것이다. 그것은 자동차의 혁신가 Henry Ford가 조립라인을 개발했을 때였으며, 그가 '만일 당신이 그것을 작은 일로 세분화 할 수 있다면 아무것도 특별하게 어려울 것이 없다'고 말한 이유였다. 그는 또한 '백만 명중 오직 한사람만이 동시에 모든 일을 동시에 해낼 수 있고 생각을 전략적으로 하여 견고하고 유효한 계획을 세울 수 있다.'고 말하였다. 그는 또한 일을 분리하는 습관으로도 잘 알려져 있다. 매 주중이 시작되기 바로 직전에 그는 하루의 사안에 대해서 생각하였다. 그리고 주중의 사안에 대하여 우선순위를 정하였다. 그는 하루에 할당된 사안만을 다루는 규칙을 만들었다.」

**3** ④

perception : 자각　discipline : 규율　console : 위로하다　pathetically : 애절하게　defiant : 반항하는　insecure : 자신이 없는　timid : 소심한　compose : 가다듬다　attract : 끌어들이다　crisp : 딱딱한
① 결과적으로
② 예를 들어
③ 다시 말해
④ 다른 한편으로, 반면에

「부모로서 당신은 그들(아이들)을 도울 수 있도록 반드시 그들의 울음을 읽도록 노력해야 한다. 이것은 또한 당신이 당신의 아이가 당신의 규율을 자각하고 있는지 가늠할 수 있도록 도울 것이다. 많은 경우에, 아이가 자신이 잘못 처벌받고 있다고 느낄 때, 아이를 위로하는 것은 더 힘들어 진다. 아이는 애절하게 울었다. 다른 아이는 처벌을 반항적인 분위기에서 받을 것이다. 반면에, 아이가 죄책감을 느꼈지만 그는 처벌 받지 않거나 용서가 보장되지 않음을 느낀다면, 그는 사람과의 관계에서 자신감을 잃고 소심해지기 쉽다. 벌을 받고 그들이 울었을 때 아이들은 빠르게 자신을 가다듬고 부모님의 사랑을 끌어오려고 노력할 것이다. 아이들은 보통 불확실함을 가지고 사는 것보다 유대감을 동반한 산뜻하고 깔끔한 처벌을 원한다.」

**4** ②

read out : ~을 소리 내서 읽다　chance : 가능성　certain : 확실한　irregular : 불규칙한　in contrast : 그에 반해서

「다음 숫자를 보라 : 4, 8, 5, 3, 9, 7, 6. 그리고 크게 소리 내서 읽어 보고, 그 순서를 기억해 보라. 만약 영어로 말한다면, 완벽히 외울 수 있는 50%의 가능성이 있는 것이다. 반면 중국어로 한다면, 당신은 그것을 항상 맞도록 거의 확실하게 할 수 있을 것이다. 이것은 중국어로 그것들을 발음하는 것이 시간이 짧기 때문이다. 덧붙여, 서양언어와 아시안 언어에는 숫자에 이름을 붙이는 체계가 있다. 예를 들어, 영어에서는 그들은 "fourteen"과 "sixteen"을 말한다. 어떤 이는 그들이 또한 "oneteen", "twoteen"이라고 말하길 기대할 것이다. 하지만 그렇지 않다. 영어에서의 숫자체계는 불규칙하다. 그에 반해서 아시아인은 논리적인 계산 체계를 가지고 있다. 이러한 차이점은 아시아 아이들이 계산을 배울 때 훨씬 빠른 것과 기본적인 함수를 계산할 때 서양 아이들보다 낫다는 것을 뜻한다.」

「수학을 잘하는 것은 다른 언어 체계에서 근거한 것일지도 모른다.」

**5** ①

pollution : 오염, 공해, 오염 물질　addition : 추가된 것, 부가물　substance : 물질, 실체　accommodate : 공간을 제공하다, 수용하다　dispersion : 확산, 분산　component : 요소, 부품　atmosphere : (지구의) 대기　by-product : 부산물, 부작용　respiration : 호흡　concentrated : 집중적인, 농축된　fertilizer : 비료　menacing : 위협적인, 해를 끼칠 듯한　depletion : 고갈, 소모
① 오염 물질 자체가 해롭지는 않다.
② 몇몇 오염 물질은 다른 것 보다 더 해롭다.
③ 오염은 이제 전 세계적인 문제이다.
④ 오염은 수백만 년 동안 인류와 함께 해 왔다.

「공해는 자연환경이 분산, 파괴, 재생 또는 저장을 통하여 무해한 형태로 수용할 수 있는 것보다 빠른 비율로 생기는 어떤 물질 또는 에너지 형태의 부가물이다. 오염물질 자체가 해로운 것은 아니다. 예를 들어, 이산화탄소는 대기 중의 징상정인 구성 요소이고 모든 동물의 조직에서 발견되는 호흡의 부산물이다. 하지만 농축된 형태의 그것은 동물을 죽일 수 있다. 인간의 오물은 유용한 비료가 될 수 있지만, 너무 많이 농축되면 그것은 심각한 오염 물질이 될 수 있으며, 건강을 위협하고 물속 산소의 고갈을 일으킨다.」

**6** ④

exclusive : 독점적인, 배타적인　close-knit : 긴밀히 맺어진, 굳게 단결된　clique : 파벌, 패거리
① 일반성, 보편성
② 애착, 믿음
③ 관계
④ 차이

「당신이 편하게 여기는 사람들과 함께 하고 싶어 하는 것에는 아무 문제가 없다. 하지만 또래집단이 너무 배타적이 되어 자신들과 같지 않은 사람을 거부하게 되면 그것은 문제가 된다. 굳게 단결된 패거리 안에서 차이를 가치 있게 여기는 것은 다소 어렵다. 아웃사이더들은 이등 시민과 같은 기분을 느끼고, 인사이더들은 우월 콤플렉스를 갖는다.」

**7** ②

reliable : 믿을 수 있는　validity : 유효함, 타당성　extrapolation : 외삽법, 추정　verify : 확인하다, 입증하다　trial : 재판, 실험　hindsigh : 뒤늦은 깨달음　misleading : 호도하는, 오해의 소지가 있는

「한 종과 다른 종 사이의 외삽법의 타당성에 대해서 일반적 규칙을 적용하는 것은 ㉠불가능하다. 이것은 타깃 종(인간)에게 먼저 시험해 본 후에야 확인할 수 있다. 동물 모델로 부터의 외삽법은 항상 뒤늦은 깨달음의 문제로 남는다. 동물 실험 결과에 대한 ㉡무비판적 의존은 위험한 오해의 소지가 있고, 수만 명의 인간의 건강과 목숨을 앗아갔다.」

**8** ②

inspiring : 고무하는, 격려하는　pep talk : 격려 연설　likewise : 똑같이, 또한　famed : 아주 유명한　credited : 신망 있는, 유명한
① 탐욕, 식탐　② 웅변, 능변　③ 질투, 시샘
④ 전개, 배치

「Notre Dame 대학의 유명한 축구 코치인 Knute Rockne(1888~1931)는 그가 코치를 할 때 하는 고무적인 격려 연설로도 유명하다. 마찬가지로, New York Giants와 Green Bay Packers의 코치로 유명했던 Vince Lombardi 역시 그의 달변으로 유명했다. Lombardi의 "승리는 전부는 아니다. 그것은 유일한 것이다."라는 말은 지금도 유명하다.」

**9** ④

unqualified : 자격이 없는, 전폭적인　combative : 전투적인　ambitious : 의욕적인, 야심 있는, 사나운　competent : 능숙한, 충분한
어떤 기술을 통달 하는데 에는 이론적인 지식의 습득과 더불어 그에 따른 실습이 이루어져야 함을 설명하는 글이다. 바로 앞 문장에서 이론적인 지식만을 습득한 상황을 가정하고 있기에 전체적인 내용을 고려하여 그렇다 하여도 아직 의학 기술에 능숙하지는 못하다고 글이 이어지는 것이 자연스럽다. 따라서 답은 ④이다.

「기술을 학습하는 과정은 편의상 두 부분으로 나눌 수 있다. 하나는 이론에 대한 통달이고 다른 하나는 실습에 대한 숙달이다. 만약 내가 의학 기술을 배우고자 한다면, 먼저 나는 반드시 인간의 몸과 다양한 질병에 관한 사실들에 대해 알아야 한다. 내가 이러한 이론적인 지식

을 모두 습득하였을 때, 나는 결코 의학기술에 <u>능숙하지</u> <u>않을</u> 것이다. 오로지 수많은 실습이 뒤따른 후에야 나는 이 기술에 대한 숙련자가 될 것이고 결국 내 이론적인 지식의 결과와 실습은 모든 기술 숙달의 정수인 직관으로 혼합될 것이다.」

서 소설화 된 갈등들을 보지만 결코 그 메시지를 얻지 못한다. <u>대신에 우리는 만약 우리가 그들이 가지고 있는</u> <u>것을 가진다면 우리는 행복할 것이라고 되풀이해서 생각</u> <u>한다.</u>」

## 10  ②

dengue virus : 뎅기열 바이러스   contract : 줄어 들다, (병에) 걸리다, 계약하다   infection : 감염 nausea : 메스꺼움   rash : 발진   hydrated : 물과 결합한
① 급성 뎅기열의 치료는 도와준다.
② 이 질병의 증상은 폭넓게 다양할 수 있다.
③ 뎅기열은 국제적인 문제가 되었다.
④ 뎅기열의 원인을 이해하는 사람은 거의 없다.

「뎅기열 바이러스는 모기와의 접촉을 통해 걸리고, 세계 인구의 거의 절반이 감염의 위험이 있다. <u>이 질병의 증상</u> <u>은</u> 눈의 뒤쪽 및 관절의 통증, 메스꺼움 그리고 발진을 포함하여 <u>폭넓게 다양할 수 있다.</u> 대부분의 환자들은 수 분을 섭취하면서 휴식을 취하면 회복되지만, 몇몇은 심 각한 상태로 발전하기도 한다. 현재 이 질병에 대한 치 료법은 없으며, 감염을 예방하기 위한 백신도 존재하지 않는다.」

## 11  ①

tragedy : 비극   work at : ~을 하려고 열심히 노력 하다   by the time : ~할 무렵에   altar : 제단 unnameable : 말할 수 없는   hunger : 굶주림, 갈망 yearning : 갈망   fictionalize : 소설화하다, 각색하 다   conflict : 갈등, 충돌   entirely : 전적으로, 완 전히   keep thinking : 되풀이해서 생각하다
① 만약 우리가 그들이 가지고 있는 것을 가진다 면 우리는 행복할 것이라고
② 부유하고 힘 있는 사람들의 삶은 전적으로 운 에 따른다고
③ 우리가 일을 열심히 해왔어도 우리는 삶에서 성공적이지 못하다고
④ 돈과 권력은 우리의 삶에서 가치 있는 것들을 대신하지 못한다고

「오스카 와일드는 한때 "이 세상에는 오직 두 가지 비극만 이 있다. 하나는 자신이 원하는 것을 가지지 못하는 것, 그리고 다른 하나는 그것을 가지는 것."라고 썼다. 그는 우리가 성공하려고 아무리 열심히 노력하더라도 성 공은 우리를 만족시키지 않을 것이라는 것을 우리에게 경고하려고 하고 있었다. 우리가 성공이라는 제단에 아 주 많은 것을 희생한 후에 그것에 다다를 무렵이 되면 우리는 성공이 우리가 원하던 것이 아니었음을 깨달을 것이다. 돈과 권력을 가진 사람들은 당신과 내가 알지 못하고 심지어 우리가 듣고도 믿지 못할 어떤 것을 안다. 돈과 권력은 뭐라 말할 수 없는 마음속의 갈망을 만족시 키지 못한다. 부유한 자들과 권력자들조차 더 많은 무언 가를 열망하고 있는 <u>스스로를 발견한다.</u> 우리는 부유하 고 유명한 사람들의 가족문제에 대해 읽고, 텔레비전에

## 12  ②

consumption : 소비   raw material : 원료   revolve : 돌다, 회전하다   driving force : 원동력   eliminate : 제거하다   urban sprawl : 무분별한 도시 확산   rural : 시골의, 지방의   shortage : 부족
① 농지에서 살기 위해 도시 지역들로부터 시골 지역으로 이동할
② 무분별한 도시 확산과 불필요한 개발의 규제를 시작할
③ 시골 지역에서의 농경과 도시 지역에서의 개발 을 제한할
④ 단기간 내에 천연 자원의 개발을 가속화 할

「농지는 인간과 동물의 소비를 위한 단순한 농작물 이상 의 것을 제공한다. 그것은 건물 자재들, 종이, 그리고 연 료를 만들기 위해 사용되는 원료들을 제공한다. 많은 사 람들의 삶 또한 농경을 둘러싸고 돌아가며 그것은 그들 에게 그들이 계속 살아가게 하는 원동력을 준다. 그러나 도시 지역의 사람들이 지방으로 퍼져 나가고 차지함으로 써 무분별한 도시 확산에 의해 농지는 천천히 제거되고 있다. 무분별한 도시 확산은 가까운 미래에 우리에게 천 연 자원의 부족이라는 결과를 남기게 될 것이다. 우리는 향후의 잠재적 위험들에 대해 인식하고 <u>무분별한 도시</u> <u>확산과 불필요한 개발의 규제를 시작할 필요가 있다.</u>」

## 13  ③

accelerate : 속도를 올리다   doorknob : 문손잡이 shove : 밀다   established behavior : 기존의 행동 frustrated : 좌절한   enhancing : 강화시키면서 wiggle : 마구 흔들다   vigorously : 활기차게

「새로운 아이디어들의 흐름을 가속화하는 한 가지 방법은 당신이 실패할 것 같은 어려운 상황 속에 놓이는 것이다. 우리가 무엇인가에 실패하면 우리는 좌절감을 느끼고 다 른 행동들을 시도하려 노력하기 시작한다. 많은 아이디 어들이 활발하게 경쟁해서 창조적인 과정을 상당부분 향 상시킨다. 당신이 항상 쉽게 열었던 문고리를 돌리려고 한다고 말해 보자. 그것이 움직이지 않으려고 한다. 당신 은 문고리를 더욱 세게 돌린다. 그러고 나서 당신은 문 고리를 잡아당기고 아래로 밀어 내리려고 한다. 아마도 당신은 문고리를 잡고 이리저리 움직여 볼 것이다. 마침 내 당신은 문을 세게 떠밀어보거나 발로 찰 것이다. 이 러한 기존의 행동들로부터 나온 노력들이 아마도 새로운 해결방안을 이끌어 낼 것이다. 창의성은 <u>당신이 이미 알</u> <u>고 있는 것의 확장인 것이다.</u>」

**14** ②

penny : 동전   rub : 문지르다   come out : ~을 보이다   as the day it was made : 만들어진 날만큼   recreate : 재창조하다   cultivate : 경작하다

「만약 당신이 해안가에 있다면, 그리고 당신이 오래된 윤기 없는 갈색 동전 하나를 집어 들어 한 줌의 모래로 그것을 세게 1~2분가량 문지른다면, 그 동전은 밝은 황금빛 색깔을 내며 처음 만들어졌던 날만큼이나 깨끗하고 새것처럼 보일 것이다. 시는 젖은 모래가 동전에 끼친 영향과 같은 영향을 단어들에게 끼친다. 거의 기적처럼 보이는 방식으로 시는 지루하고 평범해 보이는 단어들을 빛나게 한다. 그러므로 시는 끊임없이 <u>언어를 재창조하고 있다</u>.」

**15** ①

obstacle : 장애물   frustration : 좌절   persevere : 인내하다   ultimately : 궁극적으로   doggedly : 고집스럽게   arbitrary : 임의적인

「몇몇 사람들은 자신의 앞에 장애물이 놓이는 순간 포기한다. 몇몇 사람들은 심지어 좌절과 실패의 세월이 지나도 고집스럽게 계속 목표를 추구해 나간다. 이러한 두 종류의 사람들 사이의 차이점은 무엇인가? 목표를 선택하고 추구하는 데 있어서 책임감을 느끼지 않는 사람들은 결과가 임의적이라고 믿는 경향이 있다. 그들에게는 당신이 얼마나 노력하는지, 얼마나 재능이 있는지는 중요하지 않다. 성공한다는 것은 전부 운에 달린 문제이다. <u>그러나 인내심 있는 사람들은 자신들이 궁극적으로 목표를 추구하는 것뿐 아니라 목표를 설정하는 것에도 책임이 있다</u>는 것을 알고 있다. 그들에게는 당신이 하는 것이 중요한 것이고 이유 없이 포기하는 것은 좋아 보이지 않는다.」

**16** ④

dexterity : 민첩성, 기교   appropriate : 적절한   enhance : 강화시키다   favorable : 우호적인   complement : 보충하다   implement : 실행하다

「많은 스포츠는 사람의 반응과 민첩성을 <u>강화시키는 것을 도와준다</u>. 스포츠는 또한 인간의 사고과정을 향상시켜줄 수 있다. 스포츠에 참여할 때는 운동 활동의 강도가 적절한지 아닌지를 판단하는 것을 확인해라. 스포츠가 가져다 주는 건강상의 이로운 점이 건강한 생활을 보장해 줄 것인지에 대해서 현명하게 생각하라. 일상적인 운동은 성격을 긍정적이 되도록 도와줄 것이다. 만약 당신이 제시된 것을 <u>실행한다면</u>, 당신은 좋은 결과를 얻을 것이다.」

**17** ②

character : 인격, 인성   natural trait : 천성   pin A on B : B에 A를 두다   hesitant : 주저하는   allergic : 알레르기 반응의, 질색의   heartening : 감동을 주는   tyranny : 폭정   irritable : 화를 내는   unashamedly : 거리낌 없이   tremendous : 엄청난   wholeheartedly : 전심으로   humility : 겸손   bitter medicine : 쓴 약

「인격이란 인간에 대한 존경이며 경험을 다르게 해석할 수 있는 권리이다. 인격은 선천적인 특성으로 이기심을 인정하지만, 다른 사람을 이해하고 지지하기 위해서 주저하지만 고무적인 본능 등에 믿음을 둔다. 인격은 폭정에 과민한 반응을 보이며, 무지를 참을 수 없어하고 항상 진보에 열려있다. 인격은 진심으로 웃고 거리낌 없이 울 수 있는 능력을 나타낸다. 무엇보다도 인격은 진실 앞에서의 엄청난 겸손이다.- 이는 진실이 쓴 약일 때조차도 진실과 무의식적으로 융화한다.」

**18** ③

pilot : 조종하다   rooftop : 지붕, 옥상   identify : 확인하다, 증명하다   armed robbery : 무장강도   sentence : 처벌, 판결   hover : 공중을 맴돌다, 배회하나   aboard : 타고   janitor : 수위, 관리인

「월요일 한 여성이 조종하는 헬리콥터가 파리에 있는 La Sante Prison의 지붕 위에서 (죄수) 한 명을 태우고 달아났다. 그 탈옥한 자는 지난해 무장강도 사건으로 유죄를 판결 받은 34살의 Michel Vaujour로 밝혀졌다. 그는 18년형을 받아 복역하고 있었고 이번이 감옥에서 4번째 탈옥이었다. 경찰에 따르면, 그 헬리콥터는 약 오전 10시 45분경 감옥으로 날아왔고 감옥 위 공중을 맴돌고 있었다고 한다. 헬리콥터에는 두 사람이 타고 있었다. 그들은 Vaujour에게 줄을 내리고 나서 날아가 버렸다.」

**19** ②

write down : 기록하다, 써 두다   scramble : 급히 서둘러 하다, 긁어모으다   realistic : 현실적인, 실제적인   disciplined : 훈련받은, 잘 통솔된   float into : (생각이) 흔들리다, 동요하다   acknowledge : 인정하다   hold onto : 놓지 않다, 꼭 잡고 있다   neat : 산뜻한, 솜씨 좋은   handy : 바로 곁에 있는   fancy : 화려한, 고급의   remote : 멀리 떨어진, 원격의

「Emily는 작가이며 항상 무엇이든지 적어 둔다. 심지어 종이를 찾을 수 없을 때에도, 그녀는 자신의 생각을 적어 놓기 위해 봉투, 냅킨, 어떤 것이든지 급히 서둘러 찾는다. 그녀는 현실적이며 훈련이 되어 있어 사람들은 너무 많은 생각들이 교차되어 그것들을 모두 기억할 수 없다는 사실을 충분히 알고 있기에 이렇게 하는 것이다. 좋은 생각이 떠오르면 우리의 머릿속에 들어오고 쉽게 나가게 된다. 작가들은 좋은 생각을 종이에 적기 위해 노트를 가지고 다니는 것을 인정한다. 당신에게 떠오른 좋은 생각을 가지려고 작가가 될 필요는 없다. 노트와 펜을 곁에 두게 되면 떠오른 생각들을 반드시 잡게 될 것이다.」

**20** ③

nuisance : 난처한 것, 귀찮은 행위   acquire : ~을 습득하다, 배우다   swallow : 들이키다, 삼키다   profitable : 유익한   palatable : 입에 맞는, 맛이 좋은   fiction : 소설, 구며낸 이야기   impart : 분배하다, 나누다   distorted : 왜곡된   pressing : 긴급한,

위급한  specifically : 특별히  prophet : 예언자
fiction(소설, 허구)이 '실제가 아닌 이야기를 만든
것'이라는 것을 감안하면 빈칸에 들어갈 말을 쉽
게 찾을 수 있다.
① 합리적인 – 믿을 수 있는
② 순진한 – 건전한
③ 편향된 – 신뢰할 수 없는
④ 공평한 – 현실적인

「지식이 어려움 없이 습득될 수 없다는 것은 대단히 성가
신 일이다. 지식은 근면해야만 습득할 수 있다. 만일 소
설(허구)이라는 잼으로 입에 맞게 만들어진 유익한 정보
(지식)라는 가루를 삼킬 수 있다면 멋질 것이다. 하지만
진실(실제)은 너무나 맛 좋은 것으로 만들어져 있게 되면
우리는 분말이 유익할 것이라는 확신을 할 수 없다는 점
이다. 나는 여러분에게 소설가가 전해 주는 지식이란 편
견을 가진(편향된) 것이며 그럼으로써 신뢰할 수 없는 것
이어서 왜곡된 방식으로 아는 것보다는 아예 모르는 것
이 더 낫다고 말하고자 한다. 만일 독자들이 일상의 긴
요한 문제를 알기를 원한다면, 그들은 소설이 아니라 이
런 문제들을 특별히 다루는 책을 읽는 것이 나을 것이다.
나는 여러분에게 소설가는 훌륭한 소설가로 충분하다고
제안한다. 소설가가 예언자, 정치가 또는 사상의 지도자
일 필요는 없다. 소설은 하나의 기술이며 이것의 목적은
(독자를) 즐겁게 하고자 하는 것이다.」

21  ①

order : ~을 주문하다  hit it back : 되받아치다, 반격
하다  elaboration : 공들여 만듦  be unaccustomed to
~ing : ~하는 데 익숙하지 않다  eat out : 외식하다,
밖에서 식사하다  shrimp : (식용) 작은 새우
toothpick : 이쑤시개  except for : ~을 제외하고는
bamboo : 대나무
빈칸 다음 문장을 보면 '첫 번째 사람이 밥을 먹
자, 두 번째 사람도 그렇게 했다.'는 것으로 보아
첫 번째 사람과 동일한 행동을 했다는 것을 알 수
있다. 빈칸에는 '따라하다, 흉내내다'라는 의미를
가진 copy가 알맞다.
① (남의 태도를) 흉내내다, 모방하다
② 저주하다, 악담하다
③ 무시하다
④ 반대하다

「두 사람이 함께 한 식당에서 식사를 하고 있었다. 첫 번
째 사람이 음식을 주문했다. 외식을 하는 데 익숙하지 않
았던 두 번째 사람은 아무런 말도 하지 않았다. 음식이
나오자, 두 번째 사람은 그의 친구가 한 모든 행동을 모
방했다(그대로 따라 했다). 첫 번째 사람이 밥을 먹자, 두
번째 사람도 그렇게 했다. 첫 번째 사람이 새우를 먹자,
똑같이 또 따라했다. 마지막으로, 첫 번째 사람이 이쑤시
개를 집어 들자 그의 친구도 똑같이 했다. 나중에 이 첫
번째 사람은 그의 친구에게 식사를 얼마나 잘 했냐고 물
었다. 두 번째 사람은 "마지막 조금 먹은 것만 빼고 완벽
했어. 그것은 대나무 같은 맛이 났어."라고 답했다.」

22  ②

conversational : 회화의, 대화의  hit ~ back : ~
을 되받아치다, 반격하다  elaboration : 공들여 만
듦, 면밀한 마무리, 애쓴 작품
① 상대방은 잘못된 경기를 하고 있을 것이다.
② 상대방의 대답은 나에게 공을 되돌려 보낼 것이다.
③ 상대방은 자신의 경험으로부터 새로운 교훈을
얻을 것이다.
④ 상대방의 대화 방식은 서구식과 다를 것이다.

「두 사람 간의 서구 스타일의 대화는 테니스 경기와 같다.
만일 대화상의 공이라 할 수 있는 하나의 논제를 꺼내면,
내 쪽은 상대방이 (테니스의 공처럼) 도로 쳐 주기를 기
대한다. 상대방이 나의 의견에 동의하더라도, 나는 상대
방이 (나의 말에) 동의만하고 더 이상 아무것도 안하기를
기대하지 않는다. 나는 상대방이 뭔가를 덧붙여 주기를
기대하는데, 또 다른 사례에 대해 동의할 만한 이유라든
지 아니면 그 생각을 더욱 진척시켜 나갈 정성들인 대
화(추가적인 의견)를 내놓는 것 말이다. 하지만 나는 상
대방이 항상 동의해 주기를 기대하지 않는다. 나는 상대
방이 나에게 질문을 하거나 도전적으로 대응하거나 아니
면 전적으로 나의 의견에 동의하지 않을지라도 그런대로
만족한다. 상대방이 동의하든 하지 않든지 간에, 상대방
의 대답은 나에게 (테니스 칠 때와 같이) 공을 되받아 넘
겨주는 것이 될 것이다.」

23  ④

be concerned with : ~에 관심이 있다  represent :
대표하다, 대리하다, 나타내다, 표현하다  hostility :
적개심, 적의  relentless : 집요한, 끊임없는, 냉혹한,
잔인한  barrage : (타격·질문 등의) 연속, 집중 포
화, 빗발침
문장의 연결어구는 빈칸 앞의 내용과 빈칸 다음의
내용의 관계를 잘 살펴본 후 판단해야 한다. 빈칸
앞에 나온 union leaders were more concerned
with maintaining their own power와 they
reached with defensiveness and even hostility
의 관계로 보아 빈칸에는 as one might expect
(누구나 예측할 수 있듯이)가 알맞다.

「Chomsky의 주요 메시지는 노조지도자들은 근로자들을
대변하는 데보다는 그들 자신의 세력을 유지하는 데 더
많은 관심이 있다는 것이었다. 그의 추종자들은? 노조지
도자들이다. 누구나 예측할 수 있듯이, 질의응답 기간 동
안 그들은 방어 자세와 심지어 적개심을 가지고 결론에
도달했다. 하지만 Chomsky는 사실의 너무나도 끊임없는
연속으로 그들의 주장에 대처했다.」

**24** ①

wildlife : 야생 생물의, 야생 생물 redistribute : 재분배하다 transplant : 이식하다, 이주시키다 habitat : (동식물의) 서식지, 거주지 redistribution : 재분배 scarce : 부족한, 적은, 모자라는 overabundant : 과잉의, 과다한 it is overabundant에서 it은 the species를 가리킨다. 따라서 it이 food를 가리키는 것으로 잘못 해석하면 ②가 답인 것으로 착각할 수도 있으므로 주의해야 한다. 그러나 빈칸에 food is scarce를 대입해 보면 문맥이 성립하지 않는다는 것을 알 수 있다. 이미 because their original habitat has scarce supplies of natural food를 통해서 다른 곳으로 옮기는 이유 중의 하나를 설명하고 있다. 한 곳에 동물이 너무 많이 있다면 먹이가 부족하여 생길 수 있는 문제를 해결하기 위해서는 먹이가 풍부한 쪽으로 분산 배치하는 것이 맞을 것이다.
① 그것이 필요로 되는
② 음식이 부족한
③ 인기가 없는
④ 농작물에 피해를 주지 않는

「다양한 이유로, 야생 생물 관리들은 종종 야생 생물을 한 나라의 일부 지역에서 또 다른 지역으로 재분배한다. 실용적인 목적 때문에, 일부 (동물)종은 농작물에 피해를 주거나 원래의 서식지가 자연적인 먹이의 부족한 공급량을 갖게 되기 때문에 (다른 곳으로) 이주될 수 있는 것이다. 매우 빈번히, 재분배의 목적은 한 장소에 있는 과다한 특정한 (동물)종을 <u>필요로 하는</u> 곳으로 옮기는 것이다.」

**25** ①

according to : ~에 따르면, ~에 따라 following : 다음의, 다음에 계속되는 a couple of : 두 개의, 두서넛의, 소수의 prominent : 유명한, 탁월한, 현저한 for decades : 수십 년간 malpractice : (의사의) 부정 치료, 의료 과오 insurer : 보험업자[회사] counsel : 충고하다, 조언하다(= advise) defend : 방어하다, 변호하다 admission : 용인, 승인 invite : (비난·위험 등을) 가져오다, 초래하다 litigation : 소송 imperil : 위험하게 하다 provider : 공급사 choke : 숨이 막히다, 질식하다 consumer : 소비자 action : 소송(= suit), 조치 disarming : 화를 누그러뜨리는, 흥분을 가라앉히는, 애교 있는 promptly : 즉시, 민첩하게, (시간을 잘 지켜) 정확히 earnest : 진지한, 성실한, 본심으로부터의 apology : 사과, 사죄, 해명 compensation : 보상, 배상 integrity : 성실, 정직 dealings : 교섭, 교제, 관계, 거래 dilute : 약화시키다, 묽게 하다, 희석하다 fuel : 감정을 부추기다, 악화시키다 transform : 변형시키다, 바꾸다 indignant : 분개한, 성난 plaintiff : (민사상의) 원고 concealment : 은폐, 은닉 projection : 예상, 예측 prompt : 촉구하다, 부추기다, 자극하다 caseload : (판사·사회 복지 사업가 등의) 담당 건수 premium : 할증금, 보험료 decline : 감소하다, 기울이다 market forces : 시장의

힘, 자유 시장 방식 be responsible (for) : (~에 대한) 책임이 있다, (~의) 원인이 되다 none of one's business : ~가 관여할 것이 아닌 일

any admission of fault, or even expression of regret로 보아 사과하는 말인 'I'm sorry'를 짐작할 수 있고, invite litigation, consumers demanding action, disclosure would prompt a flood of lawsuits 등으로 보아 'they see you in court'의 상황을 유추할 수 있다.

「다음 기사에 따르면, 소수의 유명 병원의 의사들이 <u>법정에서 여러분을 만나기 전에</u> "<u>죄송합니다.</u>"라고 말하려고 노력하고 있다고 한다. 수십 년간, 의료과오 (전담) 변호사들과 보험업자들은 의사들과 병원들이 '부인하고 방어하도록 조언을 해 왔다. 많은 사람들은 아직도 의뢰인들에게 잘못한 일에 대한 어떤 인정이나 심지어 유감 표명조차도 소송을 초래하고 경력을 위태롭게 할 수 있을 것이라고 경고한다. 하지만 (의료) 공급재[병원]들이 의료과오 비용으로 숨통이 막힐 지경이고 소비자들이 의료과오에 대한 소송을 요구하는 상황에서, 존스홉킨스와 스탠포드와 같은 소수의 유명 대학병원들은 화를 누그러뜨리는 접근법을 시도하고 있다. 신속하게 의료과오를 공개하고 진실한 사과와 공정한 배상을 함으로써, 그들은 환자들과의 관계에 있어 정직성을 회복하고 실수를 통해 배우고 흔히 소송을 부채질하는 분노를 약화시키는 것을 더욱 손쉽게 하기를 원한다. 의료과오 변호사들은 종종 사리를 아는 환자를 분개하는 원고로 탈바꿈시키는 것이 과오의 은폐와 또 다시 발생하게 될 피해자의 우려보다 더 적은 과오라고 말한다. 공개가 홍수처럼 밀려드는 소송을 부추기게 될 것이라는 일부의 예상에도 불구하고, 병원들은 소송건수와 법률 관련 비용 저축금의 감소 상황을 보고하고 있다. 시장의 힘이 부분적으로 원인일 수 있다고 할지라도 의료과오 (관련) 보험료도 일부 사례에서는 감소했다.」

**26** ①

conviction : 확신·신념(= firm belief, confidence) courtesy : 예의 (바름), 공손 not so much A as B(= not A so much as B, B rather than A, more B than A) : A라기보다는 (차라리) B이다 grim-faced : 불쾌한[엄한] 얼굴의 mutter : 중얼거리다, 불평을 말하다, 투덜거리다 appreciation : 감사, 사의(謝意) equal(= be equal to) : ~ 와 같다 hunger for : ~을 열망하다, 간절히 바라다 behave well with courtesy : 예의 바르게 얌전히 행동하다 be satisfied with : ~에 만족하다

빈칸 앞의 내용이 사람들이 예의가 부족하다는 말이며, 뒤의 내용 역시 예의가 부족하다는 말(공급이 수요를 따라가지 못한다)이 있으므로 빈칸에는 hunger for(~을 열망하다)가 알맞다.

「다년간 온갖 종류의 골칫거리가 있는 사람들을 도와주려고 하다 보니 나에게 하나 아주 확신을 남기는 게 있었다. 그런 어려움은 당사자들이 흔한 예의를 갖추어 서로를 대했더라면 극복할 수 있었거나 아예 아무런 일도 일어나지 않았을 것이다. "제 남편이 무슨 말을 하느냐는 것이라기보다는 그가 말하는 방식입니다. 왜 그는 저에게 큰소리를 쳐야 하는 겁니까?"라고 한 눈물어린 아내가 나에게 말한다. 불쾌한 얼굴의 한 사무실 직원은 "전

사장님을 미워해요. 그는 어떤 일을 해 드려도 결코 감사 표시를 하지 않아요." 인간은 예의(정중함)를 갈망한다. 예의, 공손함, 예절 - 부르고자 하는 대로 부르자 - 공급(예의를 베푸는 쪽)이 결코 수요(예의를 받는 쪽)와는 맞먹지 못하는 것 같다.」

**27** ④

represent : 나타내다, 상징하다(= stand for), 표현[묘사]하다(= describe), 대표[대리]하다  pay little attention to : ~에 주의[관심]를 별로 기울이지 않다  after all : 결국  as a result : 결과적으로  by any means : 반드시, 어떻게든지, 어떻게 해서라도  on the other hand : 다른 한편으로는, 반면에  앞에는 아프리카에서 나이든 사람의 죽음을 슬퍼한다는 내용, 뒤에는 유럽에서는 신생아의 죽음을 슬퍼한다는 내용이 나온다. 아프리카와 유럽의 비교·대조의 글이므로 빈칸에는 '반면에'라는 의미의 on the other hand가 알맞다.

「아프리카에서 사람들은 신생아의 죽음보다 노인의 죽음을 더 슬퍼한다. 노인은 해당 부족에 이익을 안겨 주었을지 모를 풍부한 경험을 대변했지만 반면 신생아는 오래 산 것도 아니고 죽는다는 것을 인식하지조차 못한다. 반면에, 유럽 사람들은 신생아가 죽으면 슬퍼하는데 그것은 만일 살았다면 당연히 멋진 일을 할 수 있었을 것이라고 생각하기 때문이다. 하지만 그들은 이미 인생을 살 만큼 살았던 노인의 죽음에 대해서는 그다지 주의를 기울이지 않는다.」

**28** ③

theater : 연극, 극장  comprehend : 이해하다(= understand, grasp), 포함[포괄]하다(= include)  inconceivable : (~에게) 상상할 수도 없는, 터무니없는, 믿을 수 없는(= incredible)  dimension : 중요성, 요소
③ 빈칸 뒤에 접속어가 없는 것으로 보아 빈칸의 내용과 빈칸 다음의 내용이 같은 내용이 되어야 한다. 빈칸 앞에서 질문을 '오페라에서 음악의 역할은 무엇인가'라고 물었고 빈칸 뒤의 '음악은 대사가 끝나는 지점에서 대사(words)의 힘을 넘어서는 표현을 전달하기 위해 시작된다.'라는 내용으로 보아 음악의 역할과 관련된 내용이 빈칸에 올 수 있다. 그러므로 음악의 역할을 말하면서 빈칸 뒤의 내용과 동일한 ③이 알맞다.
① 음악은 비극에서 중요한 역할을 한다.
② 배우들은 종종 그들의 감정에 민감하다.
③ 오페라에서 음악은 새로운 중요성을 대사에 더해 준다.
④ 오페라가수들은 음악에 대한 다른 취향을 갖고 있는 경향이 있다.

「여러분이 오페라를 들을 때, 오페라는 특별한 종류의 극이라는 것을 명심해야 한다. 만약 여러분이 연극을 이해하려면 표현 되는 말(대사)을 이해하는 능력이 필요한 것처럼 오페라의 대사를 알면 오페라를 반드시 이해할 것이다. 예를 들어, 어떤 사람이 무대의 배경 그림이나 배우의 음색의 아름다움 때문에 셰익스피어의 연극을 본다는 것은 이해되지 않는 것이다. 만약 오페라가 극이며, 대사가 중요하다면, 그러면 음악은 오페라에서 어떤 역할을 하는 것일까? <u>오페라에서 음악은 새로운 중요성을 대사에 더해 준다.</u> 음악은 대사가 끝나는 지점에서 대사(words)의 힘을 넘어서는 표현을 전달하기 위해 시작된다.」

**29** ③

frighten : 두려워하게 하다, 흠칫 놀라게 하다  prop : 버팀목, 의지, 후원자  cue : 단서, 실마리  irrational : 불합리한, 분별이 없는
① 항복하다
② 보상하다
③ 피하다, 도망치다
④ 대처하다, 맞서다

「갑자기 이상한 나라에서 너 자신을 찾는다면 다소 겁을 먹을 수 있다. 무엇을 해야하는지에 관한 정보를 제공하는 친숙한 단서들과 같은 너를 지지하던 일반적인 버팀목들을 잃어버리게 된다. 친숙하지 못한 상황에서 너에게 방향을 잡아주는 버팀목과 단서들이 없다면, 새로운 터전에서의 삶에 <u>대처하는</u> 것은 어려워진다. 모든 것들이 다르게 보일 수도 있다. 너는 심지어 택시 기사의 팁을 얼마 주어야 하는지나 레스토랑 웨이터에게 팁을 얼마 주어야 하는지 모른다. 이런 상황하에서 너는 논리적 감각을 상실하여 지역사람들에 대해 비이성적인 두려움이 생겨날 수도 있다.」

**30** ④

favor : 조력, 지지, 유리  grasp : 이해하다, 파악하다, 납득하다  dissatisfy : 불만을 느끼다, 불쾌하게 하다  modest : 알맞은, 온당한, 조심성 있는
① 목표를 높이 세우고 그것에 도달하려고 노력해라.
② 어떤 일이든 받아들여라.
③ 실패할 때 좌절하지 말아라.
④ 현실 안에서 머무르고 더 나아지도록 애써라.

「행복한 사람들은 그들이 원하는 모든 것을 얻지는 못하지만, 그들이 얻을 수 있는 대부분의 것을 얻는다. 다시 말해 그들은 그들의 범위 안에 있는 것들에 가치를 부여함으로써 그들에게 유리하게 일을 만들어간다. 삶에 만족하지 못하는 사람들은 그들 스스로 도달할 수 없는 목표를 세워서 스스로 실패하게 만든다. 하지만 스스로 높은 목표를 세우고 그것에 도달하려고 노력하는 사람들은 보다 적당한 목표를 세우고 도달하는 사람보다 더 행복하지 않다. <u>현실 안에서 머무르고 더 나아지도록 애써라.</u>」

**31** ④

puzzle : 난처하게 하다, 당혹하게 하다  stroll : 거닐다, 산책하다  peripherally : 주변으로, 주위로, 중요하지 않은  impolite : 무례한, 버릇없는

「문화간 의사소통 분야에서 나는 대화할 때 사람들의 신체 위치가 문화별로 다양하다는 것을 배웠다. 한 아랍 친구가 걸으면서 동시에 이야기할 수 없는 것으로 보인 것이 나를 당황스럽게 했다. 미국에서 여러 해 지난 후에 그는 말하는 동안 앞을 향해 가면서 산책할 수 없었다. 나의 앞에 약간 앞서가서 우리가 서로 볼 수 있도록 하려고 측면으로 돌아서면서 그가 앞으로 나가는 동안 우리가 앞으로 나가는 것은 정지되곤 했다. 일단 이 위치이면 그는 멈춰섰다. 그의 행동은 내가 아랍인들이 다른 사람을 옆에서 보는 것은 무례한 것으로 간주된다는 것을 알고 나서 설명이 되었다.」

**32** ①

inheritance : 상속, 유산, 계승  accumulate : 모으다, 축적하다  atmosphere : 대기, 공기, 분위기  inconclusive : 언제 끝날지 모르는, 확정이 나지않은  debate : 토론, 논쟁, 논의

「몇몇의 전문가들에 따르면 우리는 우리의 자녀들과 후손들에게 무서운 유산을 남기고 있다. 대기 속에 소위 말하는 온실가스의 축적 증가와 이 증가로 인한 잠재적으로 재난이 될 수 있는 기후변화. 하지만 과학계는 한 목소리로 말하고 있지 않다. 다른 과학자들은 지구온난화의 증거가 확정적이지 않고 그것에 기초한 예측치도 의문스럽다고 주장한다. 과학적 논란은 격렬했다. 이것은 또한 가능한 기후변화를 다루기 위해서는 조치라는 것이 있다 해도 조치하는 것에 대한 정치적인 논란을 불러일으킬 것이다.」

**33** ③

motivate : ~에게 동기를 주다  dramatically : 극적으로
ⓐ에서 prevent는 금지동사로 from을 써야 한다.
ⓑ는 접속사 if로 시작하는 분사구문으로 certain kinds of food and drink가 주어와 동사로 생략되었으며 부사로 분사 consumed를 수식해야 한다.

「우리 모두 약간의 스트레스는 사람들에게 행동을 취하게 하는 동기를 주는 좋은 것이라고 알고 있다. 그러나 많은 스트레스는 심각하게 사람의 정신과 육체적 건강을 해치게 하고 사람들이 효과적인 일을 하는 것을 방해한다. 많은 사람들은 일, 학교숙제 또는 생활이 부정적인 스트레스를 급격하게 증가시킨다는 것을 알지만 매우 적은 사람들만이 정기적으로 섭취하는 특정 음식과 음료가 스트레스를 증가시킨다는 것을 알고 있다.」

**34** ④

venture : 모험, 모험적 사업  shortage : 부족, 결핍, 결점  surfeit : 폭식, 과도, 포만

① 자양물, 음식, 양식
② 덤불, 발육 불충분
③ 무일푼, 빈털터리
④ 비만, 비대

「몇 년 전, 워싱턴 대학의 Adam Drewnowski라는 비만 연구가는 미스터리를 풀기 위해서 모험적으로 슈퍼마켓으로 들어갔다. 그는 오늘날 미국에서 비만을 가장 신뢰성 있게 예측하는 척도가 왜 사람들의 부인지 이해하기를 원했다. 어쨌든 대부분의 역사에서 가난한 사람들은 대체로 칼로리의 과다가 아니라 칼로리의 결핍을 겪어왔다. 어째서 오늘날 음식에 소비할 돈이 가장 적은 사람들이 과체중이 될 가능성이 큰가?」

**35** ②

capital : 자본의, 가장 중요한, 수도의  chiefly : 주로, 대개, 우두머리의  numerical : 수의, 절대값의  superiority : 우월, 탁월, 우세
① 2등분          ② 대면, 대결
③ 결말, 결론      ④ 화해, 조정, 조화

「1914년 8월에 29척의 주력함이 준비되어 있었고, 13척은 건조 중이었던 영국과 18척의 주력함이 준비되어 있고, 9척을 건조 중이던 독일은 강력한 경쟁관계에 있는 양대 해상 강국이었다. 두 나라 중 어느 쪽도 직접적인 대결을 원하지 않았다. 영국인들은 주로 그들의 무역로를 보호하는데 관심이 있었고, 독일은 그러한 대결이 동등한 상황에서 발생할 수 있도록 점차적으로 영국의 수적인 우세를 수뢰와 잠수함의 공격으로 파괴하기를 희망했다.」

**36** ①

usefulness : 유용성  create : 창조하다, 야기하다, 창작하다  inspire : 격려하다, 불어넣다, 고무하다  meditate : 계획하다, 명상하다  promote : 증진하다, 촉진하다  welfare : 복지, 복리  profit : 이익, 이득  fearlessly : 두려움 없이, 겁 없이

「유용성이 삶의 끝이라고 종종 말한다. 그리고 그렇기도 하다. 그러나 행복이 유용성을 야기시키고 고무시킨다. 만약 당신에게 많은 재능이 있고 이해할 수 있는 능력이 있으면 말이다. 비록 밤낮으로 어떻게 세계의 복지를 증진시킬 것인지 계획한다하더라도 즐거움이 없다면 정작 너에게 도움이 되지 않을 것이다. 너는 너의 학생 삶의 문 앞에 위치해 있고 두려움 없이 들어갈 것이니 즐거움을 가져라.」

**37** ③

descent : 세습, 유전, 강하  modification : 변형, 일시적인 변이  ancestor : 조상, 선조  evolution : 발달, 진화  express : 표현하다, 나타내다, 상징하다  fix : 고정하다, 정정하다, 확립하다  gradual : 점차적인, 점진적인  imply : 의미하는, 함축적인, 내포하는  directly : 즉시, 곧이어  accepted : 일반적인, 용인된

「종의 기원은 지구상에 사는 모든 생물체가 모두 동일한 선조로부터 변이에 의한 유전의 결과라고 말한다. 이것이 진화론이다. 다른 방법으로 표현한다면 이는 우리에게 종은 고정되어 변하지 않는 것이 아니라 <u>이와는 반대로</u> 이미 존재하던 다른 종으로부터 점진적으로 변화하는 과정을 통해 진화한다는 것을 말해준다. 이 이론은 또한 모든 종이 다 친척이며, 즉 지구의 서로 다른 두 종이 역사상의 어떤 시기에는 공통의 조상을 소유했다는 것을 의미한다. 이러한 진화론은 바로 각각의 종이 지금의 형태로 지구에 위치해 왔다는 널리 알려진 생각과 모순된다.」

**38**  ③

art dealer : 미술상   a marble statue : 대리석상   sculpture : 조각   in existence : 존재하는, 현존하는   asked price : 최고 가격   dating : 날짜기입, 연대측정   dated : 날짜가 있는, 구식의

「1983년 9월, Gianfranco Becchina라는 이름의 미술상이 캘리포니아에 있는 J. Paul Getty 박물관에 접근하였다. 그는 기원전 16세기로 <u>추정되는</u> 대리석상을 가지고 있다고 말했다. 그것은 쿠로스상만큼 유명한 젊은 남성의 나체조각이었다. 그것은 딱 200년된 현존하는 쿠로이였고, 대부분은 묘지를 정하거나 고고학 발굴에 의해 대단히 손상되었거나 산산조각난 것을 복원시킨 것이었다. 그러나 이것은 거의 완벽하게 보호된 것이었다. 그것은 놀랄 만한 발견이었다. Becchina가 소장한 것의 <u>최고 가격</u>은 천만달러를 바로 밑도는 정도였다.」

**39**  ④

attack : (식사를) 하기 시작하다   choke : 숨이 막히다   chew : 씹다   spit : 토하다   plop : 풍덩
① 몰수하다   ② 고갈시키다
③ 슬퍼하다   ④ 간신히 ~하다

「"2분 안에 거기에 갈 것 같아." 엄마가 큰 소리로 말씀하셨다. "너희는 조금더 있어야겠어." 우리는 한숨을 쉬고, 다시 감자를 먹기 시작했다. 리애는 감자를 입에 가득 채우고 물을 <u>간신히</u> 벌컥벌컥 마셔 음식을 <u>내려보냈다</u>. 난 숨이 막혔다. 세리는 씹고 또 씹었다. 거의 숨막힐 듯 목이 메어 모든 것을 토해내고 더러워진 것을 냅킨으로 닦았다. "저걸 봐 리즈." 그녀가 말했다. "발자국들이 반대로 있어." 그녀는 천장을 가리켰다. 리즈는 쳐다보았다. 풍덩, 풍덩. 리즈는 엄마가 입구에 도착할 때까지 천장을 쳐다보고 있었다.」

**40**  ④

childhood : 초기 단계, 유년시절   erase : 지우다   in a few decades : 수십 년간 안으로   roughly : 거칠게, 대충, 버릇없이   match with : ~와 만나다, 대변하다   simply : 간단히   behavior : 행동, 품행
① 확장하는   ② 망설이는
③ 우세한   ④ 사라지는

「서구 문명은 초기 단계의 발상을 발전시키기 위해 수세기를 거쳤다. 그러나 텔레비전은 수십 년 안에 그것

을 지울 수 있다. 한 어린이가 지식을 적용할 수 있는 능력을 가지고 간단히 읽는 것을 통하여 한 번에 배울 수 있는 것이다. 그러나 텔레비전 세대에 우리는 모두 같은 메시지를 얻는다. 5살 어린이와 40살 어른은 버튼 조작을 통해 간단히 같은 화상을 보고 같은 단어를 들을 수 있다. 그것은 우리의 행동에 나타난다. 아이들과 어른은 같은 유행의 옷을 입고, 같은 이야기를 하고, 같은 게임을 한다. 초기 단계의 발상은 <u>사라진다</u>.」

**41**  ②

seldom : 드물게   persuade : 확신하다   inflation : 물가폭등, 인플레이션   wage : 임금, 급료   entirely : 완전히, 한결같이   separately : 개별적으로, 따로따로   combine : 결합하다, 연합하다   fallacy : 그릇된 생각, 오류, 착오   composition : 구성, 조립, 화해   utter : 철저한, 완전한   chaos : 혼돈, 무질서
① 계획적으로
② 다음에는, 차례로
③ 아직, 그럼에도 불구하고
④ ~이 아닌

「내가 만난 사업가들은 물가폭등이 높은 급여, <u>그 다음에는</u> 강력한 노동조합에 의해 생긴다고 믿는다. 그리고 많은 사람들도 같은 생각을 가지고 있다. 이러한 믿음은 잘못된 것이지만 완벽하게 이해할 수 없는 것도 아니다. 각각의 사업가들에게 물가폭등은 임금이라는 높은 비용으로 다가온다. 하지만 전체적으로는 높은 물가가 높은 비용을 초래한다. 합성의 오류가 영향을 미친 것이다. 어떠한 사람은 2분 안에 어려움 없이 붐비는 극장을 떠날 수 있을 것이다. 하지만 모든 사람들이 2분 내에 극장을 떠나려 한다면 완전한 혼란이 야기 될 수 있을 것이다. 개인에게 적절한 진리가 모두에게 적절할 필요는 없다.」

**42**  ①

step into : 발을 들여놓다, 후임이 되다   virtually : 사실상, 실질적으로   preparation : 준비, 각오   run for governor : 주지사에 입후보하다   a dashing figure : 늠름한 모습   entry into : 진입, 가입, 입성   foregone conclusion : 뻔한 결과   defeat : 패배   election : 선거
① 반면, ~와 대조하여
② 간단히 말해서
③ 게다가, 더욱이
④ 그러므로

「스워제너거씨 역시 사실상 준비되어 있지 않은 레이건씨와 함께 정치의 세계에 발을 들여놓았다. 1966년 레이건씨가 주지사에 입후보할 때 그는 유명한 일요일 TV쇼의 진행자이고 로스앤젤레스에서 늠름한 모습으로 잘 알려진 배우였을 뿐만 아니라 전국적으로 명백한 공화당의 정치활동가였다. 레이건씨의 선거정치입문은 1964년 공화당의 대통령 후보 배리. M. 골드워터의 패배 후 뻔한 결과가 되었다. <u>반면</u> 스워제네거씨는 사실상 당원 외의 사람과 같은 모습으로 공화당에 나왔다. 선거전 2년은 당직생활을 하지 않았다. 레이건의 경우와 같이 그를 출세시킬 수 있도록 당원들은 모든 것을 해 줄 것이다.」

**43** ②

average : 평균    brand : 상표    confuse : 헷갈리다
explain : 설명하다  for instance : 예로  manufacture
: 제조하는  over the years : 수 년간  athletic shoes :
운동화
① 스스로 광고한다
② 항상 같다
③ 가끔 성공한다
④ 때때로 불량품을 만든다

「평균적으로 소비자는 상표와 상품 사이의 차이를 헷갈려할
수 있다. 한 가지를 설명하자면 제품이 빠르게 변동하는
동안 상표는 오랜시간에 걸쳐 존재한다는 것이 다르다. 스
포츠 의류를 제조하는 나이키를 예로 들어보자. 나이키는
상표이름이나. 나이키는 수 년간 많은 여러 제품들을 생산
하여 왔다. 이를테면 여러 종류의 운동화와 의류가 있다.
그러나 나이키라는 <u>상표</u>는 항상 같을 것이다.」

**44** ③

gender : 성, 성별  reflect : 나타내다  command :
지휘하다, 명령하다  influence : 영향, 설득, 감화
direct : 지시하다  bossy : 으스대는  emphasize : 강
조하다, 역설하다  improve : 개선하다, 이용하다
① 개인적인, 사교적이지 않은
② 교양적인, 인격적이지 않은
③ 자발적인, 강제적이지 않은
④ 일시적인, 영구적이지 않은

「학자들은 아이들이 행동하는 동안 사용하는 언어를 바탕으
로 성별에 차이점이 나타나는 것을 발견하였다. 남자아이
들은 종종 서로 서로 이야기를 할 때 명령하는 듯한 말투
를 사용한다. 예로 한 소년이 대장이 될 때 그는 "너희들
먼저 가라. 나를 위해 기다리지 마라."라고 말하였을 것이
다. 다른 소년들의 지휘자와 같이 그는 하려는 것을 정확
하게 그들에게 지시한다. 그러나 한 소녀가 친구들을 설득
하길 원할 때 소녀는 명령어를 사용하는 대신 다른 표현
방식을 사용한다. 소녀는 "이 방법을 우리 함께 노력해보
자. 이것을 하자."라고 말할 것이다. 이것은 소녀가 으스대
지 않고 다른 소녀들에게 지시하기 위해 노력하는 방법이
다. "우리 ~하자"의 형태를 사용함으로서 소녀 역시 같은
그룹에서 모든 소녀들에게 그 의미를 강조하는 것이다. 이
런 차이점들은 주어진 문화와 성에 따른 규율을 따르면서
성장해 온 부분을 보여준다. 만약 남자와 여자가 차이점이
많은 것을 <u>자발적</u>으로 이해하려 한다면 그들의 관계는 개
선될 수 있을지도 모른다.」

**45** ③

element : 요소, 요인    divide : 나누다, 분할하다
category : 종류, 부문  material culture : 물질 문화
nonmaterial culture : 비물질 문화  consist of : ~
로 구성되어 있다  value : 가치  custom : 관습
① 특히, 무엇보다도
② 결과로
③ 이와는 다르게, 대조해보면
④ 게다가, 더욱이

「문화의 요소는 두 종류로 분류할 수 있다. 첫 번째는 모
든 물체로 만들 수 있는 물질 문화로 사람들이 만들고
제공하는 목적으로 된 책, 의류 그리고 건물이 한 예이
다. 우리는 그들의 목적과 의도를 이해하는 데 한 몫해
야 한다. <u>이와는 다르게</u> 비물질 문화는 물질적이지 않은
인간 창조물로 구성되어 있다. 비물질 문화의 예로 가치
와 관습이 있다. 우리의 신앙과 언어 우리가 말하는 것
또한 비물질 문화의 부분에 속한다.」

**46** ①

involve : 필요로 하다  evolve : 진화시키다, 개발하
다  distinguish : 구별되다  figure : 형태  feature :
용모, 특징  extraordinary : 놀랄만한  original : 최
초의, 독창적인  origin : 기원, 유래  mystery : 수수
께끼, 신비

「우리 인간들은 완전히 색다른 생명으로 <u>진화되어</u> 왔다.
미래에 일어날 믿기 어려운 것들은 과거에 이미 일어났
었던 것보다 더 이상할 수 있다. 우리는 음식을 요리하
고 옷을 입는 등 다른 동물과는 다르다. 그러나 어쩌면
가장 중요하게 구별되는 <u>특징</u>은 언어일 수 있다. 이 놀랄
만한 체계는 존재하는 것, 결여된 것이거나 존재하지 않
는 것조차 어떠한 것에 대해서라도 우리에게 전달할 수
있도록 한다. 비록 이 체계가 우리와 다른 동물과의 차
이점을 형성하는 것이지만 놀랄만한 전달시스템의 <u>기원</u>
은 아직까지도 수수께끼이다.」

**47** ②

typhoon season : 태풍이 한창인 시기    handle :
조종하다  turn A into B : A를 B로 돌리다, A를
B로 바꾸다  serve : 도움이 되다, 봉사하다, 접대
하다, 서브하다  human being : 인생
① 기회 - 역경
② 어려움 - 기회
③ 재앙 - 용기
④ 행운 - 도전

「태풍이 한창인 시기에 극동 지방에 있는 비행기 안에서,
난 조종사에게 강풍 속에서 어떻게 조종을 하는지 물었
다. "음, 강풍은 때론 비행 상태를 개선시켜 줄 수 있다."
그는 대답하였다. "난 강풍을 순풍으로 바꾼다!" 어쩌면
인생에서의 고통과 고생은 겉보기에는 상당히 태풍만큼
크지만 인생을 위한 목적으로는 동일한 도움이 된다. 그
다음에 당신이 <u>어려움</u>을 <u>기회</u>로 바꾸고 그것을 이겨내면
성공으로 가는 당신의 길이 빨라질 수 있다.」

**48** ③

depend ~에 달려 있다, 좌우되다, ~나름이다,
의존하다, 의지하다  server : 근무자, 봉사자, 쟁
반, 밥상, (컴퓨터) 서버  be supposed to do : ~
할 것으로 기대(생각・상상)되다, ~하기로 되어
있다  face : 직면하다, 직시하다, ~에 면하다, ~
을 향하다  lead : 이끌다, 인도(안내)하다, 유인하
다, 선도하다, ~의 마음을 끄다  comer : 오는 사

람, 새로 온 사람  party : 당사자, 한쪽 편, 모임, 파티, 당파, 일행  concerned : 관계하고 있는, 걱정하는, 염려하는  invention : 발명, 창작, 발명품, 꾸며낸 이야기

빈칸 뒤의 글을 보면, 고객들이 때로는 자신이 온 순서에 상관없이 자신이 서 있는 줄에 따라, 업무서비스를 더 일찍 받기도 하고, 생각했던 것보다 더 늦게 받는다고 말하고 있다. 이것으로, 고객들은 '어느 줄에 설 때, 더 일찍 업무처리를 받을 수 있을까?'하고 생각을 하게 된다는 것을 유추할 수 있다.
① 이 문제에 대한 해결책은 쉬운 것 같다.
② 우리가 사회적인 발명을 생각하는 것은 가능하다.
③ 그것은 바로, 어느 줄에서 내 일을 가장 빨리 처리받을 수 있을까라는 것이다.
④ 공정한 대기시스템은 우리가 먼저 온 사람이 먼저 서비스를 받는다는 것에 기초한 서비스를 제공하고, 또 제공받도록 할 수 있다.

「은행, 관공서 등 사람들이 서비스를 받기 위해 방문하는 많은 장소가 있다. 몇 명의 근무자가 있느냐에 따라 사람들은 많은 줄에 서 있게 된다. 사람들은 줄을 서야 한다고 생각할 때, 한 가지 결정해야 하는 문제에 항상 직면하게 된다. (그것은 바로, 어느 줄에서 내 일을 가장 빨리 처리받을 수 있을까라는 것이다.) 왜냐하면, 더 짧은 줄은 항상 더 빠른 서비스로 이어지지 않기 때문이다. 더 늦게 온 일부 사람들은 단지 그들이 '운이 좋은' 줄에 우연히 서 있었다는 이유로 더 일찍 서비스를 받는다. 이것이 일찍 온 몇몇 사람들이 그들이 기대했던 것보다 더 오래 기다리는 이유이다. 이것은 근무자들이나 고객들이나 관련된 모든 당사자들에게 공평하지 않다.」

**49**   ③

ailing : 문제있는, 건전하지 못한, 병든, 괴로워하는, 침체한, 업적 부진의  increasingly : 점점, 더욱 더  obvious : 명백한, 분명한  relatively : 비교적으로, 상대적으로  fix : 해결(법)  beef up : 강화하다, 보강하다, ~에 큰 돈을 들이다  enforcement : 시행, 실시, 강제  existing : 기존의, 현존하는, 현재의  regulation : 규정, 법규, 조절, 단속, 제한  in line with : ~와 일치하여  stringent : 엄격한, 절박한, 설득력 있는  assessment : 할당금, 세액  commercial : 상업의, 영리적인, 광고용의  private : 사유의, 공개하지 않은, 사적인, 은둔한  traffic : 차량, 교통  regimen : 처방(투약계획, 양생법), 지배  efficient : 능률적인, 효과적인, 유능한, 결과를 발생하는  extensive : 광범위한, 광범위하게 미치는, 조방의  mass transport system : 대중교통체계  alternative source : 대체에너지원  commit : 전념하다, 헌신하다  far-sighted : 현명한, 선견지명이 있는, 분별있는  urban : 도시의, 도회지에 있는  congested : 혼잡한, 밀집한, 정체된  preservation : 보존, 저장, 보호  emission : (빛·열·향기 따위의) 방사, 발산, (차 엔진 따위의) 배기  expectation : 예상, 기대, 가능성, 확률

본문은 매연 배출로 인한 아시아 정부들의 취할 수 있는 빠른 해결책을 제시하고 있다. 필자는 매연배출기준의 강화와 도시외곽의 일자리 창출과 주택공급을 돕는 계획을 제시하고 있다.

「아시아들의 병든 도시들의 매연 징조들은 점점 더 분명해지고 있지만, 많은 지도자들과 일반 시민들은 행동하기를 서두르지 않고 있다. 비교적 신속한 정책으로 정부들은 배출물 기준에 대한 기존 규정의 시행을 강화할 수 있고 이후에 더 엄격한 그것들을 국제적 기준에 상응하도록 끌어올릴 수 있다. 정부는 또한 상업용과 개인용 차량을 늘리는 환경비용과세체계를 필요로 한다. 장기적 계획은 좀 더 효율적이며 광범위한 대중교통체계와 청정 대체에너지원에 대한 투자와 혼잡한 도심 외곽의 일자리와 주택 창출을 돕는 장기간의 도시계획에 전념하는 것을 포함한다.」

**50**   ③

zebra : 얼룩말, 심판원  evolve : 진화하다, 전개하다, 방출하다, (이론 등을) 끌어내다  horselike : 말과 같은  stripe : 줄무늬, 줄무늬 있는 천, 채찍 자국  ancestor : 원종, 선조, 조상  accidental variation : 돌연변이  foal : 망아지  natural selection : 자연도태  distinct : 독특한, 별개의, 뚜렷한, 여러가지의

본문은 얼룩말의 줄무늬가 어떻게 생겨났는지에 관해 말하고 있다.
① 얼룩말의 기원은 무엇인가?
② 얼룩말의 줄무늬의 장점은 무엇인가?
③ 얼룩말의 줄무늬는 어디서 생겨났는가?
④ 얼룩말은 말에서 어떻게 진화되었는가?

「(얼룩말의 줄무늬는 어디서 생겨난 것일까?) 과학자들은 얼룩말은 줄무늬가 없는 말과 같은 동물에서 진화했다고 생각한다. 그들은 얼룩말의 줄무늬가 없는 원종이 어떠했는가에 대해 다른 생각들을 가지고 있지만, 대부분은 그것이 어두운 색이나 검은색이었을 거라고 주장한다. (그래서, 해묵은 질문에 답한다면, 얼룩말은 아마도 다른 어떤 해석보다도 흰 줄무늬를 가진 검은 동물이었을 것이다.) 줄무늬가 진화한 방식은 이러하다: 돌연변이로 인해, 검은 망아지들 중 일부는 밝은 색의 줄무늬를 가지고 태어났다. 줄무늬는 보호색이었기 때문에, 그것들은 이점이 있었다. 그리고 그러한 줄무늬 동물들은 종종 줄무늬가 있는 망아지를 낳으며 생존했다 – 또 하나의 자연도태의 예이기도 하다. 점점 더 많은 줄무늬 동물들이 세대가 지나면서 나타났다. 결국, 우리가 얼룩말이라 부르는 여러 독특한 동물종이 생겨났다.」

**51**   ③

relatively : 비교적으로, 상대적으로, ~에 비례하여  improvement : 진보, 증진, 향상, 개량  involved : 관련된, 복잡한  distraction : 주의 산만, 정신이 흩어짐  gently : 온화하게, 상냥하게, 조용히
the + 비교급 ~, the + 비교급… : ~할수록, 점점 더 …하다

「심원한 듣기를 경험하는 것은 비교적 쉽다. 당신은 그것의 향상을 이해하고 약간의 연습만 하면 된다. 그러나 그것은 때때로 우리가 연습이라 생각했던 방식의 '연습'이 아니다. 그것에 관련된 노력은 거의 하지 않아도 된다. 사실, 당신이 노력을 <u>더 하면 할수록</u>, 그것은 <u>점점 더</u> 어려워진다. 당신이 해야하는 것은 당신의 마음을 비우고 편안해 하는 것이다. - 하지만, 동시에 다른 사람과 함께 있어야 한다. 이렇게 함으로써 당신은 정신의 흩어짐을 제거할 수 있다. 당신은 들으면서, 당신의 마음이 계획, 답변들, 두려움, 무엇이든 다른 것들로 채우려고 하는 것을 주의해라. 이런 마음이 있을 때, 부드럽게 당신의 마음을 깨끗이 하고 그저 들어라.」

## 52  ④

philosophy : 철학, 형이상학, 원리, 철학적 정신
reverence : 경외하는 마음, 존경, 성례, 공손한 태도  commitment : 헌신, 위탁, 위임  humanity : 인류, 인간애, 인간  strength : 용기, 정신력, 세기, 힘  imprisonment : 투옥  unbearable : 참을 수 없는, 견딜 수 없는  deter : 단념시키다, 막다  overcome : 극복하다, 지우다  obstacle : 장애물

「알버트 슈바이처는 1875년 10월 29일에 Kaysersberg라는 독일 Alsace의 Strasbourg 근처의 한 마을에서 태어났다. 슈바이처는 그의 시대에 가장 위대한 크리스챤이라고 불리고 있다. 그는 자신의 개인적 철학을 '생명에 대한 경외감과 사고와 행동을 통한 인류봉사에 대한 헌신에 기반을 두고 있다. 그리고 그는 커다란 문제들에 용기있게 맞서는 대단히 용감한 사람이었다. 전쟁의 위협, 1차 세계대전 동안 독일 시민으로서 투옥되는 현실과 아프리카에서의 참을 수 없는 열기도 그를 전혀 막지 못했다. 그는 사람은 <u>(외국에서 불쌍한 사람들을 돕기를 원한다면)</u> 이런 장애물들도 극복할 수 있다고 믿었다.」

## 53  ③

carry on : 실행하다, 수행하다  traditional : 전통적인, 관습의, 인습의  vegetarian : 채식주의자  HIV-positive : 에이즈 바이러스 양성반응의  detective : 탐정  geneticist : 유전학자

「어떤 사람들은 컴퓨터로 활동적인 사회생활을 해 나간다. - 그들의 것 또는 카페, 사회센터, 도서관 등과 같은 공공장소의 터미널에 있는 이용 가능한 컴퓨터를 이용한다. 게시판에서 다른 사람들과 대화함으로써, 그들은 전통적인 방법으로는 결코 만날 수 없는 사람들을 알게 된다. ㉠ <u>(예를 들어)</u> 캘리포니아, 샌프란시스코의 한 대학원생은 컴퓨터로 롤러브레이드를 타고 돌아다니는 집 없는 채식주의자, 에이즈 바이러스 양성반응의 경찰관, 이란 출신 가정의 사람들, 80세가 된 탐정 그리고 DNA를 연구하는 유전학자를 포함한 50명 이상의 친구를 만들었다. 그녀는 컴퓨터로 만난 약 10명의 사람과 데이트도 했다. 사랑은 지속되지 않았다. ㉡ <u>(그러나)</u> 그녀는 관계가 깨진 것에 대해 컴퓨터를 비난하지 않는다.」

## 54  ④

gray : 백발의, 회색의  disheveled : 헝클어진, 흩어진, 단정치 못한  majestic : 장엄한, 위엄있는, 당당한  visage : 얼굴, 용모, 모양  authority : 권위, 근거  instinctively : 본능적으로, 직감적으로  dogma : 정설, 교리, 교의

'Yet the truth is that most of the scientific breakthroughs that have changed our lives are usually made by people who are still in their 30s'에 착안하면 (   ) 안의 내용이 무엇인지 유추할 수 있다.
① 경제적 관심
② 혁신적인 실험데이터
③ 종교적 신념
④ 그 시대의 지적 신조

「우리가 과학 천재들의 일반적으로 알려진 얼굴을 생각할 때, 종종 나이가 들었던지 반백이 다 된 외모를 떠올린다. 예를 들어, 우리는 Einstein의 헝클어진 머리칼, Darwin의 장엄한 수염, 그리고 Newton의 주름진 얼굴을 생각한다. 하지만 진실은 우리의 삶을 바꾼 과학의 대발견은 30대의 사람들에 의해 이루어졌고, 여기에는 Einstein, Newton, 그리고 Darwin도 포함된다는 것이다. 실제로, 젊은 과학자들이 그들보다 나이 든 사람보다 <u>그 시대의 지적 신조</u>에 영향을 덜 받았다는 것은 별로 놀랄만한 일은 아니다. 그들은 본능적으로 기존의 원리에 의문을 품는다. 그들은 새로운 생각은 미친 짓이라는 이야기를 들어도 믿지 않고, 불가능한 일에 자유롭게 도전했다.」

## 55  ③

above all : 무엇보다도 첫째로, 우선 첫째로
philosopher : 철학자  worthwhile : ~할 보람이 있는, 시간을 들일 만한  convince : ~에게 확신시키다, ~에게 납득시키다

「어른들의 일과 어른들의 삶에 대비해서 학생들을 가르칠 때, 미국 학교들은 무엇보다도 실용적인 것을 가르치려고 노력한다. 미국 교육은 John Dewey라고 불리는 유명한 20세기의 철학자의 글에 의해 많은 영향을 받았다. Dewey는 유일한 가치 있는 지식은 <u>실제 삶에 이용할 수 있는</u> 지식이라고 믿었다. 그는 교육자들에게 학생들이 빨리 잊어버릴 쓸모 없는 지식을 암기시키는 것은 무의미하다고 확신시켰다. 오히려 학교는 사람이 살아가고 일을 하는 방법에 영향을 미칠 수 있는 사고과정과 기술을 가르쳐야 한다.」

## 56  ④

diverse : 다양한, 각각의, 여러가지의  shore : 해안, 바닷가, 기슭  currency : 화폐, 통화, 유통

(   ) 앞에는 지중해 세계의 다양성을 보여주고, 뒤에는 지중해 세계의 공통점을 보여주므로 역접관계의 접속사가 필요하다.

「지중해는 유럽, 아시아, 그리고 아프리카 세 대륙을 연결한다. 다양한 민족들과, 언어들과 종교들의 세계가 이 바다를 둘러싸고 있는 환경이다. 북쪽 해변가마저도, 주로 기독교로 연합된, 현저할 정도의 다양한 언어, 관습들, 화폐 그리고 정치경제들이 있음을 보여준다. (그러나), 이 지중해 해변가에 거주하는 다양한 민족들은 공통의 세계관을 갖고 있다. – 이름이 의미하듯이, 그들은 자신들이 세계의 중심에 살고 있다고 생각한다.」

## 57 ①

flag : 기(旗), 깃발(= banner), 국기   cross : 십자가   field : 들판, 분야, 경기장, (깃발 등의) 바탕   unusual : 보통(정상)이 아닌, 이상한   legend : 전설   come to do : ~하게 되다   crusade : 십자군   pagan : 이교도   attack : 공격하다   colony : 식민지   critical : 비평적인, 비판적인, 결정적인, 위기의   bear : ~을 나르다, (무게 등을) 지탱하다, (모습 등을) 지니다   adopt : 채택하다, 채용하다, 양자(양녀)로 삼다   garment : 옷, 의복

① 흰 십자가가 있는 붉은 깃발
② 왼손에 붉은 깃발을 가지고 있는 천사
③ 등에 나무 십자가를 지고 있는 예수 그리스도
④ 흰 옷을 입고 있는 예수 그리스도

「붉은 바탕에 커다란 흰 십자가가 있는 덴마크의 국기는 전세계에서 가장 오랫동안 변하지 않은 국기이다. 그것의 디자인은 700년 이상이나 되었다. 어떻게 그 국기가 있게 되었는지에 관해 알려주는 이상한 전설이 있다. 약 서기 1218년에 덴마크의 국왕 Valdemar 2세는 그의 식민지를 공격하고 있었던 이교도들에 대항하는 십자군을 이끌었다. 1219년에 덴마크 사람들은 그들의 땅을 구하여 그 전쟁에서 승리하였다. 전설에 따르면, 그 전쟁의 결정적인 지점에서 흰 십자가가 있는 붉은 깃발이 불가사의하게 하늘에 나타났다. 덴마크 사람들은 Valdemar 국왕이 이 디자인을 국기로 채택했다고 말한다.」

## 58 ②

put their heads together : 이마를 맞대고 의논하다, put away : 치우다   take up : (공간 등을) 차지하다   tidiness : 정돈, 청결(함)   competence : 능숙함, 능력, 적성   initiative : (특정한 문제 해결·목적 달성을 위한 새로운) 계획, 주도권, 자주성

빈칸 앞의 내용은, 메리의 방을 모두 차지하는 기차놀이 세트를 부모님이 치워버리려 하자 메리가 스스로 문제의 해결책을 찾아낸다는 이야기이다. 바로 앞 문장에서 메리가 문제의 해결책을 찾아내는 내용이 나왔으므로 her 다음에는 그녀가 찾은 해결책을 나타내는 단어인 ② 'initiative (특정한 문제 해결·목적 달성을 위한 새로운 계획)'가 적절하다.

「6살의 메리는 단순한 기차놀이 세트를 생일 선물로 받았으나, 그것은 그녀의 방바닥 전부를 차지했다. 메리와 그녀의 부모는 이마를 맞대고 의논했다. 그것 때문에 발목을 삔 아버지는 저녁에 그것을 치워버리고 싶어 했다.

깔끔한 성격의 엄마는 메리의 감정을 이해하긴 하지만 남편에게 동의했다. 메리는 자신을 위한 해결책을 찾기 위해 이리저리 머리를 굴렸다. 막판에 메리는 벽을 따라 침대를 이동하는 것이 문제의 해결책이 될 것이라 생각하였다. 그녀의 계획은 그녀의 능력에 대한 그녀 부모의 진심어린 표현으로 보상받았고 그녀는 기차놀이세트를 항상 가지게 되었다.」

## 59 ①

remove : 이동하다, 이전하다   rough : 거친, 난폭한, 버릇없는   treatment : 취급, 처우   library : 장서, 도서관   to tell the truth : 사실대로 말하면   well-being : 복지, 안녕, 복리   at normal times : 평상시에   normal : 보통의, 표준의   abnormal : 비정상적인, 예외적인   comely : 미모의, 적당한   unfair : 불공평한, 교활한   usage : 취급, 대우, 습관

① 부당한 취급          ② 잘 보살핌
③ 열심히 공부함        ④ 고가(高價)

「너무나 자주 나는 이사를 해왔고, 장소를 옮길 때마다 많지도 않은 나의 장서를 그렇게 난폭하게 다루어 왔고, 그리고 사실대로 말하면, 평상시에도 장서 보존에 주의를 해오지 않았기 때문에, 나의 책들 중에서 외관이 나은 것조차도 부당한 취급을 받은 결과를 나타내고 있다.」

## 60 ③

lack : ~이 없다, 결핍되다   direct … for(toward) ~ : …을 ~쪽으로 향하게 하다   to a large extent : 상당한 정도로   secure : 확보하다

「어떤 사회에 언어가 없다면 (그 사회는) 협동을 요구하는 사업들 중 가장 단순한 것을 제외한 어떠한 일에도 종사할 수가 없을 것이다. 한 개인 또는 개인의 집단은 그러한 여러 활동을 계획할 방법도 없고, 그 활동을 다른 이들에게 설명할 수도 없으며, 또는 협동을 요구하는 사업에 참여한 이들의 행동을 공동의 목표로 향하게 할 방법도 갖지 못할 것이다. 각 개인은 상당한 정도로 자기 자신의 힘과 능력에 의존할 것이다. 왜냐하면 그에게는 다른 이의 도움을 확보할 수단이 없을 것이기 때문이다.」

## 61 ①

unusual : 정상이 아닌, 이상한, 유별난, 이례적인, 비범한   business cycle : 경기순환(= trade cycle)   constant : 끊임없는, 일정한, 불변의, 부단한   capitalism : 자본주의   entrepreneur : 기업가, 전문 경영자   destruction : 파괴, 파멸   capital system : 자본주의 체제   in the long run : 결국, 마침내   helpful : 도움이 되는, 유용한   harmful : 해로운, 유해한   indifferent : 무관심한, 냉담한, 대수롭지 않은, 중요치 않은, (솜씨가) 서툰, 평범한, 중립의   ineffective : 쓸모없는, 무익한, 효과가 없는, 무효의, 헛된, 무력한, 무능한

「Joseph Schumpeter는 유별난 경제학자였다. 대부분의 경제학자들은 경기순환을 줄이려고 노력해 왔지만, Schumpeter는 끊임없는 변화가 자본주의의 힘이라고 믿었다. 끊임없이 새로운 상품과 새로운 아이디어를 개발할 때, 기업가들은 오래된 상품과 아이디어의 파괴를 야기한다. Schumpeter는 그가 창조적 파괴라고 불렀던 이 과정이 자본주의 체제의 일부인 경기순환을 일으킨다고 생각했다. 그는 경기순환이 결국 경제에 도움이 된다고 믿었다.」

## 62  ①

efface : ~을 지우다,  consideration : 고려, 고려의 대상  interfere : 간섭하다,  방해하다,  중재하다,  조정하다  nevertheless : 그럼에도 불구하고  domestic : 가정의, 국내의  restraint : 제지, 억제, 자제, 구속  noninterference : 불간섭  behaviorist : 행동주의자  tolerate : ~을 관대히 다루다,  참다, 견디다  comparatively : 비교적, 상당히  self-restraint : 자제, 극기  go on the rocks : 좌초하다, 파멸하다  devotion : 헌신  adoration : 숭배, 애모, 동경  replace : ~에 대신하다, 대체하다, 복직시키다  at stake : (돈, 목숨, 운명이) 걸리어, 문제가 되어, 위태로워져서  go through : (고난, 경험 등을) 거치다, 경험하다, (서류 등을) 잘 조사하다  laudatorily : 찬미하여  reproachfully : 비난하여, 나무라는 투로  contemptuously : 경멸하여  sympathetically : 동정하여

「서양에서 노인들은 그들의 자식에 대한 배려에서, 그리고 자식들의 가정생활을 간섭하지 않으려는 아주 이타적인 바람에서 스스로 눈에 띄지 않게 지하에 식당이 있는 어떤 호텔에서 혼자 사는 쪽을 택한다. 그러나 노인들은 간섭할 권리가 있으며 설령 간섭이 불쾌하지만 그럼에도 불구하고 간섭은 당연한 것인데, 왜냐하면 모든 생활, 특히 가정생활은 자제력을 가르치기 때문이다. 부모들은 자녀들이 어릴 때 어쨌든 간섭을 하고, 불간섭의 논리는 모든 아이들이 그들의 부모로부터 멀어져야 한다고 생각하는 행동주의자들의 결과에서 이미 드러났다. 만약 우리를 위해 그렇게 많은 것을 해주신 부모님이 연로해지고 상당히 무기력해졌을 때 그들을 참을성 있게 대할 수 없다면, 가정에서 부모말고 누구에게 인내심을 발휘할 수 있겠는가? 사람은 어쨌든 자제를 배워야 하고, 그렇지 않으면 심지어 결혼생활도 위태로워진다. 그리고 사랑스런 자녀들의 개인적인 봉사와 헌신과 찬미(존경)가 어찌 호텔 수석 웨이터에 대체될 수 있는가?」

## 63  ④

retail : 소매, 소매의  wholesaler : 도매업자

「우편주문회사는 우편으로 고객에게 직접 물건을 파는 소매사업이다. 우편주문회사는 상품에 대한 사진과 설명이 실려있는 매력적인 목록을 만든다. 고객은 그 목록을 보고 상품을 주문한다. 우편주문회사로 보아서는 그 목록은 판매원을 대신한다고 할 수 있다.」

## 64  ①

behind it, raised by it의 it : (the) English (language)  a convenient introduction to the problems of method in history : 역사적 흐름(절차)에 대한 문제를 소개하는 편리함

「어렸을 때 나는 외견과는 달리 고래가 물고기가 아니라는 것을 배우고 다소 인상깊었다. 오늘날 이러한 분류의 문제는 나에게 그보다는 덜 감동적이다. 다시 말해서 역사가 과학이 아니라는 확신을 함에 있어서 그 점이 나를 부당하리만큼 걱정스럽게 하지는 않는다는 것이다. 이러한 기술(記述)상의 문제는 영어의 한 가지 특이함이다. 다른 모든 유럽의 언어에 있어서 '과학에 해당하는 단어가 역사를 포함한다'는 데 거리낌이 없다. 그러나 영어를 말하는 세계에서는 이 문제는 그 이면의 오랜 과거를 가지고 있고, 그로 인해 제기되는 문제는 역사의 흐름(질서)에 대한 문제를 소개히는 데 편리하다.」

## 65  ④

innate : 타고난, 고유한  indigo : 남색  tenacious : 고집이 센, 완강한, 집요한  redundant : 여분의, 과다한, 중복되는  deterministic : 결정론적인  arbitrary : 자의적인, 임의적인

「문화는 학습된다. 문화는 개인의 타고난 특성이 아니다. 우리는 컬러 스펙트럼을 빨·주·노·초·파·남·보로 나누는 것을 배운다. 그러나 그 스펙트럼의 선은 자의적이므로 다른 문화권의 사람들은 그 선들을 다르게 긋는다. 이것은 시간, 공간, 사람들, 그리고 우리가 현실이라고 부르는 모든 측면에 있어서도 그러하다.」

## 66  ①

self-fulfilling : 자기달성적인,  예언(예정)대로 성취되는  prophecy : 예언  surveillance : 감시, 감독  visibility : 눈에 보임, 가시도, 선명도

「예측한 대로 이루어지는 예언은 어떤 상황에 대한 잘못된 해석이 그것을 실현되게 만드는 새로운 행동을 초래할 때 일어난다. 예를 들면, Groples라는 사람이 범죄를 저지를 것 같은 사람이라고 경찰이 믿으면 그에 따라서 더 많은 경찰 순찰과 감시가 그가 사는 도시 주변에 집중될 것이다. 경찰의 감시가 늘어나면 범죄에 대한 가시도와 보고서도 늘게 된다. 따라서 Groples의 범죄율은 증가하게 된다.」

## 【67~69】

epublic : 공화국, 공화정체  article : 기사  step : 계단, 조치

「신문 및 잡지편집인들은 가끔 그들의 독자들에게 중요하지 않은 사실과 통계를 알리는 데 극단의 말을 한다. 지난해 한 기자가 어느 유명한 잡지사로부터 신생아프리카 공화국 대통령관저에 대한 기사를 쓰도록 지시를 받았다. 기사가 도착하였을 때 그 잡지사 편집인은 첫 문장을 읽고 나서 그 기사 발표를 거절하였다. 그 기사는 다음과

같이 시작되었다. "대통령궁을 에워싸고 있는 높은 벽까지 수백 개의 계단이 이어지고 있다." 그 편집인은 바로 전보를 보내어 그에게 정확한 계단의 수와 높이를 알아보도록 지시하였다. 그 기자는 즉시 떠나 이 중요한 사실을 취재하였으나, 이 기사를 발송하는 데는 시간이 오래 걸렸다. 그래서 그 편집자는 두 통의 급전을 발송하였으나, 아무 회답도 받지 못했다.」

**67** ②

편집자가 본문의 내용처럼 행동했던 것(기사를 싣지 않았던 이유)은 The editor at once sent the journalist ~ the wall의 내용에서 찾는다.

**68** ④

not ~ a(n) = no

**69** ①

go(run) to extremes : 극단의 말(짓)을 하다, 극단으로 치닫다   provide A with B : A에게 B를 제공하다   statistics : 통계(학)
reader의 동일의미로서 public(일반대중)

【70~71】

「제2차 세계대전 동안 Churchill은 60대 후반에서 70대 초반에 날마다 16시간씩 일을 할 수 있었다. 그의 비밀은? 그는 아침 11시까지 침대에서 보고서를 읽고, 지시를 하고, 전화를 하고, 중요한 회담을 했다. 점심 후에는 침대에 가서 한 시간 동안 잠을 잤다. 저녁에는 8시에 식사를 하기 전 2시간 동안 잠을 잤다. 그는 피로를 치료하지 않는다. 그는 그것을 치료하지 않고 예방했다. 왜냐하면 그는 자주 휴식을 취했기 때문이었다. 그리고 그 때문에 자정이 훨씬 지나서까지 신선하고, 적당하게 일을 할 수 있었다.」

**70** ①

그는 빈번히 휴식을 취했다.

**71** ③

be tired out : 지쳐버리다.

빈번히 취한 휴식으로 전혀 지치지 않았다.

【72~73】

**72** ①

public health : 공중위생

「많은 과학자들과 정부기관들이 대기오염을 통제하기 위해 일하고 있다. 미국에서 공중위생은 자동차와 공장들이 분출하는 오염물질의 양을 제한하는 정부의 기준에 의해 보호된다. 모든 생명체가 생존하기 위해 공기에 의존하고 있는 까닭에, 공기가 깨끗하다는 것을 확인하는 것은 모든 생명체에서 건강한 삶이 계속되리라는 것을 확인하는 데 도움을 준다.」

**73** ①

acid : 산   indicator : 지시자, 표시기, 지시약   solution : 용액, 용제, 용해, 해결   poisonous : 유독한

「어떤 물질이 산(酸)인지 아닌지 알아볼 수 있는 한 가지 방법은 지시약을 사용하는 것이다. 지시약은 산에서는 특정 색상으로 변하는 물질이다. 리트머스지는 산에서는 파란색에서 빨간색으로 변하는 지시약이다. 모르는 용액이 산인지 아닌지 판별하기 위해 맛을 봐서는 안된다. 몇몇 산에 혀가 타기도 한다. 다른 산들은 유독하다. 어떤 산은 피부를 태우고 상처를 입힌다.」

【74~77】

ladder : 사닥다리   bucket : 양동이, 물통   wrath : 격노, 복수, 천벌   custom : 관습, 풍습, 관행, 관례, (상점 등에 대한 고객의) 애호, 단골고객, 관세   cross one's fingers : (액막이로 또는 행운을 빌기 위해) 집게손가락 위에 가운데 손가락을 포개다   keep(have) one's fingers crossed : 행운을 빌다   wish : 소망, 소원, 호의   rationalize : ~을 합리화하다, 그럴 듯하게 설명하다   form : ~을 형성하다   triangle : 삼각형   lean against ~ : ~에 기대다   flat : 완전히, 평평하게   signify : ~을 의미하다, 뜻하다, 나타내다   표시하다, 알리다   Trinity : 삼위일체   sacred : 성스러운, 거룩한   punishable : 벌을 줄 수 있는, 처벌받을 만한, 처벌해야 할   play with ~ : ~을 가지고 놀다, 우롱하다   supernatural : 초자연적인, 불가사의한   behave : 처신하다, 행동하다, 움직이다   insane : 미친   impure : 불결한, 때묻은, 부도덕한

「당신은 사닥다리 아래를 지나가다가 머리에 페인트통을 뒤집어 쓸 수도 있다. 그러나 관습에 따르면, 당신이 사닥다리 아래를 걸어가면 신들의 노여움이 어쨌든 당신에게 닥칠 것이고 (그때) 당신이 해야 할 일은 재빨리 집게손가락을 가운데 손가락에 포개고 소원을 비는 것이라고 한다. 역사가들은 벽에 기대어져 있는 사닥다리는 성 삼위일체를 뜻하는 삼각형을 형성한다며 그럴 듯하게 설명하였다. 그런 성스러운 영역을 통과하는 것은 처벌받을 만한 죄이다. 그런 초자연적인 힘에 맞서려는 것은 아주 위험하다. 머리에 뒤집어 쓴 페인트는 가게에 있는 것과 비교할 수 없는 것이다.」

**74** ①

the warth of the gods will be on you에서 찾을 수 있는 내용이다.

**75** ②

cross one's fingers : 집게손가락 위에 가운데 손가락을 포개다.

**76** ③

앞 뒤 문맥으로 미루어 볼 때 '성스러운, 거룩한'의 뜻은 sacred가 적합하다.

**77** ④

가정 적절한 형태의 구문은 ④ compared to what could be in store이다.

**78** ④

playwright : 극작가, 각본가 inexplicable : 설명할 수 없는 notion : 관념, 의견 neurochemical : 신경화학의 pathway : 경로, 진로 regulate : 규제하다, 조절하다 attachment : 부착, 애착 defect : 결점, 결함 disable : 손상시키다, 망가뜨리다 autism : 자폐증 schizophrenia : 정신분열증 shed light : ~에 대해 설명하다 genetically : 유전적으로 enviable : 샘나는, 부러운 edible : 먹을 수 있는 expiable : 보상할 수 있는 explicable : 설명할 수 있는

「역사가 진행되는 동안 예술가, 시인, 그리고 극작가들은 인류의 사랑을 이해하는 데 엄청난 진보를 이루었다. 로맨스는 무지개의 아름다움처럼 설명할 수 없는 것처럼 여겨졌다. 하지만 최근 과학자들은 그러한 관념을 반박하고 있으며, 오히려 사람들이 어떻게 그리고 왜 서로를 사랑하는지에 대하여 이야기 할 것이 더 많다. 그 시작으로, 사회적 애착을 조절하는 신경 화학 물질 통로를 이해하는 것은 관계를 형성하는 인간 능력의 결점을 다루는 데 도움을 줄 수 있다. 모든 관계는 사회적 유대를 만들어 내고, 창조하고, 유지하는 능력에 의존한다. 결점은 장애가 될 수 있고, 또 자폐증이나 정신분열증과 같은 신체장애로 명백하게 나타난다. 연구는 또한 어떤 극단적인 성적 행동의 양상을 설명하고 있다. 그리고 어떤 이상주의자들은 이런 작업을 사랑이 보장된 미래로 가는 문이라고 본다. 왜냐하면 이것이 화학적으로, 또는 심지어 태초에 유전자변형으로 준비될 것이기 때문이다.
위의 지문에 따르면, 오늘날 과학자들은 사랑을 <u>설명할 수 있는</u> 것으로 간주한다.」

**79** ③

ambivalent : 양면가치의, 상극인 reflect : 반영하다 tension : 긴장, 갈등 loyal쇼 : 충의, 충실 take precedence : 우선권을 가지다, 우위를 차지하다 boundary : 경계, 한도 circumscribe : 경계선을 긋다, 제한하다 conceptualize : 개념화하다 protect : 보호하다 offensive : 불쾌한, 무례한 corporation : 법인 community : 사회, 공동체 consequently : 그 결과, 따라서

「미국인들은 이웃에 대해 상호충돌적인 감정을 가지고 있다. 이러한 양면성은 우리가 단체와 자신 스스로에 대한 충실도 사이에서 느끼는 갈등을 반영하는데, 둘 중의 하나가 우위를 차지하게 된다. 다른 문화권에서는 단체가 확실히 우월성을 가진다. <u>하지만</u>, 미국에서 우리는 개개인의 경계선을 긋고 그들의 "공간"을 설정한다. 우리는 이 공간을, 외부와 다른 사람들로부터 개인을 보호하는 사생활이라는 것으로 개념화한다. 이것은 많은 외국인들이 이상할 뿐만 아니라 심지어는 무례한 것이라고 생각하는 개념이다. 그러나 다시 말하지만, 그 단체가 가족, 회사, 또는 공동체이건 간에 단체보다 가치 있게 여겨지는 것은 개인이다.」

**80** ②

roast : 볶다 undoubtedly : 의심할 여지가 없는 yerba mate : 마테차 나무 transformation : 전환 obscure : 잘 알려져 있지 않은 skeptic : 회의론자 counter : 반박하다 horn : 뿔 sustain : 지속하다 confection : 당과 제품 aromatics : 향료 triumph : 업적

「커피 열매의 씨앗이 볶아질 때 맛이 더 좋아진다는 사실을 발견한 것은 커피 역사에 있어 의심할 여지가 없는 중요한 순간이다. 그 순간이 아프리카 대륙의 북동부와 아라비아 반도의 남부에만 알려져 있던 흔하지 않은 약초를 세계에서 가장 인기 있는 음료로 전환된 시점이다. 회의론자들은 커피를 세계에서 가장 중요한 상품 중의 하나로 만든 것은 향이 아니라 카페인이라고 반박할지 모른다. 하지만, 이런 반박은 유지되기 어렵다. 차, 마테차 나무, 코코아 및 기타 인기가 저조한 다른 작물들도 또한 우리를 깨우고 기분 좋게 만드는 물질을 포함한다. 하지만 이 중에서 그 어떤 것도 커피만큼이나 큰 성공을 거두지 못했다. 커피는 수많은 시탕, 과자, 케이크 그리고 당과 제품에 향을 부여하는데 중요한 역할을 한다.」
「볶은 커피의 향료가 세계에서 가장 인기 있는 음료로 성공한 것과 큰 관련이 있는 것이 확실하다.」

**81** ①

bomb : 폭격하다 eligible : ~을 할 수 있는 nightly : 밤마다 raid : 습격 evacuation : 대피 crisis : 위기 drift : 이동하다 initiate : 시작하다
① 이미 형성된 자신의 행동 패턴을 지속한다
② 자신이 속한 단체 내에서 확고한 역할을 이행한다
③ 위기 상황에서 공황상태로 도망간다
④ 새로운 행동과정을 시작한다

「영국의 부틀은 인구 55,000명의 도시로 사람들은 제2차 세계대전 중에 일주일 동안 밤마다 폭격을 받았으며 오직 전체 가구의 10%만이 심각한 피해를 피할 수 있었다. 하지만 이 습격이 진행되는 동안에 인구의 4분의 1은 그들의 집에 잠들어 있었다. 대피를 할 수 있었던 런던에 거주하고 있던 여성들과 아이들 중에서 37%만이 전쟁 위기 중에 도시를 떠났다. 게다가, 런던에 대규모로 폭격이 진행되는 중에도 대피했던 사람들이 대피할 때만큼 빠르게 다시 돌아왔다. 유사한 모습이 제2차 세계대전 중 독일과 일본에서도 나타났다. 이것은 놀라운 것이 아니다. 인간은 <u>이미 형성된 자신의 행동 패턴을 지속시키려는</u> 강한 경향을 가지고 있다.」

**82** ④

saying : 속담 circumstances : 상황 contribute : 기여하다 input : 조언 suffice : 충분하다 depend on : ~에 의존하다 outcome : 결과 frighten : 겁을 주다 speak well of : ~에 대해서 좋게 말하다
① 뛰기 전에 걷는 법부터 배워야 한다.
② 쥐를 겁줘서 쫓아내려고 집을 태워서는 안 된다.
③ 대부분의 사람들처럼 하면, 대부분의 사람들은 당신에 대해 좋게 말할 것이다.
④ 말을 물가로 끌고 갈 수는 있어도, 물을 강제로 먹일 수는 없다.

「다음과 같은 속담이 있다. <u>말을 물가로 끌고 갈 수는 있어도, 물을 강제로 먹일 수는 없다.</u> 언어를 가르칠 때 교사들이 모든 필요한 상황 및 조언을 제공할 수 있지만, 학습은 학습자들이 기여할 의지를 가지는 경우에만 발생할 수 있다. 학습자들의 수동적인 참여로는 충분하지 않다. 학습자들이 학습과정에 적극적으로 개입하기 위해서, 그들은 우선 학습의 성공이 교사와 학습자 모두에게 달려있다는 사실을 깨닫고 수용해야 한다. 즉, 그들은 결과에 대한 책임을 나눈다. 다시 말해 학습의 성공은 학습자의 책임감 있는 태도에 크게 의존한다.」

**83** ①

overwhelm : 압도하다 calmly : 차분하게 practically : 현실적으로 untie : 풀다 knot : 매듭 inventive : 독창적인 Gordian knot : 고르디오스의 매듭, 아주 어려운 일 mythology : 신화 undo : 풀다 cope with : 대응하다 crack : 깨다 shell : 껍데기
① 쉽게 풀릴 수 있다.
② 우리에게 질문을 던졌다.
③ 우리에게 과제를 제시했다.
④ 과학에 의해 풀릴 수 있다.

「문제, 문제! 어떤 잠재적 문제 해결사들은 해당 문제에 압도되어 보통 문제 해결에 실패한다. 그런가하면 다른 사람은 그 문제에 대해 차분하고 현실적으로 접근하여 보통 그것을 해결한다. 또한 진정으로 독창적인 다른 문제 해결사들은 핵심을 증명하기 위해서 문제에 대한 독특한 해결책을 찾는다. 예를 들어, 고대 그리스의 통치자인 알렉산더 대왕은 고르디오스의 매듭을 푸는 과제에 직면했던 것으로 알려져 있다. 신화에 따르면, 이 매듭은 마차에 묶여 있었고 푸는 것이 불가능하다고 생각되었다.」

하지만 이 위대한 통치자는 그 과제를 쉽게 완수할 수 있었다. 그는 단순히 자신의 칼로 매듭을 잘랐다! 전설에 의하면, 크리스토퍼 콜럼버스 역시 한 때 과제에 직면한 적이 있었다. 1493년에 그는 자신을 주빈으로 하는 만찬에 참여했고 거기에서 그는 신세계로의 항해 중에 겪었던 어려움에 어떻게 대응했는지에 대해 질문을 받았다. 콜럼버스는 질문자들에게 달걀의 균형을 잡도록 요구했다. 그들이 그 과제를 해결하지 못했을 때 그는 했다. 어떻게? 그는 아랫부분을 평평하게 만들기 위해 껍데기를 깼다.

→ 윗글에 따르면, 우리는 몇몇 어려운 문제가 <u>쉽게 풀릴 수 있다는</u> 것을 알 수 있다.」

**84** ②

particular : 특정한 performance : 수행 능력 hand in hand : 친밀한 fall down : 실패하다 laziness : 게으름 mediocre : 평범한

「특정한 일을 할 수 있는 능력과 그 일에 대한 수행 능력은 항상 일치 하지 않다는 것은 상식이다. 엄청난 잠재력을 가진 사람이 게으름이나 일에 대한 흥미의 부족으로 어떤 일에서 실패할 수도 있지만, 반면 평범한 재능을 가진 사람이 업계와 고용주의 관심에 대한 충성심을 통해서 종종 뛰어난 결과를 달성할 수 있다. 그러므로 고용인의 마지막 과제는 그 사람의 업무 수행능력임이 분명하다.」

**85** ①

wildlife : 야생동물 official : 관리인, 공무원 consecutive : 연속적인, 계속되는 시종일관된 anticipate : 예상하다, 기대하다 grizzly : 회색곰 reproduce : 번식하다, 번식시키다
① 야생동물 보호 공무원들은 회색곰의 개체수 증가를 위해 곰을 놓아줄 계획을 가지고 있다.
② 야생동물 보호 공무원들은 야생상태에서의 회색곰의 행동을 감시할 계획을 가지고 있다.
③ 야생동물 보호 공무원들은 Bitterroot Mountains에 5마리의 곰들과 함께 거주할 계획을 가지고 있다.
④ 야생동물 보호 공무원들은 극히 제한된 장소에서 곰들을 번식시킬 계획을 가지고 있다.

「야생동물 보호 공무원들은 2002년을 시작으로 5년마다 계속적으로 Bitterroot Mountains에 다섯 마리의 곰을 들여올 것이다. 그들은 낮은 번식률로 인하여 회색곰의 개체수가 목표인 300마리에 이르는 데까지는 100년 이상이 걸릴 것으로 예상하고 있다.」

**86** ③

fashionable : 최신 유행의, 유행하는, 사교계의 leather : 가죽, 가죽제품 purse : 지갑 still more : 더욱 더, 더 한층
① 그들이 예상했던 것보다 소수의 악어들
② 1870년대보다 많아진 악어 사냥꾼들
③ 1967년에 서식했던 것보다 많아진 악어들
④ 미국에서 죽게 된 더욱 더 많은 악어들

「여러 해 동안, 악어 가죽은 유행하는 가죽 신발과 가죽 지갑을 만들기 위한 것으로 미국에서 인기가 있었다. 1870년부터 1965년까지 적어도 천만 마리의 악어들이 가죽으로 인하여 미국에서 죽어 나갔다. 그러자 1967년 정부에서는 악어사냥 금지법을 제정하였다. 그 후 악어의 개체수는 다시 증가하기 시작하였고 현재는 <u>1967년보다 더 많은 악어들이 서식한다</u>.」

**87** ③

plant : 공장, 식물, 자세  coworker : 근로자, 동료
productivity : 생산성, 생산력, 풍요  conclude : 끝내다, 체결하다, 결론짓다, 결정하다  presence : 존재, 출석, 인품, 침착
① 사회학자들은 좋은 일꾼이다
② 낮은 경향을 띠는 일렉트릭 공장의 생산성
③ 근로자의 태도가 그들의 환경조건보다 더 중요하다
④ 실험에 포함되지 않은 근로자들조차도 생산성을 향상시켰다
「호손 실험은 1920년대와 1930년대 초에 실시되었다. 시카고 근처에 위치한 일렉트릭 호손 공장의 경영진들은 조명과 같은 환경조건이 근로자들의 생산성과 사기에 영향을 미치는 지를 알아내길 원했다. 사회학자들은 동료들로부터 분리된 작은 근로자 그룹을 실험하기로 하였다. 이 그룹의 작업구역의 환경조건은 제한되었고 피실험자 자신들도 면밀히 관찰하였다. 환경조건의 어떠한 변화에도 근로자들의 생산성이 증가되는 반응에 조사자들은 매우 크게 놀랐다. (작업장의 조명 밝기가 감소하는 것과 같은) 이런 변화가 그런 영향을 미치지 않을 것처럼 보이는 경우에도 작업속도는 증가하였다. 관찰자들의 존재가 실험그룹의 근로자들로 하여금 특별하다고 느껴지게 한다는 결론을 짓게 되었다. 결과적으로 근로자들은 서로를 알고 서로를 신뢰하게 되었으며 그들의 일의 중요성에 대한 강한 믿음이 발생하게 된 것이다. 조사자들은 환경조건의 변화가 아니라 이것이 생산성 증가의 원인이라고 믿었다.」

**88** ①

blue blood : 귀족의 혈통, 귀족 출신  predict : 예언하다, 예보하다  democratic : 민주당의  challenger : 도전자, 거부자  oust : 내쫓다, 박탈하다, 쫓아내다  simply : 간단하게  boast : 자랑하다, 대강 다듬다  connection : 연결, 관계, 연줄  republican : 공화국의, 공화당의  rival : 경쟁자  ancestry : 조상, 가문, 기원  veteran : 베테랑, 노병, 퇴역군인  relate : 설명하다, 관계시키다  candidate : 후보자  gene : 유전자  chromosome : 염색체  previous : 이전의, 사전의  ahead : 앞으로, 앞당겨, 빠르게  race : 선거전, 경쟁, 혈통, 인종  stake : 이해관계, 개인적 관여  claim : 요구하다, 주장하다  kinship : 혈족관계  expert : 전문가  aristocracy : 귀족정치, 귀족사회
① 중요하다(count는 1형식 문장에서 '중요하다'의 의미로 사용된다.)
② 경시되다
③ 베트남 전쟁의 퇴역군인을 저버리다

④ 부시에게 긍정적 효과를 미칠 수 있다
「미국의 대통령 선거가 다가올 때면 귀족 혈통이냐가 <u>중요하다</u>. 그래서 민주당 상원위원인 도전자가 공화당의 경쟁자보다 왕가의 연줄을 자랑한다는 간단한 이유만으로 11월 2일 대통령 선거에서 당선자가 부시 대통령을 쫓아낼 것이라고 영국 조사원들은 예측한다. 캐리의 혈통에 관한 연구가 수 개월이 지난 후 영국 귀족사회 전문가들인 Burke's Peerage는 월요일에 베트남 전쟁의 퇴역군인이 유럽의 모든 왕가와 관련이 있고 비잔틴의 이전 황제인 이반과 페르시아의 국왕들과의 혈족관계를 주장할 수 있다고 보고했다. "가장 많은 왕가의 유전자와 염색체를 가진 모든 대통령 후보자가 항상 대통령 선거에서 당선된다는 사실 때문에 42번 전의 대통령들을 근거로 다가올 선거는 존 캐리가 승리할 것이다."2000년 대통령 선거에 앞서 부시에 대한 유사한 연구 결과도 그가 영국의 헨리 3세와 찰스 2세뿐만 아니라 엘리자베스 여왕과의 혈족관계를 주장하는 왕가의 이해관계에서 엘 고어를 패배시켰음을 보여주고 있다.」

**89** ④

jurisdiction : 사법권, 권한, 관할구역  determine : 결심하다, 결정하다  priority : 우위, 우선권, 우선순위  removal : 이동, 제거, 면직  district : 지역, 선거구, 지방  salting : 염장  major : 주요한, 과반수의  commuter : 정기권통근자, 교외통근자  thoroughfare : 도로, 통행  designated : 지정된  narrow : 폭이 좁은, 한정된  steep : 경사가 급한, 엄청난  shade : 그늘, 으슥한  patient : 인내심 있는, 환자  sufficient : 충분한  implement : 도구, 수단, 방법, 실행하다, 도구를 주다
과거분사인 scheduled이 있으므로 도치된 문장이 적합하다.

「다른 관할구역에서처럼 공공의 안전이 그 지역에서의 재설작업에 대한 우선순위를 결정한다. 눈을 치우고 소금을 뿌리는 노력은 우선적으로 주요 도로, 출퇴근 도로와 지정된 눈비상지역에 초점을 맞추고 있다. 좁고, 가파르거나 그늘진 곳은 다음날 쓰레기 수거가 예정된 곳처럼 특별한 주의를 요한다. 재설작업을 하기 위해 인내심을 갖고 충분한 시간을 감안해 주십시오.」

## ➤➤ 4. 글의 내용

**1** ③

wild goose : 기러기  clan : 씨족, 집단  settle : 해결하다, 합의를 보다
① 급히 서두르면 일을 망친다. → 급할수록 돌아가라.
② 겉모습만 보고 판단하지 마라.
③ 알이 부화하기 전에 병아리부터 세지 마라. → 떡 줄 사람은 생각도 없는데 김칫국부터 마시지 마라.
④ 부귀빈천이 물레바퀴 돌 듯하다.

「두 명의 사냥꾼이 머리 위로 날아가는 기러기 한 마리를 보았다. 사냥꾼 한 명이 그의 활에 화살을 걸고 기러기를 조준하며 말했다. "저 기러기는 맛있는 스튜가 될 거야." "스튜"라고 다른 사냥꾼이 말했다. "이건 구이가 더 나을걸." "스튜야" 첫 번째 사냥꾼이 그의 화살을 내려놓으며 말했다. "구이라니깨" 다른 사냥꾼이 대답했다. 논쟁은 계속 되었다. "그럼 우리 대장님께 저 기러기를 요리하는 최고의 방법을 결정해달라고 요청하자." 대장은 그들이 기러기를 잡아오면, 반은 스튜를 만들고 반은 구이를 하자고 제안함으로써 그 논쟁에 합의를 보았다. 그러면 모두의 요구가 만족되는 것이다. 두 사냥꾼은 기뻐하며 기러기를 사냥하러 나갔지만, 그때는 이미 기러기가 안전하게 멀리 날아가고 없었다.」

**2** ②

mining : 채광, 채굴  organizer : 조직자, 창시자  exotic : 외국의, 이국적인  have a strong stomach : 비위가 강하다  venison : 사슴고기  emu : 에뮤(오스트레일리아산 큰 새)  earthworm : 지렁이
① 야생음식 페스티발은 호주가 아닌 South Island 서쪽 해안의 오래된 채광 마을인 Hokitika에서 열린다.
③ 캥거루 스테이크는 올해가 아닌 지난해의 인기 요리였다.
④ 마지막 문장에서 양을 먹을 수 있을 거라는 기대는 하지 말라고 언급하고 있다.
「야생음식 페스티발은 South Island 서쪽 해안의 오래된 채광 마을인 Hokitika에서 열린다. 이번 해에 개최자들은 지난해 참석자보다 10퍼센트 많은 3천 명의 호기심 많은 전 세계 관광객들을 위해 페스티발을 준비한다. 매년 요리사들은 점점 더 이국적인 요리를 발명하고 당신은 그것에 도전하기 위해 강한 비위와 열린 마음이 필요하다. 이번 해에는 곤충 알과 전갈, 그리고 사슴 허와 같은 새로운 요리가 선보인다. 지난해의 인기 요리였던 이웃국가인 호주에서 오는 신선한 캥거루에 에뮤 스테이크와, 지렁이, 달팽이도 여전히 맛 볼 수 있다. 양이 많은 나라이지만, 그것들을 이 축제에서 먹을 수 있을 거라는 기대는 하지 마십시오.」

**3** ④

caste : 신분제도  rural : 시골의, 지방의  dhal : 콩 요리  subsist on : ~으로 연명하다  fasting : 단식의, 금식의  alternate : 번갈아 생기는  areca : 빈랑나무  betel : 구장나무  stave off : 비키다, 피하다
① 인도인의 음식은 그들의 종교와 부에 따라 다양하다.
② 인도의 가난한 사람들은 그들의 영양요구량을 만족시키지 못한다.
③ 많은 가난한 인도 사람들이 하루걸러 굶는다.
④ 벵골에서 판은 가난한 사람을 위한 호화로운 음식이다.

「인도 사람의 음식은 그의 종교, 지역, 공동체 그리고 계급에 달려 있다. 그것은 또한 그의 부에 따라서도 결정된다. 인도 인구의 대부분은 그들의 영양요구량의 80퍼센트만을 만족시키는 음식으로 연명하는 시골의 가난한 사람들로 구성되었다. 일 년 내내 일자리를 찾지 못하는, 그래서 매일 음식을 사 먹을 수 없는 많은 가난한 사람들은 하루걸러 하루씩 굶으면서 그들의 배고픔을 달랜다. 벵골에서 가난한 사람의 식사는 쌀, 소금을 친 약간의 콩 요리, 칠리, 조금의 향신료, 감자 또는 녹색 채소, 차 그리고 판으로 이루어진다. 판은 빈랑나무 열매와 향신료를 버무려 구장나무 잎으로 말아 올린 것으로 식사 후에 씹었다. 비록 그것은 호화롭게 보이지만, 사실 가난한 사람들은 배고픔을 면하기 위해 그것을 먹는다.」

**4** ②

approach : 다가가다, 접촉하다  detect : 발견하다  defect : 결함, 결점  neglect : 방치하다, 소홀히 하다  deceive : 속이다  thorough : 철저한  explore : 답사하다, 탐구하다, 살피다  comprehensive : 포괄적인, 종합적인  defraud : 사취하다(남의 것을 거짓으로 속여서 빼앗다)
① 클리닉은 자동차의 문제점을 발견한다.
② 클리닉은 고객에게 사실을 말해주지 않고 수리를 요청한다.
③ 비싼 요금에도 불구하고 클리닉은 자동차 소유주 사이에서 인기 있다.
④ 클리닉의 보고서는 당신이 수리공의 꾀에 넘어가는 것을 예방한다.

「자동차 수리에 대한 새로운 접근 방법은 자동차 의사들이 결함을 발견하기 위해 자동차를 점검하는 장소인 클리닉이다. 클리닉은 수리를 하지 않기 때문에 그곳의 노동자들은 사실을 방치 하지 않는다. 많은 자동차 소유주들은 기술자들이 자신을 속인다고 생각하기 때문에 클리닉이 분명 높은 요금을 청구함에도 불구하고 꽤 인기 있다. 전문가들은 각각의 고객을 위한 철저한 일을 한다. 그들은 엔진의 모든 부품, 본체, 브레이크들을 살펴본다. 그들은 비싼 기계를 이용하여 모든 종류의 테스트를 한다. 무엇보다도 이런 종합적인 검사가 오직 30분밖에 소요되지 않는다. 클리닉의 보고서가 당신 손에 있으면 어떤 기술자도 작은 수리가 필요한 것에 대해 대대적인 수리가 필요하다고 말하며 당신을 속일 수 없다.」

**5** ④

spokesman : 대변인  resident : 거주자  conduct : 지휘하다, 행동하다  fume : 연기를 내뿜다  leak : (액체, 기체가) 새다, 누출하다  waste disposal site : 쓰레기 처리장  much less : 하물며 ~은 아니다  evacuate : 대피시키다, 피난하다

「인근 마을의 거주민들에게 전하는 화학 회사의 대변인의 주장 : 우리는 실험을 시행하였고 그 실험에서 우리 회사의 쓰레기 처리장에서 새어나오는 연기가 인간에게 해롭다는 어떠한 증거도 찾지 못했습니다. 거기에는 경각심을 가질 이유가 없으며, 하물며 사람들을 그들의 집으로부터 대피시킬 이유도 없습니다.」

**6** ②

beneficiary : 수혜자　policy : 정책　tenfold : 10배의
debt : 빚, 부채　consume : 소비하다　assumption : 추
정, 가정　budget : 예산, 비용　nevertheless : 그럼에도
불구하고　public : 공공의　finance : 재정　dominate :
지배하다　tax-payer : 납세자　bondholder : 채권소유자
trade union : 노동조합　intensify : 심해지다, 격해지다
real wage : 실질 임금　insure : 보험에 들다, 가입하다
② 제1차 세계대전 당시 진 빚에 대한 영국의 이
자지출은 1920년대 중반까지 중앙정부 예산지출의
반에 가까웠다.

「세계화 초기의 가장 큰 유일한 수혜자인 영국은 그것이
끝나고서부터 많은 것을 얻을 것 같지 않았다. 1920년대
에 과거 검증된 정책들은 더 이상 효과를 발휘하지 못하
는 것처럼 보였다. 1차 세계대전에 대한 비용지불은 국가
부채의 10배의 증가를 초래했다. 1920년대 중반까지 그지
부채에 대한 이자를 지불하는 것만으로도 중앙정부 전체
지출의 반에 가까운 비용이 소모되었다. 그럼에도 불구하
고 예산이 균형을 이루어야 한다는 가정은 공공 재정이
소득 납세자들로부터 채권소유자로 이전됨에 의해 지배
되었다는 것을 의미했다. 전쟁을 하는 동안과 그 이후에
노동조합의 증가된 힘은 노동쟁의를 격화시켰을 뿐만 아
니라 임금 삭감이 가격 삭감보다 더 느렸다는 것을 의미
했다. 증가하는 실질 임금은 실업으로 이어졌다. 1932년
대공황 해에는 모든 보험가입 노동자들의 4분의 1에 가까
운 거의 300만 명의 사람들이 실직 상태였다.」

**7** ④

arboretum : 수목원　such A as B : B와 같은 A
7번째 줄에서 'it concentrates on a particular
subject (그것은 특별한 주제에 집중한다)'라고 하였
으므로 ④ 'A special library usually focuses on a
particular subject (특별한 도서관은 보통 특정한
주제에 초점을 맞춘다)'가 정답이다.

「병원의 의학도서관은 특별한 도서관이다. 법률사무소, 기
상국, 노동조합, 박물관, 수목원 또는 백과사전 출판사의
도서관들 역시 그러하다. 특별한 도서관은 병원, 사업체,
또는 다른 단체들의 일부분이고 그것은 노동자들이나 구
성원들에게 실질적인 지식을 제공한다. 그러한 도서관은
대게 일반인들에게는 공개하지 않는다. 보통 그것은 의
학, 법률, 기후와 날씨, 노동 또는 예술과 같은 특별한
주제에 집중한다. 특별한 도서관은 어쩌면 잡지, 보고서,
인쇄물 들과 같은 자료에 크게 의존하는 대신에 얼마
되지 않는 책들을 가지고 있을 수도 있다. 이것들은 그
도서관이 항공우주산업, 생명공학과 같이 빠르게 변화하
는 분야들을 따라잡는 것을 가능하게 한다.」

**8** ③

in order of frequency : 사용 빈도에 따라
superficial : 피상적인, 표면의, 가벼운
미국의 외국어 교육 부진에 대한 글이다. 7째 줄부
터 일부 고등학교들이 영어 이외에 다양한 외국어
를 교육한다는 내용이 있긴 하지만, 'American

high schools teach German more than French
(미국의 고등학교들은 프랑스어보다 독일어를 더
많이 가르친다)'라고 설명한 부분은 존재하지 않는
다. 따라서 정답은 ③이다.

「매우 드문 예외로, 90퍼센트의 미국 초 중등학교의 학생
들이 최소 고등학교에 들어갈 때까지 외국어와 접촉하지
않는다. 최근 보도에 따르면 심지어 이 수준에서도 피상
적인 외국어에 노출되는 학생은 단지 20퍼센트에 불과한
것으로 밝혀졌다. 영어 외에 다른 언어들, 주로 스페인
어, 프랑스어, 라틴어 또는 독일어를 사용빈도에 따라 학
생들에게 가르치는 고등학교들은 나라의 구획과 개별 학
교시스템의 부에 따라 달라진다.」

**9** ①

walk away : (힘든 상황관계를 외면하고) 떠나 버
리다　nil : (전혀) 없는, 무(無)　threshold : 문지
방, 발단, 경계, 한계점　mortgage : 담보대출(금),
융자(금)　balance : 균형, 안정, 잔여, 지불잔액
foreclosure : 담보권 행사, 압류
미국 경제 상황에 따른 주거 소유자들의 경제적
위기와 집의 가치가 급격히 떨어질 때 그들이 대
처할 수 있는 방안인 walking away 또는 jingle
mail에 대해 설명한 글이다. 글 말미에 1980년대
서남부 지역에서부터 walking away가 시작되었다
고 하였으므로 ① 'Homeowners try not to walk
away no matter what their houses are worth.'
(집 주인들은 집의 가치가 어떻든지 간에 집을 버
리고 떠나지 않으려 한다.)은 옳지 않다.

「새로운 연구에서 집의 가치가 담보대출 총 액의 75% 아
래로 하락할 때 집주인은 혹여 계속해서 지불해야할 돈
이 남아 있다고 해도 집을 떠나는 것에 대해 곰곰이 생
각해 볼 것을 제안한다. 2006년 중반 부동산 붕괴가 시
작 될 당시 그들의 집의 가치보다 많은 빚을 진 미국인
들의 수는 거의 존재하지 않았지만, 2009년 3/4분기에
는 그들의 집의 가치가 담보대출잔액의 75% 아래로 떨
어지는 위태로운 경계에 도달한 집주인들이 4천 500만
으로 추산되었다. 떠나 버리는 것 - 또는 '징글 메일
(jingle mail)' 압류를 상쇄하기위해 주택을 포기하고 집
열쇠는 은행에 우편으로 보내는 집주인들을 일컫는 개념
- 이 1980년대 오일 붕괴가 일어났을 때 서남부지방에
서부터 시작되었다. 」

**10** ④

ever walked the earth : 지금껏 세상에 존재한 (사람
들 중)　keen : 간절히 원하는, 열정적인, 이해가 빠른,
예민한　spot : 발견하다, 얼룩, 장소　morphology :
(생물에 대한) 형태학, 형태론　diverge from : ~에서
나뉘다　distribution : 분배, 분포, 유통　lineage : 혈통
10번째 줄의 'a yellow iguana that also lives on
Volcan Wolf (역시 Volcan Wolf에서 서식하는 노랑
이구아나)'를 참고하였을 때 ④ 'Both pink iguanas
and yellow iguanas are found on Volcan Wolf
(분홍 이구아나와 노랑 이구아나는 Volcan Wolf에서
발견된다)'가 정답임을 알 수 있다.

「찰스다윈은 이 세상에 존재한 사람들 중 가장 예리한 자연의 관찰자쯤으로 볼 수 있지만, 그런 그 조차도 갈라파고스의 분홍색 이구아나를 놓쳤다. 사실상 그 진귀한 육지 이구아나는 이자벨라의 섬의 Volcan Wolf의 공원 경비원들에 의해 1986년에 처음 발견되었다. 그때부터 분홍색 이구아나들은 다윈이 탐험하지 않았기 때문에 놓쳤다고밖에 설명할 수 없는 그 화산에서만 오직 발견되었다. 연구가들의 분석에서 분홍 이구아나와 역시 Vocan Wolf에서 서식했던 노랑 이구아나 사이의 중요한 유전적 격리가 있었음이 드러났다. 게다가 명백히 다른 색깔과 같이 두 파충류 사이에서 형태학의 차이점들이 존재한다고 연구가들은 전했다. 그들을 유전 분석을 통해 분홍색 이구아나는 약 5백70만년전 다른 육지이구아나의 혈통으로부터 나뉜 것이라 설명한다. Volcan Wolf은 더욱 최근에 형성된 것이기에, 현재의 분홍 이구아나의 분포는 오직 그 화산에서 나타나는 수수께끼와 같은 것이라고 연구가들은 보고했다.」

11  ③

preventable : 예방할 수 있는  life expectancy : 기대 수명  affluent : 부유한  injustice : 부당함  means : 수단  tremendous : 엄청난  ensure : 반드시 ~하게 하다  stride : 진전  accomplish : 성취하다  adequate : 적절한  multilateral : 다국적

「매일 매 시간마다 1,000명의 아이들과 남녀가 예방할 수 있는 질병으로 인해 사망합니다. 세계에서 가장 부유한 국가에서 기대 수명이 증가하는 반면, 최빈국의 대부분은 감소하고 있습니다. 이러한 현상은 옳지 않습니다. 세계에는 이와 같은 부당함을 다루기 위한 여러 가지 방법이 있습니다. 30년 이상, 우리는 이와 같은 방법이 실천되는 것을 보기 위해서 일을 했습니다. 엄청난 진전이 이뤄졌지만 아직까지 성취해야 할 것이 많이 남아있습니다. 여러분은 우리가 적합한 자원 및 합리적인 정책을 세계 보건문제에 적용할 수 있도록 정부 및 다국적 기관과 함께 일할 수 있게 도울 수 있습니다. 또한 여러분의 지원으로 우리는 효과적이고 저렴한 의료 방법이 인정되고 추진될 수 있도록 할 수 있습니다. 여러분의 경제적 기원을 통해 우리는 생명을 구할 수 있습니다. 수십 혹은 수백 명의 생명이 아닌, 수백만 명의 생명을 구할 수 있습니다.」

12  ④

consider : 고려하다  share : 공유하다  look forward to : ~을 고대하다  girlish : 여자 아이 같은  feminine : 여성스러운  rather : 꽤
① 만족하고 행복한
② 안도하고 원기를 회복한
③ 공포에 질리고 당황한
④ 불편하고 어색한

「마조리와 버니스가 밤 12시 30분에 집에 도착했을 때, 그들은 계단 위에서 서로에게 잘 자라고 말했다. 비록 그들은 사촌간이었지만 그들은 친한 친구가 아니었다. 실제로 마조리는 자친구가 없었다. 그녀는 여자들이 멍청하다고 생각했다. 반면에 버니스는 그녀와 마조리가 자신들의 비밀을 공유하기를 원했다. 그녀는 여자 아이 같은 웃음

과 여성스러운 대화로 가득 찬 대화를 오랫동안 하고 싶어 했다. 하지만 그녀는 마조리가 꽤 차갑다는 것을 알았다. 버니스에게 있어 마조리에게 말하는 것은 남자들에게 말하는 것만큼 어려웠다.」

13  ④

confess : 자백하다  fart : (소리가 나게) 방귀를 뀌다  odor : 악취, 평판, 기미, 낌새  prescription : 처방전, 처방된 약, 처방  march 행군하다, 행군하듯 걷다  soothingly (마음을) 달래다, 진정시키다  sinuses : 부비강(두개골 속의, 코 안쪽으로 이어지는 구멍)  auditory : 청각의

「한 늙은 여성이 의사의 사무실로 들어와 한 당혹스러운 문제를 고백했다. "나는 항상 방귀를 뀌어요, Johnson 박사님, 하지만 그것들은 소리가 나지 않고 냄새도 없어요. 사실, 내가 여기 온 후부터 계속 방귀를 뀌고 있습니다. 나는 자그마치 20번 정도나 방귀를 뀌었어요. 어떻게 해야 하지요?" "여기 처방전이 있습니다, Harris 부인. 이 알약들을 일주일 동안 하루에 세 번씩 드시고 일주일 후에 다시 와서 나를 만납시다." 다음 주에 화가 난 Harris 부인은 Johnson 박사의 사무실로 급히 달려왔다. "의사님, 전 이 알약 안에 도대체 무엇이 들어 있는지 모르겠습니다만, 문제가 더욱 나빠졌어요! 나는 더 많이 방귀를 뀌는데, 방귀 냄새가 끔찍해요! 변명할 말이라도 있어요?" "진정하세요, Harris 부인." 의사는 달래면서 말했다. "우리가 당신의 코를 고쳤으니, 당신의 다른 감각에 착수할 것입니다."」

14  ②

northern : 북쪽의, 최북단의, 북향의  hemisphere : 반구, 반구체  warmth : 온기, 따뜻함  unprecedented : 전례 없는  greenhouse emissions : 온실가스 배출
① UEA의 조사자들은 온도 변화를 체크하기 위해서 다양한 자료들을 관찰했다.
② 중세 온난기는 소빙기보다 짧다.
③ 20세기는 온도 변화가 관측된 첫 번째 역사가 아니다.
④ 온실가스 배출은 최근의 온난화를 야기하는 원인으로 고려되고 있다.

「사이언스 논문에 따르면 20세기에, 북반구는 1,200년 동안 가장 광범위한 온난화를 경험했다. 그 발견들은 온실가스 배출과 연관된 전례 없는 최근의 기후 온난화를 지적하는 증거들이다. 이스트 앵글리아 대학(UEA)의 연구가들은 화석 껍데기, 나이테, 얼음결정체 그리고 다른 과거의 온도 기록을 측정하였다. 그들은 또한 지난 750년 간의 사람들의 일기장들을 관찰했다. UEA의 티모시 오스본과 키스 브리파는 최근의 지리적 온난화의 범위를 명확히 정하기 위해서 1856년부터 계속 기계로 측정한 온도를 분석하였다. 그 후, 그들은 서기 800년만큼이나 멀리 거슬러 올라가는 증거들과 함께 이 자료를 비교했다. 그 분석은 서기 890년부터 1170년(이른바 중세 온난기)까지 상당히 따뜻했던 시기와, 서기 1580년부터 1850년(소빙기)까지 훨씬 더 추웠던 시기를 확인했다.」

**15** ④

ridiculously : 우스꽝스럽게, 터무니없이   vines : 포도나무   frost : 서리, 성에   harvest :수확하다 rotten : 썩은, 부패한   affordable : 줄 수 있는, 입수 가능한

① 아이스 와인을 만들기 위해서는 특정한 기온 조건들이 요구된다.
② 이전에는 북아메리카에서 아이스 와인을 구하기 어려웠다.
③ 선적 비용은 아이스 와인의 높은 가격의 한 원인이다.
④ 북아메리카는 고품질의 아이스 와인으로 꽤 유명했다.

「아이스 와인은 북아메리카 선역에서 점점 더 인기가 좋아지고 있다. 아이스 와인은 서유럽에서 항상 유행이었지만, 북아메리카에서는 찾기가 어려웠고 종종 터무니없이 비쌌다. 아이스 와인은 그것을 만드는 데 필요한 온도 요구 때문에 다른 타입의 와인보다 비싸다. 포도는 반드시 첫 서리가 내릴 때까지 포도나무에 남아 있어야 하고, 그 후에 수확된다. 만약 첫 서리가 너무 늦으면, 포도는 썩게 되고, 수확은 못하게 될 것이다. 와인을 선적하는 비용을 더하면 그것들은 더 비싸진다. 하지만 캘리포니아와 브리티시 콜롬비아에서 생산된 고품질의 북아메리카 아이스 와인이 최근 시장에 출시됨으로써 아이스 와인의 가격이 좀 더 저렴해졌다.」

**16** ④

invent : 발명하다   protection : 보호   slave : 노예 waterproof : 방수

① 우산은 인간이 글을 쓰는 법을 배운 후에 발명되었다.
② 우산은 주로 비를 피하기 위해서 사용되었다.
③ 처음에, 우산은 남자들이 들었다.
④ 사람들은 약 300년 전에 방수용으로 우산을 사용하기 시작했다.

「우산은 매우 오래 돼서 아무도 그것이 어디에서 왔는지 알지 못한다 – 그것은 인간이 글을 쓰는 법을 배우기 전에 발명되었다. 하지만 수 천년동안, 비보다는 오직 태양으로부터 보호를 위해서 사용되었다. 사실, '우산'이라는 단어는 '빛 가리개'를 의미하는 라틴어인 '움브라'에서 왔고, 고대 노예들이 그들의 주인에게 그늘을 만들어 주기 위해서 우산을 들었다. 처음에 우산은 오직 여성만이 들고 다녔는데, 이는 우산이 남자답지 못한 것으로 여겨졌기 때문이다. 대략 300년 전쯤이 되고 나서야 비로서 빗속에서 방수용으로 우산을 사용하기 시작했다.」

**17** ④

spend : 쓰다, 낭비하다   approximately : 대략, 대체로, 거의   detergent : 세제   novice :초보자   priority : 우선 순위, 우선, 우선권   economical : 경제적인, 절약적인, 비용효율적인   environmentally safe : 환경 친화적인   compare : 비교하다, 비유하다   ingredient

: 성분   identical : 동일한   customer : 고객   identify : 확인하다, 동일시하다   entirely : 전적으로

① 제품이 얼마나 환경 친화적인지
② 제품이 얼마나 유명한지
③ 제품이 얼마나 경제적인지
④ 어떤 성분이 세제 속에 들어있는지

「매년, 사람들은 청소를 하고, 세탁물을 깨끗하게 하기 위해 대략 4억 달러의 세제를 사용한다. 대부분의 소비자들은 초보자가 아니며, 이는 그들이 다양한 브랜드의 세제를 사용해왔고 최고의 제품을 신중하게 선택해왔음을 의미한다. 각각의 소비자들에게, 최고의 제품은 아마 다른 우선순위를 가질 것이다. 예를 들어, 어떤 사람은 가장 잘 알려진 제품을 선택할 것이고, 반면에 다른 사람들은 제품이 얼마나 경제적인가에 따라 구매를 할 것이다. 여전히, 다른 이들을 위해 친환경적인 제품을 사는 것이 그들의 우선순위가 되고 있다. 하지만, 많은 소비자들은 실제로 다양한 세제의 박스 안에 무엇이 들어 있는지를 비교하지 않는다. 놀라운 연구 결과는 각각 브랜드가 그들 자신만의 마케팅 전략을 가지지만 90% 이상의 기본 성분이 모든 제품에서 일치한다는 것을 보여준다. 다른 흥미로운 결과는 베테랑 세제 사용자들에게 박스를 보여주지 않고 세제의 내용물에만 기초하여 자신이 선호하는 제품을 고르라고 요구받았을 때 오직 3%만이 그들이 선호하는 브랜드를 확인할 수 있었지만 그들의 대부분도 완전히 확신하지 못하는 것을 발견한다. 이는 세제가 달라 보이지만 마케팅이 동일한 제품들에게 다른 옷을 입혀 제공할 뿐이라는 것을 보여준다.」

**18** ③

conserve : 보존하다   typically : 전형적으로   penalize A for B : B 때문에 A에게 처벌하다   frugality : 절약, 검소   speak out : 큰 소리로 말하다   double-digit : 두 자리 수의   water rate : 수도세   hike : 인상, 상승   public hearing : 공청회   revenue : 수입, 세수   soak : 흠뻑 적시다, 바가지를 씌우다   watchful : 주의 깊은, 경계하는   in favor of : ~에 찬성하여

① 수도 관리국
② 시의원들
③ 시의회의원 Peter Koo
④ 시 환경보호국

「물을 보전하는 것은 전형적으로 좋은 것이다 – 당신이 아껴 써서 처벌을 당할 때까지 말이다. 선출된 공무원들은 2월 16일 세인트 알반즈에서 열린 공청회에서 수도관리국의 잠재적인 두 자리 수의 물 값 인상에 대해 반대 의견을 말하라고 촉구하고 있다. 물 값 인상의 필요성에 대해 시공무원들은, 사람들이 물을 덜 사용하기 때문에 수입이 감소하고 있다고 말했다. "납세자들에게 바가지를 씌우는 것을 막는 유일한 방법은 우리의 목소리를 듣게 하는 것입니다"라고 시의회의원 Peter Koo는 말했다. "우리는 반드시 계속 감시를 해야하고, 알려야 하며 싸울 준비를 하고 있어야 합니다."그는 월요일, 물 값 인상에 찬성한 시 환경보호국의 대표자가 참석했던 왕립 자치 위원회에 참석했다.」

**19** ③

hurdle : 장애물, 난관   credit : 신용, 신용거래 extension : 확대, 확장   dedication : 전념, 헌신, 봉사   vanish : 사라지다   diligence : 근면   regard A as B : A를 B로 간주하다   relieve A of B : A에게 B를 제거하다, 덜어주다   make both ends meet : 수지를 맞추다, 수입 내에서 살아가다   live from paycheck to paycheck : 적은 봉급으로 근근이 살아가다, 그날 벌어 그날 먹고 살다
① 신용을 당신 수입의 일부로 여기는 것은 현명하지 못하다.
② 빚 없는 삶을 살려면 한 장의 신용카드로 생활하는 것이 유용하다.
③ 만약 당신이 헌신적이고 근면적인 자세로 일한다면 빚 없는 삶을 살아갈 수 있을 것이다.
④ 계획을 세워 돈을 소비하는 것은 수지타산을 맞추지 못하는 압박에서 당신을 해방시켜 줄 것이다.

「넘어야 할 가장 큰 난관은 신용거래가 수입의 확대가 아니라는 것을 깨닫는 것이다. 수입 내에서 분수에 맞게 사는 것은 중요한 생활방식의 변화를 요구할 수 있다. 현명하게 사용될 때 신용거래는 유용한 금전관리도구가 될 수 있지만 그것이 언제 어떻게 사용하는지를 알기 위해서는 헌신과 근면함을 요구로 한다. 하지만 성공적으로 빚에서 해방된 삶으로 변화를 이루어 낸 소비자들의 대부분은 한 개의 신용카드로 생활하고 계획을 세워 지출하는 것이 그들이 이전에는 결코 알지 못했던 해방감을 만들어낸다고 말한다. 그날 벌어 그날 먹고 사는 모든 스트레스 및 부정적인 것들은 사라진다.」

**20** ②

diversified : 다각화된, 다각적인   resilient : 탄력적인, 회복력 있는   ruthless : 무자비한, 가차 없는   go along with : ~와 함께 가다, ~에 따르다, 동의하다   significant : 중요한   enable : ~할 수 있게 하다, 가능하게 하다   competitive : 경쟁의, 경쟁할 수 있는   maintain : 지속하다, 유지하다   emerging : 출현하는, 신생의, 나타나는   abject : 비참한   turn into : ~으로 변하다   adapt to : ~에 적응하다, ~에 적응시키다   conducive to : ~에 도움이 되는, ~에 이바지하는
① 독일과 일본 제조업자들의 생산구조는 충격에 적응하는 것이 더 쉽도록 만들어 준다.
② 독일과 일본 생산자들이 경쟁력을 유지하는데 있어서 비용절감은 아웃소싱보다 더 효과적인 전략이다.
③ 수출주도 성장에 초점을 맞추는 것은 독일과 일본의 제조업자들에게 도움이 된다.
④ 독일과 일본 회사들은 늘어나는 고객들의 수로 인해 더 많은 제품을 판매할 수 있다.

「다각화된 제품생산구조 덕분에 독일과 일본의 생산업체들은 현재의 충격에 대해 더욱 탄력적이다. 생산제품의 중요 부품을 외주로 제작함으로써 가차없는 비용절감으로 그들은 보다 경쟁력을 유지할 수 있고 수출 주도적 성장에 자신의 전통적 초점을 유지할 수 있다. 이러한 초점은 현대 소비사회에서 항상 장점이 되는 것은 아니다. 하지만 지금 당장은 도움이 된다. 보다 많은 신흥시장에서 보다 많은 사람들이 극빈의 상태에서 벗어나 소비자로 전환되면서, 선진국의 수출지향적 회사들은 자신의 생산제품을 판매할 수 있는 급성장하는 시장을 찾는다.」

**21** ①

various : 여러 가지, 서로 다른   moisture : 습기, 수분   water vapor : 수증기   dew point : 이슬점
① 안개가 어떻게 형성되는지를 설명하기 위하여
② 여러 가지 안개의 형상을 묘사하기 위하여
③ 따뜻한 공기가 안개에 영향을 미치는 경우를 보여주기 위하여
④ 공기 내에서 수분이 움직이는 이유를 지적하기 위하여

「여러 가지 안개는 본래 온도가 달라지거나 공기 중에 습기에 의해 형성된 지구표면의 구름들이다. 따뜻하고, 수분을 많이 가진 공기가 차가워질 경우 공기를 함유할 수 있는 습기의 양이 감소하게 된다. 따뜻한 공기는 차가운 공기보다 더 많은 수증기를 가질 수 있다. 그래서 공기가 충분히 차가워진다면 수증기가 모이기 시작하고 물방울을 형성하는 이슬점에 도달하여 안개가 형성되게 된다.」

**22** ④

fatigue : 피로, 피곤   alleviation : 경감, 완화   equip : 갖추어 주다, 장비하다
① 체중감소를 예방하기 위하여
② 스트레스의 원인을 설명하기 위하여
③ 인스턴트 식품이 몸에 해로운 이유를 알리기 위하여
④ 스트레스가 미치는 나쁜 영향을 경감시키는 방법을 설명하기 위하여

「직업 관련 스트레스는 체중감소, 피로 및 질병과 같은 나쁜 신체의 건강상태로 이어질 수 있다. 식이요법과 운동을 둘 다 한다면 이러한 부정적인 영향 완화에 도움이 될 수 있다. 첫 번째 단계는 식단에서 인스턴트 식품을 제거하는 것이다. 탄산음료 또는 막대사탕 대신에 신선한 과일을 섭취하여야 한다. 그 다음으로는 매일매일 운동하는 습관을 들여야 한다. 그리고 하루 20~30분 정도를 목표로 하여야 한다. 여기서 핵심은 당신이 즐길 수 있는 형태의 운동을 찾는 것이다. 그런 식으로, 당신은 좀 더 매일 운동을 할 것이고 최대한의 이익을 얻을 것이다. 식이요법과 운동은 둘 다 당신이 건강한 체중을 유지하고, 활력을 느끼게 하며, 질병으로부터 당신을 지켜줄 것이다. 그러면 당신은 당신의 직업에서 받는 스트레스의 원인들을 다룰 수 있는 더 나은 준비가 될 것이다.」

**23** ②

allow : 허락하다, 인정하다  duplicate : 중복되다, 복제  acknowledgement : 답례
① 주문번호 813/BS를 동봉하였다.
② Paul Hogan은 주문서를 돌려보냈다.
③ Paul Hogan은 뉴욕의 한 회사에서 근무하고 있다.
④ 특별할인은 제품의 주문을 가능하게 만들었다.

「미국 뉴욕 NY 10053번지 100 East Houston거리의 국제 수입업체

그리스 아테네 Aghia Paraskevi 19081번지 Farmers Fruit업체

친애하는 선생님께

지난 5월 3일 선생님의 서신에 대한 답변으로 우리는 우리에게 특별할인을 허락해 준것에 대하여 감사를 드립니다. 이로 인하여 우리는 주문을 할 수 있었고 아주 좋은 매출을 기대할 수 있게 되었습니다.

우리는 813/BS주문을 만족스럽게 여기고 주문의 의미로 정식으로 서명한 주문서 복사본을 보내주시기를 부탁드립니다.

재배

Paul Hogan

동봉 주문번호 813/BS」

**24** ②

fortunately : 다행히, 운이 좋게  therapeutic : 치료상의, 건강 유지에 도움이 되는  adjunct : 부속물, 보좌  therapy : 치료, 요법  divorce : 이혼, 분열  educator-counselor : 교육상담자  confront : 직면하다, 맞서다  candor : 정직, 순수  credibility : 진실성, 신용  grief : 큰 슬픔, 비탄, 재난  awareness : 알아채고 있음, 인식  consciously : 의식적으로  discuss : 논의하다, 토의하다  plight : 곤경, 궁지

「다행히, 심리학자들은 책이 어린이들이 부모의 이혼을 타협하는데 도움이 되는 치료적 도구로서 - 또는 적어도 전문적인 치료에 대하여 효과적인 부속물로서 - 역할을 할 수 있다고 믿는다. 교육상담자 Joanne Bernstein에 따르면, 정직과 진실이 필요한 삶의 문제를 직면하는 이야기는 통찰력을 주고, 자기분석을 향상시키고, 태도와 행동의 변화로 이어질지도 모른다. 다른 이들의 슬픔과 걱정에 대한 책을 읽은 것은 의식적으로 또는 완전하게 인식되지 못했던 문제점들을 드러나게 하기 때문에 갑작스런 자각을 자극할 수 있다고 설명한다. 그들의 어려움을 함께 하는 등장인물을 경험하게 하기 때문에 어린이들은 소원함을 덜 느끼고 더 자유롭게 자신만의 곤경을 논의하고 해결할 수 있다고 느끼게 될 지도 모른다.」

**25** ④

illegible : 읽기 어려운, 판독하기 어려운  glance : 흘긋 봄, 일견
① 사람의 필적은 그 사람의 많은 것을 보여준다.
② 성격의 결함은 악필로 분명히 나타난다.
③ Washington, Roosevelt와 Kennedy는 모두 성격의 결함을 가지고 있다.
④ Washington, Roosevelt와 Kennedy는 모두 악필이다.

「George Washington, Franklin D. Roosevelt 또는 John F. Kennedy의 필적을 보더라도 읽기 어려운 필적은 성격의 결함을 나타내는 것은 아니다.」

**26** ①

widespread : 광범위한, 일반적인  man-made disasters : 인재  blanket : 전면을 뒤덮다, 포괄하다  broad : 광대한, 넓은  swath : 넓은 길, 긴 행렬  Strait of Malacca : 말라카 해협  shipping lane : 대양 항로  intentionally : 의도적으로, 고의적으로  disrupt : 붕괴시키다, 혼란시키다  visibility : 가시성, 시야  agricultural : 농업의, 농사의

「그 지역에서 여태까지 알려진 가장 광범위한 인재 중의 하나에 속하는 화재로 인하여 연기가 이번 달에 동남아시아 지역을 넓게 뒤덮었다. 그 지역의 항공편은 취소되었고, 말라카 해협의 분주한 대양 항로는 낮은 시계성으로 중단되었으며, 수 백만명의 사람들이 기침과 호흡곤란을 겪고 있다. 얼마나 많은 사람들이 연기로 인하여 고통을 받는지 말하기가 불가능하다. 화재는 일반적으로 고의적으로 나타난다. 대개 거대한 농업에 관련된 높은 곳에 위치한 정부기관과 수 백 곳의 인도네시아와 말레이시아 기업들이 개간을 위해 값싼 불법수단으로 불을 사용하고 있다.」

**27** ④

Whenever : ~할 때마다  port : 항구, 포문  else : 그 밖에, 달리

「Mary는 여섯 살이다. Mary는 할머니를 매우 많이 사랑한다. 할머니가 올 때마다 Mary는 항구로 마중을 나간다. 어느 날 할머니를 배웅하러 항구로 나가게 되었다. 할머니가 배에 오르자, Mary는 울기 시작했다. Mary는 "왜 할머니는 다른 사람들과 달리 육지에 살지 않고 바다에 사는거야?"라고 엄마에게 물어보았다.」

**28** ③

① 그것은 흑인(아프리카계 미국인)들에게는 잘 알려진 결혼 관습이다.
② 그것의 기원은 미국의 노예 시대까지 거슬러 올라간다.
③ 그것은 합법적으로 결혼한 노예들에 의해 시행되었다.
④ 그것은 신부와 신랑의 결합과 새로운 삶으로의 진입을 나타낸다.

「Broom jumping이란 미국 흑인의 결혼 관습으로서 미국에서 가장 유명하다. 비(빗자루)는 많은 흑인들에게는 영적인 의미를 지니고 있으며 부부를 위한 가사의 시작을 나타낸다. 미국에서 이런 의식 자체는 노예 제도가 있던 시절에 만들어졌다. 노예들은 합법적으로 결혼할 수가

없었기 때문에, 그들은 자신들의 결합을 존중할 수 있는 그들 나름대로의 방식을 만들었다. Broom jumping은 신부와 신랑이 이전의 독신 생활을 상징적으로 (빗자루로) 휩쓸어 버리고 아내와 남편으로서 새로운 모험을 시작하기 위해 빗자루 위로 도약함(건너 뜀)으로써 예식이라든지 피로연에서 새로운 삶으로 진입하고 새로운 가족을 창조하는 것을 나타내는 의식이다.」

**29** ④

upstate New York : 뉴욕 주(州)의 북부 지방  florist : 화초 재배자(연구가), 꽃가게 주인  tens of thousands of : 수만(萬)의, 다수의  folks : 사람들  assignment : (일·임무 따위의) 할당, 할당된 일(임무)  take a deep breath : 심호흡하다  all one's life : 평생, 태어나서 줄곧  the Oval Office : (백악관의) 대통령 집무실  excitement : 흥분  day-to-day : 나날의(= daily)  rewarding : 가치가 있는, 보람이 있는, 유익한  run : ~을 운영하다, 경영하다  pass on to : ~에게 전하다, 주다

"I want to have something here that will last forever, that I can pass on to my children." 라는 Patricia의 말로 보아 "Patricia는 자신의 자식에게 자신의 사업을 넘기기를 바란다."는 것을 알 수 있다.
① Patricia는 백악관에서 꽃가게를 운영한다.
② Patricia는 파티를 위해 백악관에 초대되었다.
③ Patricia는 백악관에서 일해서 자신의 하루 일과를 잊어버렸다.
④ Patricia는 자신의 자식에게 자신의 사업을 넘기기를 바란다.

「뉴욕 주 북부 지방의 꽃가게 주인인 Patricia Woysher는 40년 동안 사업을 해 왔다. 그녀는 그 지역에서 수많은 사람들에게 꽃을 팔았으며 꽃장수라면 기대할 만한 최상의 과제 중 하나라고 할 수 있는 크리스마스 시즌 동안 백악관을 (꽃으로) 장식하는 일을 받기까지 했다. "저는 심호흡을 해야 했습니다. 제가 말씀드리고자 하는 것은 누군가 평생에 (언젠가) 그곳의 사진(그림)을 보게 되며 언젠가 미대통령의 집무실에 있을 날도 있지 않을까하는 것입니다." 그런 흥분에도 불구하고, Patricia의 초점은 그녀의 일상적인 관심사에 맞춰져 있었다. "백악관의 일을 하는 것은 신이 나고 보람 있는 일이지만 제 일은 저의 사업을 운영하는 것입니다. 저는 여기에 뭔가 영원이 지속될 일, 즉 제가 아이들에게 전해 줄 수 있는 일을 갖고 싶다는 것입니다."」

**30** ②

traditional : 전통적인  nuclear family : 핵가족  biological : 핏줄이 같은, 실제의, 생물학적인  arrangement : 배합, 결합, 배치  out of wedlock : 서출(庶出)의, 사생아의(= illegitimate)  widow : ~을 과부가 되게 하다

out of는 '범위 밖의, 이탈하여'라는 부정적인 의미를 가지고 있다. 따라서 부정의 접두사를 가진 ②를 정답으로 유추할 수 있다. 또한 밑줄 다음의 문장이 이유를 나타내므로. 이유는 앞 문장을 보충·부연 설명하게 되어 이 문장을 읽어도 정답을 유추할 수 있다. '그녀의 부모가 결코 결혼을 하지 않았다.'라는 내용이 뒤에 이어진 것으로 정답을 찾을 수 있다.
① 돈 많은, 부유한
② 서출(庶出)의, 사생의(= out of wedlock)
③ 이혼한, 분리된
④ 신체(정신)적 장애가 있는

「Jesse와 Rachel이 결혼을 했을 때, 그들은 자신들이 전통적인 핵가족, 즉 어머니, 아버지, 친자녀로 살기를 원한다는 것을 알았다. 그들 각자 다른 가정의 배합(구성)의 출신이었으며 그들은 보다 전통적인 배합 관계가 자신들이 원하는 것이라고 결심했다. Rachel은 사생아였다. 그녀의 부모님은 (합법적으로) 결혼한 적이 없었기 때문에, 그녀는 자신의 생부를 만나 본 적이 없었다. Jesse의 어머니는 과부로 살아 왔다. 그의 아버지가 일찍 돌아가신 것이 Jesse에게 대가족을 가지고 싶어하게 했다.」

## 【31~32】

drastic : (변화·개혁·수단 등이) 과감한, 과격한, 대폭적인  psychic : 정신적인, 심리적인, 영혼의  crutch : 버팀목, 목다리  alter : 바꾸다, 고치다, 개조하다  the society as a whole : 전(체) 사회  runaway : 폭주하는  treadmill : 밟아 돌리는 바퀴(특히 감옥 안에서 징벌로 밟게 한 것), 트레드밀(회전식 벨트 위를 달리는 운동 기구)  capture : 사로잡다, 포획하다  accelerative : 가속적인, 촉진적인  thrust : 추진력, 박력  velocity : 속력, 속도  critical : 결정적인, 중대한  node : 복잡한 조직의 중심점  activate : 활동적으로 하다, 활성화하다  involve : 필요로 하다, ~에 영향을 미치다  babble : (~에 대해서) 쓸데없는 말을 하다  shrivel : 오그라들다, 줄어들다  malnutrition : 영양 부족, 영양실조  stultify : ~을 쓸모없게[헛되게] 만들다, 엉망으로 만들다  nasty : 더러운, 불쾌한, 비열한, 험악한, 거친  brutish : 야비한, 잔인한  turn one's back on : ~에게 등을 돌리다, ~을 무시하다  immoral : 부도덕한

「미래의 충격, 즉, 변화의 폐해는 예방 가능하다. 하지만 이에는 과감하고 심지어 정치적인 조치가 필요할 것이다. 개인들이 아무리 그들의 삶의 속도를 맞추어 가려고 애쓴다 할지라도, 우리가 그들에게 어떤 정신적 버팀목을 제공한다 할지라도, 그들의 교육을 아무리 바꿀지라도, 전체 사회는 우리가 가속적으로 밀치는 힘 그 자체에 대한 통제권을 휘어잡을 때까지는 내달리는 트레드밀에 여전히 잡혀 있게 될 것이다. 변화의 엄청난 속도는 많은 요인으로 거슬러 가 볼 수 있다. 인구 증가, 도시화, 신구세대 간의 이동하는 비율 등 이 모두가 그 나름의 역할을 한다. 그러나 기술적인 발전은 분명 이런 원인들의

망[네트워크]의 결정적인 중심이다. 참으로, 그것이 전체 네트를 활성화하는 중심점일 수 있는 것이다. 따라서 대대적인 미래의 충격을 예방하기 위한 투쟁에 있어서의 하나의 강력한 전략은 기술적인 발전에 대한 의식적인 조절을 필요로 한다. 우리는 기술 발전의 스위치를 끌 수 없으며 꺼서는 안 된다. 오로지 낭만적인 바보들만 '자연의 상태'로의 복귀에 대해 떠들어댄다. 자연의 상태란 기초적인 의료가 결여되어 아이가 크지 못하고 굶어 죽게 되고 이로 하여 영양실조는 뇌를 무력화시키고 Hobbes가 우리에게 상기시켜 준 것처럼 전형적인 삶의 모습은 '가난하고, 험악하고, 잔인하며, 단명하고 마는 것'이다. 기술에 등을 돌린다는 것은 어리석은 일일 뿐만 아니라 부도덕하기도 하다.」

## 31  ④

litigious : 소송[논쟁]하기 좋아하는
빈칸 다음의 내용으로 보아 빈칸에는 romantic fools (낭만적인 바보들)가 알맞다는 것을 알 수 있다.

「① 엄한 현실주의자
② 지적인 이상주의자
③ 영리한 정치인
④ 낭만적인 바보들」

## 32  ④

defy : ~에 도전하다    pros and cons : 찬부(贊否)양론, 장단점

「① 미래의 충격은 변화와 전혀 관계가 없다.
② 우리는 기술의 발전에 도전해야 한다.
③ 자연의 상태는 우리가 추구하는 축복이다.
④ 기술은 인류에게 무조건적 행복을 준다.」

## 33  ④

Mayan : 마야족의, 마야 사람   at least : 적어도, 최소한   cacao bean : 카카오 열매(코코아·초콜릿의 원료)   religious : 종교의, 종교적인   ceremony : 의식   spice : 양념, 향신료   Aztec : 아즈텍족(멕시코 원주민)   emperor : 황제   beverage : 음료(= drink)   explorer : 탐험가   sweetener : (인공) 감미료   version : (원형·원물에 대한) 이형, 변형   mold : 거푸집[틀]에 넣어 만들다, 본뜨다
글의 마지막 문장으로 보아 '유럽인들은 1700년대에 초콜릿 바를 즐겨 먹을 수 없었다.'는 것을 알 수 있다.
① 마야족들은 거의 매일 초콜릿 음료를 마셨다.
② Montezuma 황제는 감미료를 섞은 초콜릿 음료를 즐겨 마셨다.
③ 초콜릿 바는 아즈텍족에게 전해졌다.
④ 유럽인들은 1700년대에 초콜릿 바를 즐겨 먹을 수 없었다.

「역사에 의하면 우리에게는 초콜릿 또는 최소한 카카오 열매를 발견한 것에 대해 감사할 마야족 인디언들이 있

다. 그들은 이른 형태의 초콜릿에 향신료와 와인, 물을 섞어서 카카오 열매에서 나는 특별한 음료를 종교 의식을 위해 준비했다. 아즈텍족은 마야족에게서 초콜릿에 대해 배웠다. 아즈텍족의 Montezuma 황제는 초콜릿이외의 음료는 마시지 않은 것으로 알려져 있었다. Hernan Cortez가 1519년에 멕시코에 도착했을 때, 이 초기의 스페인 탐험가가 아즈텍족의 Montezuma 황제에게서 초콜릿 음료를 소개받았다. Cortez가 스페인으로 초콜릿 음료를 가지고 들어갔다고 생각된다. 스페인 사람들이 그 음료에 자신들만의 변형과 바닐라와 향신료, 인공 감미료를 첨가했다. 1828년이 되어서야 비로소 네덜란드의 Conrad van Houten이 분말 코코아와 카카오 기름을 만드는 카카오 열매에서 지방을 제거하는 과정을 발전시켰다. 초콜릿은 마침내 (초콜릿)바로 만들어질 수 있었다.」

## 34  ④

be about to do : 막 ~하려고 하다   pass oneself off as : ~인 체하다   blurt out : 무심코 입 밖에 내다   halting : (말을) 더듬는, 더듬거리는   just about : 거의, 간신히, 틀림없이, 확실히   address : 다루다, 처리하다, (본격적으로) 착수하다
글의 내용으로 보아 화자가 부모님인 것은 알 수 있으나 아버지인지 어머니인지는 알 수 없으며, 마지막 문장으로 보아 아들이 말한 you가 drink (음료)라는 것을 알 수 있다.

「나에게는 매우 감정적인 때이었다. 나의 막내아들이 기초 훈련을 받으러 막 떠나려 하고 있었던 것이다. 나는 한 시민(군인이 되기 전의 민간인)으로 그의 마지막 날을 우리가 함께 보낼 수 있었던 그날은 쉬웠다. 나의 아들은 자신이 터프가이인 체하기를 좋아하지만 우리가 차안으로 올라가면서 그는 더듬는 말투의 슬픈 목소리로 "난 네(펩시)가 그리워질 거야(부모님이 듣기에는) 저는 아버지[어머니]를 그리워할 거예요."라고 무심코 말을 했다. 그런데 나는 그 말을[아들이 한 말의 의미를] 거의 놓칠 뻔했다. 나도 그를 얼마나 많이 그리워할 것인지 말하려고 돌아섰을 때 눈물이 나의 눈에서 흘러내렸다. 그때 마침 그가 막 뚜껑을 딴 펩시 캔을 처리하려는[마시려고 하는] 것을 내가 보았을 때였다.」

## 35  ④

construct : 건설하다, 세우다, (부품 등을) 조립하다   make attempts : 시도하다(= attempt)   devise : 고안하다, 궁리하다(= contrive, concoct), 계획하다(= plan)   reproduce : 재생하다, 재현하다   consist of : ~으로 구성되어 있다(= be composed of, be made up of)   mechanism : 기계 장치, 메커니즘, 기구   bellow : (대포 등의) 울리는 소리, 소가 우는 소리   simulate : 흉내 내다(= imitate, mimic)   vocal tract : 성대   synthetic : 종합의, 합성의(= artificial, man-made)   distinct : 구별되는, 별개의(= separate), 명료한(= clear, trenchant, definite)   technique : 방법, 기술   massive : 대량의, 대규모의   generate : 발생시키다, 야기하다   component : 구성 요소, 성분   articulator : 조음 기관(調音器官)(혀·입술·성대 등)

상세 문제(일치, 불일치, 세부정보 찾기)는 선택지와 본문의 비교를 통해 답을 찾아내는 것으로 특히 paraphrase(바꾸어 말하기)를 잘 살펴야 한다. 본문에 'It is no longer necessary to build physical models of the vocal tract.'가 있는 것으로 보아 ④의 still important는 올바르지 않다고 할 수 있다.
① 18세기에 인간의 언어음을 복제하기 위한 노력이 이루어졌다.
② Kempelen은 인간의 성대부분을 흉내 내는 기계장치를 고안했다.
③ Bell의 'talking head'는 다양한 인조 물질로 만들어졌다.
④ 인간의 조음 기관의 물리적 모델을 만드는 것이 아직도 중요하다.

「언어를 말하고 이해할 수 있는 기계를 만드는 것이 가능할까? 18세기에, 기계적으로 인간의 소리를 재생하는 기계를 만들려는 시도가 있었다. Austria 발명가인 Wolfgang von Kempelen은 공기의 흐름을 만들어 내는 한 쌍의 소리로 구성된 하나의 기계와 소리를 흉내 내는 기계 장치들을 만들었다. Alexander Bell도 역시 'a talking head'를 만들었는데 이는 다양한 합성물질로 만들어졌으며, 몇 개의 분명한 소리를 만들 수 있었다. 현대의 연구들은 이 부분에서 많은 발전을 이루었다. 더 이상 소리를 만들어 내는 기계는 필요가 없다. 음파의 여러 다른 요소를 조합함으로써 음파가 전자적으로 생성될 수 있다.」

## 36  ④

launch : (비행기·우주선 등을) 발사시키다   external antennae : 외부안테나   contain : 포함하다(= include, comprise, incorporate, encompass, embrace, take in), 함유하다, 들어 있다(hold)   radio transmitter : 라디오 (무선) 송신기   literally : 문자[글자] 그대로, 정확히(= exactly)   disbelief : 불신, 의혹   make claims : 주장하다(= claim)   aver : 단언하다, 주장하다   perform : 수행하다(= carry on, conduct)   feat : 공적, 공훈(= exploit, achievement, accomplishment, attainment)   fake : 모조(品), 위조(品), 가짜(= counterfeit, sham, imitation, copy)
'those voices were quickly silenced when radio transmissions from the satellite were heard days later.'의 내용으로 보아 ④의 불신이 오랫동안 지속되었다는 것은 틀린 내용이다.
① 스푸트니크 1호는 거미와 같은 모양이었다.
② 스푸트니크 1호에는 무선 송신기가 탑재되어 있었다.
③ 초기 우주 분야에서 러시아가 성공한 것은 사람들을 깜짝 놀라게 했다.
④ 스푸트니크 1호에 대한 세계의 불신은 오랫동안 지속되었다.

「지구 궤도를 선회한 최초의 인공위성 스푸트니크 1호는 1957년 10월 4일 발사되었다. 발사와 더불어, 우주경쟁이 공식적으로 시작되었던 것이다! 그 우주선은 4개의 외부안테나가 부착된 거미 같은 모양의 금속 구체 이상의 대단한 것이 아니었다. 그곳에는 작은 무선 송신기 외의 다른 과학기구 같은 것은 들어 있지 않았다. 하지만 문자 그대로 그 이름이 '여행자'를 뜻하는 스푸트니크 1호는 세상 사람들의 상당한 불신과 충격 속에 발진되었다. 러시아의 기술이 그런 업적을 수행할 만큼 충분히 발전하지 못했으므로 그 프로젝트는 가짜라고 단언하는 당시 비판가들의 대담한 주장도 나왔다. 하지만, 그 위성으로부터 들어온 무선 송신이 수일 후에 들렸을 때 그런 목소리들은 순식간에 조용해졌다.」

## 37  ②

hard luck : 불행, 불운   grit : 용기, 담력   unduly : 과도하게, 심하게   depress : 낙담시키다, 우울하게 하다   wipe out : 없애다(= remove), 지우다(= erase)   sensible : 분별이 있는   give someone a ring : ~에게 전화를 걸다   fix up : (데이트 약속 등을) 날짜를 정하다   relieve : 안심시키다, 위안하다
첫 문장에서 상대방의 안 좋은 일에 대한 유감을 나타냈으며 뒤에서 필자의 의견을 알 수 있는 명령형의 표현, 상대방에 대한 긍정적인 내용 등을 볼 때 상대방을 위로하는(relieve) 글이라는 것을 알 수 있다.

「당신의 실망스러운 일을 들어서 저는 상당히 유감스럽습니다. 그것은 매우 힘든 것이며 그리고 당신은 거의 그 일을 할 뻔했습니다. 당신은 열심히 일을 했으며 성공할 충분한 자격이 있었고 그리고 어떤 다른 사람도 당신만큼 할 수 없었습니다. 그러나 당신이 용기를 가지고 있어서 이런 일이 당신을 과도하게 낙담시키지 않을 거라고 저는 생각합니다. 이 모든 것을 씻어 버리고 새로운 것을 다시 해 보세요. 이것이 현명한 것입니다. 당신의 운이 곧 돌아올 것이라고 저는 생각합니다. 그러므로 기죽지 마세요. 수요일 저녁 시간이 어떤가요? 만약 특별한 일이 없다면 저녁 식사를 함께 하고 싶으니 저에게 전화 주세요.」

## 38  ②

concentrate : 집중하다, 모으다   stimulate : 자극하다, 격려하다   propel : 추진하다, 나아가게 하다   interfere : 방해하다, 대립하다   insomnia : 불면증
이 글의 걱정의 순기능과 역기능을 말하고 있다.

「모든 사람들은 이런 저런 때 걱정을 한다. 이것은 우리 모든 삶의 한 부분이다. 우리는 재정적 문제와 다른 사람들의 관계의 경계선에 대해 걱정을 한다. 놀랍게도 사실 걱정은 항상 나쁜 것만은 아니다. 걱정의 약간은 필요하다. 왜냐하면 걱정은 우리에게 하나의 문제에 집중하게 해주며 그것을 처리하기 위해 가능한 해결책을 찾거나 방법을 찾게 하는 시간을 주기 때문이다. 어떤 걱정은 자극적이다. 이것은 일을 더 잘 할 수 있게 하거나 정시에 일을 끝낼 수 있는 있도록 한다. 그러나 다른 경우 우리의 걱정은 우리의 문제를 풀 수 있는 능력에 방해가 될 수도 있다. 우리는 너무나 걱정을 하는 나머지 그것이 우리로 하여금 문제를 푸는 데 필요한 조치를 취하지 못하게 하는 것이다. 만일 이런 일이 지속되면, 걱정하는 것이 우리의 에너지 빼앗고 피로, 두통, 근육통 및 불면증과 같은 신체적 문제가 생기는 결과를 가져올 수 있다.」

**39** ②

vivid : 생생한, 눈에 보이는 듯한   involve : 포함하다, 수반하다
① REM 꿈은 보통 기억하기 쉽다.
② 인간의 꿈은 보통 순간적으로 나타난다.
③ 4세의 눈먼 소년은 생생한 꿈을 꿀 수 있다.
④ REM 꿈은 NREM 꿈보다 자주 발생한다.

「인간들은 항상 꿈에 매료되어 왔다. 사람들이 기억하고 말하는 생생한 꿈은 REM 꿈이다. 이것은 잠자는 동안 빠른 안구운동 기간 동안 거의 연속적으로 일어나는 유형이다. 하지만 사람들은 또한 NREM 꿈을 꾼다. 그것은 빠른 안구운동 없는 기간 동안의 꿈이다. 비록 REM보다 전형적으로 빈도가 덜하고 덜 기억에 남는 것일지라도 말이다. REM 꿈은 NREM 꿈보다 이야기와 같은, 또는 꿈같은 특질을 가지고 있으며 보다 시각적이고 생생하며 감정적이다. 흥미롭게도 5세 이하에 시력을 잃는 장님은 대게 시각적으로 꿈을 꾸지 않지만 다른 감각과 관련하는 생생한 꿈을 꾼다. 꿈에 대한 사람들의 믿음은 전체의 꿈이 어느 한 순간에 생기는 것이라만 사실은 그렇지 않다. 수면 연구가들은 꿈을 꾸는 것은 실제의 삶에 있어서 똑같은 경험을 하는 데 걸리는 만큼의 긴 시간이 걸린다는 것을 알아냈다.」

**40** ③

obsess : 사로잡다   injunction : 명령, 훈령   extremely : 극단적으로, 매우   controversial : 논쟁의, 논의의 여지가 있는   violate : 위배하다, ~의 신성을 더럽히다   furious : 노하여 펄펄 뛰는, 격노한   summon : 소환하다, 호출하다   imprison : 교도소에 넣다, 수감하다   firmly : 단단하게, 견고하게
① Galilei의 적들은 교회가 Galilei를 수감하였을 때 만족했다.
② 1632년의 Galilei의 책은 대중으로부터 많은 반응을 끌어내지 못했다.
③ Copernisus의 이론은 Galilei의 시대에 교회에 의해 승인받지 못했다.
④ 교황은 1632년 전에 Galilei에게 새로운 과학적인 발견을 하라고 독려했다.

「Galileo Galilei는 오랫동안 우주의 본질에 대한 Copernicus의 이론에 사로잡혀 있었고, 그것을 지지하는 책을 출판할 계획이었다. 그러나 그의 계획은 1624년 그러한 책을 출판해서는 안 된다는 교황의 금지명령으로 인해 바뀌었다. 비록 출판은 지연되었지만 Galilei는 마침내 1632년 책을 출판하였다. 그 책은 극단적인 논란거리가 되었기 때문에 즉각적으로 성공했다. 교회의 명령을 명백히 위반하면서 Galilei는 Copernicus의 이론을 옹호했다. 당연히 교황은 노하였으며 Galilei는 로마로 소환되어 재판을 받게 되었다. 그는 교회의 가르침에 반하여 Copernicus의 이론을 지지한 것으로 판결받았다. 그는 철회할 것을 명령받았고 그래서 그의 의사에 반하여 그렇게 했다.」

**41** ④

superstition : 미신, 고정관념, 두려움   escape : 달아나다, 벗어나다   deal : 나누어 주다, 취급하다   ignore : 무시하다, 기각하다, 모른 체하다   efficient : 능률적인, 유능한, 결과를 발생하는   administrative assistant : 이사 보좌관, 사무관   coworker : 동료, 협력자   hang : 달다, 걸다, 교수형에 처하다   colleague : 동료   confront : 직면하다, 맞서다   offending : 불쾌감을 주는, 성가신   avert : 외면하다, 피하다   rid : 제거하다, 벗어나다   either : 어느 쪽의 ~도 ~않다, ~도 아니다
①②③ 새 달력
④ 운이 나쁜 미신

「내가 벗어날 수 없는 하나의 미신은 달력 취급하는 것이다. 우리 집안에서는, 신년이 시작되기 전에 새 달력을 보는 것을 불운이라 믿는다. 나는 11월 말이나 12월 초에 새 달력을 유능한 사무관들이 배포하기 때문에 이를 무시할 수 없다. 그리고 나의 동료들 중 몇 명은 새 달력을 받자마자 걸어둔다. 그래서 어느 때라도 나는 동료의 자리로 가면 불쾌감을 주는 물건과 맞닥뜨리게 된다. 만약 내가 그것을 보게 되면 난 나의 눈을 피한다. 내 자신이 이 미신으로부터 벗어나려고 노력을 할지라도 나는 어떠한 가능성(운)에 맡기려 하지 않을 것이다.」

**42** ②

trousers : 바지   invent : 발명하다, 창안하다   prehistoric : 선사의, 구식의   adopt : 채택하다, 받아들이다   barbarian : 야만인, 교양없는 사람, 이교도   especially : 특히, 유달리   nomadic : 유목의, 방랑의   robe : 길고 헐거운 겉옷   collapse : 무너지다, 멸망하다, 좌절되다   fragment : 파편, 단편   feudal : 영지의, 봉건의   occasionally : 때때로, 가끔   peasant : 농부, 소작인

「바지는 선사시대 후기 페르시아에서 발명되어진 것으로 보인다. 그리고나서 바지는 색슨족과 같은 많은 북유럽과 중앙아시아 야만인들을(문명화된 로마와 중국의 제국들로부터 언급되어진 것처럼)에 의해서 채택되었다. 많은 경우 특히 말을 타는 것이 유목민의 생활방식이었을 때 야만인 여자들 또한 바지를 입었다. 그러나 두 제국의 도시에 사는 엘리트층 남자와 여자들은 길고 헐거운 겉옷을 입었다. 심지어 로마제국이 중세시대 유럽으로 나눠진 후에도 남녀귀족들은 로마시대의 헐거운 겉옷과 유사한 긴 옷을 입었다. 농부들은 짧은 겉옷을 입었고 때때로 남자 농부들은 헐렁한 야만인 바지를 입었다.」

**43** ④

ointment : 연고   pimple : 여드름, 뾰루지   originally : 독창적으로   wrinkles : 주름, 오점   smoother : 매끄러운   ermabrasion : 피부찰상법(박피술)   subtract : 빼다, 공제하다   appearance : 발표

「많은 사람들은 젊음을 유지하길 원하며 의사들에게 레틴
－A에 대하여 질문한다. 이것은 여드름을 가진 사람들을
돕기 위해 독창적으로 개발한 연고이다. 그러나 조사자
들은 그것이 또한 주름의 수를 줄이고, 피부를 매끄럽고
건강하게 만들어준다고 한다. 공교롭게도 연고를 바른
효과는 즉시 나타나지 않는다. 피부찰상법(박피술)의 결
과는 보통 일주일 정도로 빠르게 나타날지 모른다. 이것
은 약간의 노화방지를 해줄 수 있는 위험이 따르지 않는
외과 기술이다. 그것은 피부의 한 층 정도의 벗겨짐을
수반한다. 그 결과 누군가의 발표에 따르면 15년 또는
그 이상을 뺀 것처럼 피부가 젊어지고 매끄러워 보이게
된다.」

**44** ①

emit : 발산하다  bump into : 우연히 만나다

「약 2,000피트 바다는 완전히 검은색이다. 어둡고 깊은
곳에는 아직도 고기들이 산다. 깊고 어두운 물 속에서
생명체가 생존한다고 생각하면 꽤 놀랄만하다. 이 동물
들은 거대한 입과 이상한 형상을 가져 괴상하다. 더 많
이 놀랄지도 모를 일은 생명체가 빛을 발산한다는 것이
다. 사실 2,000피트보다 아래에 살고 있는 고기들의 절
반 이상은 발광기라는 기관을 가지고 있다. 고기가 가진
이 기관은 항상 빛을 발산하지 않는다. 그들은 다른 고
기에게 빛을 번쩍거린다. 그들은 또한 무엇인가를 우연
히 만나게 되면 빛을 번쩍거린다. 그러나 그 빛이 물고
기가 보는 것에 도움이 된다는 의미는 아니다.」

**45** ④

stealth : 사라짐  malicious : 악의 있는, 심술궂은

「Klez. E는 가장 일반적으로 세계에 널리 퍼져있는 웜이
다. 그것은 파일들을 오류나게 할 만큼 매우 위험하다.
매우 교묘하게 숨어있고 항－항－바이러스 기술이 있
기 때문에 가장 일반적인 바이러스 치료 프로그램도 그
것을 치료하거나 발견할 수 없다. 우리는 이 악의적인
바이러스를 제거하기 위해 이 자유 면역 툴을 개발하였
다. 이 툴은 존재하는 웜을 멍청하게 하도록 가짜로
Klez처럼 작동한다. 그래서 어떤 항－바이러스 모니터에
서는 그것이 동작할 때 큰 소리를 낸다. 경고를 무시하
고 '계속하다'를 선택해야 한다. 당신은 이 툴을 단 한번
만 작동시킴으로 해서 Klez가 당신의 컴퓨터에 다시는
나타나지 않을 것이다.」

**46** ②

argue : 논쟁하다, 언쟁하다  whoever : 누가  ashamed :
～ 때문에 부끄러워하다
① 왜냐하면 돈은 선생님의 것이었기 때문이다.
② 왜냐하면 선생님은 가장 큰 거짓말을 했기 때
문이다.
③ 왜냐하면 소년들은 해답을 찾지 못했기 때문이다.
④ 왜냐하면 그들은 선생님이 돈의 임자를 찾아주
길 원했기 때문이다.

「선생님이 교실에 들어왔을 때 두 소년은 언쟁하고 있었
다. 선생님이 물으셨다. "왜 너희들 말다툼하고 있었니?"
한 소년이 대답하였다. "저희는 10달러를 발견하고는 가
장 큰 거짓말을 한 누군가에게 주기로 결정을 하였습니
다." "너희들은 너희 자신에게 부끄러운 줄 알아야 한
다."라고 선생님이 말씀하셨다. "내가 너희 나이였을 때
에 난 거짓말이라는 것 조차도 몰랐었다." 소년들은 10달
러를 선생님께 드렸다.

Q : 왜 그들은 그 돈을 선생님에게 주었을까요?」

**47** ④

overspend : 낭비하다  budget : 예산, 생활비
end up broke : 파산하여 끝장나다
① 불행은 드물게 따로따로 찾아온다.
② 행운은 다른 것과 바꿀 가치가 있다.
③ 당신은 케이크를 먹거나 가질 수 없다.
④ 한 방울 한 방울의 물도 돌도 마멸시킨다.

「당신이 어느 날 10달러의 예산을 낭비했다면 그것은 큰
문제가 아니다. 그러나 만약 당신이 내일, 그리고 그 다
음날, 그리고 또 다음날에도 계속 낭비한다면 당신은 파
산되어 끝장날 것이다. 체중을 늘리려는 사람처럼, 큰 재
앙은 일반적으로 갑자기 나타나진 않는다. 그것은 오늘
조금 그리고 내일 조금씩 나타난다. 그러던 어느 날 그
들은 큰 문제에 직면한 자신들을 발견하고 묻게 된다. "
무슨 일이 일어난거지?" 하나에 또 다른 하나가 더하여지
고, 작은 것이 큰 것이 되듯, 인생의 사소한 것이 이와
같이 커다란 다른 것을 만들 수 있다.」

**48** ③

alternative medicine : 대체 의학  realize : 실현하
다, 이해하다  treatment : 치료, 취급  complement
: 보충, 보완
① 가진게 없음 ; 결여됨 － 우리는 커피가 다 떨어
졌다.
② 안에서 밖으로 － 차에서 내렸다.
③ ～때문에 － 난 호기심 때문에 왔지, 단지 좋은
시간을 즐기려는게 아니다.
④ 위치에 있거나 범위 내의 위치, 경계선, 제한, 혹
은 범위의 － 비행기는 시야를 벗어나 날아갔다.
「많은 사람들은 조사자들이 암에서부터 일반 감기까지 갖
가지 문제에 대한 완벽한 치료법을 찾을 수가 없기 때문
에 현대의 약품에 대한 믿음을 저버리고 있다. 어떤 사람
들은 호기심 때문에, 그 밖의 자포자기로 인하여 대체 의
학으로 돌리고 있다. 많은 것을 가지고 어디에는 치료가
쓸데없고, 또 다른 데는 가끔 효과가 나타나는 것을 깨닫
게 되었다. ; 의학 기술은 다른 것으로 보완될 수 있다.」

**49** ③

three generations : 3대  put down : 내려 놓다
busyness : 바쁨, 분주함  clatter : 떠들썩한 소리
chatter : 재잘대는 소리, 수다

「나의 친구 제롬은 집에서 벗어나 그녀가 처음 맞은 크리스마스에 대해 나에게 이야기해 주었다. 그녀는 적절한 시간에 전화를 걸었으나 그녀의 3대 가족이 크리스마스 저녁식사를 위해 여러가지 식기들을 함께 준비하고 있다는 것을 알게 되었다. "수화기를 내려 놓으렴." 그녀는 말했다. "떠들썩함과 재잘거림을 내가 들을 수 있도록." 뜻밖의 일이었지만 제롬은 좋은 생각을 해냈다. 내가 플로리다에서 홀로 크리스마스를 보냈을 때 난 우리 가족들이 막 부엌에서 일을 하려할 때에 맞춰 전화를 걸었다. 분주한 배경소리는 내 귓가에서 크리스마스 음악처럼 들렸다.」

## 50  ①

reptile : 파충류의 동물, 비열한 사람, 파행하는 slimy : 끈적끈적한, 불쾌한, 비열한, 점액성의 scale : 비늘, 껍질  outgrowth : 파생물, 부산물, 성장  invisible : 눈에 안 보이는, 얼굴을 보이지 않는 tile-like : 타일 같은  covering : 외피  hardened : 경화된, 단단해진, 비정한, 냉담한  tough : 강인한, 단단한, 끈기있는, 곤란한, 고된, 맹렬한  shell : 등딱지, 껍데기  fuse : 연합하다, 녹이다

① 모든 파충류들은 비늘을 가지고 있다. (본문의 처음에서 말하고 있다.)
② 모든 파충류들은 위험하다. (본문에서 언급되지 않고 있다.)
③ 모든 파충류들은 딱딱한 비늘을 가지고 있다. (거북이만을 예로 들고 있다.)
④ 모든 파충류들의 비늘은 서로 같다. (파충류들의 비늘이 모두 같지 않다.)

「많은 사람들은 파충류들이 끈적끈적하다고 생각하지만, 뱀들과 다른 파충류들은 만져보면 건조한 외피로 덮여 있다. 비늘은 동물 피부의 부산물이다. 비록 일부 종들은 외피들이 거의 눈에 보이진 않지만, 대부분의 종에서 그것들은 타일과 같은 외피를 이루고 있다. 거북이 등딱지는 함께 붙어있는 경화된 비늘로 이루어져 있다. 악어는 거칠지만 매우 유연한 외피를 가지고 있다.」

## 51  ③

blink : 놀라서 보다, 깜짝 놀라다, 눈을 깜박거리다, 무시하다  bury : 묻다, 매장하다, 숨기다, 몰두하다  wrap : 걸치다, 싸다  tight : 단단한, 바짝 쥔, 굳은, 엄한, 빈틈이 없는  before long : 이윽고, 곧  horrible : 끔찍한, 무서운, 잔혹한  roar : 노호, 외치는 소리  loose : 느슨한, 풀린, 유리된, 헐거운  rumble : 우르르 울리다, 덜커덕 덜커덕 소리가 나다, 와글와글 소리치다  fling : 돌진하다, 내던지다, 팽개치다, 거칠게 말하다  chunk : 큰덩어리, 상당한 양  lord : 하느님, 지배자, 군주, 인물, 거물  all at once : 갑자기  overwhelm : 압도하다, 제압하다, 당황하게 하다  relieve : 안도케 하다, 구원하다, 경감하다, 돋보이게 하다
움직일 수도 없는 상황에서 자신에게 돌진해 오는 눈덩어리들을 보고 두려워하다가(fearful) 30피트 앞에서 멈추자 안도하고 있다(relieved).

「나는 눈을 깜짝 놀라서 보았다. 나는 목까지 묻혀 있었다. 단지 머리와 오른손만을 움직일 수 있었다. 다리는 나무 근처의 눈에 갇혀 있었는데, 너무 단단히 쌓여서 그것이 마치 콘크리트처럼 느껴졌다. 이윽고, 또 다른 끔찍한 노호소리가 있었다. 산 전체의 절반처럼 보이는 것이 유리되어 부서지며, 20피트 높이의 눈이 곧장 나를 향해 엄청난 소리를 내며, 자동차 크기의 큰 덩어리로 돌진해 오고 있었다. 나는 전혀 움직일 수 없었다. 아내, 두아들, 그들의 목소리를 생각했다. 신이여, 나는 그들을 다시 보고 싶습니다. 갑자기 높은 눈덩어리가 30피트 앞에서 멈췄다. 그냥 멈춘 것이었다.」

## 52  ③

civic : 시민의, 도시의  financier : 자본가, 재정가, 금융업자  industrialist : (대)기업가, 실업가  hemisphere : 반구, 반구체  implicit : 함축적인, 잠재하는, 절대적인, 맹목적인, 암시적인  facet : 국면, 양상, 면, 상  endeavor : 노력, 애씀, 시도하다, 노력하다  bimonthly : 격월의, 월2회의, 격월(월 2회) 발행의 간행물  handy : 편리한, 유용한, 손재주있는
제시된 글은 메트로 폴리탄 박물관을 소개하고자 쓰여진 글임을 쉽게 알 수 있다.

「시민지도자들, 자본가들, 사업가들 그리고 예술품 수집가들에 의해 1870년에 설립된 메트로폴리탄 예술박물관은 1880년에 현재 위치인 센트럴 파크로 옮겨졌다. 오늘날 메트로폴리탄 박물관은 서반구에서 가장 큰 박물관이다. 그 소장품은 고대로부터 해서, 중세 그리고 현대에 이르기까지 그리고 전세계에서 구해진 3백3십만 이상의 작품에 이른다. 그 박물관의 교육적 기능은 박물관을 애호가들에게 여러 면에서 함축적이다. 이 박물관은 격월로 발간되는 Calendar News지는 현재 진행중인 프로그램과 활동에 대한 유용한 색인을 제공한다.」

## 53  ④

wrestle : 씨름하다, 맞붙어 싸우다, 전력을 다하다  terminal : 말기의, 종점의, 학기말의  dilemma : 딜레마, 궁지, 진퇴양난  extreme : 극단의, 최고의 맨끝의  lethal : 치명적인, 치사의  injection : 주사액, 주입  endorse : 승인하다, 찬성하다  euthanasia : 안락사  proclaim : 선언하다, ~을 증명하다  imprison : 수감하다, 투옥하다, 감금하다

① 발달된 의학으로 인류의 기대 수명은 원하는 만큼 연장되었다.
② 질병 말기의 환자들은 세계 어디에서나 안락사를 요구할 수 있다.
③ 안락사의 권리는 인간에게 완전히 주어져야 한다.
④ 치명적인 주사는 의사들이 12년까지 징역형을 선고받는 원인이 될 수 있다.

「전세계적으로 사람들은 특히 고통스런 말기 질병의 죽음에 직면해서 인간적인 죽음에 대한 문제로 씨름해 왔다. 그 딜레마는 진보된 의학기술이 가장 극단적인 상황의 환자마저도 더 오래 살도록 해 줄 수 있게 되면서, 최근에 더 복잡한 문제가 되었다. 물론 환자가 어느 때라도 의학의 치료를 거절할 권리는 있지만 ; (안락사를 위한)

치명적인 주사를 요구하는 것은 (치료를 거부하는 것과) 다른 문제이다. 따라서, 네덜란드에서는 1984년 안락사가 공인되었지만, 이를 실행하는 방법에서는 엄격한 기준을 설정해왔고, 이 규정을 따르지 않는 의사는 12년까지 징역형을 선고받을 수 있다.」

**54** ④

circulation : 순환, 유통, 발행  invisible : 눈에 보이지 않는, 감추어진, 공개되지 않은  weave : 짜다, 뜨다, 엮다

'almost invisible from the outside'에서 힌트를 찾을 수 있다.

「이것은 일반적으로 공기의 순환을 위해 여름에 이용되었다. 한국에서는, 이것이 방을 시원하게 하며 그늘도 지게 해준다. 이것은 방 내부를 밖에서 거의 볼 수 없게 해준다. 그러나 이것은 방안에 앉은 사람에게 창문과 문을 연 상태에서 자기의 약간의 사생활을 제공하면서, 안에서 밖을 볼 수 있게 해준다. 문 위에 걸려있기 때문에, 둘둘 말 수도 있고 들어 올릴 수도 있다. 이것의 짜여진 형태와 장식적인 금속걸이 때문에 벽걸이로도 이용된다.」

**【55~56】**

well-known : 잘 알려진  attempt to : 시도하다, 기획하다, 기도하다  describe : 묘사하다, 기술하다, 말하다, 설명하다  underlie : ~의 밑에 있다, ~의 기초가 되다, ~에 우선하다  lead to : ~에 이르다, 결과적으로 ~이 되다  reconstruction : 재건, 개조, 복구, 부흥  incident : 일어나기 쉬운, 사건, 일어난 일  descriptive : 기술적인, 묘사적인, 설명적인  outrage : 침범, 위반, 난폭, 유린, 불법, 폭행하다, 학대하다  literary : 문학의, 문학적인  genre : 장르, 유형

「Truman Capote의 'In Cold Blood(1966)'라는 소설은 실화소설의 잘 알려진 예이다. 실화소설은 실제 사건을 이끌어가는 근거에 깔려 있는 힘, 생각, 감정을 묘사하려고 시도하는, 실제 사건에 기초한 최근 유행하는 글쓰기 유형이다. 이 책에서 작가는 kansas농장에서 일어난 비참한 가족살인을 묘사하며, 종종 살인자의 관점을 보여준다. 이 책을 집필하기 위해 Capote는 살인자들과 면담을 했었으며, 그의 책이 사건의 재구성을 충실히 보여줄 수 있도록 노력했다.」

**55** ①

지문의 형식은 소설에 대해 설명하고 있으므로 'descriptive' (기술적인, 설명적인)이 적합하다.

**56** ①

이 지문이 쓰여진 목적은 새로운 문학장르의 예에 대해 이야기하기 위해서이다.

**57** ①

dynasty : 왕조, 명가(名家), 명문  ward : (행정단위)구(區), 보호, 감독, 병동  cuisine : 요리(법)  shrimp : 작은 새우  lobster : 바닷가재  spicy : 향료를 넣은, 양념을 한  fried :(기름으로) 튀긴  vegetarian : 채식주의자  order : 주문, 명령  available : 이용(사용)할 수 있는, 유효한  dine : 식사하다, 정찬을 들다  take out : (식당에서 음식을 사서) 가지고 가다  free : 무료의, 공짜의, 자유로운  delivery : 배달

「명가(名家) 식당

구(區)쇼핑센터 2층, 일주일에 7일 모두 오전 11시부터 오후 10시까지 개점, 탁월한 중국 요리, 바닷가재 소스를 곁들인 작은 새우, 향료를 넣은 튀긴 쇠고기 또는 닭고기, 레몬맛(향)을 첨가한 닭고기, 채식주의자 주문도 역시 가능, (식당에서) 식사하거나 (포장해서) 가지고 가세요! 무료배달전화는 922 – 4860.」

**58** ③

necessity : 필요(불가결한 것), 필수품  assurance : 확신, 보증  end : 끝, 목적, 목표  multitude : 다수, 군중, 대중  turn to : ~(쪽)으로 향하다  year following year : 해마다  improve : 개량하다, 개선하다, 향상시키다  refine : 순화하다, 정제하다, 정련하다, 세련되게 하다  reduction : 축소, 감소, 절감  assert : 단언하다, 주장하다  might : 힘  devote oneself to : ~에 몰두하다, 전념하다, 헌신하다  emphasize : 강조하다, 역설하다

① 글쓴이는 차들이 대중들의 욕구를 만족시켜야 한다고 단언(주장)한다.
② 글쓴이는 한 가지 모델의 하나의 차를 생산하는 데 그의 모든 힘을 썼다.
③ 글쓴이는 차를 생산하는 데 있어서 가격의 절감에 몰두하였다.
④ 글쓴이는 가격의 절감에 따라서 차의 개량을 강조한다.

「최초의 자동차가 거리에 출현했던 날로부터 그것은 나에게 필수품인 것처럼 생각되어 왔다. 그것은 내가 그 하나의 목적 – 대중들의 욕구에 부응할 차 – 를 만들도록 이끈 지식과 확신이었다. 모든 나의 노력들이 그 때 있었고 여전히 한 가지 모델의 하나의 차의 생산을 향해 있다. 그리고 해마다 그 압력은 있었고 가격에 있어서 늘어가는 절감과 함께 개량하고 정련하며 더 잘 만들기 위해서 여전히 있다.」

**59** ③

disturb : 혼란시키다, 괴롭히다, 방해하다, 어지럽히다  loaf : 빈둥거리다, 놀고 지내다  fair : 공정한, 정당한  suggestion box : 의견함, 제안함  urge : 강력히 권하다  rubber- soled : 고무구두창을 댄  upset : 화가 난  instructive : 교훈적인  humorous : 익살스런  critical : 비판적인

「사장은 직원이 빈둥거리는 것을 보았을 때 혼란스러웠다. "여러분, 여기에 내가 올 때마다, 보고 싶지 않은 것을 보는데, 난 공정한 사람이니 여러분을 괴롭히는 것이 있으면 말하십시오. 의견함을 설치할 테니까, 내가 방금 보던 것을 다시는 보지 않도록 의견함을 사용해 주기 바랍니다!" 그날 퇴근할 무렵, 사장이 의견함을 열었을 때, 그 안에는 작은 종이 한 장만 있었다. 거기에는 "고무구두창을 댄 신발을 신지 마세요!"라고 씌어 있었다.」

## 60 ③

communication : 통신 fiber optic : 광섬유 technology : 기술, 응용과학 reliability : 신뢰성, 신빙성 digital signal : 디지털 신호 transmit : 전송하다 constantly : 끊임없이(=continuously), 변함없이 complex : 복잡한 go through : 통과하다, 겪다 expand : 팽창하다 relay point : 중계점, 중계소 complete : 완성하다
① 더 많은 양(量)
② 더 적은 수의 중계소
③ 더 많은 신뢰성
④ 덜 복잡한 신호체계

「광섬유기술을 사용하는 통신시스템은 많은 양의 데이터베이스 정보를 포함하여, 복잡한 디지털 신호를 전송하게 해주는 고도의 신뢰성을 제공한다. 음성분야에서 광섬유는 많은 중계소를 통과하게 하는 질 높은 국제통신(글로벌 통신)을 제공한다. 전세계적인 광섬유통신망은 계속해서 확장될 것이며, 고객들에게 보다 나은 서비스를 위해서는 중계소가 추가로 늘어나야 하기 때문에, 그 통신망은 결코 실제로 완성될 것 같지 않다.」

## 61 ④

acknowledge : (권위·주장 등을) 인정하다, 승인하다, 자인하다 confederation : 연방, 연합, 동맹 federation of a lower stage : 낮은 단계의 연방제 formula(e) : 방식, 방법, 절차 reunification : 재통일 promptly : 신속히, 즉시 humanitarian : 인도주의의, 인간애의 separated family : 이산가족 National Liberation Day : 광복절 on the occasion of : ~에 즈음하여, 필요한 때에 renounce : (공식적으로) ~을 포기하다 communism : 공산주의

「통일을 이루기 위한 방안으로서 남측의 연방제 제안과 북측의 낮은 단계의 연방제 간에 공통요소가 있다는 것을 인정하면서, 남북은 그쪽 방향으로 통일을 추진하기로 합의하였다. 남북은 8·15광복절에 맞추어 이산가족과 친척들의 상호방문과 좌익포기를 거부한 장기수들 문제와 같은 인도주의적 문제를 신속히 해결하기로 합의하였다.」

## 62 ④

indelible : 지울 수 없는, 잊혀지지 않는 be attached to ~ : ~에 집착하다, 애착을 느끼다
어머니가 자녀들의 성장기에 강한 인상과 영향력을 남겨 성인이 되어서도 어머니에게 집착한다는 것을 설명하는 글이다. 그러므로 성인이 되어야 서서히 어머니의 영향을 벗어난다는 내용은 이 글에는 없다.

「우리가 어릴 때 어머니는 우리의 주의력의 중심이고 우리는 그녀의 주의력의 중심이다. 그래서 우리 어머니의 특질들이 지워지지 않는 인상으로 남아있어 우리는 후에 그녀의 얼굴모습, 체형, 개성, 심지어 유머감각을 가지고 있는 사람들에게 영원히 애착을 느끼는 것이다. 만약 우리의 어머니가 따뜻하고 배려적이면, 성인이 되어 우리는 따뜻하고 배려적인 사람에게 애착을 느끼는 경향이 있다. 만약 우리의 어머니가 강하고 절제적이었다면, 우리는 우리의 배우자의 정신적인 강함에 애착을 느낄 것이다.」

## 63 ④

homebody : 가정적인 사람, 집에 틀어박혀 있는 사람 kid : 아이, 새끼염소 take a trip : 여행하다 inexperienced : 경험이 없는, 미숙한 custom : 관습, 풍습, 습관 make an effort : 노력하다, 애쓰다 local : 지방의, 지역의, 장소의 behave : 행동하다, 처신하다 at home : 집에서, 국내에서, 자국에서 beholder : 보는 사람, 구경꾼 swallow : 제비
① 어려울 때 친구가 진정한 친구이다.
② 아름다움은 보는 사람의 눈에 (달려)있다.
③ 제비 한 마리가 왔다고 해서 여름이 온 것은 아니다.
④ 로마에 가면 로마법을 따르라.

「Jane과 Mary는 삶의 대부분을 집에서만 지내 왔다. 그들의 아이들이 자란 후에, 그들은 전세계를 돌아다니면서 여행하기로 결심했다. 물론, 그들은 경험이 없는 여행자들이어서 외국의 관습을 받아들이는 데 어려움을 겪었다. 그들의 안내자들은 그들이 그 지역 국민들의 관습을 따르기 위해 노력해야 하고, 자국에서 하곤 했던 것처럼 외국에서 행동하기를 기대하지 말라고 제안했다. 일단 그들이 이 충고를 따르기 시작하자, 그들은 여행을 훨씬 더 많이 즐기게 되었다.」

## 64 ③

bill : 청구서, 법안 National Assembly : 국회 gathering : 모임, 수집 backlash : 반발 oblige : 의무적으로 ~하게 하다 reserve : 예약하다, 따로 남겨 두다 quota : 한도, 할당 exceed : 넘다, 초과하나 virtually : 사실상, 기의
③ 이 글은 청년 고용 할당제에 대한 신문 사설이라고 보는 것이 가장 적절하다.
① 답신(접수 통지), 감사의 글
② 선언문
③ 사설
④ 광고

「국회를 통과한 청년 고용 증진과 관련된 법안이 30대 구직자들로부터 강한 반발을 사고 있다. 그 새로운 법안은 내년부터 의무적으로 공공 분야 고용에서 3퍼센트 이상을 15~29세 사이의 구직자를 위해 따로 남겨둘 것을 강요하고 있다. 일반적으로 공기업의 신규 채용은 전체 고용의 3퍼센트를 넘지 않는다. 따라서 이것은 30대 구직자들은 사실상 내년부터 공공 분야에서 직업을 얻을 수 없다는 것이다.」

**65** ④

business climate : 기업 풍토 come up with : ~
을 생산하다 ~을 제안하다 go under : 도산하다
catch on : 유행하다 take off : 급격히 인기를 끌다
① 인기를 얻게되다
② 본전치기를 하다
③ 감소하다
④ 파산하다

「오늘날의 기업 풍토는 다른 사람들이 미처 생각하지 못
한 아이디어를 제안할 만큼 충분히 영리해야 한다. 유기
농 사과 농부인 내 친구 Mr. Kim을 보자. 5년 전 그의
사업은 이익을 내지 못해 파산 지경이었다. 그때 유기농
과일이 인기를 얻었다. 갑자기 모든 사람들이 그의 유기
농 사과를 사기를 원하는 것 같았다! 그때 그는 새로운
것을 시도하기로 결심했다. 그는 통신 판매 사업을 마련
했고 그로 인해 고객들은 그의 사과를 집에서 주문하고
빠르게 받을 수 있게 되었다. 판매는 급격히 인기를 얻
었고 Mr. Kim은 더 많은 돈을 벌었다. 현재 그는 조기퇴
직에 대하여 생각하고 있다.」

## 【66~67】

cavort : 날뛰다  frolic : 장난, 장난치며 떠들다, 뛰
놀다  provocation : 자극, 도발, 짜증  perpetual :
영원히, 끊임없이  merriment : 즐거움  alliance :
동맹, 결연  sophisticated : 세파에 물들게 하다.

「돌고래는 강아지, 팬더곰, 심지어 어린애들만큼이나 널리
사랑받고 있다. 돌고래는 최소한의 자극에도 날뛰고 야
단법석을 치고, 그들의 입은 항상 즐거운 상태처럼 보이
도록 고정되어 있고, 그들의 행동과 거대한 두뇌는 인간
의 두뇌에 지적으로 접근해 가고 있다는 사실을 시사해
주고 있으며, 몇몇 사람들은 인간의 두뇌를 능가하고 있
다고 주장할지도 모른다. 돌고래들은 매우 영리한 동물
로 판명되고 있다. 그러나 감상적인 돌고래 애호가들이
바랐던 것처럼 사랑하고 이상적인, 즉 사회적인 태도는
아니다. 오스트레일리아 해안에서 돌고래의 행동을 관찰
하는 데 많은 시간을 보낸 연구가들은 수컷의 돌고래들
이 인간을 제외한 동물들에게서 목격되는 다른 어떤 동
물보다 훨씬 세련되고 교활한 다른 돌고래들과 사회적
동맹관계를 맺는다는 사실을 알아냈다.」

**66** ②

돌고래의 높은 지능에 대해 설명하고 있다.

**67** ④

글의 마지막 부분에서 돌고래의 사회적 동맹관계
에 대해 서술하였으므로 'team of male dolphins'
의 예를 들고 있는 ④가 적합하다.

## 【68~69】

go though : 경험하다 astronaut : 우주인 gravity
: 중력 weightless : 무중력 private : 개인 소유의
literally : 문자 그대로 individual : 개인
commercialize : 상업화하다

「휴가에서 돌아온 여행자들은 "당신의 여행은 어땠습니
까?"라는 질문에 종종 "오, 그것은 정말 딴 세상이었어
요."라는 속담으로 대답한다. (A) 이 속담에 의하면 물론,
그들의 여행이 놀라웠다는 것을 의미한다. (B) 이미 그것
은 우주인들이 하는 경험과 같은 경험을 통해서 가능하
다. (C) 러시아에 있는 스타시티에 가기만 한다면 우주인
의 훈련에 더해서, 그들의 '우주 모험 중 하나를 경험하
는 것이 가능하다. (D) 이것들 중 하나를 예를 들어, 당
신은 당신에게 우주인들이 경험하는 무중력의 느낌을 주
는 – 몇 분간의 무중력으로 – 특별한 비행기에 들어갈
수 있다. 두 민간인은 이미 한 명당 $20,000,000의 가
격으로 한 주를 그 국제 우주 정거장에서 지냈다. 많은
회사들은 지금 다양한 방법으로 상업화된 우주에 대한
프로젝트를 계획 중이다. 한 캘리포니아의 회사, Scaled
Composites, 그리고 한 영국의 회사, Virgin Galactica
는 가까운 미래에 승객을 나를 수 있는 재사용 가능한 탈
것을 만들기 위해 일하는 중이다. 힐튼 호텔 체인은 우주
호텔을 건설하는 것까지 고려하는 중이다. 그 주된 매력
은 (지구를) 보는 것, 무중력을 느끼는 것, 그리고 달에서
산책해보는 것일 것이다. 그것은 가격 또한 '이 세상의 것
을 넘어서는 것'이라는 말은 하지 않을 것이다.」

**68** ③

③ 빈칸의 앞 문장에서는 우주인의 경험을 할 수
있다고 했고, 뒤의 문장에서는 실제로 우주정거장
에 머무는 등의 이야기가 이어지기 때문에, '우주
인들의 훈련에 더해서'가 자연스럽다.
① ~에도 불구하고
② ~때문에
④ ~이래로

**69** ②

「그러나 사람들은 곧 이 표현을 문자 그대로 사용할 수
있을 것이다. 그러나 그것은 매우 비쌀 것이다.」

## 【70~71】

whereas : ~이므로, ~에 반하여  entertaining : 유
쾌한, 재미있는  impact : 영향(력), 충돌  violence :
폭력, 모독  sugarcoat : 감미롭게 보이게 하다

「어린이들은 특히 텔레비전의 효과에 민감하다. 왜냐하면
어린이들의 정신은 자라고, 발전하고, 성인들보다 배움의
속도가 훨씬 빠르기 때문이다. 텔레비전이 어린이를 위한
교육수단으로 사용될 수 있는 반면에, 교육적인 가치가
적거나 거의 없는 보다 단순하고 오락 위주의 만화들이
나타나고 있다. 사회학자, 교사 그리고 부모들은 어린이
들이 선택해서 보는 텔레비전의 프로그램으로 인해서 어

려움을 겪고 있다. 이들은 매스컴이 어린이들에게 영향을 끼치는 것에 관해서 관심을 갖고 있다. 그들은 먹기 좋게 보이는 음식에 대한 광고는 물론이려니와 텔레비전에서 나오는 폭력물이 사회에 미치는 영향에 대해서 걱정하고 있다. 그러나 보다 중요한 것은, 텔레비전이 학생들 사이의 수학과 읽기점수를 떨어뜨리게 하고 있는 하나의 요소라는 사실이다. 텔레비전을 보는 데에 많은 시간을 보내고 있기 때문에 어린이들이 혼자서 책을 읽거나 사고를 하는 데에는 보다 적은 시간을 보내고 있다.」

## 70 ②

첫 번째 문장에 제시된 내용이다.

## 71 ③

앞 뒤 문맥으로 미루어보면 'spent watching TV (TV를 보는데 시간을 보내는)'이 적합하다.

## 【72～74】

substance : 물질, 물체  vegetable : 채소, 식물  yield : 산출물, 수확량  filter tip : 필터, 필터 담배  hazardous : 위험한  annual : 일년의  check-up : 검진, 검사  lung : 폐, 허파  chest : 가슴, 흉부, 상자  symptom : 징후, 증상  spittle : 침, 가래, 타액  respiratory : 호흡의  ex-smoker : 담배를 끊은 사람

「시중에는 채소의 잎과 같은 담배가 아닌 물질로 만든 상품들이 있다. 이런 물질들은 니코틴을 함유하고 있지는 않지만, 타르를 만들어낸다. 이런 타르가 암을 유발한다는 사실은 아직 결론이 나지 않고 있다. 모든 유명한 담배 브랜드들이 똑같은 함량의 타르와 니코틴을 보유하고 있지는 않다. 필터가 달린 담배는 다른 브랜드들보다 더 낮은 타르함유량을 가지고 있다. 흡연을 덜 위험하게 하는 다른 방법들이 있다. 담배를 끝까지 다 피워서는 안 된다. 흡연자들은 일년마다 신체검진을 받아야 한다. 담당의사들은 그 검진에 폐기능검사와 흉부 X-레이 혹은 타액검사를 포함할 수 있다. 담배를 끊은 흡연자는 기분이 보다 좋아지고 호흡하기가 더 편해질 것이다. 담배를 끊으면 호흡기의 증상은 나아진다. 예전에 담배를 피우다가 끊은 사람들의 사망률은 비흡연자의 사망률에 근접하고 있다.」

## 72 ④

목탄필터(charcoal filter)가 섬유소필터(cellulose filter)보다 효율적이라는 내용은 제시되어 있지 않다.

## 73 ④

담배를 끊으면 호흡기 증상이 나아진다는 내용으로 미루어보아 ④가 적절하다.

## 74 ③

지문에 Their physicians ～ (중략) a spittle test 라고 제시되어 있다.

## 【75～77】

scenery : 풍경, 경치  sketch : 스케치, 초고, 대략, 개요  essentially : 본질적으로, 근본적으로, 본래  superficial : 표면의, 피상적인

「1829년 여름 멘델스존은 스코틀랜드에서 휴가를 가졌다. 그는 3주가 못되게 여행을 했다. 그의 여행은 그의 편지나 그가 그린 풍경화에서 보이는 것처럼 분명 즐거운 추억이었지만, 달리 비교적 중요하지 않은 여행이었다. 본서는 멘델스존의 그림들을 함께 모으고, 편지들을 재인쇄하고 그 여행에 대한 일종의 주석을 제공한다. 멘델스존에 관한 간략한 전기적 개요와 그의 스코틀랜드 교향곡에 대한 전적으로 피상적인 논의를 제외하면 이 책은 특별히 제한적인 가치를 지닌 본질적으로 여행서이다.」

## 75 ④

'otherwise the trip was relatively insignificant.' 로 알 수 있다.

## 76 ①

'멘델스존에 관한 간략한 전기적 개요'라 지문에 제시되어 있다.

## 77 ②

지문 마지막에 책에 대한 언급을 하고 있다.

## 【78～80】

soot : 검댕, 매연, 유연(油煙)  carbon dioxide : 이산화탄소, 탄산가스  carbon monoxide : 일산화탄소  sulfur dioxide : 이황산가스  nitrogen dioxide : 이산화질소  particle : 미립자, 분자, 극소(량)  skyscraper : 고층건물, 마천루  granite : 화강암  suspension : 버팀대  gutter : 배수구, 하수도  smart : 쿡쿡 쑤시는, 아픈

「대기오염물질은 단지 매연과 유연만이 아니다. 눈에 보이지 않는 이산화탄소와 치명적인 일산화탄소도 있다. 또 아황산가스와 이산화질소도 있다. 대기 중에는 가솔린 첨가물로부터 나온 납, 여러 종류의 고체입자, 산업체에서 나온 여러가지 화학물질의 잔해들이 있다. 대기오염은 스모그를 일으키는데, 그것은 아주 심하게 시야를 가려서 비행기 이착륙과 고속도로에서의 교통상태를 위태롭게 한다. 대기오염물질은 더러워지고 부식된다. 그것은 고층건물과 화강암으로 된 조각상, 철 버팀대로 된 다리, 나일론 스타킹, 가정에 있는 금속배수구를 손상시킨다. 또 해마다 대기오염물질이 농작물에 끼치는 손해액은 수억 달러에 이른다. 대기오염물질은 냄새가 고약하고 눈을 아프게 한다. 종종 이것은 생명을 잃게까지 한다.」

**78** ④

flood(홍수)는 대기오염과는 무관하다.

**79** ④

'아주 심하게'의 의미를 가진 'so badly that'이 문맥상 적절하다.

**80** ①

'smart'는 '쿡쿡 쑤시는, 아픈'이라는 뜻으로 해석되었으므로 'hurt(다친)'이 유의어로 적절하다.

**【81~83】**

strategy : 방법, 전략  mode : 양식, 형식  perse : 그 자체로서, 본질적으로  spontaneous :임의의, 자발적인  concentration : 집중

「듣고 이해하는 능력은 전통적으로 "실행함으로써 배우는" 것이다. 학습자는 줄곧 대화의 흐름을 따라가면서 의미를 형성하는 중요한 요소들을 청취하는 방법을 채택해야만 한다. 물론 독자의식에 있어서 독자는 정보가 시야에 들어오는 방식을 통제하기 때문에 난해한 것들을 해결하기 위해 본문을 재검토할 수 있다. 청취는 정말로 아주 상이한 것이다. (네가 왼쪽에서 오른쪽으로 읽을 수는 있어도 왼쪽에서 오른쪽으로 들을 수는 없다!) 교사는 학생들에게 "좀더 빨리 들으라"고 실제적으로 요구할 수 없고, 어휘와 문법에 관한 공부는 본질적으로 원어민 화자가 말하는 속도로 들을 수 있는 능력을 곧바로 향상시키지 못한다. 녹음된 테이프를 가지고 임의적인 회화를 연습하는 것은 유용할 수 있다. 그러나 학생들은 짧은 시간 이상 계속 집중하는 것이 어렵다고 말한다. 어쨌든 청취실습실은 이해력의 극적인 향상을 가져오지 못하고 있다.」

**81** ④

'문법공부는 본질적으로 원어민의 말을 들을 수 있는 능력을 향상시키지 못한다.'는 지문의 내용과 다르다.

**82** ③

지문의 앞부분에서 'listenig for key elements'를 채택해야 된다고 설명하였다.

**83** ④

지문은 효율적인 영어공부법에 대해 설명하고 있으므로 ④가 답으로 적합하다.

**【84~86】**

spectacular : 볼 만한, 장관의  resolute : 단호한, 굳은  odds : 가능성, 역경, 승산, 차이, 불화  sanctuary : 자연보호구역  launch : ~을 시작하다, 착수하다, 내보내다, 진수시키다  extinction : 멸종, 소멸

「지구상의 어떤 나라도 인도보다 더 다양하고 볼 만한 야생생물의 본거지는 아니다. 그리고 외견상 희망없어 보이는 가능성에도 불구하고 그들의 천연종들을 보존하기 위하여 인도보다 더 단호하게 노력을 하였던 나라는 거의 없다. 30년 전에는 아마도 80여개의 국립공원과 자연보호구역이 있었다. 지금은 적어도 기록상으로는 45개 이상이 있고 더 많은 것들이 계획되고 있다. 인도의 동물을 멸종으로부터 구하기 위한 국제적인 원조적 노력으로 1973년 시작된 Tiger계획안은 성공적인 것으로 보인다. 20년이 채 안되어 인도의 야생호랑이의 공식적 개체수 조사에서 그 수는 대략 2배가 되었다. 그러나 나는 지난 10년 동안 9번의 인도여행을 한 후에 인도 야생 생물의 미래가 이전보다 더 불확실하다는 것을 분명히 느꼈다.」

**84** ③

'Project Tiger'는 인도의 야생호랑이를 보호하고자 하는 계획안이라고 지문에 제시되어 있다.

**85** ④

이 글의 주제는 '인도의 야생동물 보호'이다.

**86** ②

앞 뒤 문장이 역접의 관계이므로 yet(그러나)가 적합하다.

**【87~88】**

illumination : 조명  whaling : 고래잡이  put into ~ : ~을 주입하다, 삽입하다  dwindle away : 감소하다, 줄어들다  hydrogenation : 수소화함, 경화(硬化)

「19세기 중반까지 고래기름은 램프용으로 광범위하게 사용되는 기름으로서 필수적인 것이었다. 그러나 석유가 발견되고 조명용으로 제조되었을 때 그 가격경쟁은 너무도 광장하였다. 그 다음 50년 동안 고래잡이사업은 거의 존재하지 않는 상태로까지 감소하였다. 그러나 1908년 프랑스의 한 과학자가 나쁜 냄새가 나는 고래기름을 무취, 무미의 순한 유지방으로 바꾸는 경화유 제조공정을 고안하였다. 이런 지방으로 마가린과 비누제조업체들은 증가하는 수요를 창출하였다.」

**87** ①

지문의 첫 번째 문장과 그 다음문장에 제시되어 있는 내용으로 유추할 수 있다.

**88** ①

dwindle(away) : 줄어서 없어지다
diminish : 줄어들다, 약해지다

# 실력평가 모의고사

# 제1회 모의고사

해설 p.342

※ 다음 밑줄 친 것과 의미가 같은 것을 고르시오. 【1~4】

**1** I knew that restaurant was popular, but it didn't <u>cross my mind</u> to make reservations.

① come into my thought
② alter my plan
③ waste my time
④ use my maximum ability

**2** The heavy rain did not <u>deter</u> people from coming to the school play.

① outlast
② hinder
③ enjoy
④ dispel

**3** I felt <u>out of place</u> among the young students.

① superior
② crowded
③ alone
④ uncomfortable

**4** I don't want to <u>break in on</u> our meeting, but there is an important call.

① interrupt
② inspire
③ adjust
④ sustain

※ 다음 빈칸에 들어갈 적절한 내용을 고르시오. 【5~8】

**5** A : Please return to your seat and fasten your seat belt.

B : _____

A : No, but there is some turbulence in the air.

① Do we have to fasten our seat belts?

② Do we have to take flight?

③ Are we getting ready to land?

④ Did you have a good flight?


**6** The craftsman labored on despite _____.

① his body fatigued and low spirit

② his fatigued body and low spirit

③ his body fatigued and spirit low

④ his fatigued body and spirit low


**7** If something is made or done in imitation of another thing in order to deceive, we call it _____.

① counterfeit                    ② counterpart

③ counterattack                 ④ counteract


**8** Charles _____ all the competitors in the national jogging race.

① outlast                        ② outgoing

③ outstretched                   ④ outdistanced

The self-perpetuating nature of poverty has attracted the interest of both social scientists and policy makers. A number of anthropologists, notably Oscar Lewis, argue that poverty is not just an economic condition but a way of life that tends to perpetuate itself by failing to provide its members with the values and skills necessary to be successful in the larger society. According to Lewis, the culture of poverty is an adaptation of the poor to their marginal position in stratified, capitalistic, societies. Some of the characteristics of this "culture" are lack of participation in the cultural and social institutions of the larger society, chronic shortage of cash and the absence of savings, low levels of education, mistrust of government and fear of the police, early sexual experience and a high rate of children born out of wedlock, and families centered on the mother, with fathers weak or absent.

**9** Which of the following would be the best title of the passage?

① Which Skills Do the Poor Need?

② Are the Poor Really Unhappy?

③ What Economic Condition Is Poverty?

④ Why Do the Poor Continue to Be Poor?

**10** Choose the answer which is closest in meaning to the underlined "children born out of wedlock".

① retarded children                      ② parentless children

③ illegitimate children                  ④ isolated children

※ 다음 글에서 밑줄 친 곳이 문법적으로 잘못된 것을 찾으시오. 【11 ~ 12】

**11** ①As they ②neared pass the exam, they studied ③harder ④as ever before.

**12** ①If only we ②didn't have a ③puncture, we would have arrived ④in time.

※ 다음 글을 읽고 물음에 답하시오.  【13~15】

The quality of the graphics output on a computer printer is measured in dpi(dots per inch). Simply by changing the density of dots that make up each part of an image, the printer can produce graphics that look almost photographic. To understand how this works, consider how a black-and-white photograph shows the shades which, in real life, are colors. Each color is a different shade of gray. For graphics to be produced on the computer printer, a piece of software called a printer driver decides upon a dot pattern which will represent each color shade.

These different patterns or textures each create an individual effect which your eye translates into gray shades. The closer you look at the image, however, the less lifelike it looks.

**13** According to the passage, a computer printer can _____.

① measure dots per inch
② change the shade of colors
③ look fantastic
④ produce pictures

**14** Graphics are like black-and-white photographs in that _____.

① they are produced by printers
② density of dots is decided by the quality of a printer
③ each color is seen as a different shade of gray
④ they can produce colorful effect

**15** According to the passage, the graphics image_____.

① is an exact reproduction of nature
② has the same quality as a photograph
③ loses its natural look when viewed close up
④ translates gray shades into colors

**16** 다음 밑줄 친 곳에 가장 적절한 표현은?

> The Tortoise was a friendly fellow who moved at his own slow pace. The Hare was a busy person who was always on the move. The Hare could not understand how the slow-moving Tortoise could accomplish anything. So, one day, the Hare challenged the Tortoise to a race, saying "_____."

① I dare you to race with me

② I'm so blue these days

③ I am the fastest runner in the woods

④ I am jealousy

**17** 다음 글의 밑줄 친 부분의 해석으로 옳은 것은?

> With the process of evolution, man broke in some cattle to labor.

① raised            ② tamed

③ fed             ④ interfered

※ 다음 글을 읽고 물음에 답하시오. 【18~20】

> Gauguin left France on 3 July 1895, never to return. During the eight years that elapsed between Gauguin's final departure from France and his death on the distant island of Hivaoa in the Marquesas, he was in the hospital at least four times, often for prolonged periods ; claimed to have attempted suicide once and perhaps succumbed to its temptations in 1903 ; built three houses ; fathered at least three children ; dited one newspaper and wrote, designed, and printed another ; completed three book-length texts ; sent paintings and drawings to many European exhibitions ; finished nearly 100 paintings ; made over 400 woodcuts ; carved scores of pieces of wood ; wrote nearly 150 letters and fought both civil and ecclesiastical authorities with all the gusto of a youth. He was only fifty four years old when he died, but he had lived his life with such fervor and worked so hard when he was healthy that we must remember the achievements even as we read the litany of the failures and miseries in the chronology.

There are several important ways in which Gauguin's oeuvre(area of obsession) from the last Polynesian period can be differentiated from that of the first. During the first trip, Gaugin's work took two different directions, both of which were recognized by critics of the 1893 exhibition. First, he represented scenes of daily life just as his hero, Delacroix, had done in Morocco ; second, he created idealized illustrations of Polynesian tales of religious and mythical events about which he read. Both these enterprises were characterized by a sort of ethnographic focus on Tahiti before its colonialization. Indeed, hints of the colonial presence are so rare in the paintings that, even when they do exist, one must be sensitized to recognize them.

**18** From 1895 to 1903, Gauguin's artistic activity can best be described as _____.

① impoverished                    ② alien

③ ethnographic                    ④ frenzied

**19** Which of the following statements is best supported by the passage?

① Paul Gauguin was impressed by the physical beauty of Tahiti.

② Paul Gauguin believed in civil reform.

③ Paul Gauguin committed suicide.

④ Paul Gauguin was not confined to one area of expression.

**20** Gauguin's exhibition of 1893 was marked by _____.

① scenes from daily life

② ideas of comparative religion, politics and social philosophy

③ the lack of the vivid directness of earlier work

④ photographs of the Javaanese temple of Borobudur

해설 p.344

※ 다음 문장에서 밑줄 친 단어와 동일한 의미를 갖고 있는 단어 혹은 어구를 고르시오. [1 ~ 4]

**1** Even among rural people in less—developed countries, Ms. Bruce said, the need for a cash income is becoming more <u>pressing</u>.

① frequently found      ② pushing against

③ oppressed      ④ urgent

**2** Large corporations cannot interview all the people who wish to work for them, so they <u>screen</u> the resume first, often by computer, to choose the best applicants.

① cover      ② filter

③ block      ④ investigate

**3** It is best not to <u>stray</u> from the original plan when you are uncertain about the best course of action.

① deviate      ② decline

③ decry      ④ desire

**4** Gaunt but energetic, he speaks softly and struggles at times to make himself heard over the <u>din</u> of voices and squeals of fax machines from the hotel lobby.

① soft sound      ② loud noise

③ radio      ④ echo

**5** 다음 ( ) 안에 공통적으로 들어갈 가장 올바른 단어는?

ⓐ I am ( ) to understand that she has been faithful to her husband.
ⓑ He is ( ) to drinking rather heavily.
ⓒ I believe that such a man, ( ) average good fortune, may achieve his happiness.

① done                     ② made
③ given                 ④ provided

**6** 다음 밑줄 친 부분 중 어법에 맞지 않는 것은?

He has rejected an offer ①by the cabinet that ②it should resign to ③deflect criticism directed at him, but ④has called for a referendum on his rule, saying he would resign if the voters do not support him.

※ 다음 문장을 읽고 문맥을 고려하여 밑줄 친 곳에 적절한 단어나 어구를 고르시오. 【7~10】

**7** If the sun _____ in the west, I would never love you.

① will rise                ② shall rise
③ would rise             ④ were to rise

**8** _____ he had a family, he would have left England long ago.

① But that                ② Granting that
③ On condition that      ④ So long as

**9** In 1989, the contestants of the Miss America Pageant were encouraged to come up _____ platform statements on how they would serve as a spokeswoman _____ Miss America.

① on - for                ② with - for
③ as - with              ④ with - as

**10** America is the largest contributor _____ the IMF, which acts like a credit union with assets of about $ 190 billion. That gives the U.S. government more influence _____ how the IMF allows American economic ideas to be pursued around the world.

① to − over                     ② to − by
③ on − to                       ④ with − over


※ 다음 글을 읽고 물음에 답하시오. [11~12]

In a famous 1971 study, psychologist Albert Mehrabian found that when listeners judge the emotional content of a speech, they give the most weight to the speaker's facial expressions and body movement : his or her "body language." Just how much weight? Fifty−five percent. This means that 55 percent of the speech's power of persuasion − its effectiveness − depends on visual, not on verbal, cues.

So only 45 percent of the effectiveness of a speech comes from the words? ( A ). The next most important factor, according to Mehrabian's test audiences, were "vocal qualities" − not words, but tone of voice, voice pitch, and the pace of delivery. These accounted for 38 percent of the speech effectiveness.


**11** Which of the following best fits into (A)?

① Absolutely                    ② No
③ Positive                      ④ Of course


**12** According to Mehrabian's study, what is the most important factor in the effectiveness of a speech?

① Vocal qualities               ② Words in the speech
③ Speaker' s sincerity          ④ Body language

I spoke also a moment ago of what I call a friendly interest in things. This phrase may perhaps seem forced ; it may be said that it is impossible to feel friendly to things. Nevertheless there is something analogous to friendliness in the kind of interest that ___ⓐ___ takes in rocks or ___ⓑ___ in ruins, and this interest ought to be an element in our attitude to individuals or societies. It is possible to have an interest in things which is hostile rather than friendly. A man might collect facts concerning the habitats of spiders because he hated spiders and wished to live where they were few. This kind of interest would not afford the same satisfaction as the geologist derives from his rocks. An interest in impersonal things, though perhaps less valuable as an ingredient in everyday happiness than a friendly attitude towards our fellow creatures, is nevertheless very important. The world is vast and our own powers are limited.

The secret of happiness is this ; let your interests be as wide as possible, and let your reactions to the things and persons that interest you be as far as possible friendly rather than hostile.

**13** Which title in the following best fits the above story?

① an interest in things      ② the kind of interest

③ habitats of spiders      ④ the secret of happiness

**14** Fill in the blank ⓐ with the most appropriate word.

① a geologist      ② a naturalist

③ a seismologist      ④ an astronomer

**15** Fill in the blank ⓑ with the most appropriate word.

① an astrologer      ② a biologist

③ an archaeologist      ④ a physicist

**16** The secret of happiness is _____.

① to let your interests be as wide as possible

② to experience a genuine happiness

③ to give up your friendly reactions to the things

④ to find pleasure in their individual traits

**17** What is the ingredient in everyday happiness that the author of the passage puts emphasis on?

① some unusual skills

② the excursion into personal things

③ a recipient of reciprocal kindness

④ an interest in impersonal things

**18** Which of the following statements does NOT reflect the content of the passage?

> A prospective husband wanted to be sure that if his marriage didn't work out, he could keep his treasured snowball collection, safely stored away in a freezer. A fiancée insisted on stipulating who would walk the dog. One man wanted the right to sue _____ ⓐ _____ divorce if his bride-to-be gained more than 15 pounds once she became his wife.
>
> These are some of the wackier terms of prenuptial agreements. But make no mistake about it, what most of them are about is money — and how financial assets will be divided _____ ⓑ _____ if a couple divorces. And divorce with its attendant money problems is common in the United States and other economically developed countries. Prenuptial agreements—or "prenups," as they are known in the American legal profession — are designed to address these problems as they arise. Prenups are negotiated by lawyers for the prospective spouses, and signed before they walk down the aisle.
>
> They have been gaining _____ ⓒ _____ popularity in the United States since the early 1980s, when more states began passing laws that affected who gets what financial assets in a divorce. The laws are based either on "community property"(split evenly) or on "equitable distribution"(in New York state, whatever a judge thinks is "fair")

① Prenuptial contacts are popular among wealthy people.

② In the United States, divorce laws differ from state to state.

③ Prenuptial agreements discuss both financial and nonfinancial matters.

④ Before signing a prenuptial agreement, a prospective spouse hires his or her own lawyer to look it over.

※ 다음 문장에서 밑줄 친 곳 가운데 문법적으로 잘못된 곳을 찾으시오. 【19~20】

**19** ⓐLong before we shall approach a  computer as complex as our brain, we will build a computer ⓑcomplex enough to design ⓒanother one more complicated ⓓthan itself.

① ⓐ　　　　　　　　　　　② ⓑ

③ ⓒ　　　　　　　　　　　④ ⓓ


**20** ⓐWhen he was shown to his sitting-room on the eighth floor, he saw ⓑby a glance that everything was as it should be ; ⓒthere was but one detail in his mental picture that the place did not realize, so ⓓhe rang for the bell boy and sent him down for flowers.

① ⓐ　　　　　　　　　　　② ⓑ

③ ⓒ　　　　　　　　　　　④ ⓓ

## 제3회 모의고사

해설 p.347

※ 밑줄 친 부분의 의미와 가장 가까운 것을 고르시오. 【1~3】

**1** The plastic surgeon was a little <u>flustered</u> last year when a 30–something female patient returned to his office.

① flattered      ② bewildered

③ jubilant      ④ fostered

**2** The soldiers had to <u>make do with</u> the poor weapons distributed to them.

① discard      ② use

③ run away with      ④ manage with

**3** Staying in the center of town may be convenient, but it's rarely luxurious or cheap – all the better lodging facilities are in the suburbs. Given the relatively small scale of the city and the excellent public transport, <u>the latter option</u> is definitely the better.

① the center of town

② the excellent public transport

③ choosing the lodging facilities

④ staying in the suburb

**4** 다음 중 문법적으로 옳지 않은 문장은?

① Only if you can solve this problem will you be admitted.

② They have prepared for the exam so hard, and so I did.

③ I was never aware of what was going on in that meeting.

④ Never did I dream that I could see her again.

**5** 다음 글의 주제문으로 빈칸에 가장 알맞은 것은?

_____ In the sentence, "I was very apprehensive, as if I were waiting to see the dentist," the feeling being described is compared with the common experience of waiting to see the dentist. How do you feel when waiting to see the dentist? You probably feel nervous about what might happen, and that's what apprehensive means.

① A preview will guide your detailed reading.

② An author may give an example or illustration of and unfamiliar word.

③ In detailed reading, try to relate new information to what you already know.

④ An author's restatement gives you a clue to the meaning of an unfamiliar word.

**6** 다음 글의 요지로 가장 적절한 것은?

In times of economic recession when jobs are hard to find, it is important to organize your job search carefully. Here are some tips to make your search more productive. First of all, consider that your job is getting a job. Work at getting a job every day for a regular number of hours. Next, ask people whom you know to suggest other people for you to talk to others about a job. Offer to work part-time if a full-time job is not immediately available. Appear willing and eager. Most important, don't get discouraged and give up. Your job search will eventually be successful if you work hard at getting work.

① 힘든 일을 할수록 적당한 휴식을 취하면 능률이 더 높아진다.

② 성공하기 위해서는 먼저 자신의 특기와 적성을 파악할 필요가 있다.

③ 전임근무보다는 시간제 근무로 직장생활을 시작하는 것이 더 유리하다.

④ 직장을 얻기 원한다면 구체적이고 열성적인 구직계획을 세워야 한다.

※ 다음 글을 읽고 물음에 답하시오. 【7~11】

What happens when you ask someone to draw a map of the world? The results can be very interesting. Few people, in fact, have a very accurate idea of what the world looks like. You might expect some mistakes in the positions of the countries. After all, this is a task that requires a certain skill with a pencil and a good memory. But many people do not even know the relative size of the continents. They tend to enlarge them or make smaller, according to their point of view. For this reason, the home continent is often drawn too large. A Brazilian, for example, tends to ____ⓐ____ the continent of South America, while a Vietnamese ___ⓑ___ s Asia.

Another common error is the tendency to make Europe too large and Africa too small. People from all parts of the world tend to draw the world this way, including the Africans!

There are several factors that may be involved here. One factor may be the influence of old maps made with the "Mercator projection." This technique for drawing maps makes areas nearer the North Pole, including Europe, seem extra large. Other areas in the middle, such as Africa, seem smaller than reality. However, the Mercator maps also enlarge Greenland and Canada, and people usually do not make the relative importance of the continents. The size of Europe tends to be exaggerated because of its importance in people's minds. ____ⓒ____ _, Africa becomes smaller because people feel it is unimportant.

**7** Which of the following is the most appropriate for the title of the passage?

① The actual size of the four continents in the world

② How to draw the map of the world correctly

③ People's ideas about world geography

④ Problems with the Mercator projection

**8** Which of the following statements best reflects the main idea in the first paragraph of the passage?

① Anybody can draw the map of the world correctly.

② Hand-drawn maps of the world often do not show accurate sizes of the continents.

③ The continent of South America and that of Asia must be drawn in an exaggerated size.

④ A Brazilian and a Vietnamese usually make a mistake in drawing a map.

**9** Which of the following statements best reflects the main idea in the second paragraph of the passage?

① The Mercator projection must be used to draw an accurate map.

② On hand-drawn maps of the world, Europe and Africa are often drawn the wrong size.

③ Errors on maps of Greenland and Canada often are due to the relative importance of the continents in people's minds.

④ Errors on maps of Africa often are due to emphasis on the African continent.

**10** Which of the following is the most appropriate item for the blanks ⓐ and ⓑ, considering the content of the passage?

① shrink  ② enlarge

③ dwindle  ④ multiply

**11** Which of the following is the most appropriate item for the blank ⓒ, considering the content of the passage?

① Probably  ② Indifferently

③ Likely  ④ Similarly

**12** 다음 글의 ⓐ, ⓑ의 각 밑줄 친 곳에서 가장 적절한 표현을 차례대로 짝지은 것은?

Fingerprints left at the scene of a crime ⓐ is / are detected in various ways. Many of them are visible and can be photographed as soon as sighted. But some fingerprints are barely visible. If ⓑ leaving / left on a dark surface, a white dusting powder is used on light surfaces. Often prints may be found on textiles such as bed clothes or shirts. In order to make such prints visible, the cloth is put into a chemical solution that turns the print brown.

① ⓐ is — ⓑ leaving  ② ⓐ is — ⓑ left

③ ⓐ are — ⓑ leaving  ④ ⓐ are — ⓑ left

**13** 다음 글의 'we'의 속성을 가장 잘 표현한 것은?

Do not take your professors as your models. We, the professors, represent a special world and we are an academic people. You are going into a broader world and a nonacademic environment. Make us realize that our interests and understandings should spread into every field. Make us see that our students are at least as important as the subjects we teach. Make us understand that marks and examinations are mere administrative conveniences to be taken far less seriously than we take them.

① strong           ② instructive

③ narrow          ④ rare


**14** 다음 글에서 문맥상 ⓐ～ⓓ의 차례로 가장 알맞은 것은?

Buying a used car doesn't have to be a worrisome experience if you go through the following steps. First, decide what kind of car you want and how much you're willing to pay for it. ⓐThen meet with each car's owner to examine the car carefully. If you don't know much about cars, bring along a friend who does. Check out the car's engine and take it for a test drive. ⓑIf the car passes inspection, negotiate a price with the owner. ⓒDecede which car will give you the best performance for your money and take it to a mechanic to have him look at it thoroughly. ⓓScan ads in the newspaper for preferred models that are within your budget. Circle the ads for the cars that look promising and contact the owners to make an appointment to see the car. When you're agreed on a price, pay the owner and drive away in your "new" used car.

① ⓐ － ⓑ － ⓓ － ⓒ          ② ⓑ － ⓓ － ⓐ － ⓒ

③ ⓒ － ⓑ － ⓓ － ⓐ          ④ ⓓ － ⓐ － ⓒ － ⓑ

The razor continued on its downward stroke. Now from the other sideburn down. A thick, blue beard. Fernandez should have let it grow like some poets or priests do. It would suit him well. A lot of people wouldn't recognize him. Much to his benefit, I thought, as I attempted to cover the net area smoothly. There, for sure, the razor had to be handled masterfully, since the hair, although softer, grew into little swirls. A curly beard. One of the tiny pores could be opened up and issue forth its pearl of blood. A good such as I prides himself on never allowing this to happen to a client. And this was a first-class client. How many of us had he ordered short? How many of us had he ordered mutilated? It was better not to think about it. Fernandez did not know that I was his enemy. It was a secret shared by very few, precisely so that I could inform the revolutionaries of what Fernandez was doing in the town and of what he was planning each time he undertook a rebel-hunting excursion. So it was going to be very difficult to explain that I had him right in my hands and let him to peacefully — alive and shaved.

**15** 화자의 직업으로 빈칸에 가장 알맞은 것은?

① soldier    ② doctor
③ barber    ④ teacher

**16** 윗글의 분위기를 묘사한 것으로 가장 알맞은 것은?

① 화기애애하다.    ② 을씨년스럽다.
③ 긴장감이 넘친다.    ④ 엄숙하고 경건하다.

※ 다음 글을 읽고 물음에 답하시오. 【17~18】

<u>Writing, particularly academic writing is not easy</u>. It takes study and practice to develop this skill. For both native speakers and new learners of English, it is important to note that writing is a process, not a "product". This means that a piece of writing, whether it is a composition for your English class or a Hemingway short story, is never complete; for example, it is always possible to review and revise, and review and revise again. The famous American writer Ernest Hemingway once said that if he wrote one good page a day, he was working well. Since Hemingway spent several hours each day writing, you can imagine how many times this great writer revised his work!

Whenever you write, consider your audience, for example, the people who will read what you have written. Knowing your audience will help you reach your goal of communicating clearly and effectively. For example, you may write letters to friends to tell them what a great time you are having socializing in school while neglecting your studies. You may have to write an essay for a history, political science, psychology, or English exam. Later, you may have to write a letter to a prospective employer. Each of these has a specific audience, and what you say and how you say it will affect your audience's understanding of your message. In academic writing, your audience is primarily your professors.

**17** 윗글을 쓴 목적으로 가장 알맞은 것은?

① to emphasize the diversity of the audience
② to explain the importance of academic writing
③ to suggest reviewing and revising as a good writing skill
④ to present some effective ways of developing writing skills

**18** 밑줄 친 부분의 의미와 가장 가까운 것은?

① Writing is too incomplete and difficult to be called a "product".
② A piece of writing depends upon the audience and its subject matter.
③ Writing is so difficult that Hemingway spent much time and effort on it.
④ A piece of writing always has the potential to be changed or improved.

※ 다음 글을 읽고 물음에 답하시오. 【19~20】

Depressed is a word that can cause some ⓐconfusion and misunderstandings. A student who received a "D" on a test might say, "Oh I'm so depressed," when he sees his grade. But then, an hour later, he is playing Frisbee with his friends and laughing. We get so used to hearing people say, "I'm depressed" in this casual way that we sometimes forget that depressed can also refer to a very serious medical condition.

About 10 ~ 20 percent of people have ⓑthe more serious kind of depression (also called "clinical depression") sometime in their lives. Unlike the student with the "D", people who are clinically depressed don't forget about their depression. ⓒTheir "low feeling" is not a temporary mood. They often find it very difficult to work and concentrate. There are many reasons for this type of depression, and there are many ways to help people who have ⓓit. People who think they may be clinically depressed should see their doctors.

**19** 윗글의 내용과 일치하는 것은?

① A depressed mood always goes away easily.

② Medical care is needed for a person who feels depressed for a long time.

③ People get clinically depressed because they do not do well in school work.

④ If someone says, "I'm depressed," you should take him to the doctor immediately.

**20** ⓐ~ⓓ 중 나머지 세 개와 관계가 가장 먼 것은?

① ⓐ           ② ⓑ

③ ⓒ           ④ ⓓ

# 정답 및 해설

| 1.① | 2.② | 3.④ | 4.① | 5.③ | 6.② | 7.① | 8.④ | 9.④ | 10.③ |
|------|------|------|------|------|------|------|------|------|------|
| 11.④ | 12.② | 13.④ | 14.③ | 15.③ | 16.① | 17.② | 18.③ | 19.④ | 20.① |

**1** cross one's mind 생각이 나다  alter 바꾸다 변경하다  come into (어떤 상태가) 되다

「나는 그 식당이 유명한 것을 알고 있었지만 예약을 해야 된다는 것을 생각하지 못했다.」

**2** deter(hinder, prohibit, hold) + O + from ~ ing …가 ~하는 것을 막다, 방해하다, 못하게 하다(물주구문임에 유의)
① ~보다 오래 견디다  ④ 일소하다, 없애다 (= disperse)

「폭우에도 불구하고 사람들은 학교 연극을 보러 왔다.」

**3** out of place 어울리지 않는, 부적당(부적절)한, 잘못 놓인  superior 뛰어난, 우수한, 보다 나은  crowded 혼잡한, 붐비는, 대만원인  uncomfortable 불편한, 거북한, 기분이 언짢은, 불유쾌한

「나는 어린 학생들 틈에서 어울리지 않는다는 느낌을 받았다.」

**4** break in on(upon) 방해하다, 중단하다  interrupt 방해하다, 중단하다  inspire (사상, 감정 등을) 일어나게 하다, 느끼게 하다, ~에게 불어넣다, 고취하다  sustain 떠받치다, 유지하다

「나는 모임을 방해하고 싶지는 않았지만 중요한 전화가 왔다.」

**5** turbulence 거칠게 몰아침, 소동, 난류

「A : 좌석을 바로 하시고 안전벨트를 매 주십시오.
 B : 착륙할 준비를 하는 겁니까?
 A : 아니요. 대기 중에 난기류가 좀 있어서요.」

**6** craftsman 장인(匠人)  labor 일하다 노동하다  fatigued 지친  low 낮은, 침울한, 기운이 없는, 쇠약한  spirit 정신, 영혼
'소유대명사 + 형용사 + 명사'의 어순을 취해야 한다.

「그 장인은 그의 지친 몸과 쇠약해진 정신에도 불구하고 계속해서 일하였다.」

**7** deceive ~을 기만하다, 속이다  counterfeit 가짜, 모조품, 위작, 모조의, 가짜의  counterpart 사본, 상대물, 대응물  counterattack 반격, 역습  counteract ~와 반대로 행동하다, 방해하다, 반작용하다

「만약 뭔가 속일 목적으로 다른 것을 본따서 만든 것을 모조품이라고 한다.」

**8** outlast ~보다 오래 견디다, ~보다 오래 살다  outgo ~보다 멀리가다, ~보다 낫다  outstretch ~을 연장시키다, 펴다  outdistance (경주, 경마에서) ~을 훨씬 앞서다, ~을 능가하다

「찰스는 국내 조깅대회에서 모든 경쟁자들을 제쳤다.」

**9~10** perpetuate 영존시키다, 불멸하게 하다 poverty 빈곤, 가난 attract 끌다, 유인하다 notably 특히, 현저하게, 그 중에서도 adaptation 적응, 적합, 개조 policymaker 정책입안자 anthropologist 인류학자 marginal 변두리의, 주변의, 한계의, 최저의 stratified 계층화된 capitalistic 자본주의의 characteristic 특징, 특성, 독특한 be lack of 부족하다, 모자라다 participation 참가, 참여, 관여 chronic 만성적인, 고질적인 wedlock 혼인, 결혼생활 retarded children 지체아 parentless children 고아 illegitimate children 사생아 isolated children 격리된 아이 handicapped children 장애아

「가난 그 자체의 영속적인 특성은 사회과학자와 정책입안자들 모두의 관심을 끌어왔다. 수많은 인류학자들은, 특히 Oscar Lewis는 가난은 경제적 상태뿐만 아니라, 더 큰 사회에서 성공하기 위해 필요한 가치와 기술들을 그 구성원에게 제공하는데 실패함으로써, 그 자체를 영존하게 하는 하나의 삶의 방식이라고 주장한다. Lewis에 따르면, 가난의 문화는 가난한 사람들이 계층화되고 자본주의적인 사회에서 그것들의 주변의 위치에 적응해야 하는 문화이다. 이런 '문화'의 특징 중 일부는 더 큰 사회의 문화적, 사회적 단체에 대한 참여부족, 만성적인 현금의 부족 그리고 저축의 부재, 낮은 교육수준, 정부에 대한 불신 그리고 경찰에 대한 두려움, 이른 성경험 그리고 높은 비율의 혼인외 자식들, 그리고 아버지가 힘이 약하거나 부재인 어머니 중심의 가정들 같은 것들이다.」

**11** harder가 비교급이므로 as를 than으로 바꿔야 한다. 본문에서 'near'는 '~에 근접하다'라는 뜻의 타동사로 쓰였다.

「시험 합격이 임박해 오자 그들은 전보다 더 열심히 공부했다.」

**12** puncture (바늘로) 찌르기, (타이어) 펑크 주절에 과거사실과 반대되는 가정을 나타내는 가정법 과거완료 would have arrived가 쓰였으므로 ②의 didn't have를 hadn't have로 고쳐야 한다.

「만일 자동차 타이어가 펑크 나지 않았더라면 우리는 때맞춰 도착했을텐데.」

**13~15** density 짙은 정도, 농도 dot 점, 도트 texture 직물, 짜임새, 구조, 조직

「컴퓨터 프린터로 출력되는 그래픽의 질은 dpi(dots per inch)로 측정된다. 이미지의 각 부분을 구성하는 도트의 농도를 단순히 변화시켜서 프린트는 거의 사진처럼 보이는 그래픽을 출력할 수 있다. 어떻게 이 일이 일어나는지를 이해하기 위해서 흑백사진이 실제로는 칼라인 음영을 어떻게 보여 주는지 생각해 봐라. 각 색상은 회색의 다양한 음영이다. 그래픽이 컴퓨터 프린터로 출력되기 위해서 프린터 드라이버라고 불리는 소프트웨어가 각각의 색상 음영을 보여 줄 도트패턴을 결정한다. 이런 다양한 패턴이나 텍스처는 각각 당신의 눈에 회색음영으로 보이도록 개별적인 효과를 창출한다. 그러나 그 영상에 가까이 다가가 보면 볼수록 그것은 덜 진짜처럼 보인다.」

**16** tortoise 거북 hare 산토끼 dare ~ to ~에게 ~해보라고 덤비다(도전하다)

「거북이는 천천히 움직이는 상냥한 친구였다. 토끼는 항상 움직이는 바쁜 녀석이었다. 토끼는 느림보 거북이가 어떻게 어떤 일이든 해내는지 이해할 수 없었다. 그래서 어느 날 토끼는 거북이에게 "나랑 경주할 자신이 있으면 도전해봐."라고 말하며 경주를 신청했다.」

**17** break in(= tame) 길들이는, 시운전의 breaking 길들이기, 시연 process 진행, 과정 evolution 전개, 발전, 진전 cattle 가축, 소, 축우
① 올리다, 끌어 올리다, 승진시키다
② 길든, 식물이 재배된
③ 먹을 것을 주다, 먹이다
④ 간섭하다, 말참견하다, 방해하다

「발전과정에서 인간은 노동력을 위해 몇몇의 가축을 길들였다.」

**18~20** elapse (때가) 경과하다 prolonged 연장한, 오래 끄는, 장기의 succumb 굴복하다, 죽다 temptation 유혹 drawing 그림, 스케치, 데생 woodcut 목판(화) ecclesiastical 교회의 gusto 취미, 기호, 기쁨, 즐거움 fervor 작열, 열정, 열렬 litany 탄원, 장황한 이야기 chronology 연대학, 연대기, 연표 oeuvre (한 작가·예술가 등의)

일생의 작품, 전 작품, (하나의) 예술작품 mythical 신화의, 신화적인 enterprise 기획, 계획, 기업, 사업 ethnographic 민속지(誌)적인 differentiate ~을 구별하다, 분화시키다 colonialization 식민지화 colonial 식민(지)의, 식민지풍의 sensitize ~을 민감하게 하다, 민감해지다 impoverished 가난해진, 힘을 잃은 frenzy ~을 격노시키다, 격앙시키다 rampant 광포한, 만연하는 languid 활기 없는, 나른한, 노곤한 inexplicable 설명할 수 없는 serene 고요한

「고갱은 1895년 7월 3일에 프랑스를 떠나서 다시는 돌아오지 않았다. 고갱이 프랑스를 마지막으로 떠나 Marquesas에 있는 외딴 Hivaoa섬에서 죽기까지 8년 동안 그는 종종 장기간 적어도 4차례는 병원에 있었다. 그는 한 차례 자살을 기도했었고, 아마도 1903년에 그 유혹에 굴복했다고 주장된다. 그는 3채의 집을 지었으며, 적어도 세 아이의 아버지였고, 신문 하나를 편집하고, 다른 신문의 기사를 쓰고, 디자인하고 인쇄했다. 또 그는 책 3권 길이의 텍스트를 완성했고, 그림과 스케치들을 많은 유럽의 전시회에 보냈고, 거의 그림 100점을 완성했고, 400여 점이 넘는 목판화를 만들었으며, 수십 개의 나무 조각을 했고, 거의 150통의 편지를 썼으

며, 젊음의 활기에 넘쳐 시와 교회당국과 싸웠다. 그가 사망했을 때 그의 나이는 단지 55세였지만 그는 열정을 가지고 그의 삶을 살았고, 그가 건강했을 때 너무나 열심히 일해 우리는 심지어 연대기에 나와 있는 실패와 불행의 이야기를 읽을 때도 그 업적들을 기억해야만 한다.

최후의 폴리네시안 시기로부터 고갱이 집착한 작품세계를 최초의 작품세계와 구별할 수 있는 몇 가지 중요한 방법이 있다. 첫 번째 여행 동안, 고갱의 작품은 두 가지 다른 방향으로 나갔는데, 둘 다 1893년의 전시회에서 비평가들의 인정을 받았다. 우선 그는 모로코에서 그의 영웅 들라크로와가 그렸던 것처럼 일상생활의 장면들을 표현했다. 두 번째로 그는 그가 읽은 폴리네시아의 종교적이고 신화적인 사건들을 이상화한 그림을 만들어 냈다. 이 두 가지 기획 모두는 식민지화되기 전의 타히티에 민속지적인 면으로 초점을 맞춘 종류로 특징지어졌다. 사실 식민지적인 요소의 현존은 그림들에서 찾아보기는 어렵고, 존재하더라도 감수성이 뛰어난 사람들만이 그것들을 알아볼 수 있다.」

제2회

| 1.④ | 2.④ | 3.① | 4.② | 5.③ | 6.② | 7.④ | 8.① | 9.② | 10.① |
|------|------|------|------|------|------|------|------|------|------|
| 11.② | 12.④ | 13.① | 14.① | 15.③ | 16.① | 17.④ | 18.③ | 19.③ | 20.② |

1 pressing 절박한, 긴급한

「Ms. Bruce가 말하길 미개발국의 시골 사람들 중에 서조차 현금 소득의 필요성은 더욱 절박해지고 있다고 한다.」

2 corporation 법인, 주식회사 screen ~을 가리다, 가로막다, 선발하다, 심사하다, 조사하다 résumé 적요, 요약, 이력서 filter ~을 거르다, 여과하다, 여과기 investigate ~을 조사하다, 연구하다

「대기업들은 일하기를 원하는 모든 사람들과 인터뷰할 수 없기에 흔히 컴퓨터로 우선 이력서를 심사하여 최고의 지원자들을 뽑는다.」

3 stray 벗어나다, 일탈하다 deviate 원칙에서 일탈하다 decry 비난하다, 헐뜯다 decline 아래로 기울다, 감퇴하다

「당신이 가장 좋은 실행과정이 무엇인지 확신하지 못할 경우에는 기본적인 계획에서 벗어나지 않는 것이 가장 좋다.」

4 gaunt 수척한, 몹시 여윈, 쓸쓸한 energetic 원기왕성한, 정력적인 at times 때때로 make oneself heard (소음 때문에 큰 소리로 말하여) 자기의 목소리가 상대에게 들리게 하다 din 떠듦, 소음, 시끄러운 소리 squeal 끽끽(깩깩) 울다

「수척하지만 원기왕성한 그는 부드럽게 말하고, 때때로 호텔 로비에서 들려오는 사람들의 떠드는 소리와 팩스에서 나는 끽끽거리는 소리 너머로 자신의 목소리가 상대에게 들리게 하려고 애쓰고 있다.」

**5** be faithful to ~에 헌신적인  be given to ~에 빠지다, ~에 열중하다, 거의 ~하다시피 하다, 버릇이 있다  rather 다소, 조금, 오히려  heavily 심하게, 과도하게, 무겁게  average 평균의, 보통의  achieve 성취하다, 이루다, (어려운 일)을 완수하다
make의 의미에 따른 활용을 묻는 것으로 문장에 따라 쓰이는 의미를 파악해야 한다.
ⓐ I am given to understand that ~ 나는 ~라고 알고(듣고) 있다.
ⓑ be given to ~에 빠지다, ~버릇이 있다, 거의 ~하다시피 하다
ⓒ given '~이 주어지면, ~ 라고 가정하면'으로 쓰였다.
「ⓐ 나는 그녀가 그녀의 남편에게 헌신적인 것을 알고(듣고) 있다.
ⓑ 그는 다소 심하게 음주에 빠져 있다.
ⓒ 나는 그런 사람도 보통의 행운이 주어지면, 그의 행복을 성취할 수도 있다고 믿는다.」

**6** reject 거절하다  cabinet 내각, 상자  resign 사임하다, 그만두다  deflect 굴절하다, 피하다  referendum 국민투표
② it → he
「그는 그에게 향하는 비판을 피하기 위해 사임해야 한다는 내각의 제안을 거절하고, 대신 만약 투표자들이 그를 지지하지 않는다면 사임하겠다고 말하며 그의 통치에 대한 국민투표를 요구했다.」

**7** 실현 불가능한 일은 가정법 미래로 were to를 사용한다.
「태양이 서쪽에서 떠오를지라도 나는 너를 결코 사랑하지 않겠다.」

**8** 문맥상 빈칸에는 '~가 아니었다면'이라는 의미의 but that이 와야 한다.

「가족이 없었더라면 그는 오래 전에 영국을 떠났을 것이다.」

**9** come up with 생각해 내다, 말을 하다
「1989년 미스 아메리카 선발대회의 참가자들은 미스 아메리카를 위한 여성대변인로서 어떻게 일할 것인지에 대해 단상에서 이야기하도록 권유받았다.」

**10** 「미국은 국제통화기금에 가장 큰 공헌자이다. IMF는 약 1,900억 달러의 자산을 가지고 신용조합 같은 역할을 한다. 그러한 사실로 인하여 미국 정부는 미국의 경제이념이 전 세계적으로 추구되도록 IMF에 더 큰 영향력을 행사할 수 있다.」

**11~12** psychologist 심리학자  judge 판단하다, 재판하다, 심리하다  emotional 감정적인, 감정에 호소하는  facial 얼굴의, 얼굴에 사용하는  persuasion 설득, 확신, 신념, 종류  effectiveness 유효성, 효과  visual 시각의, 눈에 보이는  verbal 말의, 문자 그대로의  cue 암시, 신호  vocal 목소리의  tone 성조, 음조  pitch 음의 고저  pace 속도  account (~의 비율을) 차지하다 (for)
「1971년의 유명한 연구에서, 심리학자인 Albert Mehrabian은 청중들은 연설의 감정적인 부분을 판단할 때, 그들은 연설자의 얼굴표정과 몸동작, 즉 바디랭귀지에 가장 많이 비중을 둔다는 것을 발견했다. 그렇다면 구체적으로 얼마나 비중을 두는가? 55%이다. 이것은 연설자의 설득력, 즉 연설의 효과성, 중 55%가 말보다는 시각적인 것에 의존한다는 것을 의미한다.
그렇다면, 연설의 효과중 단 45%만이 말에 있는 것인가? (아니다). Mehrabian의 청중 시험에 따르면 다음으로 가장 중요한 요소는 목소리의 특색이다 – 말이 아닌, 목소리의 음조, 목소리의 고저, 그리고 전달속도이다. 이러한 것들은 연설의 효과 중 38%를 차지한다.」

**13~17** analogous 유사한, 비슷한, 닮은  archaeologist 고고학자  ruin 폐허  hostile 적의 있는, 호의적이 아닌  habitat 환경, 서식지, 산지  impersonal 비인격적인, 개인에 관계없는, 일반적인, 비인간적인  ingredient 성분, 재료, 구성요소  seismologist 지질학자

recipient 수용자, 수상자, 수혈자, 용기(容器), 수령하는 reciprocal 상호의, 보답의

「나는 또한 조금 전에 내가 사물에 있어 우호적인 관심이라고 부른 것에 대해 말하였다. 이 문구는 아마 강요된 것으로 보일지도 모른다. 그리고 사물에 우호적인 감정을 느끼는 것은 불가능하고 말해질 수 있다. 그럼에도 불구하고 지질학자가 바위에서 혹은 고고학자가 유적에서 가지는 관심의 종류에서 호의와 뭔가 유사한 것이 있다. 그리고 이러한 관심은 개인이나 사회에 대한 우리의 태도 속의 한 요소여야 한다. 우호적이라기보다는 적대적인 사물에 관심을 갖는 것은 가능하다. 사람은 그가 거미를 싫어하기 때문에 거미가 적은 곳에 살려고 거미의 서식지에 관련된 사실들을 수집할지도 모른다. 이런 종류의 관심은 지질학자가 암석에서 끌어내는 것과 똑같은 만족감을 주지는 않는다. 그럼에도 불구하고 아마 우리가 우리의 동료들을 우호적으로 대하는 것보다는 일상의 행복을 구성하는 요소로서 덜 소중할지도 모르는 비인격적인 사물에 대한 관심은 매우 중요하다. 세계는 넓고, 우리 자신의 힘은 제한되어 있다.

행복의 비결은 이것이다. 당신의 관심범위를 가능한 한 넓혀 당신에게 흥미로운 사물과 사람들에 대한 당신의 반응을 가능한 한 적대적이기보다 우호적이게 해라.」

**18** prospective 예기되는, 장래의 work out 잘 해결하다, 제대로 답이 나오다 snowball 눈덩이, 눈뭉치, 빙과, 푸딩 stipulate (조항 등을) 규정하다, 명기하다, (계약의) 조건으로서 요구하다 sue 소송을 제기하다(for) ride-to-be 신부감 wacky 괴짜인, 이상한 prenuptial 혼전의 asset 자산, 재산 attendant 수행의, 수반하는, 수행원, 수반물 address ~을 다루다 down the aisle 결혼식에서 제단을 향하여 gain in 증대하다, 항상되다 community 사회, 공통, 공유 split ~을 쪼개다, 분할하다 evenly 공평하게, 고르게 equitable 공정한, 공평한

「한 남편 후보자는 만약 그의 결혼생활이 잘 되지 않을 때 냉장고에 안전하게 보관해 둔 그가 아끼는 빙과들을 가질 수 있는지 확실히 하길 원했다. 한 약혼녀는 누가 개를 산책시킬 건지 명기하길 주장했다. 한 남자는 만약 신부가 될 사람이 그의 아내가 된 후 15파운드 이상 살이 찌면 이혼소송을 할 권리를 원했다. 이런 것들이 가장 별난 혼전 합의 조건들이다. 그러나 그것에 대해 실수하지 마라. 그것들 대부분은 돈에 대한 것이다. 즉, 만약 한 쌍이 이혼한다면 어떻게 금융자산을 분할할 것인가 하는 것이다. 돈문제가 따르는 이혼은 미국과 그 외의 경제 선진국들에서는 흔한 일이다. 혼전계약 혹은 미국 법조계에서 "prenups"라고 알려진 것은 이러한 문제들을 다루기 위해 고안되었다. 혼전계약은 예비부부들을 위해 변호사가 협상을 하는 것이며, 그들이 결혼식에서 제단을 향해 걸어가기 전에 서명된다. 그 계약들은 여러 주들이 이혼할 때 어떤 재정적 자산을 누가 가질지에 영향을 끼치는 법률들을 통과시키기 시작했던 1980년대 초 이래로 미국에서 인기를 얻었다. 그 법안들은 "공동자산"(균등하게 나누는)이나 "공평한 분배"(뉴욕주에서는 판사가 공평하다고 생각하는 것 모두)에 토대를 둔다.」

**19** ⓒ another 자체가 대명사로 쓰이므로 다른 대명사 one이 올 필요가 없다.

「우리가 우리의 뇌만큼이나 복잡한 컴퓨터에 접근하기 훨씬 전에, 우리는 그 자체보다 더 복잡한 다른 컴퓨터를 설계할 만큼 충분히 복잡한 컴퓨터를 만들어 낼 것이다.」

**20** '흘끗, 잠깐 보아서'는 at a glance이다. ⓑ의 by를 at으로 고쳐야 한다.

「그가 8층에 있는 그의 거실에 안내되었을 때 그는 모든 것이 있어야 할 곳에 있는 것을 한눈에 보았다. 그의 머리 속에서 단 한 가지 그 장소에 현실감을 주지 않는 사항이 있었다. 그래서 그는 벨보이를 불러 꽃을 가지고 오도록 그를 아래로 내려보냈다.」

|  |  |  |  |  |  |  |  |  |  |
|---|---|---|---|---|---|---|---|---|---|
| 1.② | 2.④ | 3.④ | 4.② | 5.② | 6.④ | 7.③ | 8.② | 9.② | 10.② |
| 11.④ | 12.④ | 13.③ | 14.④ | 15.③ | 16.③ | 17.④ | 18.④ | 19.② | 20.① |

**1** fluster 혼란시키다, 당황하게하다

① 아첨하다

② 당황하게하다

③ 의기양양한

④ 조성하다, 발전시키다

「그 성형외과 의사는 작년에 30대 가량의 한 여성 환자가 그의 사무실로 찾아왔을 때 약간 당황했다.」

**2** make do with 그럭저럭 해내다, 그런 대로 때우다 discard ~을 버리다, 해고하다 run away with ~ ~을 가지고 도망치다, ~와 함께 달아나다 manage with (이럭저럭) 잘 해나가다

「병사들은 그들에게 지급된 형편없는 무기로 견디어 나가야 했다.」

**3** luxurious 사치스러운, 호화로운 lodging 숙박 suburb 교외 transport 수송, 운송 definitely 명백히

「시내 중심에 머무르는 것이 아마도 편리할 것이다. 그러나 그것은 사치스럽지도 값이 싸지도 않다. 더 좋은 모든 숙박시설은 교외에 있다. 상대적으로 도시의 규모가 적고 대중교통수단이 좋다면 후자를 선택하는 것이 확실히 더 좋다.」

**4** ① only를 포함한 부사구절이 문두에 나왔으므로, 주어와 동사가 도치됐다.

② so I did → so did I, 'so I did'는 '예, 진짜 그렇습니다.'라는 의미이고, 'so did I'는 '나도 또한 그렇다.'는 의미이다.

③ what은 선행사를 포함하는 관계대명사로 여기서는 of의 목적어절을 이끌고 있다.

④ Never가 문두로 나오면서 주어와 동사가 도치된 문장이다.

「① 이 문제만 풀면, 너는 입학이 허락될 것이다.

② 그들은 시험 준비를 열심히 했고, 나 또한 그랬다.

③ 그 모임에서 어떤 일이 진행되고 있었는지 나는 정말 알지 못 했다.

④ 그녀를 다시 보게 되리라고는 절대 꿈도 꾸지 못했다.」

**5** apprehensive 염려하는, 걱정하는 dentist 치과의사 nervous 신경과민한, 불안한

「저자는 익숙하지 않은 단어에 대한 실례나 예증을 제공해 줄 수도 있다. "마치 치과의사를 만나기 위해 기다리는 것처럼 나는 아주 걱정됐어."의 문장 속에서 그 느낌은 일상 생활 속에서 치과의사를 만나기 위해 기다릴 때의 경험과 비교하여 기술된 것이다. 치과의사를 만나기 위해서 기다릴 때의 느낌은 어떠한가? 당신은 아마도 앞으로 일어날 일에 대해 불안해 할 것이다. 그것은 근심(걱정)이 의미하는 바이다.」

**6** recession 불경기, 경기후퇴 organize 체계화하다, 정리하다, 계획하다 tip 정보, 조언, 힌트 productive 생산적인, 다산의, (토지가) 비옥한 consider 숙고하다, 고찰하다 immediately 즉시, 곧, 직접 available 유효한, 소용이 되는, 이용할 수 있는, 입수할 수 있는 part-time 비상근 appear 나타나다, ~임이 분명하다 willing 자발적인, 기꺼이 ~하는 eager 열심인, 열망하는, 간절히 하고 싶어하는 discouraged 낙담한 give up 포기하다 eventually 결국

문두에서 직장을 얻고자 한다면 구직활동을 체계화하라고 말하고 있으며, 가장 중요한 것은 낙담하지 말고 자발적이며 열성적이어야 한다고 말하고 있다.

「불경기 때, 직장을 찾기 힘들 때, 당신의 직업을 구하는 것을 신중히 체계화하는 것이 중요하다. 여기 당신의 구직을 더 생산적이게 하는 몇 가지 조언이 있다. 무엇보다도, 당신의 일은 직업을 구하는 것임을 숙고해야 한다. 매일 정해진 시간 동안 직업을 찾으려고 힘을 다하라. 다음에는, 당신이 알고 있는

사람들에게 당신을 위해 다른 사람들에게 직장에 관해 이야기하도록 요청해라. 전임근무가 즉시 유효하지 않다면 비상근직을 제안하라. 자발적이며 열성적인 것처럼 보여라. 가장 중요한 것은 낙담하지 말고 포기하지 말아라. 당신의 구직활동은 당신이 직업을 얻고자 노력한다면 결국에는 성공할 것이다.」

**7~11** enlarge ~을 크게 하다, 확대하다 tendency 경향, 추세 Mercator projection 메르카토르식 투영도법

「당신이 누군가에게 세계지도를 그려 달라고 부탁한다면 무슨 일이 생길까? 그 결과는 매우 재미있을 것이다. 사실 소수의 사람들만이 세계가 어떻게 생겼는지에 대해 매우 정확히 알고 있다. 당신은 국가들의 위치에서 약간의 실수를 예상할지 모른다. 결국 이것은 연필을 다루는 솜씨와 좋은 기억력을 필요로 하는 일이다. 그러나 많은 사람들은 국가들의 상대적인 크기조차도 알지 못한다. 그들은 자신들의 관점에 따라 국가들을 크게 그리거나 작게 그리는 경향이 있다. 이런 이유로 자기네 대륙은 흔히 지나치게 크게 그린다. 예를 들어 브라질 사람은 남미를 크게 그리는 반면, 베트남인은 아시아를 크게 그린다. 또 다른 공통된 실수는 유럽을 지나치게 크게 그리고, 아프리카를 지나치게 작게 그리는 경향이다. 아프리카인들을 포함해 전 세계의 사람들이 이런 방식으로 세계를 그린다. 여기에 관련되는 여러가지 요인들이 있다. "메르카토르식 투영도법"으로 만들어진 오래된 지도의 영향이 한 가지 요인일 수 있다. 지도를 그리는 이 기법은 유럽을 포함해 북극에 가까운 지역일수록 더 크게 그린다. 아프리카 같이 중간에 있는 다른 지역들은 실제보다 더 작아 보인다. 그러나 메르카토르식 지도는 또한 그린랜드와 캐나다를 크게 그리지만 사람들은 대개 그 대륙들의 상대적인 중요성을 느끼지 못한다. 유럽의 크기는 사람들의 마음 속에 있는 그것의 중요성 때문에 과장되는 경향이 있다. 유사하게 아프리카는 사람들이 그 대륙을 중요하게 생각하지 않기 때문에 더 작아지게 된다.」

**12** fingerprint 지문 scene 현장, 장면, 광경, 무대장면 detected 탐지하다, 발견하다, 검출하다 various 다양한, 가지각색의 visible (육안으로) 볼 수 있는 photographe 사진을 찍다, 사진 sight 찾아내다, 목격하다, 관측하다 barely 거의 ~하지 않다 dark 어두운 surface 표면 dusting 체로 거름, 가루 살포 powder 분말 textile 직물, 피륙 chemical 화학적 solution 용액

ⓐ 주어가 Fingerprints로 복수이고, 사물주어이므로 '발견되어지다'라는 수동태가 된다.
ⓑ 지문이 '남겨지는' 것이므로 과거분사가 되어야 한다.

「범죄현장에 남겨진 지문들은 다양한 방법으로 탐지된다. 그것들 중 대부분은 육안으로 보이며, 발견되면 사진으로 남겨둔다. 그러나 어떤 지문들은 거의 육안으로 확인이 불가능하다. 어두운 표면에 남겨졌을 때는, 흰색의 분말이 밝게 하기 위해 사용된다. 종종 지문들은 침구나 셔츠 같은 직물 위에서 발견되어지기도 한다. 그러한 지문을 육안으로 확인하기 위해, 그런 옷감은 지문을 갈색으로 변하게 하는 화학적 용액에 넣어지기도 한다.」

**13** professor 교수 academic 학구적인, 대학의 subject 학과, 과목 mark 점수, 평점 administrative 행정(상)의, 관리의, 경영의 convenience 편리, 편의

「너의 모델로 너의 교수들을 택하지 말아라. 우리 교수들은 특별한 세계를 나타내는 학구적인 사람들이다. 너는 더 넓은 세계와 비학문적인 환경으로 들어가게 될 것이다. 우리의 관심과 이해는 모든 영역에 펼쳐져야 한다는 것을 우리가 깨닫도록 만들어라. 우리의 학생들이 적어도 우리가 가르치는 학과만큼 중요하다는 것을 알게 해라. 점수와 시험은 우리가 생각하는 것보다 덜 중대한 단순한 행정적 편의에 불과하다는 것을 깨닫게 해라.」

**14** worrisome 걱정되는, 곤란한, 귀찮은 check out 조사하여 확인하다 inspection 검사, 조사 negotiate 협상하다 mechanic 정비사 budget 예산 make an appointment 약속 일시를 정하다 drive away 차를 타고 가버리다

「당신이 다음의 절차를 따른다면 중고차를 구입하는 일은 귀찮은 일이 아니다. 첫째, 어떤 종류의 차를 살 것이며 어느 정도의 가격을 지불할 것인지를 결정해라. ⓓ당신의 예산에 맞는 마음에 드는 모델이 있는지 신문광고를 살펴보아라. 가망 있을 것 같고 차주인과 차를 볼 약속을 하기 위해 연락할 수 있는 차광고에 동그라미를 쳐라. ⓐ그런 다음 각 차의 소유주들과 만나서 차를 세심하게 점검해 보아라. 만약 당신이 차에 대해서 아는 것이 많지 않다면 차에 대해 잘 알고 있는 친구를 동반해라. 차의 엔진을 점검해 보고 시운전을 해보아라. ⓒ당신의 돈에 어떤 차가 가장 적합한지 결정하고 그 차를 정비사한테 가지고 가서 면밀히 살펴보아라. ⓑ만약 그 차의 점검기간이 지났으면 그 차의 소유주와

가격을 협상해라. 일정한 가격에 동의했으면 소유주에게 값을 지불하고 당신의 "새로운" 중고차를 타고 가라.」

**15~16**  razor 면도칼, 면도기  sideburns 짧은 구레나룻  beard (턱)수염  benefit 이익  masterfully 노련하게  swirl 고수머리  curly 곱슬머리의  issue forth 나오다, 분출하다  pore 털구멍  client 단골손님  mutilate ~을 절단하다  revolutionary 혁명가  undertake ~을 착수하다  excursion 회유, 유람

「그 면도칼은 아래쪽으로 계속해서 깎아 내려갔다. 이제는 다른 쪽 구레나룻 아래쪽에서부터 깎았다. 숱이 많고 파란 수염이었다. Fernandez는 몇몇 시인이나 성직자들처럼 수염이 자라도록 내버려 두어야 했다. 그것은 그에게 잘 어울렸을 것이다. 많은 사람들이 그를 알아보지 못했을 것이다. 내가 생각하기에 내가 그 목 주위를 조용히 감싸려고 했을 때 그에게는 굉장한 이익이었다. 수염은 부드러웠지만 약간 곱슬로 자랐기 때문에 면도칼을 노련하게 다루어야만 했다. 곱슬의 수염, 작은 털구멍 중 하나가 열리고 핏방울이 나왔다. 훌륭한 이발사라고 자부하는 내가 단골손님에게 이런 일이 일어나게 하는 것은 결코 허용되지 않았다. 그리고 이 손님은 최고의 단골손님이었다. 그는 우리 중 얼마나 많은 사람을 총살당하게 했는가? 그는 우리들 중 얼마나 많은 사람을 불구로 만들었는가? 그것에 관한 생각을 하지 않는 것이 낫다. Fernandez는 내가 그의 적이라는 사실을 몰랐다. 그것은 소수만이 알고 있는 비밀이었다. 엄밀하게 Fernandez가 그 도시에서 무엇을 하고 있는지, 그리고 반란운동을 착수하기 위해 매 시간 무엇을 계획하고 있는지를 혁명가들에게 알려 줄 수 있게 하기 위해서였다. 그래서 내 오른손에 있는 그를 살려서 면도를 말끔히 한 채 평온하게 보내는 것은 설명하기 너무나 어려운 일이었다.」

**17~18**  academic 학구적인, 대학의  composi-tion 작문(물), 구성  complete 완전한, 전부의  revise ~을 개정하다  review ~을 재검토하다  audience 독자  neglect ~을 경시하다, 간과하다  socialize 교제하다  prospective 장래의  employer 고용주

「저술, 특히 학술적인 저술은 쉽지 않다. 이 기술을 발달시키기 위해서는 연구하고 연습해야 한다. 영어를 모국어로 하는 사람과 새로운 영어학습자에게는 저술이 "생성물"이 아닌 과정이라는 것을 아는 것이 중요하다. 이것은 저술이 영어수업의 작문이건 헤밍웨이의 단편소설이건 간에 결코 완전할

수 없다는 것을 의미한다. 예를 들어 그것은 항상 재고와 교정, 다시 재고와 교정이 가능하다. 유명한 미국 작가 어니스트 헤밍웨이는 하루에 훌륭한 한 페이지를 작성하였다면 그는 저술활동을 잘하고 있는 것이라고 말했다. 헤밍웨이는 매일 몇 시간을 저술하는 데 보냈기 때문에 이 위대한 작가가 그의 작품을 교정하는 데 얼마나 많은 시간을 보냈는지를 상상할 수 있다!
당신이 글을 쓸 때마다 예를 들어 당신이 쓴 것을 읽을 사람들인 독자를 염두에 두어라. 당신의 독자를 아는 것은 분명하고 효과적인 의사소통의 목표에 당신이 도달하도록 도와 줄 것이다. 예를 들어, 당신은 친구들에게 학교에서 당신의 공부를 소홀히 하는 반면 많은 시간을 사교(교제)하는 데 보내고 있다고 편지를 쓸 수도 있다. 당신은 역사, 정치학, 심리학 혹은 영어시험을 위한 소론을 써야 할 수도 있다. 후에 당신은 장래의 고용주에게 편지를 써야 할 수도 있다. 이러한 각각의 경우는 특정한 독자를 가지고 있고 당신이 말하고자 하는 것과 말하는 방식은 독자가 당신의 메시지를 이해하는 데 영향을 준다. 학술적인 저술에 있어서 당신의 독자는 주로 당신의 교수들이다.」

**19~20**  depressed 우울한, 슬픈  grade 등급  medical 의학의  clinical 임상의  temporary 일시의, 순간의  depression 우울증  see a doctor 의사의 진찰을 받다

「'우울한'이란 단어는 혼동과 오해를 야기시킬 수 있다. 시험에서 "D"를 받은 학생은 그의 점수를 보고 "오, 나는 너무 우울해."라고 말할 것이다. 그러나 한 시간 후 그는 그의 친구들과 Frisbee를 가지고 놀며 웃고 있다. 우리는 사람들이 "나는 우울해."라고 일상적으로 말하는 것에 익숙해져 있어서 가끔 '우울한'이라는 것이 또한 매우 심각한 의학적 상황을 일컬을 수 있다는 것을 망각한다.
사람들의 10~20%가 그들의 생활 속에서 가끔 심각한 우울증 증세를 가지고 있다. (임상우울증이라고도 불리운다.) "D"를 받은 학생과는 달리 임상적으로 침울해 하는 사람들은 그들의 우울(침울)을 잊지 못한다. 그들의 저하된 기분은 일시적인 기분이 아니다. 그들은 종종 일하고 집중하는 것이 매우 어렵다는 것을 알게 된다. 이런 유형의 우울증에는 많은 이유가 있고 우울증을 앓는 사람들을 도울 수 있는 많은 방법들이 있다. 임상적으로 우울증 증세가 있다고 생각되는 사람들은 의사의 진찰을 받아야 한다.」

# 기출문제분석

**1** 다음 밑줄 친 단어의 의미와 가장 가까운 것은?

> Defeat at this stage would <u>compromise</u> their chances of reaching the finals of the competition.

① rate             ② fancy

③ reduce          ④ squander

> ☞ compromise 위태롭게 하다   rate 평가하다   fancy 상상하다   reduce 줄이다   squander 낭비하다
>
> 「이 단계에서의 패배는 결승에 진출할 수 있는 그들의 기회를 <u>위태롭게</u> 할 것이다.」

**2** 다음 밑줄 친 표현의 의미와 가장 가까운 것은?

> She went for a long walk to <u>work up</u> her appetite.

① accommodate        ② annihilate

③ gratify            ④ whet

> ☞ work up 북돋다   accommodate 수용하다   annihilate 전멸시키다   gratify 만족시키다   whet 갈다, 자극하다
>
> 「그녀는 식욕을 <u>돋우기 위해</u> 오랜 산책을 했다.」

**3** 다음 빈칸에 들어갈 단어로 가장 적절한 것은?

> He's a _____ actor who has played a wide variety of parts so splendidly.

① versatile          ② sterile

③ futile            ④ volatile

> ☞ versatile 다재 다능한   sterile 불모의, 불임의   futile 무익한   volatile 휘발성의
>
> 「그는 매우 다양한 배역을 훌륭하게 소화해낸 <u>다재다능한</u> 배우다.」

**4** 다음 ㉠, ㉡에 공통으로 들어갈 단어로 가장 적절한 것은?

---

• The food supplies were (  ㉠  ) to meet the needs of the flood victims.
• They are blaming their failure on (  ㉡  ) preparation.

---

① ambiguous          ② thorough

③ inadequate         ④ sufficient

    ✎ ambiguous 애매한    thorough 완전한    inadequate 불충분한    sufficient 충분한

      「• 식량공급은 홍수 피해자의 필요를 충족시키기에 <u>부족했다</u>.
         • 그들은 실패를 <u>불충분한</u> 준비 탓으로 돌리고 있다.」

 

**5** 다음 ㉠, ㉡, ㉢에 들어갈 단어들로 가장 적절한 것은?

---

Efficiency means producing a desired outcome rapidly, with the (  ㉠  ) amount of cost. The idea of efficiency is specific to the interests of the industry or business, but is typically advertised as a (  ㉡  ) to the customer. The salad bars, self-service gasoline, ATMs, and microwave dinners are some good examples. The interesting element here is that the customer often ends up doing the work that previously was done for them. This means that the customer may end up (  ㉢  ) more time and sometimes more money in order for the business to operate more efficiently.

---

① ㉠ most       ㉡ loss       ㉢ saving

② ㉠ minimum     ㉡ benefit    ㉢ spending

③ ㉠ maximum    ㉡ benefit    ㉢ spending

④ ㉠ least       ㉡ loss       ㉢ saving

    ✎ efficiency 효율성    outcome 결과    specific 특정한    end up 결국 ~하게 되다

      「효율성은 ㉠<u>최소한</u>의 비용으로 원하는 결과를 신속하게 만들어내는 것을 의미한다. 효율성의 개념은 산업이나 기업의 이익에 따라 특정되지만, 일반적으로 고객에게 ㉡<u>이익</u>으로서 광고된다. 샐러드 바, 셀프서비스 가솔린, ATM기기들, 전자레인지용 식사 등이 좋은 예다. 여기서 흥미로운 요소는 고객이 이전에 그들을 위해서 행해졌던 일을 스스로 하게 된다는 것이다. 이는 고객이 회사가 더 효율적으로 운영되기 위해서 더 많은 시간과 때로는 더 많은 돈을 ㉢<u>소비하게 된다</u>.」

---

## 6 다음 밑줄 친 부분 중 어법상 가장 적절하지 않은 것은?

Each color has different qualities ㉠associated with it and ㉡affect our moods and feelings. Some combinations of colors naturally go well together while ㉢others can feel discordant. Take care ㉣not to bring too many colors into a room since this can confuse the energy and end up being too stimulating.

① ㉠                 ② ㉡

③ ㉢                 ④ ㉣

**☞** ㉡은 has 에서 실리는 병렬문제로서 affects가 되어야 한다.
associate with ~와 관련된  combination 조합  discordant 불협화음  stimulating 자극하는

「각각의 색깔은 그것과 ㉠관련된 다른 성질을 가지고 있고 우리의 기분과 감정에 영향을 ㉡미친다. 어떤 색의 조합은 자연스럽게 잘 어울리는 반면에 ㉢다른 색들은 불협화음을 느낄 수 있다. 에너지를 혼란스럽게 하고 결국 너무 자극적이될 수 있기 때문에 너무 많은 색상을 방에 ㉣가져오지 않도록 주의하라.」


## 7 다음 밑줄 친 부분 중 어법상 가장 적절하지 않은 것은?

Social psychologists at the University of Virginia asked college students to stand at the base of a hill while carrying a weighted backpack and ㉠estimate the steepness of the hill. Some participants stood next to close friends whom they had known for a long time, some stood next to friends they had not known for long, some stood next to strangers, and ㉡the others stood alone during the exercise. The participants who stood with close friends gave significantly ㉢low estimates of the steepness of the hill than those who stood alone, next to strangers, or next to ㉣newly formed friends.

① ㉠                 ② ㉡

③ ㉢                 ④ ㉣

**☞** ㉢는 뒤에 나오는 than 과 병치를 이루어야 한다. 따라서 lower가 되어야 한다.
estimate 추정하다, 측정하다  steepness 경사

「버지니아 대학의 사회심리학자들은 대학생들에게 무게 있는 배낭을 메고 언덕의 기슭에 서서 언덕의 경사를 ㉠측정할 것을 요청했다. 몇몇 참가자들은 오랫동안 알고 지내던 친한 친구 옆에 서 있었고, 일부 참가자들은 오랫동안 알지 못했던 친구 옆에 서 있었고, 몇몇 참가자들은 낯선 사람 옆에 서 있었고, ㉡나머지 참가들은 운동하는 동안 혼자 서 있었다. 친한 친구들과 함께 서 있던 참가자들은 혼자 서 있거나 낯선 사람들과 있거나, 아니면 ㉣새로이 형성된 친구들 옆에 서 있는 사람들보다 언덕의 경사를 상당히 더 ㉢낮게 추정했다.」

**8** 다음 문장들 중 어법상 가장 적절한 것은?

① They are looking forward to meet the President.
② The committee consists with ten members.
③ Are you familiar to the computer software they use?
④ Radioactive waste must be disposed of safely.

> ①번은, They are looking forward to meeting the President.
> ②번은, The committee consists of ten members.
> ③번은, Are you familiar with the computer software they use?로 수정되어야 한다.
>
> ① 그들은 대통령을 만나기를 고대하고 있다.
> ② 그 위원회는 10명의 위원으로 구성되어 있다.
> ③ 당신은 그들이 사용하는 컴퓨터 소프트웨어에 익숙하십니까?
> ④ 방사능 폐기물은 안전하게 폐기되어야 한다.

**9** 우리말을 영어로 옮긴 것 중 가장 적절한 것은?

① 밤 공기가 뜨거웠지만 그들은 푹 잤다.
  → Hot as the night air was, they slept soundly.
② 어젯밤에 경찰은 행방불명된 소녀를 찾았다고 말했다.
  → Last night the police have said that they had found the missed girl.
③ 교통 신호등이 파란색으로 바뀌어 나는 출발했다.
  → The traffic lights were turned green and I pulled away.
④ 불리한 증거가 없어서 그는 석방되었다.
  → Being no evidence against him, he was released.

> ②번은 Last night the police said that they had found the missing girl.
> ③번은 The traffic lights turned green and I pulled away.
> ④번은 There being no evidence against him, he was released.
> 로 고쳐야 한다.

## 10 A에 대한 B의 응답으로 가장 적절하지 않은 것은?

① A : After a long day at work, I'm really tired.

　B : That makes two of us!

② A : Do you remember the name of the bar we went to last Friday?

　B : Oh man, it's just on the tip of my tongue.

③ A : I am so excited to see this film.

　B : Me too. The film got two thumbs up from all the critics.

④ A : I am feeling a little under the weather.

　B : It's not actually raining now!

🔑　on the tip of tongue 생각 날 듯 말 듯한

　① A: 회사에서 긴 하루를 보내고 나니, 정말 피곤해.
　　B: 우리 둘도 마찬가지야!

　② A: 우리가 지는 금요일에 갔던 술집 이름 기억나?
　　B: 이런, 생각 날 듯 말 듯 해.

　③ A: 이 영화를 보게 돼서 정말 흥분돼.
　　B: 나도 그래. 그 영화는 모든 비평가들로부터 최고의 평가를 받았다.

　④ A: 몸이 좀 안 좋아.
　　B: 지금은 실제로 비가 오지 않아!

## 11 다음 글의 내용과 가장 일치하지 않는 것은?

An idea came to me, and I turned off the lights in the studio. In the darkness, I put the cello's spike into a loose spot on the carpet, tightened the bow and drew it across the open strings. I took off my shirt and tried it again; it was the first time in my life I'd felt the instrument against my bare chest. I could feel the vibration of the strings travel through the body of the instrument to my own body. I'd never thought about that; music scholars always talk about the resonating properties of various instruments, but surely the performer's own body must have some effect on the sound. As I dug into the notes I imagined that my own chest and lungs were extensions of the sound box; I seemed to be able to alter the sound by the way I sat, and by varying the muscular tension in my upper body.

① 화자는 어둠 속에서 첼로 연주를 했다.

② 화자는 태어나서 처음으로 첼로를 연주했다.

③ 음악 학자들은 여러 악기들이 가진 공명의 특성들을 말한다.

④ 화자는 연주할 때 본인의 자세가 첼로 소리에 영향을 준다고 생각했다.

「아이디어가 떠올라 스튜디오의 불을 껐다. 어둠 속에서 나는 첼로의 스파이크를 카펫의 헐렁한 곳에 넣고 활을 조여 열
린 현을 가로질러 연주했다. 나는 셔츠를 벗고 다시 시도해보았다. 나는 그 악기를 맨 가슴에 대고 느낀 것은 내 인생에
서 처음이었다. 현악기의 진동이 악기의 몸을 통해 내 몸까지 이동하는 것을 느낄 수 있었다. 나는 그것에 대해 생각해
본 적이 없었다; 음악 학자들은 항상 다양한 악기의 공명하는 특성에 대해 이야기하지만, 확실히 연주자 자신의 몸은 소
리에 어느 정도 영향을 미치고 있음에 틀림없다. 음을 파고들면서 나는 내 가슴과 폐가 사운드박스의 연장이라고 상상했
다; 나는 내가 앉아 있는 방식으로, 그리고 상체의 근육 긴장을 변화시킴으로써 소리를 바꿀 수 있을 것 같았다.」

## 12 다음 글에서 유추할 수 있는 내용으로 가장 적절한 것은?

The primary purpose of peppers, as with all fruits, is to disperse seeds. However, just as fruit attracts helpful organisms which spread the seeds, like birds, it also attracts harmful microbes that destroy seeds, like fungus. Studying wild pepper plants, a group of international researchers found that in areas with a high prevalence of fungus, peppers contained more capsaicin, a natural antifungal agent. These findings support the hypothesis that environmental factors trigger adaptive responses in the chemistry of fruits.

① Birds are always helpful in dispersing fruits' seeds.
② Capsaicin in peppers attracts not only helpful but also harmful organisms.
③ Fruits' chemistry can be influenced by the microbes in their environment.
④ The more capsaicin peppers contain, the better they taste.

◐━ disperse 퍼뜨리다    fungus 곰팡이    prevalence 유행, 우세    capsaicin 캡사이신    antifungal 항균의
hypothesis 가설    trigger 유발하다    adaptive 적응하는

「모든 과일과 마찬가지로 후추의 주된 목적은 씨앗을 흩뿌리는 것이다. 그러나 과일이 새처럼 씨앗을 퍼뜨리는 도움이 되
는 유기체를 끌어들이듯이, 그것은 또한 곰팡이처럼 씨앗을 파괴하는 해로운 미생물도 끌어들인다. 고추식물을 연구한,
한 국제 연구진은 곰팡이가 많이 나는 지역에서 고추는 자연 항균의 캡사이신을 더 많이 함유하고 있다는 사실을 발견
했다. 이러한 발견은 환경적 요인이 과일의 화학성질에서 적응적 반응을 유발한다는 가설을 뒷받침한다.」

① 새들은 항상 과일의 씨앗을 퍼뜨리는 데 도움이 된다.
② 고추에 들어있는 캡사이신은 도움이 될 뿐만 아니라 유해한 유기체를 끌어들인다.
③ 과일의 화학 성질은 환경에 있는 미생물에 의해 영향을 받을 수 있다.
④ 고추가 더 많은 캡사이신 함유할수록, 맛이 더 좋다.

**answer**  10.④  11.②  12.③

**13** 다음 글의 흐름으로 보아 〈보기〉의 문장이 들어갈 곳으로 가장 적절한 것은?

---

〈보기〉

And those are qualities you want in any candidate.

---

If you are trying to decide among a few people to fill a position, take a look at their writing skills. ① It doesn't matter if that person is a marketer, salesperson, designer, programmer, or whatever; their writing skills will pay off. That's because being a good writer is about more than writing. ② Clear writing is a sign of clear thinking. Good writers know how to communicate. They make things easy to understand. They can put themselves in someone else's shoes. They know what to omit. ③ Writing is making a comeback all over our society. ④ Look at how much communication happens through instant messaging and blogging. Writing is today's currency for good ideas. Thus, it is essential to welcome people with good writing skills into your organization.

---

☞ matter 중요하다    omit 제거하다    candidate 후보자, 지원자    make a comeback 복귀하다, 회복하다
currency 통화, 화폐

「만약 당신이 한 직책을 채우기 위해 몇몇 사람들 중에서 결정하려고 한다면, 그들의 글쓰기 능력을 살펴보자. 그 사람이 마케터든, 판매원이든, 디자이너든, 프로그래머든, 그 무엇이든 상관없다; 그들의 작문 실력은 성과를 낼 것이다. 훌륭한 작가가 되는 것은 글보다 더 중요하기 때문이다.    명료한 글씨는 명료한 사고의 표시다. 훌륭한 작가들은 의사소통하는 방법을 안다. 그들은 사물을 이해하기 쉽게 만든다. 그들은 다른 사람의 입장이 될 수 있다. 그들은 무엇을 생략해야 하는지 알고 있다. (그리고 그런 것들은 어느 후보나 원하는 자질들이다.) 글쓰기가 우리 사회 곳곳에 되살아나고 있다. 메세지와 블로그를 통해 얼마나 많은 의사소통이 일어나는지 살펴봐라. 글쓰기는 좋은 아이디어에 대한 오늘의 통화다. 따라서 좋은 작문 실력을 가진 사람들을 여러분의 조직으로 환영하는 것은 필수적이다.」

**14** 다음 글의 요지로 가장 적절한 것은?

Drawing a line is making a distinction between two categories which only differ in degree. Where there is a continuum, such as that between rich and poor, for some purposes, such as deciding who should be eligible for tax relief, it is necessary to draw a line between what is to count as rich and what as poor. Sometimes the fact that a line could have been drawn elsewhere is taken as evidence that we should not draw a line at all, or that the line that has been drawn has no force; in most contexts this view is wrong. For example, in Britain the speed limit in built-up areas is 30 miles per hour (mph); it could have been fixed at 25 mph or 35 mph. However, it in no way follows from this that we should ignore the speed limit, once the line between speeding and driving safely has been set.

① 두 범주를 구분하는 선긋기는 비록 그 기준이 자의적일지라도 존중될 필요가 있다.
② 모든 자의적인 구분은 배격되어야 한다.
③ 부유층과 빈곤층의 경계는 언제나 명확하다.
④ 정도의 차이만 있는 두 범주를 구분하는 것은 불필요하다.

🔑 category 범주   continuum 연속체   eligible 자격있는   tax relief 세금경감

「선을 긋는 것은 단지 정도에 있어서만 다른 두 범주를 구분하는 것이다. 누가 세금 경감에 대해서 자격이 있는지 결정하는 것과 같은 어떤 목적을 위해서 부유한 사람과 가난한 사람들 간의 연속적 개념이 있는 곳에서 부유한 것으로 간주되는 것과 가난한 것으로 간주되는 것 사이에 선을 그리는 것은 필요하다. 때때로 선이 다른 곳에 그려질 수 있었다는 사실은 우리가 전혀 선을 그어서는 안 된다는 증거로 받아들여지거나, 그어지는 그 선이 힘이 없다는 것을; 대부분의 맥락에서 이 견해는 잘못된 것이다. 예를 들어, 영국에서는 건물이 가득 들어선 지역의 제한속도가 시간당 30마일(mph)이지만, 그것은 25mph 또는 35mph로 고정되었을 수 있다. 그러나 일단 과속과 안전운전의 경계선이 정해지면 속도제한을 무시해야 한다는 것은 결코 이로부터 뒤따르지 않는다.」

**answer** 13.③ 14.①

## 15 다음 글의 제목으로 가장 적절한 것은?

While most desert animals will drink water if confronted with it, for many of them the opportunity never comes. Yet all living things must have water, or they will expire. The herbivores find it in desert plants. The carnivores slake their thirst with the flesh and blood of living prey. One of the most remarkable adjustments, however, has been made by the tiny kangaroo rat, who not only lives without drinking but subsists on a diet of dry seeds containing about 5% free water. Like other animals, he has the ability to manufacture water in his body by a metabolic conversion of carbohydrates. But he is notable for the parsimony with which he conserves his small supply by every possible means, expending only minuscule amounts in his excreta* and through evaporation from his respiratory tract.

*excreta 배설물

① Survival of Desert Animals
② The Way the Kangaroo Rat Copes with Lack of Water
③ The Small Amounts of Water the Kangaroo Rat Drinks
④ The Effect the Environment Lacking in Water Has on Animals

🔑 confront 직면하다   expire 죽다   herbivore 초식동물   carnivore 육식동물   slake 갈증을 풀다   subsist 살아가다   metabolic 대사의   carbohydrate 탄수화물   notable 주목할 만한   parsimony 인색, 극도의 절약   conserve 보존하다   minuscule 근육의   evaporation 증발   respiratory 호흡의   tract 관

「대부분의 사막 동물들은 만약 물과 직면한다면 물을 마실 것이지만, 그들 중 많은 동물들은 기회가 결코 오지 않는다. 그러나 모든 생물은 물을 마셔야 한다, 그렇지 않으면 그것들은 소멸될 것이다. 초식동물들은 사막 식물에서 그것을 발견한다. 육식동물들은 살아있는 먹이의 살과 피로 갈증을 해소한다. 그러나 가장 주목할 만한 조정 중 하나는 이 작은 캥거루 쥐에 의해 이루어졌는데, 이 쥐는 마시지 않고 살 뿐만 아니라 약 5%의 자유수가 함유된 마른 씨앗을 먹고 산다. 다른 동물들과 마찬가지로, 그 동물은 탄수화물의 대사 변환에 의해 그의 몸에서 물을 제조할 수 있는 능력을 가지고 있다. 그러나 그는 가능한 한 모든 방법으로 그의 배설물에서 마이너스 분량만을 소비하고 호흡기에서 나오는 증발을 통해서, 그의 작은 공급량을 보존하는 인색함으로 유명하다.」

① 사막동물 생존
② 캥거루쥐기 물 부족을 내처하는 방법
③ 캥거루쥐가 마시는 작은 양의 물
④ 물 부족이 동물에게 미치는 영향

**16** 다음 밑줄 친 부분에 들어갈 내용으로 가장 적절한 것은?

The sociologist Glen Elder proposed that there is a sensitive period for growth—late teens through early 30s—during which failures are most beneficial. Such a pattern seems to promote the trait sometimes called equanimity. We learn that trauma is survivable, so we don't plunge too deeply following setbacks. Nor, conversely, do we soar too high on our successes. Some businesses in Silicon Valley and on Wall Street make a point of hiring ex-pro athletes to their staffs. It's not just that their high profile draws business. It's because athletes are good at recovering from their failures. "We needed people who could perform and not get emotionally attached to losses," a Chicago oil trader told the New York Times, explaining why the firm likes athletes on the trading floor, particularly in ugly economic times like these. The image is of a rider easy in the saddle*. _____

*saddle (말의) 안장

① Nothing can so surprise her—either for good for ill—that she'll be knocked off.

② A setback in any area will mean in your mind that you're a failure categorically.

③ We should hope for the rider's dominant position early and often.

④ You could wind up in a position where success reveals itself all at once.

equanimity 평정   trauma 트라우마   survivable 생존할 수 있는   plunge 빠지다   setback 좌절   soar 솟아오르다, 부풀다   make a point of 애써 ~하려고 하다   profile 인지도   knock off 중단하다

「사회학자인 글렌 엘더는 10대 후반부터 30대 초반까지 어떤 실패가 가장 유익할지에 대해 민감한 시기가 있다고 제안했다. 그러한 패턴은 때때로 평정이라고 불리는 특성을 촉진하는 것 같다. 우리는 트라우마가 생존할 수 있다는 것을 알게 되고, 그래서 우리는 이후에 따라오는 너무 깊은 좌절에 빠지지 않는다. 반대로, 우리는 우리의 성공에 관해 너무 높게 부풀지도 않는다. 실리콘밸리와 월스트리트의 몇몇 사업체들은 애써서 전직 프로선수들을 그들의 직원들에게 고용한다. 그들의 높은 인지도가 사업을 끌어들이는 것만이 아니다. 운동선수들이 실패를 딛고 회복하는 데 능숙하기 때문이다. "우리는 패배에 감정적으로 집착하지 않고 수행을 할 수 있는 사람들이 필요했습니다."라고 한 시카고 석유 거래상은 왜 회사가 특히 이와 같은 힘든 경제적 시기에 거래소에서 운동선수들을 좋아하는지 설명하면서, 뉴욕 타임즈에게 말했다. 그 이미지는 쉽게 타는 사람의 것이다. 어떤 것도 좋은 쪽이든 나쁜 쪽이든 그녀를 너무 놀라게 해서 그녀가 중단되게 할 수 없다.」

## 17 다음 ㉠, ㉡에 들어갈 말로 가장 적절한 것은?

Much has been made of India's growing middle class, but it is only the wealthiest of the urban population who can claim a typical Western middle-class lifestyle. ( ㉠ ), India's population is still rural and impoverished, and this poorer demographic is driving India's continued population growth. ( ㉡ ), by 2030 India's population is projected to surpass that of China. The majority of this population will be concentrated in the poorest regions, where basic necessities are scarce.

① ㉠ Therefore            ㉡ Instead

② ㉠ By and large         ㉡ In fact

③ ㉠ On the contrary      ㉡ Besides

④ ㉠ Nonetheless         ㉡ In contrast

☞ impoverished 빈곤에 빠진    demographic 인구 통계학의    surpass 넘어서다    majority 대다수    concentrate 집중하다    scarce 부족한

「많은 것들이 인도의 증가하는 중산층으로 구성되어져 왔지만, 전형적인 서구 중산층 생활방식을 주장할 수 있는 것은 도시 인구 중 가장 부유한 사람들일 뿐이다. ㉠ (대체로), 인도의 인구는 여전히 시골이고 가난하며, 이 더 가난한 인구통계학은 인도의 지속적인 인구 증가를 이끌고 있다. ㉡ (사실), 2030년까지 인도의 인구는 중국을 능가할 것으로 예상된다. 이 인구의 대부분은 기본적인 생필품이 부족한 극빈 지역에 집중될 것이다.」

**18** 다음 글의 내용과 가장 일치하는 것은?

Inappropriate precision means giving information or figures to a greater degree of apparent accuracy than suits the context. For example, advertisers often use the results of surveys to prove what they say about their products. Sometimes they claim a level of precision not based reliably on evidence. So, if a company selling washing powder claims 95.45% of British adults agree that this powder washes whiter than any other, then this level of precision is clearly inappropriate. It is unlikely that all British adults were surveyed, so the results are based only on a sample and not the whole population. At best the company should be claiming that over 95% of those asked agreed that their powder washes whiter than any other. Even if the whole population had been surveyed, to have given the result to two decimal places* would have been absurd. The effect is to propose a high degree of scientific precision in the research. Frequently, however, inappropriate precision is an attempt to mask the unscientific nature of a study.

*decimal place 소수점 자리

① 광고에서 사용하는 수치는 최대한 정밀해야 한다.
② 이용자 수는 특정 세제의 표백 효과를 뒷받침한다.
③ 세제의 표백 효과를 입증하기 위해서는 더 엄밀한 조사가 필요하다.
④ 필요 이상으로 정밀한 정보를 제시하는 연구는 비과학적인 경우가 많다.

🔑 inappropriate 적절하지 않은　precision 정확성　figure 수치　accuracy 정확성　reliably 신뢰성 있게
absurd 터무니없는　mask 감추다

「부적절한 정밀도는 문맥에 맞는 것보다 더 큰 정도의 명백한 정확도로 정보나 수치를 제공하는 것을 의미한다. 예를 들어, 광고주들은 종종 그들의 제품에 대해 그들이 말하는 것을 증명하기 위해 조사 결과를 이용한다. 때때로 그들은 증거에 신뢰성 있게 근거하지 않은 정밀도 수준을 주장한다. 따라서, 만약 가루비누를 판매하는 회사가 영국 성인의 95.45%가 이 분말이 다른 어떤 것보다 더 희게 씻는다는 것에 동의한다면, 이 정도의 정밀도는 분명히 부적절하다. 모든 영국 성인을 대상으로 조사했을 가능성이 없어서, 그 결과는 전체 인구를 대상으로 한 것이 아니라 표본만을 근거로 한 것이다. 그 회사는 질문을 받은 95%가 넘는 사람들이 그들의 가루 비누가 다른 어떤 것보다 더 희게 만든다는것에 동의했다고 주장해야 한다. 전체 인구를 조사했더라도 소수점 이하 두 자리수에 그 결과를 준 것은 터무니없었을 것이다. 그 효과는 연구에 고도의 과학적 정밀도를 제안하는 것이다. 그러나 종종 부적절한 정밀도는 연구의 비과학성을 감추기 위한 시도다.」

**answer**　17.② 18.④

## 19 다음 빈칸 ㉠과 ㉡에 들어갈 말로 가장 적절한 것은?

Mass political opinion can be sort of like guessing the number of marbles in a glass jar. Most people's guesses will miss the mark, but the average guess of a large enough crowd is generally very accurate. The idea that the masses generally come up with good overall decisions is sometimes referred to as the "wisdom of crowds," and it really does work amazingly well for some things. The problem is that in politics we don't see the glass jar for ourselves—we view it through the lens of the media, and the media show us a(n) ( ㉠ ) view of politics. This goes a lot further than liberal or conservative bias. Thus, we should be aware of such media biases in order to minimize the likelihood that they'll throw off our political judgment, even though there's no way to permanently ( ㉡ ) them.

① ㉠ apocalyptic        ㉡ implant

② ㉠ distorted        ㉡ fix

③ ㉠ balanced        ㉡ overcome

④ ㉠ conflicting        ㉡ promote

☞ marble 대리석, 구슬   accurate 정확한   mass 대중   overall 전반적인   decision 결정   refer to A as B A를 B라고 부르다, 지칭하다   distort 왜곡하다   liberal 진보적인   conservative 보수주의의   bias 편견   minimize 최소화하다   likelihood 가능성

「대중적인 정치적 견해는 유리병 속의 구슬의 수를 추측하는 것과 같다. 대부분의 사람들의 추측은 빗나가겠지만, 충분히 많은 군중들의 평균 추측은 일반적으로 매우 정확하다. 대중들이 일반적으로 좋은 전반적인 결정을 내린다는 생각을 때때로 "군중의 지혜"라고 부르기도 하며, 어떤 일에는 정말 놀랍도록 잘 통한다. 문제는 정치에서는 유리병을 직접 볼 수 없다는 것이다. 다시 말해서 우리는 그것을 미디어의 렌즈를 통해서 그리고 미디어는 우리에게 정치에 대한 ㉠ (왜곡된) 관점을 보여준다. 이것은 진보적이거나 보수적인 편견보다 훨씬 더 멀리 나아간다. 따라서 우리는 그러한 미디어 편견을 인식해야 한다. 비록 그것들을 영구히 ㉡ (고칠) 방법이 없더라도, 그것들이 우리의 정치적 판단을 저버릴 가능성을 최소화하기 위해서 말이다.」

## 20 다음 보기에 이어질 글의 순서로 가장 적절한 것은?

〈보기〉

There is a widely held notion that does plenty of damage: the notion of 'scientifically proved.' It is nearly an oxymoron*. The very foundation of science is to keep the door open to doubt.

*oxymoron 모순어법(양립할 수 없는 개념을 함께 사용하는 수사법)

㉠ Therefore, certainty is not only something useless but is also in fact damaging, if we value reliability.

㉡ Therefore, a good scientist is never 'certain.' Lack of certainty is precisely what makes conclusions more reliable than the conclusions of those who are certain, because the good scientist will be ready to shift to a different point of view if better evidence or novel arguments emerge.

㉢ Precisely because we keep questioning everything, especially our own premises, we are always ready to improve our knowledge.

① ㉠ - ㉢ - ㉡　　　　　　　② ㉢ - ㉠ - ㉡

③ ㉠ - ㉡ - ㉢　　　　　　　④ ㉢ - ㉡ - ㉠

☛　notion 개념　certainty 확실성　reliability 확실성　precisely 정확하게　conclusion 결론　reliable 신뢰할만한　novel 새로운　emerge 나타나다　premise 전제

「많은 피해를 주는 개념, 즉 '과학적으로 입증된 개념'이 널리 퍼져 있다. 그것은 거의 모순이다. 과학의 가장 기초는 불확실함에 대해 문을 열어두는 것이다. ㉢ 정확히는 우리가 모든 것, 특히 우리 자신의 전제에 대해 계속 의문을 제기하기 때문에, 우리는 항상 우리의 지식을 향상시킬 준비가 되어 있다. ㉡ 그러므로 훌륭한 과학자는 결코 '확실'하지 않는다. 확실성의 부족은 정확히 확실한 사람들의 결론보다 결론을 더 신뢰할 수 있게 만드는 것이다. 왜냐하면 훌륭한 과학자는 더 나은 증거나 새로운 주장이 나오면 다른 관점으로 전환할 준비가 되어 있을 것이기 때문이다. ㉠ 그러므로 확실성은 우리가 신뢰성을 중시한다면 쓸모없는 것일 뿐만 아니라 사실상 해를 끼친다.」

**1** 다음 밑줄 친 단어의 의미와 가장 가까운 것은?

> She was becoming underlineexasperated with all the questions they were asking.

① infuriated        ② imperturbable
③ oblivious        ④ pompous

○━ exasperated 몹시 화난   infuriated 매우 화난   imperturbable 차분한   oblivious 의식하지 못하는
pompous 젠체하는, 거만한

「그녀는 그들이 하고 있었던 모든 질문에 몹시 화가 나고 있었다.」

**2** 다음 빈칸에 들어갈 단어로 가장 적절한 것은?

> The Kortek University Library welcomes gifts of books and other cultural heritage materials that extend and (       ) existing collections.

① attenuate        ② manacle
③ complement        ④ incapacitate

○━ heritage 유산   attenuate 가늘게 하다, 약하게 하다   manacle 속박하다   complement 보완하다
incapacitate 무능력하게 하다

「Kortek 대학 도서관은 현존하는 수집품을 확장하고 보완하는 책과 다른 문화유산 자료들의 기증을 환영합니다.」

**3** 다음 빈칸에 공통으로 들어갈 단어로 가장 적절한 것은?

---

ⓐ ( ) is when I'm doing something that makes me happy just to be doing it.

ⓑ I'm not making ( ) of you. I admire what you did.

---

① happiness
② sense
③ fortune
④ fun

🔑 happiness 행복   sense 감각   fortune 행운   make fun of ~을 놀리다

ⓐ 재미는 내가 그것을 하는 것만으로 나를 행복하게 만들어주는 무언가를 할 때이다.

ⓑ 나는 너를 놀리고 있는 것이 아냐. 나는 네가 한 것을 감탄하며 바라보고 있어.

**4** 다음 각 단어와 그 뜻풀이가 가장 적절하지 않은 것은?

---

ⓐ perennial : happening or done in the same period of time

ⓑ arbitrary : not based on any principle, plan, or system

ⓒ obscure : unknown and difficult to understand or deal with

ⓓ plagiarize : to use another person's idea or work without any permission

---

① ⓐ
② ⓑ
③ ⓒ
④ ⓓ

🔑 ⓐ 영원한 : 같은 기간 내에 일어나거나 되어지고 있는.

ⓑ 임의의 : 어떤 원리나 계획, 시스템에 근거하지 않는.

ⓒ 모호한 : 잘 알려져 있지 않고 이해하거나 다루기 어려운.

ⓓ 다른 사람의 생각이나 작품을 어떤 승인 없이 사용하는 것

**answer**   1.① 2.③ 3.④ 4.①

**5** 각 문장에서 문맥상 가장 적합한 단어가 순서대로 나열된 것은?

---

- Solidad Bank requires that all customers present two pieces of photo ㉠(identification / idiosyncrasy) when cashing a check.
- The new subway line will enable residents to travel directly to the airport ㉡(by train / by the train).
- The fact that Butcher himself was a farmer provided ㉢(ratification / rapport) with his subjects.

---

|   | ㉠ | ㉡ | ㉢ |
|---|---|---|---|
| ① | identification | by train | rapport |
| ② | idiosyncrasy | by the train | ratification |
| ③ | identification | by the train | ratification |
| ④ | idiosyncrasy | by train | rapport |

☞ identification 신분증   idisyncrasy 특이성   ratification 승인   raport 친밀감

「• Solidad Bank는 모든 고객이 수표를 현금으로 바꿀 때 두장의 사진이 부착된 (신분증 / 특이성)을 제시할 것을 요구한다.
• 새 지하철 노선은 주민들이 기차(교통수단을 표현할때는 관사를 쓰지 않는다)로 공항까지 직접 이동 할 수 있게 할 것이다.
• Butcher 자신이 농부였다는 사실은 그의 피사체와 (승인 / 친밀감)을 갖게 했다.」

**6** 다음 빈칸 ㉠ ~ ㉢에 들어갈 단어로 가장 적절한 것은?

In new relationships, people often ( ㉠ ) themselves slowly, sharing only a few details at first, and offering more personal information only if they like and trust each other. When they started becoming friends, for instance, Deepak and Prasad shared mostly routine information with each other. As they got to know and trust each other more, they started sharing their opinions on things such as politics, relationships, and religion. Only after they had known each other for quite a while did they feel ( ㉡ ) talking about more personal things, such as Prasad's health problems or the challenges in Deepak's marriage. Although people in some relationships begin sharing ( ㉢ ) information very quickly, self-disclosure usually moves in small increments.

|  | ㉠ | ㉡ | ㉢ |
|---|---|---|---|
| ① | disclose | social | inclusive |
| ② | close | social | intimate |
| ③ | disclose | comfortable | intimate |
| ④ | close | comfortable | inclusive |

☞ detail 세부사항   politics 정치   disclosure 폭로   increment 증대, 이익   disclose 폭로하다   inclusive 포함하는   intimate 친밀한

「새로운 관계에서는, 사람들은 종종 천천히 자신을 ㉠ (공개)하고, 처음에는 몇 가지 세부사항만 공유하며, 서로 좋아하고 신뢰해야만 더 많은 개인 정보를 제공한다. 예를 들어, 그들이 친구가 되기 시작했을 때, Deepak과 Prasad는 대부분 일상적인 정보를 서로 공유했다. 서로를 더 알고 신뢰하게 되면서 정치, 관계, 종교 같은 것에 대한 의견을 나누기 시작했다. 그들은 꽤 오랫동안 서로 알고 지낸 후에야 Prasad의 건강 문제나 Deepak의 결혼 생활에서의 어려움 등 좀 더 개인적인 것에 대해 이야기하는 것이 ㉡ (편해)졌다. 비록 어떤 관계에 있는 사람들은 아주 빨리 ㉢ (친밀한) 정보를 공유하기 시작하지만, 자기 공개는 보통 조금씩 이뤄진다.」

**answer**　5.①　6.③

## 7 다음 각 문장 중 어법상 가장 적절한 것은?

① Not only she is modest, but she is also polite.

② I find myself enjoying classical music as I get older.

③ The number of crimes in the cities are steadily decreasing.

④ The car insurance rates in urban areas are more higher than those in rural areas.

> 🔑 not only ~ but (also) … ~뿐만 아니라 …도    steadily 꾸준히    insurance 보험    urban 도시의
> rural 시골의
>
> ① 그녀는 겸손할 뿐 아니라, 예의 바르기도 하다.
> ② 나이가 들어감에 따라, 나는 내가 클래식 음악을 즐기는 것을 알게 된다.
> ③ 도시에서 범죄 사건의 수가 꾸준하게 감소하고 있는 중이다.
> ④ 도시지역의 자동차 보험율이 시골지역의 그것들 보다 더 높다.
> ① Not only is she modest, but she is also polite
> ③ The number of crimes in the cities is steadily decreasing.
> ④ The car insurance rates in urban areas are higher than those in rural areas.

## 8 다음 각 문장을 유사한 의미의 다른 문장으로 바꾸어 쓰고자 한다. 어법상 가장 적절하지 않은 것은?

① Were it not for your assistance, I would have difficulty.

　→ But for your assistance, I would have difficulty.

② As the work was done, I had nothing to do.

　→ The work done, I had nothing to do.

③ They made us copy the script.

　→ We were made copy the script.

④ He seemed to have been sick.

　→ It seemed that he had been sick.

> 🔑 ① 너의 도움이 없었다면, 나는 힘들었을 거야.
> ② 그 일이 끝나면, 나는 할 일이 없었다.
> ③ 그들은 우리가 그 원고를 복사하도록 시켰다.
> ④ 그는 아팠던 것처럼 보인다
> ③ 사역동사의 수동태는 목적격 보어의 동사원형이 to 부정사로 바뀌어야 한다.
> ① 가정법 과거형의 문장으로 if it were not for ~에서 if 가 생략되면서 도치가 된 올바른 형태이다.
> ② 독립 분사구문의 형태로서 종속절의 주어가 주어와 다르기 때문에 the work를 생략해주지 않은 올바른
> 　형태이다.
> ④ 종속절의 동사가 주절의 동사보다 선행한 동사이기 때문에 부정사의 완료부정사를 취한 올바른 형태이다.

**9** 한국어를 영어로 옮긴 것 중 가장 적절한 것은?

① 나는 창문 옆에 앉아 있는 그 소녀를 안다.
→ I know the girl sat by the window.

② 그 산을 오르는 데에는 대략 두 시간이 걸린다.
→ That takes about two hours to climb the mountain.

③ 소음 때문에 짜증이 나서 그녀는 그 카페를 떠났다.
→ Annoying by the noise, she left the cafe.

④ 자유는 책임을 동반한다는 사실을 우리는 인정해야 한다.
→ We should admit the fact that freedom is accompanied by responsibility.

🔑 ① sat은 정동사로서 정동사의 자리가 아니기 때문에 sitting으로 바꾸어 줘야 한다.
② 시간이 걸리다는 의미의 비인칭 주어를 써야 한다. that을 it으로 바꾸어야 한다.
③ 짜증이 나는 주체는 she이기 때문에 annoying을 annoyed로 바꾸어야만 한다.

**10** A에 대한 B의 응답으로 가장 적절하지 않은 것은?

① A : How did you like the movie you saw yesterday?
B : Wait, please don't spoil it for me.

② A : James, what's your goal for this year?
B : Well, I want to learn to play the violin.

③ A : How is your group project going, Peter?
B : Not very well. It's harder than I thought.

④ A : Your cap looks great. Where did you get it?
B : I bought it at a flea market last Saturday.

🔑 spoil 망치다

① A : 어제 본 영화는 어땠어?
B : 잠깐만, 이번 영화 스포 하지 말아줘

② A : 제임스 올해 목표가 뭐야?
B : 음, 나는 바이올린을 배우고 싶어.

③ A : 그룹 프로젝트는 어떻게 돼가, 피터?
B : 별로 잘 못해요. 생각보다 어렵네요.

④ A : 네 모자는 멋져 보인다. 그거 어디서 사셨어요?
B : 지난 토요일에 벼룩시장에서 샀어.

**answer** 7.② 8.③ 9.④ 10.①

**11** 다음 글의 내용과 가장 일치하지 않는 것은?

The coffee tree has smooth, ovate leaves and clusters of fragrant white flowers that mature into deep red fruits about 1/2 inch. The fruit usually contains two seeds, the coffee beans. Arabica Coffee yields the highest-quality beans and provides the bulk of the world's coffee, including 80% of the coffee imported into the United States. The species is thought to be native to Ethiopia, where it was known before 1000. Coffee's earliest human use may have been as a food; a ball of the crushed fruit molded with fat was a day's ration for certain African nomads. Later, wine was made from the fermented husks and pulps. Coffee was known in 15th-century Arabia; from there it spread to Egypt and Turkey, overcoming religious and political opposition to become popular among Arabs. At first proscribed by Italian churchmen as a heathen's drink, it was approved by Pope Clement VIII, and by the mid-17th century coffee had reached most of Europe. Introduced in North America in 1668, coffee became a favorite American beverage after the Boston Tea Party made tea unfashionable.

① Coffee tree has white flowers that grow into deep red fruits.
② Most of the world's coffee is believed to originate from Ethiopia.
③ Coffee was popular in America after the Boston Tea Party.
④ Coffee was considered to be profane by Pope Clement VIII.

> ☛ ovate 달걀모양의    cluster 송이    fragrant 향기로운    mature 성숙하다    yield 산출하다    the bulk of 대부분의    be native to ~가 원산지인    crush 으깨다    mold 반죽하여 만들다    ferment 발효하다    husk 껍데기    pulp 과육    proscribe 금지하다    churchman 성직자    heathen 이교도    beverage 음료    unfashionable 유행에 뒤떨어진
>
> 「커피나무는 매끄럽고, 달걀모양의 잎들과 약 0.5인치로 크는 진한 빨간 열매로 변하는 향기로운 하얀 꽃 열매 송이를 가지고 있다. 열매는 보통 커피콩인 두 개의 씨앗을 가지고 있다. 아라비카 커피는 가장 높은 품질의 커피를 생산하고, 미국으로 수입되는 커피의 80%를 포함하는 세계 커피의 대부분을 공급한다. 커피 종은 이디오피아가 원산지인 것으로 여겨지는데, 1000년 전에 알려졌었다. 가장 이른 인간의 커피 사용은 음식으로였을지 모른다; 지방과 함께 만들어진 으깨진 과일 공 모양 덩어리는 어떤 아프리카 유목민들의 하루치 배급량이었다. 후에, 와인은 발효된 겉껍질과 과육으로 만들어졌다. 커피는 15세기 아라비아에 알려졌다; 거기에서 이집트와 터키로 퍼져나갔고, 종교적 정치적 반대를 극복하면서 아랍인들 사이에서 인기 있어 졌다. 처음에 이탈리아 성직자들에 의해 이교도의 음료로 금해졌던 커피는 교황 클레맨스 7세에 의해 승인됐고, 17세기 중반까지 대부분 유럽에 닿았다. 1668년에 북미에 도입된 커피는 Boston Tea Party가 차를 인기 없게 만든 이후에 미국인의 가장 좋아하는 음료가 되었다.」
>
> ① 커피나무는 짙은 빨간 열매로 자라는 하얀 꽃들을 가지고 있다.
> ② 세계 대부분의 커피는 이디오피아에서 유래되었다고 믿어진다.
> ③ 커피는 Boston Tea Party 이후에 미국에서 인기있게 되었다.
> ④ 커피는 교황 클레맨스 7세에 의해 불경한 것으로 여겨졌다

## 12 다음 글의 내용과 가장 일치하는 것은?

The 2010 US Census shows that America's ethnic and racial makeup is changing. Compared to 2000, the percentage of the population identified as white shrank, from 75.1% to 72.4%. Every other ethnic category increased, except for Native Americans, which remained unchanged at 0.9%. The biggest growth came from the Hispanic population, which grew from 12.5% in 2000 to 16.3% of the population ten years later. Those identified as belonging to two or more racial categories also climbed to 2.9% in 2010 from 2.4% ten years earlier.

① 미국 원주민 인구 비율은 2000년과 2010년 사이에 0.9%p(퍼센트포인트) 증가했다.

② 히스패닉 인구 비율은 2000년과 2010년 사이에 16.3%p(퍼센트포인트) 증가했다.

③ 둘 이상의 인종 범주에 속하는 인구 비율은 2010년에 미국 인구의 2.4%였다.

④ 백인 인구 비율은 2000년에 미국 인구의 75.1%였다.

🔑 「2010년 미국 인구조사는 미국의 민족과 인종 구성이 변화하고 있다는 것을 보여준다. 2000년과 비교했을 때, 인구의 비율은 75.1%에서 72.4%의 백인 감소라고 밝혔다. 0.9%로 변화 없음을 유지한, 미국 원주민을 제외하고 모든 인종 범주가 증가했다. 가장 큰 증가는 히스패닉 인구인데, 2000년 12.5%에서 10년 전 인구의 16.3%로 늘어났다. 두 인종이나 그 이상의 인종범주에 속하는 것으로서 식별된 사람들은 또한 2000년 2.4%에서 2010년에 2.9%로 올랐다.」

## 13 다음 글의 흐름으로 보아 〈보기〉의 문장이 들어갈 곳으로 가장 적절한 것은?

〈보기〉

However, the concept of a rational action also incorporates the concept of a reason, and reasons need not be egocentric.

The concept of a rational action can be seen to be quite complex: it is a hybrid concept. A rational action is one that is not irrational. Any action that is not irrational counts as rational; that is, any action that does not have (is not believed to have) harmful consequences for you or those for whom you care is rational. ( ㉠ ) So rationality does involve, if only indirectly, the egocentric character of an irrational action. ( ㉡ ) The fact (belief) that anyone will benefit from your actions is a reason. ( ㉢ ) Reasons are not limited to facts (beliefs) about benefits to you or those for whom you care. ( ㉣ ) Thus an action that has (is believed to have) harmful consequences for you can be rational if (you believe) there are compensating benefits for others, even if you do not care about them.

① ㉠

② ㉡

③ ㉢

④ ㉣

○── concept 개념  rational 합리적인  hybrid 혼성물  irrational 비합리적인  count 여기다 consequence 결과  involve 포함하다  egocentric 자기중심적인  compensate 보상하다, 상쇄하다

「합리적인 행위라는 개념은 매우 복잡해 보일 수 있는데: 그것은 혼합된 개념이다. 합리적 행위란 비합리적이지 않은 행위이다. 비합리적이지 않은 그 어떤 행위도 합리적이라고 여겨지는데; 즉, 여러분이나 여러분이 좋아하는 사람들에게 해로운 결과를 가져다주지 않는 그 어떤 행위도 합리적인 것이다. 그래서 합리성은 단지 간접적으로 그렇다 해도 비합리적인 행위라는 개념은 또한 이성이라는 개념을 포함하며 이성은 자기중심적이지 않아도 된다. 어느 누구나 너의 행위로 혜택을 입는다는 사실이 이성이다. (하지만, 합리적 행동의 개념은 역시 이성의 개념을 통합하고, 이성은 자기중심적일 필요가 없다.) 이성은 여러분이나 여러분이 좋아하는 사람들에게의 혜택에 대한 사실에 국한되지 않는다. 따라서 여러분에게 해로운 결과를 가져다주는 행위는 다른 이들에게, 비록 여러분이 그들에게 마음을 쓰지 않는다 해도, 상쇄하는 혜택이 있다면 합리적일 수 있다.」

**14** 다음 〈보기〉에 이어질 글의 순서로 가장 적절한 것은?

---

〈보기〉

One of the greatest paradoxes we wrestle with is our own dark or shadow sides.

---

ⓘ Storms always pass. Just as there has never been a day that did not give way to night or a storm that lasted forever, we move back and forth on the pendulum of life. We experience the good and the bad, the day and the night, the yin and the yang.

ⓛ This balancing act is difficult, but it is a part of life. If we can see this as an experience as natural as night following day, we will find more contentment than if we try to pretend that night will never come. Life has storms.

ⓒ We often try to get rid of them, but the belief that we can banish "dark sides" is unrealistic and inauthentic. We need to find a balance between our own opposing forces.

---

① ⓘ-ⓒ-ⓛ

② ⓛ-ⓘ-ⓒ

③ ⓒ-ⓘ-ⓛ

④ ⓒ-ⓛ-ⓘ

🔑 paradox 역설   wrestle 씨름하다   last 지속되다   pendulum 시계추   contentment 만족   pretend ~인척하다   get rid of 제거하다   inauthentic 진짜가 아닌

「우리가 씨름하는 가장 큰 역설들 중 하나는 우리 자신의 어둡거나 그늘진 면들이다. ⓒ종종 우리는 그것들을 제거하려고 하지만, 어두운 면들을 없애 버릴 수 있다는 믿음은 비 현실적이고 거짓된 것이다. 우리는 우리 자신의 반대되는 힘들 사이에서 균형을 찾을 필요가 있다. ⓛ 이렇게 균형을 잡는 일은 어렵지만, 그것은 삶의 일부분이다. 이것을 낮 다음에 밤이 오는 것만큼이나 자연스러운 경험으로 볼 수 있다면, 우리는 밤이 절대로 오지 않을 것이라고 가정할 때보다 더 많은 만족감을 발견할 것이다. 인생에는 폭풍우가 있다. ⓘ 폭풍우는 늘 지나간다. 밤으로 바뀌지 않았던 낮이나 영원히 계속되었던 폭풍우가 결코 없었던 것과 꼭 마찬가지로, 우리는 인생이라는 시계추 위에서 앞뒤로 움직인다. 우리는 선과 악, 낮과 밤, 음과 양을 경험한다.」

---

**answer**  13.② 14.④

## 15 다음 글의 밑줄 친 부분 중 가리키는 대상이 나머지 셋과 다른 것은?

Monte, a 20-month-old chocolate Labrador, is a cure dog and was trained to help autistic children like Jacob. Jacob, now six, suffers from autism and goes to a school in Ontario, Canada. ㉠He needs more care compared to other kids his age. He seems to like Monte, as they become friends and learn from each other. Monte's key functions are to keep Jacob from running away and to help ㉡his parents supervise their son. ㉢He also helps teachers and special educators. But most of all, he is a good friend of Jacob's and connects ㉣him to the real world as much as possible.

① ㉠              ② ㉡

③ ㉢              ④ ㉣

🔑 autistic 자폐의    supervise 감독하다

「20개월 된 초콜릿색 레브라도인 몬테는 치료견이고 제이콥과 같은 자폐증을 앓고 있는 아이들을 치료하도록 훈련되었다. 여섯 살인 제이콤은 자폐증으로 고통을 겪고 있고 캐나다의 온타리오에 있는 학교에 다니고 있다. ㉠그는 그의 나이의 다른 아이들과 비교했을 때 좀 더 많은 돌봄이 필요하다. 그는 몬테를 좋아하는 것처럼 보인다. 왜냐하면 그들은 서로 친구가 되고 서로 배우게 되기 때문이다. 몬테의 핵심 역할은 제이콥이 도망치는 것을 막고, ㉡그의 부모가 그들의 아들을 감독하는 것을 돕는 것이다. ㉢그는 또한 선생님과 특수교육자를 돕는다. 그러나 무엇보다도, 그는 제이콥의 가장 좋은 친구이고, ㉣그를 가능한 한 많이 현실 세계와 연결시켜 준다.」

㉠㉡㉣→Jacob, ㉢→Monte

## 16 다음 글의 주제로 가장 적절한 것은?

Deforestation can destroy natural habitats for millions of species. To illustrate, seventy percent of Earth's land animals and plants live in forests, and many cannot survive the deforestation. Deforestation also deprives the forest of its canopy that blocks the sun's rays during the day and holds in heat at night. This disruption leads to more extreme temperature swing that can be harmful to plants and animals. Furthermore, trees help maintain the water cycle by returning water back into the atmosphere. Without trees to fill these roles, many former forest lands can quickly become deserts.

① The process of deforestation by desertification

② Efforts to prevent deforestation around the world

③ Negative effects of deforestation on the environment

④ A bitter controversy over forest development

☞ deforestation 산림파괴    habiat 서식지    illustrate 설명하다    deprive 빼앗다    canopy 덮개, 차양
maintain 유지하다

「삼림파괴는 수백만 종의 자연 서식지를 파괴할 수 있다. 설명하자면, 지구상의 있는 동물과 식물의 70퍼센트가 숲에 살
고 (그들 중) 많은 수는 삼림파괴로부터 살아남을 수 없다. 삼림파괴는 또한 숲으로부터 낮 동안 태양 광선을 막아주고
밤 동안에 열기를 붙잡아두는 그들을 빼앗아간다. 이러한 붕괴는 식물들과 동물들에게 해가 될 수 있는 더 극단적인 기
온차로 이어진다. 게다가, 나무들은 물을 대기로 돌려 보냄으로서 물 순환이 유지되는 것을 돕는다. 이러한 역할을 채우
는 나무들이 없다면, 이전에 숲이었던 많은 땅은 빠르게 사막이 될 것이다.」

① 사막화에 의한 삼림파괴의 과정
② 사막화를 막기 위한 전 세계의 노력
③ 환경에 대한 사막화의 부정적인 영향
④ 숲 개발에 대한 격렬한 논쟁

## 17 다음 글의 밑줄 친 부분에 들어갈 내용으로 가장 적절한 것은?

When an argument is inevitable, it is important to avoid putting others on the defensive.
Statements that use _____ are effective to this end. For instance, if a
colleague is not contributing enough to a project, instead of saying, "You aren't helping
enough," try, "I feel stressed from all this work." This sounds less accusatory, so it avoids
making the other person defensive. The less people have their back up against the wall, the
better the chance they will be open to dialogue about problems.

① "we" instead of "I"              ② "I" instead of "you"
③ "you" instead of "I"             ④ "I" instead of "we"

☞ inevitable 피할수 없는    defensive 방어적인    effective 효과적인    colleague 동료    contribute 기여하
다    accusatory 비난하는

「논쟁이 불가피할 때, 다른 사람들을 수세에 빠뜨리는 것을 피하는 것이 중요하다. "당신" 대신 "나"를 사용하는 진술은 효
과적이다. 예를 들어 동료가 프로젝트에 충분히 관여하지 않을 경우, "당신은 충분히 도움이 되지 않는다"라고 말하는 대
신 "나는 이 모든 것 때문에 스트레스를 받는다"라고 말해보라. 이것은 덜 비난적으로 들리므로 상대방을 방어적으로 만드
는 것을 피한다. 벽에 등을 대고 있는 사람들이 적을수록, 그들이 문제에 대한 대화에 개방될 가능성이 더 높아진다.」

**answer**   15.③  16.③  17.②

## 18 다음 글의 밑줄 친 부분에 들어갈 단어로 가장 적절한 것은?

One of Raoul Franc's most surprising claims was that plants are capable of _____. They try their best to get what they want and to avoid what they do not want. Some plants defend themselves against ants that steal their nectar. They will close their flowers when the ants are nearby; the flowers will open only when there is enough dew on the stems to prevent the ants from climbing up. Some kinds of acacia are even capable of making a deal; they reward certain types of ants with nectar in return for warding off other insects.

① intent
② tension
③ firmness
④ consistency

🔑 intent 의지   avoid 피하다   nectar 과즙   dew 이슬   ward off 보호하여 떼어내다

「Raoul Frances 의 가장 놀라운 주장의 하나는 식물이 <u>의지</u>를 갖고 있다는 것이었다. 식물은 원하는 것을 얻으려는 동시에 원치 않는 것을 피하고자 최선을 다한다. 몇몇 식물은 과즙을 훔치려 하는 개미로부터 스스로를 방어한다. 그들은 개미가 근처에 있을 때 꽃봉오리를 닫고 개미가 오르지 못할 정도로 충분한 이슬이 줄기에 있을 때만 열 것이다. 어떤 아카시아는 심지어 거래를 할 능력도 갖고 있다. 그들은 다른 곤충들을 가까이 오지 못하게 하는 답례로 특정 유형의 개미에게 과즙을 제공한다.」

**19** 다음 글에서 추론할 수 있는 내용을 아래와 같이 작성할 때, 밑줄 친 부분에 들어갈 내용으로 가장 적절한 것은?

Like our electronics' reliance on cloud storage, many companies are turning to crowdsourcing to solve complex problems. In this fluid staffing model, project teams come together like flash mobs of talent. They assemble, learn, contribute, and then disband. This model of work demands heightened levels of collaboration and learning. To contribute, individuals must swiftly ramp up their understanding of the situation, the problem, the players, the options, etc. They must then learn how to quickly assemble expertise, without the benefit of long-term relationships. When the flash of collective brilliance ends, they must let go and move on to the next rapid-learning, rapid-contribution cycle. Business strategist Jennifer Sertl has observed, "Our role as conduit is more vital than our role as source in this knowledge economy." Much like I found with my research for the book Multipliers, the critical skill of this century is not what you hold in your head, but your ability to tap into and access what other people know.

↓

The best leaders and the fastest learners know how to _____.

① make effective strategies coping with social changes
② harness collective intelligence
③ interpret relationships between collaboration and expertise
④ protect knowledge and information

☞ reliance 의존  fluid 유동적인  disband 해산한다  assemble 모으다  expertise 전문지식  strategist 전략가  conduit 도관, 전달자

「우리의 전자 기술이 클라우드 저장에 의존하는 것처럼, 많은 회사가 복잡한 문제를 풀기 위해서 크라우드소싱에 의존하고 있다. 이 유동적 인사 관리 모형에서, 프로젝트팀들은 재능 플레시몹처럼 그룹을 형성한다. 그들은 집합하고, 배우고, 기여하고, 그리고 해산한다. 이 작업 모델은 높은 수준의 협력과 학습을 요구한다. 기여하기 위해서는 개인들은 상황, 문제, 참가자들, 선택 가능 항목들 등등에 대한 자신들의 이해를 빠르게 증가시켜야 한다. 그런 다음 그들은 오래된 관계에서 오는 이점이 없는 상태에서, 빠르게 전문적 지식을 모아 정리하는 법을 배워야 한다. 빠른 뛰어난 집단 재능이 끝나면, 그들은 해산하여 그 다음 빠른 학습, 빠른 기여 사이클로 옮겨 가야 한다. 사업 전략가인 Jennifer Sertl은 "이 지식 경제에서는 전달자로의 우리의 역할이 공급원으로서의 우리의 역할보다 더 중요하다."라고 말했다. 'Multipliers'라는 책을 위한 나의 연구에서 내가 발견한 것처럼, 이 세기의 중요한 기술은 여러분의 머리에 담고 있는 것이 아니라, 다른 사람들이 알고 있는 것을 이용하고 그것에 접근하는 능력이다.

↓

최고의 리더들과 가장 빠른 학습자들은 <u>집단적인 지식을 이용하는</u> 방법을 안다.」

① 사회적 변화에 대처하여 효율적인 전략을 만드는
③ 협력과 전문적지식 사시에 관계를 해석하는
④ 지식과 정보를 보호하는

**answer** 18.① 19.②

**20** 다음 글에서 추론할 수 있는 내용을 아래와 같이 작성할 때, 밑줄 친 부분에 들어갈 내용으로 가장 적절한 것은?

Vicious crimes can contribute to a sense of anxiety among citizens who feel defenseless against the perpetrators. Continued concern over public protection has triggered recurring discussions about violence in media, political and social arenas, and the proliferation of a plentitude of theories about the cause of violence, which attribute it variously to war, drug addiction, class or race frustrations, even suggesting that it is inherently present in cultural identity. As part of an effort to understand the predisposition to violence, scientists have attempted to speculate on a biological explanation for this behavior. Some scientists have considered a direct relationship between the likelihood a person will commit a violent crime and the level of serotonin, an organic compound believed to play an integral role in the regulation of mood, sleep, and appetite, present in the brain. In the central nervous system, serotonin is part of the biochemistry that is related to several psychological conditions; depression, migraines, bipolar disorder, and anxiety are all linked to an overproduction or underproduction of the compound. If violent behavior could be clinically linked to an imbalance in brain chemicals, then scientists would be able to control aggressive tendencies through medication before the behavior escalates.

↓

The scientific research to find the biological cause of violent behavior aims to
_____.

① increase the ability of society to recognize potential threats
② understand how the brain chemistry reacts to artificial drugs
③ conceive efficacious remedies to alleviate offensive dispositions
④ help scientists augment the rates of violent crimes occurring

○┅ vicious 사악한   contribute to 기여한다   defenseless 무기력하게   perpetrator 가해자   trigger 야기하다   recur 다시 발생하다   proliferation 확산, 증식   predisposition 성향   aggressive 공격적인

「흉악범죄는 범죄자들에 맞서 무력하다고 느끼는 시민들 사이에서 불안감의 원인이 될 수 있다. 대중들의 보호에 대한 지속적인 우려는 미디어, 정치적, 사회적 장에서 폭력에 관한 끊임없는 논의와 심지어 폭력은 문화적 정체성 내에 본질적으로 존재하는 것이라 시사하면서 폭력을 전쟁, 약물중독, 계급 또는 인종간의 불만 등의 탓으로 여기는 여러 이론의 확산을 유발할 수 있다. 폭력에 관한 경향을 이해하기 위한 노력의 일환으로 과학자들이 이런 행동에 대한 생물학적 설명에 대해 추측하고자 노력하고 있다. 일부 과학자들은 어떤 한 개인이 범죄를 저지를 가능성과 뇌에 존재하는 감정, 수면, 식욕의 조절에 중추적인 역할을 하는 것으로 여겨지는 합성물인 세로토닌 수치 사이의 직접적인 관계를 고려하고 있다. 중추 신경계에서 세로토닌은 몇몇 심리적인 상태와 관련이 있는 생화학적 요소이다. 우울증, 편두통, 조울증, 불안 등이 이 화합물의 과다, 과소 생산과 관련이 있다. 만일 폭력적인 행동이 임상학적으로 뇌 속의 화학물질의 불균형과 관련이 있을 수 있다면, 과학자들은 행동이 증대되기 전에 약물을 통해 폭력적인 경향을 통제할 수 있을 것이다.

↓

폭력적인 행동의 생물학적인 원인을 발견하고자 하는 과학적인 연구는 <u>불쾌한 성향을 완화하기 위해 효과적인 치료법을 만드는 것을</u> 목표로 하고 있다.」

① 잠재적인 위협을 인식할 수 있는 사회의 능력을 증가시키는 것을
② 뇌의 화학반응이 인공적인 약과 반응하는 것을 이해하는 것을
④ 과학자들이 폭력적인 범죄가 발생하는 비율을 증대시키는 것을 도와주는 것을

answer  20.③

# MEMO

# MEMO